Oman

Gerhard Heck

Reise-Handbuch

Inhalt

Wissenswertes über Oman

**Land des Weihrauchs und
   Heimat Sindbads**   12
Steckbrief Oman   14

Natur und Umwelt   16
Die blühende Küste   16
Bizarre Gebirge und endlose Wüsten   17
Die Weihrauchregion   18
Omans Vegetation   19
Omans Tiere   20
Naturschutz in Oman   22

Wirtschaft und aktuelle Politik   26
Wirtschaftlicher Fortschritt in Fünfjahresplänen   26
Wirtschaftsfaktoren   28
Deutsch-Omanische Wirtschaftsbeziehungen   30
Politik   31

Geschichte   38
Omans frühe Geschichte   38
Land des Weihrauchs   39
Islamisierung Omans   40
Aufstieg zum Seehandelsimperium   41
Oman und die Portugiesen   44
Herrschaft der Al Bu Saids   45
Niedergang des Handelsimperiums   46
Omans Renaissance   47
Zeittafel   48

Gesellschaft und Alltagskultur   50
Strukturen der omanischen Gesellschaft   50
Bevölkerung Omans   50
Religion des Islam   52
Rolle der Familie   56
Traditionelle Bekleidung der Omanis   58
Islamischer Kalender   61
Einladungen   63

Architektur und Kunst   64
Traditionelle Bauweise   64
Architektur der Moderne   67
Kunsthandwerk   69
Gelebte Kultur   69

Essen und Trinken	70
Arabische Küche	70
Getränke	72
Restaurants	73
Tabus	73
Kulinarisches Lexikon	74

Wissenswertes für die Reise

Informationsquellen	78
Reise- und Routenplanung	81
Anreise und Verkehr	88
Unterkunft	92
Sport und Aktivurlaub	94
Einkaufen	96
Gut zu wissen	99
Reisekasse und Reisebudget	103
Reisezeit und Reiseausrüstung	105
Gesundheit und Sicherheit	107
Kommunikation	108
Sprachführer	109

Unterwegs in Oman

Kapitel 1 Muscat und Capital Area

Auf einen Blick: Muscat und Capital Area	116
Historisches Muscat	118
Stadtbefestigung	119
Regierungsbezirk	120
Alte Handelshäuser	122
Muzna Gallery	124
Gate House Museum	125
Alte Passstraße	126
Mutrah und Ruwi	128
Mutrah	128
Aktiv unterwegs: Ein Spaziergang entlang der Corniche in Mutrah	132
Ruwi	137

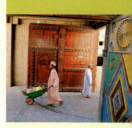

Inhalt

Westen und Südosten der Capital Area	140
Qurum	141
Aktiv unterwegs: Auf den Spuren des Erdöls – ein Erkundungsgang	144
Al Khuwair. Al Ghubrah	146
Wadi Bawshar	148
Seeb	150
Von Sidab nach Bandar Al-Jissah	150

Kapitel 2 Küstenregion Batinah und Hinterland

Auf einen Blick: Küstenregion Batinah und Hinterland	180
Von Seeb nach As Suwayq	182
Von Seeb nach Barka	182
Barka und Umgebung	183
Nakhal	187
Auf dem Weg nach Rustaq	188
Rustaq	189
Aktiv unterwegs: Einmal Schlossherr – Besuch der Festung Al Rustaq	191
Al Hazm	192
Ras Al Sawadi und Umgebung	193
As Suwayq	194
Sohar, Buraimi und Al Ain	198
Sohar	198
Buraimi	204
Al Ain	205

Kapitel 3 Musandam und die Straße von Hormuz

Auf einen Blick: Musandam und die Straße von Hormuz	214
Wege nach Musandam	216
Musandam aus der Vogelperspektive	217
Die Direttissima Muscat – Khasab	217
Stopover in Dibba	217
Von Dibba nach Khasab	222
Von Ras Al Khaimah nach Khasab	225

Khasab	228
Festung Khasab	228
Souq von Khasab	232
Ausflüge von Khasab	236
Buchten und Fjorde Musandams	236
Ausflüge ins Gebirge	240
Aktiv unterwegs: Bayt al Qufl – Musandams Beitrag zur omanischen Architektur	244

Kapitel 4 Nizwa und das Landesinnere

Auf einen Blick: Nizwa und das Landesinnere	248
Von Seeb nach Nizwa	250
Von der Batinah über die Berge nach Nizwa	250
Nizwa	254
Aktiv unterwegs: Im Souq von Nizwa	259
Ausflüge von Nizwa	262
Jebel Akhdar und die Rosenfelder von Sayq	262
Jebel Shams und Bergdörfer	265
Aktiv unterwegs: Wanderung durch die Tropfsteinhöhlen von Al Hoota	266
Bahla, Hisn Tamah und Jabrin	271
Die Bienenkorbgräber von Al Ayn und Bat	277

Kapitel 5 Omans Osten

Auf einen Blick: Omans Osten	282
Von Muscat nach Sur durch das Landesinnere	284
Ibra	284
Al Mudayrib	285
Al Mintarib	285
Wahiba Sands	285
Aktiv unterwegs: Auf dem Frauenmarkt von Ibra	286
Wadi Bani Khalid	290
Von Al Kamil zum Indischen Ozean	291
Sur und der Ja'alan	292
Sur	292
Von Sur nach Ras Al Hadd	301
Ras Al Hadd	303
Ras Al Jinz	303

Inhalt

Von Ras Al Jinz nach Al Ashkharah	305
Ins Landesinnere zurück nach Sur/Muscat	306
Von Sur nach Muscat entlang der Küste	308
Qalhat	308
Wadi Tiwi	309
Wadi As Shab	309
White Beach	311
Sink Hole	311
Quriyat	311

Kapitel 6 Region Dhofar

Auf einen Blick: Region Dhofar	314
Salalah	316
Im Südosten	316
Al Bahri	320
Altstadt	320
Souq, Palast und Khor	322
Wandern in tropischen Gärten	323
Cultural Centre	323
Aktiv unterwegs: Durch den Weihrauchsouq	324
Von Salalah nach Muscat	333
Ausflüge von Salalah ins Hinterland des Dhofar	334
Ausflug in der Norden	334
Ausflug in den Osten	338
Aktiv unterwegs: Auf den Ausgrabungsfeldern von Sumhuram	340
Ausflug in den Westen	345
Register	348
Abbildungsnachweis/Impressum	352

Themen

Sultan Qaboos – ein Herrscher von höchster Beliebtheit	34
Der Ruf des Muezzin	53
Das Einmaleins arabischer Herrschertitel	59
Khanjar – ein Symbol omanischer Tradition	166
Tätowierung auf Zeit – Henna	170
Corrida à la Oman	184
Dattelpalme – der Baum des Koran	196
Sindbad der Seefahrer	201
Die Straße von Hormuz	218
Amouage – kostbarstes Parfum der Welt	251
Aflaj-System – Omans historische Wasserversorgung	268
Mit einer Dhau nach China	293
Die Schildkröten von Ras Al Hadd	302
Weihrauchernte in Dhofar	337

Das Klima im Blick

Reisen verbindet Menschen und Kulturen. Wer reist, erzeugt auch CO_2. Der Flugverkehr trägt mit bis zu 10 % zur globalen Erwärmung bei. Wer das Klima schützen will, sollte sich – wenn möglich – für eine schonendere Reiseform entscheiden. Oder die Projekte von *atmosfair* unterstützen: Flugpassagiere spenden einen kilometerabhängigen Beitrag für die von ihnen verursachten Emissionen und finanzieren damit Projekte zur Verringerung des CO_2-Ausstoßes in Entwicklungsländern *(www.atmosfair.de)*. Auch der DuMont Reiseverlag fliegt mit *atmosfair*!

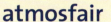

nachdenken • klimabewusst reisen

Inhalt

Alle Karten auf einen Blick

Muscat und Capital Area: Überblick	117
Old Muscat: Cityplan	120
Mutrah und Ruwi: Cityplan	131
Capital Area: Cityplan	142
Küstenregion Batinah und Hinterland: Überblick	181
Von Seeb nach As Suwayq: Routenkarte	187
Sohar: Cityplan	202
Buraimi und Al Ain: Cityplan	207
Musandam und die Straße von Hormuz: Überblick	215
Khasab: Cityplan	233
Musandam: Fjord- und Bergwelt: Routenkarte	241
Nizwa und das Landesinnere: Überblick	249
Nizwa: Cityplan	256
Aflaj-System: Plan	270
Ausflüge von Nizwa: Routenkarte	272
Omans Osten: Überblick	283
Sur: Cityplan	295
Ja'alan: Routenkarte	304
Region Dhofar: Überblick	315
Salalah: Cityplan	318
Ausflüge von Salalah	339
Sumhuram: Archäologischer Plan	341

▶ Dieses Symbol im Buch verweist auf die Extra-Reisekarte Oman

Reste verfallener Lehmhäuser: Das alte Tanuf ließ der Vater von Sultan Qaboos im Bürgerkrieg zerstören

Einblicke in die Welt von Oman: Nizwa Souq

Wissenswertes über Oman

Land des Weihrauchs und Heimat Sindbads

Die exotischen Geschichten, die wir aus den Erzählungen von Tausendundeiner Nacht kennen, haben ihren Ursprung im südarabischen Oman. Denn von hier brach Sindbad, der berühmteste aller Seefahrer, zu seinen Reisen auf und hierher kehrte er zurück. Oman – das ist ein Stück Arabien wie aus dem Bilderbuch.

Auch wenn wir wissen, dass Sindbads Abenteuer die Erfindung eines Märchenerzählers sind – die Kulissen des Geschehens entsprachen der Wirklichkeit. Und einen Teil davon kann man heute noch in Oman entdecken. Denn von allen Staaten der Arabischen Halbinsel besitzt das Sultanat noch am meisten von dieser altarabischen Atmosphäre und kein anderes Land vermag solche unterschiedlichen Attraktivitäten zu bieten.

Mit futuristischen Weltwunderbauwerken, die im benachbarten Dubai den Himmel stürmen, mit dem Reiz der materiellen Höchstleistungen, sei es die Höhe der Bauwerke betreffend oder die Siegerprämien bei Pferderennen und Golfturnieren, mit diesem Guiness-Rekord-Stolz hat Oman wenig gemein.

Oman blickt auf eine lange, eigenständige Geschichte zurück, verfügt über uneinnehmbare Festungen sowie weltoffene Hafenstädte und versucht heute mit Bedacht, seine Traditionen mit den Herausforderungen der Moderne in Einklang zu bringen.

Als Sultan Said bin Taimur 1970 nach knapp 40 Jahren an der Spitze des Oman von seinem Sohn zur Abdankung gezwungen wurde, hatte sich die einst blühende Region im Südosten der Arabischen Halbinsel in eines der rückständigsten Länder des Erdballs verwandelt. Der fromme Sultan hatte sich jedem Fortschritt verschlossen. Die Analphabetenrate betrug 98 %, es gab im ganzen Land nur ein einziges Krankenhaus mit zwölf Betten, nur 3 km Straße – vor dem Sultanspalast – waren asphaltiert. Autos, Sonnenbrillen und Radios waren verboten, Musik in der Öffentlichkeit untersagt. Ausländer durften nur in ganz seltenen Fällen einreisen und Omanis das Land nicht verlassen. Als sein Sohn Qaboos 1964 von seinem Studium aus England zurückkehrte, stellte er ihn sechs Jahre lang in Salalah unter Hausarrest.

Mit dem Putsch des damals 30-jährigen Qaboos am 23. Juli 1970 begann für Oman eine neue Zeitrechnung. Er öffnete das Land, ließ von den Einnahmen des entdeckten Öls und mithilfe westlicher Berater Schulen, Krankenhäuser und Straßen bauen, organisierte Verwaltung, Polizei und Armee, kümmerte sich um Wasser- und Stromversorgung und schuf in nur vier Jahrzehnten einen Musterstaat, den er ebenso absolut wie aufgeklärt regiert. Auch wenn des Sultans Name und sein Porträt allerorts gegenwärtig sind, es gibt im Sultanat keine polizeistaatlichen Überwachungsmethoden, Oman taucht nicht auf in der Liste der von Amnesty International wegen Menschenrechtsverletzungen kritisierten Staaten. Sultan Qaboos bewegt sich frei unter der Bevölkerung und nicht in gepanzerten Limousinen oder mit Bodyguards. Er ist über alle Maßen beliebt und wird von der Bevölkerung sehr verehrt. Einziger Wermutstropfen aller Omanis: Sultan Qaboos hat keinen Sohn.

Von Anbeginn seiner Regierungszeit war Sultan Qaboos darauf bedacht, die Traditionen Omans und die Kultur seines Volkes nicht überstürzt westlichen Einflüssen preiszugeben. Modernes Know-how und westliche Freiheiten sollten die überlieferten Strukturen ergänzen, nicht ablösen.

Auch mit der Öffnung für den Tourismus geht Oman sehr bewusst um, bietet aber gleichzeitig Gastfreundlichkeit in hohem Maße. Sie entwickelte sich traditionell aus den Notwendigkeiten des Alltags nomadisierender Beduinen, die bei Begegnungen in der Wüste Durchreisenden Wasser, Nahrung, ein Nachtlager und Schutz anboten. Im Gegenzug tauschte man Informationen und wohlwollende Ratschläge für die weitere Reise aus. Spätestens nach drei Tagen brach der Fremde unaufgefordert wieder auf. Dieses ungeschriebene, auf Gegenseitigkeit basierende Protokoll des Umgangs mit Gästen gilt in abgewandelter Form noch heute. Sicherheit garantieren jetzt die staatlichen Organe und da die Gäste heute nicht mehr die bescheidenen Vorräte des Gastgebers verzehren, sondern selbst für ihren Aufenthalt aufkommen, können sie auch länger bleiben. Aber noch immer werden Touristen von Einheimischen wie Gäste behandelt.

Oman ist eines der schönsten Reiseländer der Welt – ausgezeichnet durch intensive Naturschönheit, vielfältige Landschaften, endlos lange Sandstrände, Sonne das ganze Jahr über, gastfreundliche Menschen, reiche Kultur, faszinierende Architektur und einzigartige Basare. Vor allem die Gegensätze fesseln. Während das Leben an der Küste – ganz in der Tradition des Seehandels – modernen Einflüssen gegenüber aufgeschlossen ist, scheint in den Bergen die Zeit stillzustehen. Natürlich kennt man auch dort Autos und Fernseher, aber gleichzeitig findet man noch einfachste Lehmziegelherstellung, Eisenschmiede über offenen Essen, Waschplätze an fließenden Bächen. Dies ist kein Zeichen von Armut, die Menschen halten einfach an ihrem althergebrachten Alltag fest; erst ihre Kinder sind auf dem Wege, dies zu ändern.

Heute wird die Ursprünglichkeit durch moderne Kulturangebote ergänzt: Am 12. Oktober 2011 eröffnete in Muscat The Royal Opera, ein grandioses königliches Opernhaus aus unterschiedlichen Stilelementen. Es ist das erste in der Golfregion und das zweite (nach Kairo) in der arabischen Welt.

Bildung ist nicht mehr nur Männersache: omanische Frauen an der Uni Muscat

Steckbrief Oman

Daten und Fakten
Name: Sultanat Oman (arab.: Saltanat Uman)
Fläche: 309 500 km²
Hauptstadt: Muscat
Amtssprache: Arabisch
Einwohner: 2,8 Mio. (2010), davon 25 % Expatriates; 27 % leben in Städten
Bevölkerungswachstum: 3,5 %
Bevölkerungsdichte: 8 Einwohner pro km²
Lebenserwartung: Männer 72,2 Jahre, Frauen 75,4 Jahre
Alphabetisierungsrate: Männer 83 %, Frauen 67 %, Omanis unter 20 Jahren: 100 %
Währung: Omani Rial (OR, auch RO)
Zeitzone: MEZ + 3 Std., Sommer MEZ + 2 Std.
Landesvorwahl: 00968
Internetkennung: .om

Landesflagge: Drei horizontale Streifen in den Farben (von oben nach unten) weiß, rot, grün, abgesetzt von einem vertikalen roten Band parallel zum Fahnenmast. In der oberen Ecke wird das Staatswappen, zwei gekreuzte Schwerter und ein *khanjar*, in weiß abgebildet.

Geografie

Oman ist das zweitgrößte Land der Arabischen Halbinsel und liegt in ihrem südöstlichen Teil. Ausläufer des Staatsgebiets der Vereinigten Arabischen Emirate schieben sich zwischen das Hauptterritorium Omans und seine nördliche Exklave Musandam. Deren Spitze ragt in die Straße von Hormuz, was dem Staat eine strategische Position am Ausgang des Arabischen Golfes zuweist: ›Wächter‹ über das Nadelöhr der weltweit bedeutendsten Öltankerroute.

Die Küstenzone Batinah am Golf von Oman ist die fruchtbarste und landwirtschaftlich am intensivsten genutzte Region Omans. Das Hajargebirge bildet einen Riegel zwischen der Rub al Khali und der Batinahebene. Seine höchste Erhebung ist der Jebel Shams (3009 m) im Hajar Garbi. Die Wadis des Hajargebirges sind zur Küste hin steile Schluchten, zur Rub al Khali flache, breite Täler. Im Osten des Landes stößt das Hajargebirge direkt ans Meer, in dessen Buchten Häfen wie Mutrah, Muscat und Sur entstanden. Westlich und südwestlich des Hajargebirges erstreckt sich Wüste, an die sich im Süden die Provinz Dhofar anschließt, die bis zur Südküste des Arabischen Meeres reicht. In einem fruchtbaren Küstenstreifen um die Hauptstadt Salalah konzentriert sich die Bevölkerung Dhofars. Dahinter breitet sich das Hochland der Qaraberge aus, das dank des Monsunregens von Juli bis September als Weideland nutzbar ist.

Geschichte

Der Nordosten Südarabiens gehört zu den früh besiedelten Gebieten der Arabischen Halbinsel; das belegen die sog. Bienenkorbgräber aus dem 3. Jt. v. Chr. in der Nähe von Ibri. In der Antike waren es Kupfer und Weihrauch, die Oman zu Reichtum verhalfen. In islamischer Zeit wurde das Land zur bedeutenden Schiffsbau- und Handelsmacht. 1507 eroberten die Portugiesen die Küsten Omans und konnten erst 1650 von Sultan bin Saif, einem Imam aus der Yaruba-Dynastie, vertrieben werden. 1744 wurde Ahmed bin Said als erster Imam der Al Bu Said-Dynastie gewählt. Seine Nachkommen regieren Oman bis heute.

Unter Said bin Sultan erreichte Oman zwischen 1807 und 1856 seine größte Ausdehnung: Die ostafrikanische Küste gehörte vom Horn von Afrika bis zum Kap Delgado, ca. 500 km südlich von Sansibar, zu seinem Herrschaftsbereich. Durch inneromanische Thronfolgestreitigkeiten kam es 1861 zur Teilung des Landes in das Sultanat Muscat und das Sultanat Sansibar. Des Weiteren verloren mit der Eröffnung des Suezkanals 1869 die omanischen Häfen an Bedeutung. Der wirtschaftliche Niedergang Omans ging mit der wachsenden Einflussnahme der Briten einher.

Im sogenannten Helgoland–Sansibar–Vertrag erkannte Deutschland 1890 die britische Vorherrschaft über Sansibar an (ab 1891 brit. Kolonie), erhielt dafür Helgoland sowie den Sansibar gegenüberliegenden Küstenstreifen für seine deutsch-ostafrikanischen Besitzungen. Um die politische Abhängigkeit von England zu verringern, verfolgte Sultan Said bin Taimur seit den 1940er-Jahren eine betont isolationistische Politik, die Oman von allen Modernisierungen abschottete. Sultan Said bin Taimur wurde am 23. Juli 1970 von seinem Sohn Qaboos unblutig gestürzt.

Staat und Politik

Oman ist eine absolute Monarchie mit einem Nationalen Konsultativrat an ihrer Seite. Oberster Herrscher ist Sultan Qaboos Al Said, der achte direkte Nachfahre der seit 1744 regierenden Al Bu Said-Dynastie. Sultan Qaboos ist Staatsoberhaupt und Regierungschef, er ernennt die Minister und bekleidet auch die Ämter des Verteidigungs- und des Außenministers. 1996 verkündete er ein Gesetz im Range einer Verfassung, das eine Reihe von Grundrechten für alle Omanis enthält, eine ihn beratende Versammlung etabliert und vor allem seine Nachfolge (Qaboos ist kinderlos) regelt. Politische Parteien sind verboten. Aller Rechtsprechung liegt islamisches Recht (Scharia) zugrunde. Gesetze werden als *Royal Decrees* vom Sultan erlassen.

Wirtschaft und Tourismus

Oman gehört seit 1967 zu den Erdöl exportierenden Ländern, aber wegen der relativ geringen Fördermengen von ca. 900 000 Barrel pro Tag (im Vergleich: Saudi-Arabien 10 Mio. Barrel pro Tag), nicht zu den märchenhaft reichen. Erdöl und Erdgas werden im Inneren des Oman gefördert, per Pipelines an die Küsten transportiert und in Mina al Fahal bei Muscat und Sohar (Erdöl) und in Qalhat (Erdgas) verschifft; sie machen drei Viertel des gesamten Exportes aus. Die Landwirtschaft konzentriert sich auf die Batinahebene entlang der Küste. Der gesamtwirtschaftlichen Entwicklung liegen Fünfjahrespläne zugrunde.

Im Interesse von Natur- und Kulturerhaltung geht Oman in puncto Fremdenverkehr behutsam vor. Erst seit 2004 gibt es ein Ministerium für Tourismus, und auf diesen Wirtschaftszweig entfallen zurzeit nur ca. 4 % des Bruttoinlandprodukts. Zugleich ist der Tourismus aber einer der größten Arbeitgeber für die einheimische Bevölkerung. Die meisten europäischen Gäste kommen aus Großbritannien und Deutschland (2011: 130 000).

Bevölkerung und Religion

Von den knapp 2,8 Mio. Einwohnern sind viele Gastarbeiter *(expatriates)*. Aber sie machen nur ein Viertel der Bevölkerung aus (in Dubai und Abu Dhabi 90 %). Staatsreligion ist der Islam; über 60 % der Bevölkerung gehören zur moderat konservativen Richtung der Ibaditen.

Natur und Umwelt

Landschaftliche Vielfalt ist das Kennzeichen Omans: Gebirgsketten mit über 3000 m Höhe, riesige Wüsten, aber auch die fruchtbare Ebene der Batinah und die grüne Provinz Dhofar mit Palmen und Weihrauchbäumen. Die 1700 km lange Küstenlinie bietet kleine Buchten und kilometerweite Sandstrände sowie steil abfallende Felsen und die Fjordlandschaft der Exklave Musandam.

Oman ist flächenmäßig das drittgrößte Land der Arabischen Halbinsel, nur Saudi-Arabien und Jemen sind größer. Mit einer Ausdehnung von 309 500 m² ist es nicht ganz so groß wie das wiedervereinigte Deutschland (357 000 m²), hat aber weniger als 3 Mio. Einwohner (BRD: 82 Mio.) und gehört damit zu den am dünnsten besiedelten Staaten der Welt.

Oman liegt im Südosten der Arabischen Halbinsel, in Geodaten gesprochen: Zwischen dem 16. und 26. Breitengrad (Nord) und dem 51. und 59. Längengrad (Ost) oder, literarisch formuliert: auf dem Wendekreis des Krebses.

Gemeinsame Grenzen hat der Staat im Westen mit Saudi-Arabien, im Nordwesten mit den VAE und im Südwesten mit Jemen. Wegen der zerklüfteten Gebirgskette im Süden und der großen, menschenleeren Sandwüste Rub al Khali ›Leeres Viertel‹ im Westen sind die Grenzverläufe dort in völkerrechtlich verbindlicher Weise als gedachte Linien festgelegt.

Zu kriegerischen Auseinandersetzungen mit dem ehemaligen Südjemen wegen Grenzfragen kam es zum ersten Mal in den 1970er-Jahren, die Oman dank der Unterstützung Irans (damals unter Schah Reza Pahlewi) für sich entscheiden konnte. Seit 1976 sind alle Grenzstreitigkeiten beigelegt und die gemeinsame Grenze im Dhofar ist völkerrechtlich verbindlich festgeschrieben.

Der Vollständigkeit halber soll erwähnt werden, dass einige kleine Inseln im Golf von Oman und der Straße von Hormuz ebenfalls zum omanischen Staatsgebiet gehören; wie auch im Indischen Ozean die große Insel Masirah und die kleinen Khuria-Muriya-Inseln.

Geografisch wird Oman in drei Großregionen unterteilt: Die Küstenzone der Batinah, das Hajargebirge und der Dhofar am Indischen Ozean.

Die blühende Küste

Der bis zu 30 km breite Streifen entlang der Küste des Golfs von Oman zwischen Muscat und Sohar vor dem sich dahinter steil erhebenden Hajargebirge ist der fruchtbarste und landwirtschaftlich am intensivsten genutzte Teil Omans und trägt den Namen Batinah. Einst war Sohar, die Stadt Sindbads des Seefahrers, ihr Zentrum, heute ist es Seeb mit seinem internationalen Flughafen »Muscat International Airport«. Im Osten des Landes tritt das Hajargebirge bis an die Küste heran. Seine steilen Einbuchtungen bilden den idealen Raum für natürliche Häfen, und so entstanden hier Hafenstädte wie Muscat und Mutrah, die früher wie heute mit den Agrarprodukten der Batinah versorgt werden.

Die Batinah ist eine besondere Region des Oman. Sie ist am stärksten industrialisiert und am dichtesten besiedelt. Außer den fruchtbaren Böden verfügt sie über große Mineralvorkommen, die die Basis bilden für ihre Industrialisierung. Der Gewerbepark von Sohar und der Ausbau seines Hafens unterstreichen die ökonomische Sonderstellung.

Bizarre Gebirge und endlose Wüsten

Die Hajargebirgskette, vergleichbar mit einem menschlichen Rückgrat, erstreckt sich vom äußersten Norden der Halbinsel Musandam über 600 km in einem Bogen parallel zur Küste des Omanischen Golfs bis nach Ras Al Hadd hinter der Hafenstadt Sur an der Ostspitze des Oman. Die höchste Erhebung erreicht das Gebirge im Gebiet des Jebel Akhdar am Jebel Shams mit 3009 m. Aus geomorphologischer Perspektive ist das Hajargebirge ein Teil eines ozeanischen Rückens vulkanischen Ursprungs, der sich von der omanischen Insel Masirah entlang Oman über Iran bis nach Zypern erstreckt. Für Geologen ist es deshalb besonders interessant, weil es Auskunft gibt über die Millionen Jahre andauernde ereignisreiche Entstehungsgeschichte Omans. So wurde die im Norden gelegene Halbinsel Musandam aus Kalkstein gebildet, der im Mesozoikum (vor ca. 130 Mio. Jahren) entstand. Im Süden Musandams bis zum nördlichen Rand des Jebel Akhdar treten dann Tiefengesteine wie z. B. Diorit und Felsen vulkanischen Ursprungs wie Basalt ans Tageslicht – die gleichen Gesteinsformationen, die auf der Insel Masirah zu finden sind. Der zentral gelegene Jebel Akhdar besteht aus massivem Kalkstein und erhebt sich als grüner Gebirgsstock aus dem sonst grauen, kahlen Felsengebirge.

In der geologischen Epoche des Tertiär (vor etwa 70 Mio. Jahren) war der größte Teil des heutigen Oman einschließlich des Jebel Shams vom Meer überflutet. Durch tektonische Verschiebungen falteten sich die Landmassen auf und erhoben sich aus dem Meer. Deshalb findet man in diesen Regionen viele Meeresfossilien, am häufigsten versteinerte Fische und Muscheln. In späterer Zeit war Oman sogar von Eis bedeckt, was man sich bei seinem heutigen Klima und seiner geografischen Lage nur noch schwer vorzustellen vermag. Die mit norwegischen Fjorden vergleichbaren Buchten und tiefen Küsteneinschnitte auf Musandam sind wie das Faltengebirge des Hajar selbst ebenfalls das Ergebnis tektonischer Bewegungsabläufe.

Das Hajargebirge schiebt sich als durchschnittlich 2000 m hoher Sperrriegel zwischen die Küstenebene der Batinah und die vegetationsarmen, kargen Ebenen. Diese gehen im Westen in die Sandwüste der Rub al Khali über, die bis weit nach Saudi-Arabien hineinreicht. In Richtung Batinahküste haben sich die Gebirgsflüsse tief ins Gestein eingegraben, während sie zur Rub al Khali hin in flache, breite Täler auslaufen. Auch im Osten Omans befindet sich hinter dem Hajargebirge eine geschlossene Sandwüste, die sich bis zur Küste des Indischen Ozeans ausdehnt und wegen ihrer beeindruckenden Sanddünen Wahiba Sands genannt wird.

Ins Hinterland des Hajargebirges, dessen Oasen jahrhundertelang die Heimat rivalisierender Stämme waren, gelangt man aus der Küstenebene über zwei Durchgänge: im Norden von Sohar entlang des Wadi Jizzi zur Oase Buraimi an der Südseite des Hajar und 300 km weiter östlich über den Suma'il-Pass zur innneromanischen Oase Nizwa. An den Ausläufern des Hajar, vor allem in den Oasen im omanischen Binnenland, wurde das berühmte *aflaj*-Bewässerungssystem entwickelt, das über kilometerlange Galerien und in die Felsen eingeschlagene Rinnen das in dieser kargen Gegend kostbare Wasser vom Gebirge zu den Siedlungen leitet.

Jenseits des Hajargebirges erstreckt sich gen Westen und Südwesten ein mehr als 600 km breiter Wüstenstreifen, in dem nur vereinzelte Nomadenfamilien leben. Die Wusta-Region zieht sich quer von der Rub al Khali im Westen bis zum Indischen Ozean im Osten. In der in erster Linie von Salzböden und Kalksteinformationen geprägten Landschaft liegen die großen Ölfelder und die Gas- und Mineralvorkommen Omans. Ihre Infrastruktur richtet sich nach den Abbauinteressen und die

Natur und Umwelt

Sonnenaufgang am Jebel Shamhan im Dhofar

Straßen wurden in erster Linie für die Baufahrzeuge, nicht für touristische Besucher angelegt. Zudem ist es hier extrem trocken und heiß. Nur ein Teil der Wüstenregion besteht aus Sandwüsten, deren Farben sich von dunklem Rotbraun bis zu hellem Beige abwechseln.

Wer in Oman Sandwüste erleben möchte, kann dies im Westen in den Ausläufern der Rub al Khali, sollte aber auch unbedingt die östlich gelegenen Wahiba Sands (s. S. 286) besuchen. Mitten in Al Wusta, wie die Region offiziell heißt, befindet sich im Gebiet Jiddat Al Harasis ein Naturpark für Oryxantilopen (s. S. 332). An die Wüstenregion schließt sich im Südosten der Dhofar an.

Die Weihrauchregion

Die Provinz Dhofar, schon in der Antike wegen ihrer aromatischen Strauchgewächse

Omans Vegetation

In diesen Sommermonaten, zwischen Juni und September, wird die ganze Region Dhofar vom über dem Indischen Ozean mit Regen angereicherten Südwestmonsun, dem *khareef*, geprägt. Denn dieser Monsun regnet sich an den Hängen des Qaragebirges ab und sorgt dafür, dass die Landschaft um Salalah ergrünt, sich Süßwasserseen bilden und sogar Wasserfälle bis zu 100 m tief zu Tal stürzen. Damit ist die Provinz Dhofar der einzige Ort auf der Arabischen Halbinsel, an dem im Sommer stundenweise leichter, warmer Nieselregen fällt. Nicht zuletzt deshalb ist die Region ein beliebtes Ferienziel vieler Bewohner arabischer Staaten, in denen es in diesem Jahresabschnitt sehr heiß ist.

Erst seit letztem Jahrhundert zählt der Dhofar zum Gebiet des Oman, vorher gehörte die Provinz zum Jemen. Naturräumlich und in seiner Geschichte weist Dhofar tatsächlich mehr Gemeinsamkeiten mit dem angrenzenden Gebiet des jemenitischen Hadramaut als mit Oman auf.

Omans Vegetation

Die Vegetation des Oman ist an seiner Fläche gemessen ausgesprochen spärlich. In weiten Teilen des Landes wachsen nur magere Büsche und vereinzelte Tamarisken. In den Oasen, in den Küstenebenen der Batinah und des Dhofar gedeihen hingegen Dattelpalmen, Bananen, Mangos, Gemüse, Gewürze und Alfalfagras, das als Futter für Nutztiere angebaut wird. Nennenswerte natürliche Vegetation und zusammenhängende Anbaugebiete für Obst, Gemüse und Blumen finden wir darüber hinaus nur in den Bergregionen des Jebel Akhdar.

In der Antike war es der Weihrauchbaum, der dem Land zu großem Ansehen verhalf: Der knorrige, strauchartige, 2–3 m hohe *Boswellia sacra* gedeiht nur unter bestimmten klimatischen Bedingungen, die auch im Dhofar herrschen. Vor allem im Gebiet nördlich von Salalah und an den nördlichen Hängen der Qaraberge, die fast nicht mehr vom Som-

und Bäume als Weihrauchland bekannt (s. S. 334), wird durch ihre Lage zwischen der Wüste Rub al Khali und dem Indischem Ozean geprägt. Die Bevölkerung lebt zum großen Teil im schmalen Küstenstreifen um die Hauptstadt Salalah. Das sich dahinter erstreckende Hochland der Qaraberge ist eine vegetationsarme Kalkhochebene, die sich dank des Monsunregens während einiger Monate im Sommer in saftiges grünes Weideland verwandelt.

Natur und Umwelt

mermonsun erreicht werden, können die Bäume ideal wachsen.

Als Weihrauch wird die zähe Harzflüssigkeit bezeichnet, die der Baum ausscheidet. Durch ganz bestimmte Einschnitte (die Technik galt in der Antike als Geheimnis) kann man die austretende Harzmenge erhöhen. Mehr als 1000 Jahre lang verhalfen die Gewinnung von Weihrauch und der Handel über die sog. Weihrauchstraße ganz Südarabien zu Wohlstand (s. S. 337).

Heute ist die bedeutendste kultivierte Pflanze in Oman die Dattelpalme (*Phoenix dactylifera*), von der es ungefähr 8 Mio. im ganzen Land gibt (s. S. 196). In ihrem Umfeld wird meist auch Gemüse angebaut.

Wer in die Provinz Dhofar kommt, wird erstaunt sein über die vielen tropischen Pflanzen und Früchte, die hier dank des feuchten Klimas im sommerlichen Südwestmonsun gedeihen. Dattelpalmen, für die das Klima hier zu feucht ist, findet man im Dhofar allerdings nicht. Dafür umso mehr Kokospalmen (*Cocos nucifera*), Bananen (*Musa paradisiaca*), Papaya (*Carica papaya*) und Mangos (*Mangrifera indica*), die einst aus tropischen Regionen, z. B. aus Sri Lanka, als Pflanzen eingeführt wurden.

Eine wichtige Rolle zur Erhaltung des ökologischen Gleichgewichts spielen in Oman die Mangroven, die entlang bestimmter Küstenabschnitte zu finden sind. Durch den Bau von Häfen und durch Abwasserverschmutzung sind sie in den stadtnahen Küstenbereichen sehr zurückgedrängt worden. Dieses Problem nimmt Oman sehr ernst und hat 2007 mehr als 300 000 neue Mangroven gepflanzt. Da Oman für die Verschmutzung seiner Küsten nicht alleine verantwortlich ist, drängte der Staat auf regionale Konferenzen zum Schutze der Meeresumwelt. Mit Erfolg: Seit 2006 tagen die GCC-Umweltminister einmal im Jahr.

Besonders in den letzten Jahren ist die Regierung auch bemüht, in den Städten Parks und Blumenbeete anzulegen, entlang den Landstraßen Bäume zu pflanzen und mithilfe künstlicher Bewässerung neue Anbauflächen in den Küstenebenen zu erschließen.

Omans Tiere

Im Vergleich zur Meeresfauna ist die Tierwelt an Land bescheiden. Besonders größere Tiere, allen voran die weiße Arabische Oryxantilope (*Oryx leucoryx*), die arabische Gazelle (*Gazella arabica*), aber auch Raubkatzen wie Luchse und Leoparden, die es einst in großer Anzahl gab, sind durch intensives Jagen fast ausgerottet worden. Erst Ende der 1980er-Jahre hat die omanische Regierung die Jagd auf diese seltenen Tiere verboten.

Oryxantilopen

Die letzte frei lebende Oryx wurde 1972 in Oman gesehen; seitdem gilt sie hier als ausgestorben. Da diese Antilope in den Wüstengebieten der Arabischen Halbinsel zu Hause war und in Literatur und überlieferten Erzählungen eine große Rolle spielt, galt die Aufmerksamkeit mehrerer arabischer Herrscher einer Wiederaufzucht der Tiere in ihren jeweiligen Staatsgebieten. Oman nahm bei diesen Bemühungen eine Vorreiterrolle ein und hat mit speziellen Maßnahmen, z. B. dem bereits 1979 initiierten White Oryx Project die Wiederansiedlung der Tiere in Jiddat Al Harasis betrieben.

Die weiße Oryx gilt als Königin der Antilopen, weil sie mit ihrer Körpergröße und ihrem Gewicht die größte aller Antilopenarten ist. Im Zoo von Phoenix im US-Bundesstaat Arizona wurde in einem Aufzuchtprogramm eine Weltherde geschaffen. Von dieser Herde wurde ein Dutzend Tiere in die Jiddat Al Harasis zunächst in ein geschütztes, einen Quadratkilometer großes Gehege gebracht, um die Tiere an die neue Umgebung zu gewöhnen und ihre Vermehrung zu verfolgen. Die in diesem Gebiet lebenden Beduinen vom Stamm der Harasi wurden für das Projekt als Ranger ausgebildet und sind seit der Aussiedlung der Oryx in ein knapp 20 000 km^2 großes Gebiet als Wildhüter vollbeschäftigt. 1994 hat die UNESCO das Oryx Reserve in die Liste der Weltkulturgüter aufgenommen (www.oryxoman.com).

Nach ersten Erfolgen – 1996 war die Herde bereits auf 450 Oryx angewachsen – ist der

Omans Tiere

Bestand 2007 auf 65 Tiere gesunken, wovon nur noch 4 Tierpaare regelmäßig Nachwuchs bekommen. Einer der Gründe war die nicht zu verhindernde Wilderei. Wie ernst die Regierung gegen die Wilderer vorgeht, machte ein Prozess im Januar 2006 deutlich, als drei omanische Wilderer zu je drei Jahren Gefängnis verurteilt wurden.

Zudem hob die Regierung 90 % des Naturparks auf. Die Folge: Die verbliebenen Oryx leben wieder im großen Gehege, und die UNESCO hat das Schutzgebiet aus ihrer Liste des Welterbes gestrichen (www.unesco.org). So traurig die Entwicklung ist, wenigstens für die Touristen hat es einen Vorteil: Sie bekommen die Tiere jetzt in Gehegen eher zu Gesicht.

Kamele

Das einzige große Tier, dessen Heimat die Arabische Halbinsel ist und das man in Oman sehr häufig sieht, ist das Kamel bzw. Dromedar. Es ist das bedeutendste Säugetier der Region. Vor der Entdeckung des Erdöls und dem damit verbundenen Geldsegen war menschliches Leben ohne das Kamel auf der Arabischen Halbinsel undenkbar. Die dadurch entstandene innige Beziehung, ja Verehrung, schlägt sich in Liedern, mündlichen Erzählungen und in der Literatur nieder. Für Beduinen war das Kamel Gold wert, denn es schenkte ihnen einen großen Bewegungsradius. Das Tier versorgte sie mit Milch und Fleisch, lieferte das Material sowohl für Sandalen, Gürtel und Wassersäcke (Haut) als auch für Kleidung, Zelte und Teppiche (Haare und Fell). Selbst der Kot fand in getrocknetem Zustand Verwertung als Heizmaterial.

Wie kein anderes Tier hat das Kamel in einem langen Evolutionszeitraum eine Fülle physiologischer Anpassungen an seinen extremen Lebensraum vollzogen, die es zum idealen Wüstentier machen: In seinen Höckern sammelt es Fett an, sodass es mehrere

Ain-Razat-Quelle, Dhofar: Neben vielen anderen Vogelarten hat hier auch der Eisvogel eine Heimat gefunden

Natur und Umwelt

Tage ohne Nahrung leben kann (entgegen der verbreiteten Meinung ist der Höcker kein Wassertank!); die schwielensohligen, tellerförmig gespreizten Fußballen wirken wie Niederdruckreifen, die nicht in den Sand einsinken – die dicke Hornschwiele schützt überdies gegen den heißen Sandboden.

Auch die Nasenmembran des Kamels leistet ihren Beitrag zur Wasserbevorratung. Ein Beispiel: Sie besitzt eine 40-mal größere Fläche als die menschliche und hält alle Feuchtigkeit der eingeatmeten Luft im Körper zurück, um sie zur Kühlung von Blut, Augen und Gehirn zu verwenden. Bei extremer Hitze kann ein durstiges Kamel seine Körpertemperatur auf 42 °C ansteigen lassen; dies vermindert das Schwitzen und damit Wasserverlust.

Sein Magensystem ist fähig, innerhalb von 15 Minuten bis zu 200 l Wasser aufzunehmen und in Speicherzellen einzulagern; die Kamelniere resorbiert zudem viel Wasser aus dem Harn und spezialisierte Zellen des Enddarms entziehen dem Kot die letzte Feuchtigkeit; das Wasser wird dem Organismus wieder zugeführt. Lange, dichte Augenwimpern verhindern das Eindringen von Sand und Staub, so kann das Kamel auch bei Sandstürmen weiterwandern. Zudem wird ein Sekret abgesondert und bildet einen Tränenflor, der dafür sorgt, dass die Augen sich nicht durch Sandkörner wund reiben. Gewöhnlich legt ein Kamel selbst bei großer Hitze ohne Schwierigkeiten 30–50 km am Tag zurück und braucht nur alle fünf Tage Wasser.

All diese Eigenschaften lassen das Kamel, das im Arabischen *el gamal* heißt, zum Symbol für Schönheit, Geduld, Ausdauer und Genügsamkeit werden. Über 100 unterschiedliche Namen kennt die arabische Sprache für dieses Tier – so unermesslich ist seine Wertschätzung.

Auf der unmittelbar vor dem Festland gelegenen Insel Umm Al Narr bei Abu Dhabi wurden bei Ausgrabungen eines prähistorischen Siedlungsgebiets große Mengen von Kamelknochen aus einer Zeit entdeckt, in der das Tier bisher noch nicht als domestiziert galt. Für Historiker aus der Golfregion steht damit fest, dass hier jene arabischen Vorfahren lebten, die das wild lebende Kamel um 1500 v. Chr. zum Nutztier zähmten. Ihnen verdankt deshalb die Halbinsel ihre Erschließung und ihre späteren Karawanenrouten.

Vogelparadies

In internationalen Magazinen, die sich auf Vögel und Vogelbeobachtung spezialisiert haben, werden mehr als 400 Vogelarten genannt, auf die man in Oman treffen kann. Für ein Land, das hauptsächlich aus trockener Wüste besteht, ist diese Zahl sehr hoch. Doch dafür gibt es eine einfache Erklärung: Die geografische Lage des Sultanats zwischen den Kontinenten Europa und Asien auf der einen Seite und Afrika auf der anderen. Denn 80 % der Vögel sind Zugvögel, die aus Europa und Asien die Küstenregionen Omans zum Überwintern oder als Zwischenstopp zu ihren Winterquartieren in Afrika nutzen. Im Sommer kommen dann Vögel aus Afrika, wenn südlich des Äquators der Winter eingezogen ist. Bevorzugte Küsten zum Überwintern sind die Strandgebiete der Batinah und des Dhofar, vor allem aber die küstennahen Inseln im Indischen Ozean.

Große Zugvögelschwärme aus Europa sieht man deshalb im Herbst und im Frühjahr besonders häufig. Im Sommer bevorzugen die afrikanischen Vogelarten wegen des durch den Südwestmonsun *khareef* (s. S. 328) bedingten großen Nahrungsangebots die Küsten- und Sumpfgebiete im Dhofar.

Naturschutz in Oman

Der Schutz der Vielfalt der omanischen Fauna und Flora standen von Anfang an auf der politischen Agenda des neuen Sultans. Durch die wirtschaftliche Rückständigkeit der letzten Jahrzehnte war die Natur des Landes in einem geradezu unversehrten Zustand. Der Sultan war sich dieses Schatzes bewusst und legte großen Wert darauf, dass der Aufbau einer modernen Industrie und Infrastruktur im Einklang mit der Natur geschah. Bereits drei Jahre nach seinem Amtsantritt gründete Sul-

Naturschutz in Oman

tan Qaboos 1974 ein Umweltministerium, das sich dem Erhalt der Umwelt mit Nachdruck widmen sollte.

Als eines der ersten arabischen Länder erließ Oman Umweltschutzgesetze und sorgt seit 2006 per Dekret dafür, dass bei allen neuen Bauprojekten immer die Frage nachhaltiger Entwicklung beachtet wird. Wenn neue Projekte anstehen, müssen stets auch deren mögliche Konsequenzen für die Umwelt berücksichtigt werden. Leider heißt das nicht zwangsläufig, dass man sich nach intensiver Abwägung nicht im Laufe eines Projekts aus ökonomischen Gründen auch wieder gegen die Belange der Umwelt entscheidet; wie dies beim Oryxantilopen-Projekt geschah, dem die UNESCO den Welterbe-Status wieder aberkannte.

Zudem hat die Regierung vermehrt Schritte eingeleitet, das öffentliche Bewusstsein für den Erhalt der Natur zu schärfen. Fast täglich wird die Bevölkerung in den Medien über die Bedeutung der Natur informiert und die Schulen veranstalten Kampagnen und regelmäßige Wettbewerbe zum Thema Umweltschutz. Nicht zuletzt hat der Zyklon Gono der im Jahr 2007 Muscat und die Nordküste bis Sur heimsuchte, wesentlich zu diesem Bewusstsein beigetragen.

Naturreservate

Oman besitzt heute insgesamt acht Naturreservate zum Schutz lebender Tiere. In den Reservaten herrscht Artenvielfalt, aber jedes Schutzgebiet ist für eine Tierart besonders bekannt, so z. B. das Ras Al Hadd Turtle Reserve für die Grünen Meeresschildkröten (s. S. 302), das Arabian Oryx Sanctuary für die Arabische Oryxantilope (s. S. 332), das Wadi A'Sareen für die arabische Bergziegenart Tahr und das Jebel Samhan Nature Reserve für die arabischen Leoparden. Schließlich sind die geschützten Daymaniyat-Inseln Brutplätze für Vögel und Karettschildkröten (s. S. 193) und in ihren Korallenriffen existiert eine fantastische Unterwasserwelt. Mehrere Meeresarme und küstennahe Feuchtgebiete im Dhofar gehören zu ausgewiesenen Schutzgebieten für Mangroven.

Kleine Vogelkunde
Wer sich detailliert mit den Vögeln in Oman und den Möglichkeiten, diese zu beobachten, befassen möchte, kann sich hier weitere Informationen holen:

Arabian Wildlife Magazine: www.arabianwildlife.com; hier gibt es auch jede Menge Interessantes über die anderen Tierarten Omans zu erfahren.

Die **Oman Bird Group** (Muscat Tel. 24 69 54 98) organisiert Ausflüge (»birding tours«). Über die Gesellschaft kann man auch die beiden Publikationen der Autoren Hanne und Jens Erikson beziehen: »Birdwatching Guide to Oman 2007« und »Common Birds in Oman 2008« (hrsg. vom Tourismusministerium).

Ornithological Society of the Middle East: www.osme.org

In der Zeitschrift der Organisation **Sandgrouse** werden in den meisten Ausgaben Informationen über Vögel der Region und bevorzugte Nistplätze aufgelistet.

Oman Bird News: Die seit 1986 zweimal im Jahr, jeweils für Sommer und Winter, herausgegebene Broschüre des Oman Bird Records Comitee (P.O. Box 246, Muscat 113) bietet eine vollständige Vogelliste sowie einen Atlas der Brutplätze (»Breeding Bird Atlas of Oman«).

Weil Sultan Qaboos die Bedeutung des Umwelt- und Naturschutzes sehr ernst nimmt, beschränken sich die Anstrengungen des Sultanats nicht nur auf omanisches Territorium. Seit 1989 stiftet Oman den »Sultan Qaboos-Price for the Protection of Nature«, der von der UNESCO für internationales Engagement im Umweltschutz alle zwei Jahre ausgelobt wird. Die Führung des UNESCO-Projekts »Man and the Biosphere« beruft die Jury, die nur Preisträger auswählt, die weltweit besondere Umweltprojekte ins Leben gerufen haben. Zuletzt wurde der Millionenpreis im Jahr 2005 einer Institution in Mexiko sowie der Great Barrier Reef Marine Park Authority in Australien zuerkannt.

Wadi Tiwi, östlicher Oman: Die Schönheit dieses Tals mit Palmen und Seen macht es zu einem beliebten Ausflugsziel

Wirtschaft und aktuelle Politik

Als Sultan Qaboos 1970 die Führung Omans übernahm, befand sich das Land quasi noch im Mittelalter. Es gab wenige Straßen, kaum Schulen, keine medizinische Versorgung. Der überaus größte Teil der Bevölkerung lebte in Armut. Heute, nur 40 Jahre später, verfügt Oman über eine hervorragende Infrastruktur, alle Jugendlichen besuchen Bildungseinrichtungen und auch die Armut ist Vergangenheit.

Wirtschaftlicher Fortschritt in Fünfjahresplänen

Für die ökonomische Entwicklung in einem Land, das vor wenigen Jahrzehnten den Sprung aus dem Mittelalter in die Moderne wagte, sind staatliche Planungselemente unverzichtbar. Das gilt für Oman besonders, weil der Rohstoff Erdöl und seine weltweit steigende Nachfrage seine wesentliche Ressource darstellt.

Die Wirtschaft Omans wurde nach dem Regierungsantritt von Sultan Qaboos grundlegend umgestaltet und ausgebaut. Auch nach 1975 blieb der Hauptinvestor der Staat, aber von nun an erfolgten die staatlichen Investitionen auf der Grundlage von Fünfjahresplänen. In den ersten beiden Perioden (1976–1986) wurde das Hauptaugenmerk auf Großprojekte im Bereich der Infrastruktur gelegt, d. h. Straßenbau (1970 nur 10 km geteerte Straße, 1986 über 400 km), Anlage neuer Häfen (Mutrah/Mina Qaboos und Raysut/Salalah), Einrichtung eines Telefon-, Rundfunk- und TV-Netzes und Bau des Flughafens in Seeb. Beim Straßen- und Hafenausbau waren deutsche Unternehmen (Strabag und Hochtief) maßgeblich beteiligt.

Im dritten und vierten Fünfjahresplan (1986–1996) hatten das Erziehungs- und das Gesundheitswesen höchste Priorität. Ziele des Aufbauprozesses bis zum Ende des 20. Jh. waren die Diversifizierung und Modernisierung des gesamten Landes. Das Jahr 2000 wurde mit Stolz gefeiert, weil es die erste große Entwicklungsphase des Sultanats abschloss.

Für die zweite große Phase bis zum Jahr 2020 hat sich Sultan Qaboos auf ein ambitioniertes Programm festgelegt, das ebenfalls in Fünfjahresplänen realisiert werden soll. Mit einem umfassenden Rahmenwerk wollen er und seine Minister für ein konstantes Wachstum der omanischen Wirtschaft und eine kalkulierte Beteiligung der Bürger am nationalen Einkommen sorgen. Dies soll durch eine Politik weiterer Diversifizierung der nationalen Einkommensquellen erreicht werden: Einerseits sollen die Erträge aus der Erdölförderung gesteigert, das Land aber gleichzeitig durch neue Wirtschaftssektoren, z. B. den Tourismus, unabhängiger vom Erdöl werden. Ein wichtiger Punkt dieser zweiten Entwicklungsphase ist auch eine Ausweitung der Privatwirtschaft bzw. der Privatisierungsmaßnahmen. Voraussetzung dafür ist aber der weitere Ausbau des Bildungswesens. Bei allen seinen Bemühungen setzt Sultan Qaboos auf nachhaltige Entwicklung. Gleichzeitig muss er dem Druck des globalen Fortschritts entgegenkommen, um sein Land stärker in die Weltwirtschaft zu integrieren.

Obwohl im sechsten Fünfjahresplan (2001–2005) die Erdölproduktion planerisch wesentlich unter den Erwartungen lag, sorgte der Preisanstieg für Rohöl in diesem Zeitraum für

Wirtschaftlicher Fortschritt

höhere Staatseinnahmen, die zum einen für den Abbau der öffentlichen Verschuldung eingesetzt wurden. Zum anderen legte Oman ganze 550 Mio. OR im General State Reserve Fund an, einer Art staatliche Rückversicherungsfonds für Notzeiten.

Der siebte Fünfjahresplan (2006–2010) hat den Prozess der Diversifizierung der nationalen Einkommensquellen beschleunigt. Die geschätzten Staatseinnahmen in diesem Zeitraum waren auf der Basis einer Ölproduktion von 830 000 Barrel pro Tag bei einem Durchschnittspreis von 30 US-$ kalkuliert. Bei den steigenden Erdölpreisen wurden die realen Einnahmen bei Weitem übertroffen. So betrug der Überschuss im Planungszeitraum ca. 10 Mrd. OR. Der aktuelle, achte Fünfjahresplan (2011–2015) geht von 3 % Wachstum aus und setzt vor allem auf Stimulierung der Binnennachfrage. Von nun an will Oman bis 2015 tgl. 900 000 Barrel fördern und kalkuliert mit einem Verkaufspreis von 59 US-$ pro Barrel in seinen Haushaltsplanungen.

Sieht man vom Erdöl- und Erdgasexport ab, hat der Handel, der Oman jahrhundertelang zu Reichtum verhalf, heute keine große Bedeutung mehr. Die wichtigsten Handelspartner sind die VAE, Indien, Saudi-Arabien und Iran sowie Deutschland an achter Stelle.

Die wirtschaftliche Entwicklung Omans muss immer vor dem Hintergrund des Jahres 1970 betrachtet und beurteilt werden. Daran gemessen findet sie heute weltweit große Anerkennung. Ein Bericht des Global Investment House lobte vor wenigen Jahren die omanische Regierung für ihre Anstrengungen, ein günstiges Wirtschaftsklima zu schaffen, die wirtschaftliche Diversifizierung voranzutreiben und die Einstufung der Kreditfähigkeit des Sultanats zu steigern. In den Jahresberichten der Weltbank steht das Sultanat immer an der Spitze der arabischen

Erdölpipeline bei Marmul: Öl und Gas sind heute wesentliche Wirtschaftsfaktoren des Sultanats Oman

Wirtschaft und Politik

Landwirtschaft in Inneroman: Auf den Terrassenfeldern des Sayq-Plateaus werden Rosen und Obst angebaut

Staaten in Bezug auf »Rechtsstaatlichkeit und verantwortungsbewusste Regierungsführung« und landet auf Platz 17 von 127 Staaten. Vor diesem Hintergrund kam es 2010 zu einem Investitionsschutzabkommen mit der Bundesrepublik Deutschland.

Wirtschaftsfaktoren

Erdöl

Unter Sultan Taimur bin Feisal (1913–1932) setzte sich der politische und ökonomische Niedergang Omans fort, der in der zweiten Hälfte des 19. Jh. eingesetzt hatte. Unter seinem Sohn und Nachfolger, Sultan Said bin Taimur (1932–1970), kam die selbstgewählte Isolation und die technologische Abkapselung des Landes erschwerend hinzu (s. S. 47). Doch beide sperrten sich nicht dagegen, mithilfe ausländischer Explorationsgesellschaften in Oman nach Erdöl zu suchen.

Die Suche begann in den 1920er-Jahren, als eine Tochtergesellschaft der britischen Anglo-Persian-Oil-Company, der späteren BP, die D'Areay Exploration, erste geologische Untersuchungen anstellte, jedoch nicht auf Öl stieß. Erst nach dem Zweiten Weltkrieg wurden die Bohrungen in der Region Fahud im Gebiet des Jebel Akhdar fortgesetzt. In Oman wurde man deshalb erst relativ spät fündig im Vergleich zu anderen Ländern der Arabischen Halbinsel (z. B. in Bahrain bereits 1932, in Saudi-Arabien 1938) . Die erste erfolgreiche Bohrung ging 1962 in Yibal nieder, 1965 stieß man auch in Fahud auf Ölquellen.

Wirtschaftsfaktoren

Aber erst 1967 begann die kommerzielle Produktion und der Export von Erdöl, allerdings auf sehr niedrigem Niveau.

Die ökonomische Rolle des Erdöls für die Wirtschaft Omans änderte sich seit dem Regierungsantritt von Sultan Qaboos 1970 rasant. Die Gesellschaft, die 1967 das erste Öl aus Oman exportierte und der heute das ganze omanische Ölgeschäft untersteht, ist die Petroleum Development Oman (PDO), an der mit 60 % der omanische Staat, mit 34 % die Shell AG beteiligt sind. Die Leitung der PDO liegt beim Shell-Management, die Exportpreise werden durch die omanische Regierung festgelegt. Verstaatlichungstendenzen sind nicht erkennbar, zumal es an einheimischen Fachkräften fehlt.

Das Öl wird aus dem Landesinneren im Südoman mithilfe von Pipelines an die Golfküste gepumpt. Als Arbeitskräfte auf den Ölfeldern und in den beiden Rafinerien in Sohar und Mina al Fahal (17 km westlich von Muscat) werden Inder und Pakistanis eingesetzt. Oman ist weder Mitglied der OPEC noch deren arabischer Teilorganisation OAPEC; das Sultanat hält sich an deren Preisgestaltung, bestimmt aber seine Fördermengen selbst.

Öl und Erdgas prägen heute wesentlich die Einkünfte Omans. 2011 betrugen die staatlichen Haushaltseinnahmen ca. 5 Mrd. OR allein auf das Erdölgeschäft. Die PDO, die 90 % des Rohöls fördert, schafft es seit Jahren auf eine relativ konstante Tagesproduktion von 900 000 Barrel, davon werden rund 850 000 Barrel pro Tag exportiert. Der weitaus größte Teil davon geht nach Fernost, alleine 32 % nach China und jeweils 16 % nach Japan, Thailand und Südkorea. Die Oman Oil Refinery stellt aus den verbleibenden Beständen Benzin und Diesel für den heimischen Verbrauch her.

Da drei Viertel aller staatlichen Einnahmen aus dem Erdölsektor kommen, profitiert Oman von den steigenden Erdölpreisen am Weltmarkt. Das Land vermutet weitere große Erdölvorräte auf seinem Territorium, an Land wie auf See. Deshalb hat es an mehrere ausländische Firmen Explorationsaufträge vergeben, z. B. an das indische Unternehmen Reliance Industries für Bohrungen im Golf von Oman und an die irische Firma Circle Oil im Regierungsbezirk Dhofar sowie offshore an der omanisch-jemenitischen Seegrenze.

Erdgas

Förderung und Export von Erdgas spielen heute in Oman eine zunehmend große Rolle; im Jahr 2009 machten sie bereits 19 % (oder ca. 0,7 Mrd. OR) der staatlichen Einnahmen aus. Die neuen Industriebetriebe in Oman, z. B. der große Industriepark in Sohar, nutzen nicht mehr Öl, sondern in erster Linie Gas als Energieträger. Um die reichen Erdgasvorkommen anzuzapfen, wurde 1996 in Qalhat eine Gasverflüssigungsanlage gebaut. Bereits im Dezember 2005 ging die erste Schiffsladung Flüssiggas nach Spanien.

Früchte und Rosen – die Landwirtschaft Omans

Landwirtschaft und Fischerei gehören zu den traditionsreichen und bis heute wichtigen Sektoren der omanischen Wirtschaft. Über 200 000 landwirtschaftliche Bauernhöfe und kleine Plantagen gibt es im Sultanat (Landwirtschaftszensus 2009). Obwohl ihr Beitrag zur Eigenversorgung bei Datteln und Früchten bei 90 % und bei Gemüse bei 65 % liegt und ein Viertel der Arbeitskräfte dort beschäftigt sind, fallen Landwirtschaft und Fischerei mit ihren Erlösen von insgesamt 220 Mio. OR gemessen am Staatshaushalt von 9 Mrd. OR (2011) nicht wesentlich ins Gewicht. Aber sie stärken in weiten Teilen Omans die Landschaftspflege und fördern Bodenständigkeit und Traditionsbewusstsein in Zeiten technologischen Wandels.

Dank des Landwirtschaftszensus wissen wir, dass in Oman 8 Mio. Dattelpalmen wachsen, die meisten davon in der Batinah. Zusammen mit den 150 000 Kokospalmen, die am zahlreichsten im Dhofar zu finden sind, leisten sie einen nicht zu unterschätzenden Beitrag zur Versorgung. Im gesamten Oman gibt es 2,5 Mio. Rinder, Kamele, Ziegen und Schafe, was zur Folge hat, dass die natürlichen Weidegründe überfordert sind und Viehfutterfarmen angelegt werden müs-

Wirtschaft und Politik

sen. Die wiederum verdrängen, weil sie finanziell lukrativer und weniger arbeitsintensiv sind, den Anbau von Früchten, Blumen und Gemüse.

Wer in Oman reist, erfreut sich der vielen Blumen, insbesondere der Rosen, die in den Gärten entlang der Straßen, in öffentlichen Parks, in Verkehrskreiseln und auf großen und kleinen Feldern der Batinah wachsen. Im Gegensatz zu vielen anderen Blumenländern ist ihr Anbau in Oman nicht in erster Linie vom Export bestimmt. Vielmehr sind sie Teil der Kultur des Wohlbefindens der Omanis.

Aufgrund der Bedeutung der Landwirtschaft und des in ihr ruhenden Konfliktpotenzials bei ausschließlicher Marktorientierung gilt die Sorge des Sultans besonders dem ökologischen Gleichgewicht, um dessen Erhaltung er sich besonders bemüht. Im Jahr 2000 erließ er z. B. ein Gesetz zum Schutz der Wasservorkommen.

Oman ist weit davon entfernt, bezüglich der Ernährung seiner Bevölkerung autark zu sein. Aber die staatliche Förderung der Landwirtschaft, einschließlich der sehr effizienten Wasserversorgung, belegen, dass es auf einem guten Wege dorthin ist.

Tourismus

Auch der Tourismussektor hat in der langfristigen Entwicklungsstrategie Omans seinen Platz, weil er die nationalen Einkommensquellen mannigfacher gestaltet und Arbeitsplätze für Omanis schafft. Die Einrichtung eines eigenen Ministeriums für Tourismus im Sommer 2004 unterstrich die Bedeutung dieses Wirtschaftssektors. Der Entwicklungsplan der Regierung verlangt aber zugleich, dass alle Tourismusprojekte die Natur schützen sowie traditionelle Werte und die kulturelle Identität des Landes bewahren.

Im Jahre 2000 gab es in ganz Oman nur 100 Hotels und Unterkünfte mit insgesamt 5000 Zimmern. 2005 waren es schon 150 Hotels mit 7000 Zimmern und die Zahl der ausländischen Besucher erreichte zum ersten Mal die Millionengrenze; unter ihnen über 100 000 Deutsche. In zwei großen Regionen wurde der Tourismus im siebten Fünfjahresplan (2006–2010) besonders gefördert: im Raum Muscat und in der Provinz Dhofar. In Ersterem trug bereits das 2006 eröffnete 5-Sterne-Strandresort Barr Al-Jissah der Shangri-La-Hotelgruppe mit knapp 700 Hotelzimmern zum Planungsziel bei. Hinzu kamen seit 2008 im Mittelklassebereich mehrere Neueröffnungen im Stadtbereich, darunter Ibis Muscat, The Treasure Box, Park Inn Muscat und Ramada Muscat Hotel.

In zwei weiteren Großprojekten, Blue City in Al Sawadi und The Wave bei Seeb, die als Reißbrettwohnstädte geplant und bereits im Bau sind, werden zudem weitere Hotels entstehen. Noch aber übertrifft in den Monaten Oktober bis März die Nachfrage die Gesamtkapazität.

In der Provinz Dhofar geht es in Fragen des Tourismus insbesondere um die Bewältigung der sommerlichen Monsunsaison, weil dann auf der Arabischen Halbinsel alle Bildungseinrichtungen wegen der Hitze Ferien haben und nur in Dhofar das Klima dank der Wolken und des Nieselregens erträglich ist. Dieses auf der Arabischen Halbinsel außergewöhnliche Naturereignis lockt pro Jahr ca. 300 000 Besucher an, davon 60 % aus Oman und 35 % aus Ländern der Arabischen Halbinsel. Darüber hinaus wird dort während des Sommers ein breites Kulturprogramm im Rahmen des Salalah Tourist Festivals geboten (Termine und Programm s. S. 331). Für europäische Besucher ist die Region Dhofar mit der Hauptstadt Salalah ohnehin eine Ganzjahresdestination, denn der Besuch lohnt in erster Linie wegen der Strände und der archäologischen Stätten, die auf der Liste des UNESCO-Welterbes stehen, wie z. B. Ubar (s. S. 335), Sumhuram (Khor Rori; s. S. 343) und Al Baleed (s. S. 318).

Deutsch-omanische Wirtschaftsbeziehungen

Deutsche Firmen waren in Oman in den 1970er-Jahren beim Aufbau der Infrastruktur wesentlich beteiligt. Dies verschafft der Bundesrepublik bis heute eine Vertrauensbasis, von der auch Besucher des Sultanats profitieren, wenn sie zu verstehen geben, dass sie aus Deutschland kommen.

Deutschland ist heute einer der zentralen Wirtschaftspartner Omans. Die Bundesrepublik liegt seit Jahren auf dem fünften Platz unter den Lieferländern (nach den VAE, Japan, Indien und den USA). Der deutsche Export nach Oman erreichte im Jahr 2011 ein Rekordhoch von rund 830 Mio. Euro. Wichtige deutsche Produkte, die in den Oman geliefert wurden, waren neben Kraftfahrzeugen v. a. Maschinen, elektrische und chemische Erzeugnisse, Werkzeuge und Fabrikationsanlagen. Die Einfuhren aus Oman nach Deutschland beliefen sich im Jahr 2011 im Gegensatz dazu nur auf ca. 37 Mio. Euro. An diesem riesigen deutschen Außenhandelsüberschuss hat sich auch in den letzten Jahren nichts geändert.

Politik

Gemessen an internationalen Maßstäben ist Omans politische Entwicklung äußerst beeindruckend. Es hat seit 1970 binnen weniger Jahrzehnte institutionelle Strukturen auf-

Meerblick vom Shangri-La-Hotel in Muscat: Ein bisschen Luxus muss sein

Wirtschaft und Politik

gebaut und ein mittelalterliches Regierungssystem modernisiert. Dazu gehören v. a. eine von der Verfassung gesicherte Rechtsstaatlichkeit mit definierten Befugnissen der Behörden, die Existenz staatlicher Institutionen analog westlicher Regierungssysteme und eine zunehmende Beteiligung der Bevölkerung bei Wahlen. Transparency International klassifizierte (zum letzten Mal 2010) das Sultanat als den arabischen Staat mit der niedrigsten Korruptionsrate in der Administration und setzte Oman auf den 41. Platz seines »Corruption Perception Index« in einer Rangliste von insgesamt 178 Staaten.

Das Regierungssystem des Sultanats

Als Qaboos bin Said am 23. Juni 1970 den Thron seines Vaters, Sultan Said bin Taimur, bestieg, ›erbte‹ er nicht nur einen Staat ohne jegliche Infrastruktur, sondern auch ohne geordnete politische Strukturen. Sein anhaltender politischer Erfolg beruht im Wesentlichen auf einer behutsamen wie auch nachhaltigen Modernisierung des Landes und der mittelalterlich geprägten Stammesgesellschaft. Der heutige Staat Sultan Qaboos' hat mit dem Sultanat seines Vaters nur noch wenig gemein.

Es ist jedoch ein monarchisches, islamisches Herrschaftssystem ohne Parteien und ohne ein gesetzgebendes Parlament geblieben. Sultan Qaboos bin Said bin Taimur Al Said ist Staatsoberhaupt, Regierungschef und Oberbefehlshaber der omanischen Armee sowie der königlichen Polizei. Er ernennt die Minister und regiert mit Gesetzen in Form von Erlassen (*Royal Decrees*). Auch die heutige Verfassung Omans wurde am 6. November 1996 als Dekret 101/96 verkündet. Dennoch ist Qaboos kein absoluter Monarch, am Tage seiner Thronbesteigung 1970 erklärte er in einer Rede:

»Ich verspreche euch, dass ich umgehend mit dem Aufbau einer modernen Regierung beginnen werde. Meine erste Maßnahme wird sein, mit sofortiger Wirkung alle unnötigen Bestimmungen, die euer Handeln einschränken, aufzuheben. Mein Volk, ich werde so schnell wie möglich damit beginnen, euch ein Leben und eine Zukunft in Wohlstand aufzubauen. Ein jeder von euch muss seinen Beitrag dazu leisten. Unser Land war einst stark und berühmt. Wenn wir mit vereinten Kräften arbeiten, werden wir diese ruhmreiche Vergangenheit wieder aufleben lassen.«

Als »guter Führer seines Volkes« herrscht Qaboos seit mehr als 40 Jahren nach diesen Grundsätzen.

Die omanische Verfassung

Qaboos stützt sich bei seinen politischen Entscheidungen auf einen Ministerrat, dem zurzeit (2010) insgesamt 32 Mitglieder, darunter drei Frauen, angehören, und auf das traditionelle Beratungssystem der *Majlis*. Nach Artikel 58 der Verfassung von 1996 besteht dieses Beratungsgremium – genannt Omanischer Rat (*Majlis Oman*) – aus zwei Kammern, einem Staatsrat und einer Beratenden Versammlung. 2011 bekam die Majlis Oman per Dekret erweiterte Beratungsrechte.

Die Mitglieder des Staatsrats, der *Majlis A'Dawla*, die vom Sultan ernannt werden (seit 2006: 59 Vertreter, darunter sechs Frauen), müssen laut Verfassung mindestens 40 Jahre alt sein, aus guten Verhältnissen stammen und ein hohes Ansehen genießen. Der Staatsrat fungiert durch das hohe Ansehen seiner Mitglieder aus bedeutenden Familien als Bindeglied zwischen Regierung und Volk. Ihm zur Seite steht die zweite Kammer, deren Mitglieder in den Bezirken vom Volk gewählt werden. Dieser Beratenden Versammlung, der *Majlis A'Shura*, zu der alle Omanis das aktive Wahlrecht besitzen (Oman war das erste Land der GCC-Staaten, das auch Frauen das Wahlrecht gewährte), gehören 83 Mitglieder an. Eine Wahlperiode beträgt vier Jahre, gewählt wird in 59 Verwaltungsbezirken (*wilayate*), wobei ein *wilayat* mit weniger als 30 000 Einwohnern einen Abgeordneten (zzt.: 38) und ein Bezirk mit mehr als 30 000 Einwohnern (zzt.: 25) zwei Abgeordnete nach Muscat schickt. Gewählt ist, wer die Mehrheit erhält.

Allerdings sind auch hier die Auflagen für Kandidaten nicht unerheblich: Es dürfen sich

Politik

nur omanische Staatsbürger über 30 Jahren, die aus guten Verhältnissen kommen und eine gute Reputation genießen, aufstellen lassen. Der Kandidat darf nicht vorbestraft sein und muss über eine angemessene Ausbildung und praktische Erfahrung verfügen.

Die Tatsache, dass Oman seit 1996 eine geschriebene Verfassung besitzt, die in Artikel 17 die Gleichheit aller Omanis vor dem Gesetz nennt, es aber in der gleichen Verfassung in Artikel 2 heißt: »Die Staatsreligion ist der Islam und die islamische Scharia ist die Grundlage der Rechtsprechung«, führt aus europäischer Sicht zu Widersprüchen. Ein Beispiel: Gemäß Koran Sure 4,11–12 erbt eine Tochter nur die Hälfte dessen, was einem Sohn als Erbe zusteht. Damit keine Rechtsstreitigkeiten zum Gleichheitsgebot in Artikel 17 auftreten, artikuliert Artikel 11 der Verfassung klar, dass alle Erbschaftsfragen nach der Scharia zu regeln sind.

Wie in allen islamischen Staaten ist auch in Oman per Verfassung eine Kritik am Staatsoberhaupt unter Strafe gestellt. Bis 1996 bedrängte alle Omanis die Frage: Wer wird Nachfolger des kinderlosen Sultans Qaboos? Artikel 5 der Verfassung klärte dies: »Das Regierungssystem ist eine erbliche Monarchie, in der die Thronfolge an einen männlichen Nachkommen von Sayyid Turki bin Said bin Sultan weitergegeben wird. Die Bedingung ist, dass der zum Staatsoberhaupt gewählte männliche Erbe ein volljähriger Muslim ist, im Besitz seiner geistigen Kräfte und ein legitimer Sohn omanisch-muslimischer Eltern.« Damit kommt für die Nachfolge nur ein ganz bestimmter Zweig innerhalb der Al Bu Said-Familie infrage, nämlich die Nachkommen des Imam Turki bin Said, der von 1871–1888 regierte. Er ist der Urgroßvater von Qaboos und damit sein direkter Vorfahre.

Verwaltung

Heute ist das Sultanat Oman verwaltungsmäßig in elf Governorate (Regierungsbezirke) gegliedert: Muscat, Dhofar, Musandam, Buraimi, Nord- und Süd-Batinah, Dhahirah, Dakhiliya, Nord- und Süd-Sharqiyah und Wusta. Die elf Governorate sind in insgesamt 61 Verwaltungsbezirke *(wilayate)* unterteilt, an deren Spitze ein *wali* (Gouverneur) steht, den der Sultan ernennt. Die Grenzen der *wilayate* berücksichtigen weitgehend gewachsene Strukturen und die *walis* stammen überwiegend aus den alten Scheichfamilien. Jedem *wali* steht ein Kadi, ein religiöser Richter, zur Seite. Rechtsprechung erfolgt durch den *wali* in Beratung mit dem Kadi, letzte Berufungsinstanz ist der Sultan. Für Verkehrsdelikte und kleinere Vergehen ist die Polizei vor Ort zuständig, erst in zweiter Instanz der *wali*.

Unter den Regierungsbezirken ist Muscat mit knapp 700 000 Einwohnern der am dichtesten besiedelte Omans. Er reicht von der Stadt Seeb mit dem Internationalen Flughafen bis nach Quiryat, einem alten Fischereihafen im Süden. Die Hauptstadt Muscat ist in jeder Hinsicht das Zentrum Omans. Sie ist der internationale Handels- und Wirtschaftsmittelpunkt und hier befinden sich alle Institutionen der nationalen und internationalen Politik. Und doch sucht man in Muscat vergebens nach den Betonhochhäusern aus Stahl und Glas, die andere Metropolen auszeichnen. Muscat hat seine traditionelle Architektur beibehalten, auch wenn die meisten Gebäude nicht mehr als zwei Jahrzehnte alt sind. Jenseits des alten Stadtzentrums mit seiner rekonstruierten Stadtmauer liegt die Capital Area, wie das sich über 40 km erstreckende Groß-Muscat heute offiziell genannt wird – im Gesamtensemble all seiner neuen Stadtteile sorgfältig geplant und mit Straßen vernetzt.

An der Spitze Muscats steht heute Gouverneur Sayyid Saud bin Hilal bin Hamad al Busaidi. Er ist Staatsminister und gehört dem Ministerrat an.

Omanisierung

Wie alle arabischen Staaten am Golf beschäftigt auch Oman *expatriates*. Von den rund 3 Mio. Einwohnern Omans besitzen nur drei Viertel den Pass des Sultanats. Rund 800 000 Arbeitskräfte kommen aus dem Ausland. Allerdings sind es, gemessen in statistischen Dimensionen, im Vergleich zu

Wirtschaft und Politik

Sultan Qaboos – ein Herrscher von höchster Beliebtheit

Es gibt wenige Staatsoberhäupter, die über eine solche Machtfülle verfügen und dennoch so beliebt sind wie Sultan Qaboos. Was er in den mehr als vier Jahrzehnten seiner Regentschaft geleistet hat, ist in der arabischen Welt ohne Beispiel.

Sultan Qaboos ist in Oman das Zentrum der politischen Macht, er vereint Exekutive, Legislative und Judikative in seiner Person. Gesetze werden von ihm als *Royal Decrees* erlassen, ein Parlament, das zustimmen müsste oder Parteien, die ihn kritisieren könnten, gibt es in Oman nicht. Sultan Qaboos schließt alle internationalen Verträge, er ernennt die Minister und die Mitglieder des ihn beratenden Staatsrates, der *Majlis A'Dawla*.

Qaboos wurde am 18. November 1940 in Salalah als einziger Sohn des damaligen Sultans Said bin Taimur (1910–1972) und dessen zweiter Frau Mazoon geboren. Er ist in direkter Linie der achte Nachfolger von Imam Ahmed bin Said, der 1747 als erster Sultan der Al Bu Said-Dynastie zur Herrschaft verhalf. Bis zu seinem 16. Lebensjahr lebte er in Salalah, wurde dann aber von seinem Vater auf eine englische Privatschule geschickt und besuchte ab 1960 die Royal Military Academy im englischen Sandhurst. Nach seinem Abschluss trat er in jenes britische Infanterie-Bataillon ein, das als Rheinarmee nach Deutschland verlegt wurde. Mit ihr diente er ein Jahr in Nordrhein-Westfalen. Ziel dieser aktiven Soldatenzeit war es, genügend Erfahrung für den Aufbau einer omanischen Armee zu sammeln.

Nachdem er den Militärdienst absolviert hatte, ging er drei Monate lang auf Weltreise. Anschließend kehrte er nach Salalah in den Palast seines Vaters zurück. Dort widmete er sich dem Studium des Islam und der historischen Vergangenheit Omans.

Am 23. Juli 1970 kam es zu einer unblutigen Palastrevolution, in der Qaboos seinen Vater als Machthaber ablöste. Sultan Said bin Taimur flüchtete ins Exil nach London. Dort verstarb er zwei Jahre später.

In den ersten Regierungsjahren war Qaboos mit der Sicherung seiner Herrschaft beschäftigt, zumal das Land sich im Bürgerkrieg befand und die Aufständischen im Dhofar vom (damals sozialistischen) Südjemen unterstützt wurden. Qaboos gelang es, den Guerillas 1972 bei Mirbat eine empfindliche Niederlage beizubringen. Zwei Jahre später besiegte er sie mit militärischer Unterstützung des Schahs von Persien und des jordanischen Königs endgültig. Seit 1975 ist der Dhofar befriedet. Das Friedensabkommen kam durch Sultan Qaboos' Zubilligung der von seinem Vater der Region jahrzehntelang verweigerten Infrastrukturmaßnahmen zustande. Die Beendigung des Bürgerkriegs vergrößerte sein Ansehen in Oman zusätzlich.

In den Jahren zuvor hatte er die Aufnahme Omans in die Vereinten Nationen und in die Arabische Liga vollzogen. Durch die Ölkrise im Jahr 1973 und den danach steigenden Erdölpreisen von 10 auf 40 US-$ pro Barrel erzielte Oman unerwartet hohe Einnahmen, die Qaboos für die Modernisierung der Infrastruktur sowie den Ausbau des Bildungs- und Gesundheitswesens im Sultanat einsetzte.

Am 22. März 1976 heiratete er in Muscat Sayyida Qamila bint Tariq al Said. Die Ehe blieb kinderlos und wurde nach kurzer Zeit geschieden. Eine weitere Ehe ist Qaboos nie

Populäres Staatsoberhaupt

Thema

eingegangen. Da er keine Söhne hat, regelte er seine Nachfolge in der Verfassung von 1996 (s. S. 33). In Oman wird über die Lebensführung von Sultan Qaboos nicht geredet, obwohl die Lebensform des Junggesellen in Arabien äußerst unüblich ist. Auch Besucher sollten dieses Thema im Land besser nicht ansprechen, denn jede Diskussion in der Öffentlichkeit ist aus Respekt vor seiner Privatsphäre absolut tabu.

Das heutige Sultanat Oman hat keinerlei Ähnlichkeit mehr mit dem Land, dessen Thron Sultan Qaboos 1970 bestieg. Heute sind die Bergregionen über mehrspurige Nationalstraßen zu erreichen. Selbst in den kleinsten Dörfern gibt es Schulen und überall im Land können sich die Bürger kostenlos in Krankenhäusern medizinisch versorgen lassen. Sultan Qaboos ist es gelungen, die isolierte Feudalgesellschaft aus den Zeiten seines Vaters in wenigen Jahrzehnten in eine offene Industriegesellschaft der Moderne zu verwandeln, so hat er dem Staat Oman weltweit Ansehen verschafft, ohne dabei die Traditionen aus dem Blick zu verlieren. Seine Popularität im Land lässt sich aber daraus allein nicht erklären.

Alle Leistungen des omanischen Sozialstaats an einzelne Omanis sind aufgrund der politischen Struktur des Sultanats immer persönliche Gaben von Qaboos. Und als solche werden sie auch in der Öffentlichkeit dargestellt sowie von den Empfängern wahrgenommen. Sultan Qaboos schenkte zum Beispiel am 35. Nationalfeiertag im November 2005 insgesamt 16 000 armen omanischen Familien jeweils ein Grundstück mit einem neuen Haus.

Der Sultan schätzt den direkten Kontakt zu seinem Volk. Bei seinen jährlichen mehrwöchigen Fahrten durch alle Landesteile, den sog. ›Royal Tours‹ (oder ›Meet-the-People-Tours‹), will er sich einen Überblick verschaffen, wie die Menschen leben. Bei dieser Gelegenheit können die Bürger frei und direkt mit ihm sprechen, was sie auch gerne in Anspruch nehmen. Sehr oft löst Qaboos die Probleme des einen oder anderen Dorfbewohners mit einem Scheck oder die devot vorgetragene Bitte eines Dorfältesten wird auf kurzem Dienstweg durch Anweisung an einen seiner anwesenden Minister erledigt. Ein Beispiel: Im Lauf der langen Royal Tour des Jahres 2006 durch die abgelegenen Provinzen Wusta und Dhofar ordnete Sultan Qaboos kurzerhand nach Gesprächen mit den Bürgern vor Ort den Bau einer Schule, von drei Gesundheitszentren, eines Fischereihafens sowie einer kleinen Meerwasserentsalzungsanlage an. Die Gesamtkosten dafür beliefen sich auf insgesamt 95 Mio. OR.

Weil Sultan Qaboos 2010 70 Jahre alt wurde, beschäftigt alle Omanis die Frage seiner Nachfolge. Ergänzend zu Artikel 5 der Verfassung, der die erbliche Monarchie als Staatsform und den dynastischen Anspruch der Al Bu Saids auf die direkte Linie seines Großvaters Turki bin Said festlegt, hat Qaboos eine konkrete Nachfolgeregelung getroffen, die zu seinem Ansehen im Land weiter beitrug. Mangels eines eigenen Sohnes schlägt er in seinem Testament einen persönlichen Kandidaten vor, der seiner Meinung nach für das Amt des Sultans am besten geeignet ist und die Vorgaben der Verfassung erfüllt. Weiterhin legte er 2011 fest, dass nach Ablauf der dreitägigen Trauerzeit der königliche Familienrat über diesen Kandidaten als Thronfolger entscheiden sollte. Käme keine Einigung in der Familie zustande, würden die Vorsitzenden der Majlis Oman, des Obersten Gerichtshofes und des Verteidigungsrates einen Kandidaten ernennen.

Wirtschaft und Politik

Sohar: Sultan Qaboos ist in Oman omnipräsent

den Emiraten relativ wenige und verständlicherweise ist ihre Zahl in der Hauptstadtregion Muscat größer als auf dem Land. Andererseits sind über die Hälfte der Omanis jünger als 18 Jahre und unter den jungen Schul- und Hochschulabsolventen gibt es viele ohne Arbeit. Mit dem Projekt der Omanisierung versucht die Regierung, dieses Problems Herr zu werden. Erreicht werden soll damit, dass die Bürger aktiv in die Gestaltung des gesellschaftlichen Lebens und den weiteren Aufbau des Landes eingebunden werden, und dies geht in erster Linie durch die Teilhabe an Arbeit.

Sultan Qaboos macht mit der Omanisierung ernst: So dürfen im privaten und öffentlichen Sektor nur dann noch Ausländer eingestellt werden, wenn sich kein qualifizierter Omani für die ausgeschriebene Stelle beworben hat. Die Regierung will den Anteil von ausländischen Arbeitskräften auf insgesamt 15 % senken und hat für mehrere Bereiche der Privatwirtschaft feste Quoten für den Anteil omanischer Arbeitskräfte vorgegeben – im Transportwesen 60 %, bei Banken, Versicherungen und Immobilien 45 %, in der Industrie 35 % und im Hotel- und Gaststättengewerbe 30 %. Für bestimmte Berufe, z. B. Taxifahrer, Handwerker oder Fischer sind nur Omanis zugelassen. Bei Nichteinhaltung wird eine Ausländersteuer erhoben. In der Tourismusbranche z. B. gibt es einen Aufholbedarf

Politik

an omanischen Arbeitskräften. Die Zahl der Beschäftigten im Hotelgewerbe z. B. betrug im Jahr 2005 insgesamt 5300; davon waren 18 % Omanis, 2010 waren es schon 30 %.

Gemäß der Amtsantrittsrede des Sultans im Jahre 1970 bemüht sich die Regierung, die einheimischen Arbeitskräfte so auszubilden, dass sie sowohl für den öffentlichen Dienst als auch zunehmend für Bereiche der privaten Wirtschaft mit den erforderlichen Qualifikationen ausgestattet sind. Angemessene Arbeitsplätze für Einheimische zu schaffen, ist so auch stets ein Thema bei den jährlichen Rundreisen des Sultans. Da man sehr viel im Bildungs- und Ausbildungsbereich investiert, scheint dies allmählich zum gewünschten Erfolg zu führen. Besonders im öffentlichen Dienst greift das *Omanisation Programme* und löst zusehends Europäer (meist Briten) und Inder ab.

Außenpolitik

Sultan Qaboos stand bei Amtsübernahme im Januar 1970 vor der Schwierigkeit, Oman überhaupt erst wieder auf dem internationalen Parkett der Weltpolitik zu etablieren. So trat Oman bereits 1971 den Vereinten Nationen (UN), dem Internationalen Währungsfonds (IWF) und der Weltgesundheitsorganisation (WHO) bei, 1972 der UNESCO, der UN-Organisation für Erziehung, Wissenschaft und Kultur, sowie 1973 der Organisation der blockfreien Staaten.

Sultan Qaboos unterhielt enge persönliche Beziehungen zu Schah Reza Pahlewi, der ihn militärisch im Krieg gegen die Aufständischen im Dhofar unterstützte. Seit dem Sturz des Schahs und nachdem die Sowjetunion mit ihrem Einmarsch in Afghanistan bis auf 500 km Luftlinie an die Straße von Hormuz herangerückt war, fürchtete Oman eine stärkere Bedrohung durch Südjemen, insbesondere durch die dort errichteten sowjetischen Basen in Aden und auf der Insel Sokotra. Nach dem Friedensvertrag mit Südjemen im Jahr 1982 sowie nach dem Ende des Ost-West-Konflikts und dem Zusammenbruch der Sowjetunion kooperierte Sultan Qaboos wieder verstärkt mit dem Westen, insbesondere mit Großbritannien und militärisch mit den USA. So bietet er (bis heute) den Amerikanern zwar keine festen Militärbasen an, wohl aber Einrichtungen, die im Ernstfall sofort genutzt werden könnten. Dazu gehören z. B. die Häfen Salalah und Muscat und die Flugplätze in Seeb, auf der Insel Masirah und in Khasab auf der Halbinsel Musandam.

Oman wurde 1981 nach dem Ende des 8-jährigen Krieges zwischen Irak und Iran (Erster Golfkrieg) Gründungsmitglied des Gulf Cooperation Council (GCC). Mit dessen Hilfe stimmen die Golfstaaten Bahrain, Kuwait, Qatar, Saudi-Arabien und die Vereinigten Arabischen Emirate ihre Außen-, Militär- und Wirtschaftspolitik gegenüber Iran ab und – seit dem Überfall Iraks auf Kuwait im Jahre 1990 (Zweiter Golfkrieg) – auch gegenüber Irak. Im Krieg der USA und Großbritanniens gegen den Irak unter Saddam Hussein im Jahre 2003 (Dritter Golfkrieg) bewährte sich dieses Bündnis.

Im Konflikt zwischen Israel und den Palästinensern unterstützt Oman von Anfang an die Zweistaaten-Lösung einschließlich der Räumung aller (!) von Israel völkerrechtswidrig besetzten Gebiete; bereits 1990 wurde in Muscat ein Büro der PLO eröffnet. Andererseits brach Oman im Gegensatz zu allen anderen arabischen Staaten seine diplomatischen Beziehungen zu Ägypten nicht ab, als der Staat am Nil 1979 einen Friedensvertrag mit Israel schloss. Oman war auch der erste arabische Staat, der den israelischen Ministerpräsidenten Rabin 1993 zu einem Besuch einlud.

1995 unterzeichnete Oman mit Saudi-Arabien und dem seit 1990 wiedervereinten Jemen Grenzabkommen, sodass die Bevölkerung des Sultanats heute in völkerrechtlich gesicherten Grenzen lebt. Oman unterhält mittlerweile zu über 100 Staaten diplomatische Beziehungen.

Sowohl die politischen als auch die wirtschaftlichen Beziehungen zur Bundesrepublik Deutschland können als ausgesprochen gut bezeichnet werden. Jedes Jahr finden gegenseitige Besuche hoher Regierungsdelegationen statt.

Geschichte

In der Antike waren es Kupfer aus dem Hajargebirge und Weihrauch aus dem Dhofar, die Oman zu Reichtum und Bedeutsamkeit verhalfen; im Mittelalter machte das Monopol des arabischen Indien- und Afrikahandels das Land fünf Jahrhunderte lang zu einer großen Seehandelsmacht. Vom 17. bis ins 19. Jh. konnte Oman seinen Herrschafts- und Handelsbereich sogar bis ins afrikanische Sansibar erweitern.

Omans frühe Geschichte

Mitte der 1950er-Jahre bestätigten Ausgrabungen, dass die Menschen der Küstenregion zwischen Kuwait und Qatar intensive Handelsbeziehungen zu den damals bereits hoch entwickelten Kulturen in Mesopotamien (heutiger Irak) unterhielten. Sumerische Tontafeln aus dem mesopotamischen Ur berichten aber nicht nur von Geschäften mit Dilmun (heute Bahrain), sondern auch von einem regen Handel mit einem Reich Magan, das Kupfer besaß (2500–1500 v. Chr.). Wo aber lag das Land Magan, von dem auch in Zusammenhang mit den Siegen des mesopotamischen Herrschers Naram-Sin (um 2200 v. Chr.) berichtet wurde, er habe »den König von Magan« unterworfen?

Wohlstand durch Kupfer

Kanadische Geologen, die im Auftrag Sultan Qaboos' Mitte der 1970er-Jahre im Hajargebirge nach Bodenschätzen suchten (ein Jahrzehnt zuvor hatte man im Landesinneren Erdöl entdeckt), kamen des Rätsels Lösung ein Stück näher: Bei ihrer Suche stießen sie auf Spuren von Kupferbergbau. Vergleiche mit den gefundenen Kupfergegenständen im Irak und Bahrain ergaben, dass es sich um die gleiche Metallzusammensetzung handelte.

Doch die Ausgrabungen im Hajar konnten bei allen Bemühungen keine Produktionsanlagen aus der Bronzezeit zutage fördern. Die älteste der freigelegten Kupferproduktionsstätten stammte aus dem 10. Jh. n. Chr., die jüngste gar aus dem 19. Jh. Erst die Untersuchung der Schlacke, die in riesigen Mengen westlich von Sohar entdeckt wurde, ergab eine Erklärung: Kupfergewinnung fand in Oman über Jahrtausende hinweg an denselben Orten statt, d. h. über den alten Produktionsstätten wurden immer wieder neue errichtet, die alten dadurch verschüttet. Aus diesem Grund erhielt sich keine Bausubstanz aus der Bronzezeit; lediglich ein paar Tonscherben in den alten Schlackenschichten geben Auskunft über die Produktion dieser Epoche (2200–1900 v. Chr.). Gemessen an den Ausmaßen der Schlackenhalden müssen die Herstellungsmengen an Kupfer immens gewesen sein. Dass es sich bei dem sagenumwobenen historischen Reich Magan um den heutigen Oman handelt, wird seitdem unter Historikern nicht mehr bezweifelt.

Die Kupferproduktion spielte auch in den nächsten Jahrtausenden in Oman eine Rolle und erreichte mit hohen Erträgen und bester Qualität in islamischer Zeit um 1000 n. Chr. ihren Höhepunkt. Bis ins Mittelalter hinein war Oman der größte Kupferlieferant im Mittleren Osten, dann brach die Produktion aber ab – eventuell aus politischen Gründen. Seit 1983 knüpft die Oman Mining Company an die historische Kupferproduktion an und exportiert erfolgreich omanisches Kupfer für Kathoden.

Land des Weihrauchs

Um 1000 v. Chr. verschob sich das Zentrum des historischen Geschehens auf der Arabischen Halbinsel von der östlichen Golfregion hin zum Roten Meer. Dazu trug u. a. die zunehmende Bedeutung der Weihrauchstraße bei, eines ausgebauten Handelsweges für Karawanen, der vom (heute omanischen) Dhofar, der um diese Zeit zum mächtigen (heute jemenitischen) Sabäerreich gehörte, zuerst durch das Hadramaut entlang der Ostküste durch die Städte Mekka und Medina (damals Yathrib) hin zum Mittelmeerhafen in Gaza (heute Palästina) führte.

Das im Dhofar gewonnene Weihrauchharz gehörte zu den begehrtesten Handelsgütern der Antike, denn der Bedarf an wohlriechenden Essenzen war damals sehr groß. Der griechische Historiker Herodot berichtet, dass in Babylon zu Ehren des Gottes Baal pro Jahr mehrere Tonnen Weihrauch verbrannt wurden. Im alten Rom ging Kaiser Nero Überlieferungen zufolge bei der Totenfeier seiner Frau Poppäa ähnlich verschwenderisch (6 t) mit dem Duftstoff um. Und in der Bibel wird Weihrauch als Geschenk der heiligen drei Könige gleichwertig mit Gold und Myrrhe genannt.

Der hohe Wert des Weihrauchs in der Antike hatte mehrere Gründe. Weihrauch fand nicht nur als aromatisches Räucherwerk Verwendung, sondern auch als medizinische Heilpflanze, deren gesundheitsfördernde Qualität man damals bereits kannte. Auch die halluzinatorische Wirkung von Weihrauch war antiken Priestern wohl alles andere als fremd.

Weihrauch verhalf Südarabien aber v. a. zu großem Reichtum. Deshalb versuchten die Römer, Südarabien zu erobern, um damit zugleich die Herrschaft über die Weihrauchstraße zu erlangen. Kaiser Augustus beauftragte den römischen Präfekten von Ägypten Aelius Gallus mit dem Feldzug. Dieser stellte ein Heer zusammen und zog 25 v. Chr. von Ägypten nach *Arabia felix* (glückliches Arabien), wie es die Römer wegen seines angeb-

Die Düfte Omans: räuchernder Weihrauchbrenner im Souq von Mutrah

Geschichte

lichen Reichtums nannten. Doch die Expedition des römischen Heeres geriet zum Desaster. Der griechische Historiker Strabo berichtet, dass den Römern in Unkenntnis des Landes durch Hitze, Trinkwassermangel, das Ausbleiben von Nachschub, das Scheitern der Pferde im Sand und wegen ausbrechender Krankheiten jeder Erfolg versagt blieb. Zudem hatten sie sich nabatäischen Führern anvertraut, die sie aber auf falsche Routen führten. Nach einem halben Jahr kehrte Aelius Gallus 24 v. Chr. nur mit einem kläglichen Rest seiner Armee nach Ägypten zurück.

Hauptausfuhrhafen für Weihrauch war in der Antike Sumhuram (s. S. 340), unweit vom heutigen Salalah (s. S. 316) gelegen. Einer der Hauptumschlagplätze auf dem Landweg war Ubar, das heutige omanische Shisr (s. S. 335). Heute spielt Weihrauch in Oman keine ökonomische Rolle mehr. Insgesamt werden pro Jahr ca. 7000 Tonnen produziert, und der Erlös ist relativ niedrig. Aber bei der omanischen Bevölkerung ist er nach wie vor beliebt und in den Souqs von Salalah und Mutrah ein von Touristen begehrtes Souvenir (100 Gramm kosten heute ca. 3 €, s. S. 324).

Islamisierung Omans

Oman gehörte zu jenen Gebieten der Arabischen Halbinsel, in denen der Islam sehr früh und sehr schnell Fuß fasste. Noch vor dem Tode des Propheten im Jahre 632 hatten viele omanische Stämme bereits die neue Religion angenommen.

Nachweislich schickte der Prophet 630 einen der ersten Muslime, den Kaufmann Amar ibn Al As, mit einem Brief an die damals über die omanische Küstenebene herrschenden Fürsten Abad und Yaifar, die Söhne des Königs Al Yalandi. In diesem Brief fordert Mohammed von ihnen seine Anerkennung als Prophet und ihren Übertritt zum Islam. Wörtlich heißt es in dem Brief: »Ich lade Euch ein, den Glauben des Islam anzunehmen. (...) Wenn Ihr Euch zum Islam bekehrt, werde ich Euer Freund sein. Wenn Ihr ablehnt, wird Eure Macht vergehen. Meine Armee wird Euer Gebiet besetzen und im Namen Allahs wird der Islam Euer Reich besiegen.« Beide konvertierten nach Beratung mit ihren Rechtsgelehrten sofort zur neuen Religion. Amar ibn Al As blieb bis zum Tode Mohammeds als Islamlehrer in Oman, kehrte danach aber in Begleitung der Brüder nach Medina zurück. Dort trafen sie auf Abu Bakr, Nachfolger Mohammeds und erster Kalif.

Da mit der Konversion zum Islam auch die politische Unterwerfung einherging, kam es zu Aufständen einiger Stämme in Oman. Schließlich konnten aber die Brüder Abad und Yaifar mit Unterstützung des Kalifen Abu Bakr die Schlacht von Dibba (um 633) militärisch zugunsten der Anhänger des Islam entscheiden. Seit 634 ist ganz Oman islamisch und damit einer der ersten Staaten, in dem die meisten diesen Glauben freiwillig angenommen hatten. Dass sie zu den ersten Muslimen der Arabischen Halbinsel gehören, darauf sind alle Omanis heute noch stolz.

Spaltung der islamischen Welt

Das Schisma des Islam in Sunniten und Schiiten über die Frage der Nachfolge des Propheten am Ende des 4. Kalifats im Jahre 661 hatte auch Auswirkungen auf Oman. Zudem trat im islamischen Zentrum Basra 684 während des ersten sunnitischen Kalifats des Kalifen Muawija aus der Dynastie der Omaijaden der gläubige Muslim Abdullah ibn Ibad auf und forderte eine Rückkehr des Islam zu den Lehren Mohammeds und des ersten Kalifen Abu Bakr. Der Kern seiner Lehre war, dass jeder gläubige Muslim von den Mitgliedern seiner Gemeinde zum Imam gewählt und auch abgewählt werden könne. Das widersprach natürlich den Interessen der omaijadischen Herrscher in Damaskus, die das Kalifat in Erbfolge verwalteten und unter deren Einfluss Oman stand.

Den Gedanken des Abdullah ibn Ibad schloss sich der omanische Gelehrte Abu Saatha aus Nizwa an. Beide mussten Basra verlassen und zogen sich in die Berge des Jebel Akhdar in Oman zurück. Dort verbreitete sich die Lehre Abdullah ibn Ibads – die Ibadiya – sehr schnell.

Aufstieg zum Seehandelsimperium

Von nun an entwickelte sich das Landesinnere, durch das Hajargebirge von der Küste abgeschirmt, unter ibaditischer Ausrichtung in eine andere Richtung als die Küstenregion mit ihren internationalen Handelsbeziehungen und der Hafenstadt Sohar, wo überwiegend Sunniten oder Schiiten lebten.

Als erster Imam in Oman wurde 751 Yulanda ibn Masud gewählt. Er erkor Nizwa zu seiner Residenzstadt, fiel aber kurz danach in einer Schlacht gegen den sunnitischen Kalifen von Bagdad, der Oman für seinen Glauben zurückgewinnen wollte. Inzwischen war nämlich das Kalifat im Jahre 750 von der Dynastie der Omaijaden (mit Zentrum Damaskus) an die Dynastie der Abbasiden (mit Zentrum Bagdad) als erblicher dynastischer Herrschaftsanspruch übergegangen. Schließlich kam 801 erneut ein gewählter Imam an die Macht. Damit festigte sich die imamische Herrschaftsform mit Sitz in Nizwa in den nächsten drei Jahrhunderten – mehr oder weniger losgelöst von den Entwicklungen entlang der Küstenregion.

Aufstieg zum Seehandelsimperium

Die Ursprünge des traditionsreichen omanischen Seehandels reichen bis ins dritte vorchristliche Jahrtausend zurück. Den Grundstein für den Aufstieg zum Handelszentrum legten die persischen Sassaniden, die seit dem 3. Jh. n. Chr. die omanischen Küsten kontrollierten und sie als Teil ihrer maritimen Handelsrouten in ihr Reich einbezogen. Zwar gab es mehrmals Auseinandersetzungen mit örtlichen Araberstämmen, aber seit dem Jahr 570 war Sohar Sitz des sassanidischen Vizekönigs aus Persien und sollte sich zum wichtigsten Hafen der Region entwickeln. Per Vertrag grenzte der omanische Fürst Al Yalandi, dessen Söhne sich später zum Islam bekannten, seinen Einflussbereich von dem der Sassaniden entlang der Küste ab. Der persische Handel entwickelte sich dank der Schiffsbaukunst der Omanis zu voller Blüte, wobei es omanische Seefahrer – die ›Söhne Sindbads‹ – waren, die die Schiffe navigierten. Im 7. und 8. Jh. gelangten die arabischen Händler von der omanischen Küste bis nach Kanton im fernen China und unterhielten später Handelsbeziehungen nach Java und Sumatra. Das Seehandelsimperium der Omanis umfasste bald den ganzen Indischen Ozean.

Als goldenes Zeitalter bezeichnen deshalb die meisten Historiker die Zeit zwischen 800 und 1200 n. Chr. für die Region des Golfes, in der die ertragreichen Handelsrouten von Bagdad und Basra nach Indien und China in

---

Imame und Sultane des Oman

Von 751 bis 1154 regierten alle Imame das Land von Nizwa aus; 1406 wird Bahla unter Imam Makhzum Hauptstadt. Erst danach entwickelten sich zwei ›Dynastien‹, die von nun an die Imame stellten:
Name (Regierungsantritt, Residenz)

Yaruba-Dynastie
Nasir bin Murshid (1624 , Rustaq)
Sultan bin Saif I. (1649, Rustaq)
Bil'arub bin Sultan (1688, Jabrin)
Saif bin Sultan I. (1711, Rustaq)
Sultan bin Saif II. (1711, Al Hazm)
Saif bin Sultan II. (1718)
Muhanna bin Sultan (1718, Rustaq)
Ya'rub bin Bil'arub (1721, Nizwa)
Saif bin Sultan III. (1722, Rustaq)
Muhammad bin Nasir (1724, Jabrin)
Saif bin Sultan IV. (1728, Rustaq)
Sultan bin Murshid (1738, Rustaq)

Al Bu Said-Dynastie
Ahmed bin Said (1744, Rustaq)
Said bin Ahmed (1783, Rustaq)
Hamad bin Ahmed (1784, Muscat)
Sultan bin Ahmed (1792, Muscat)
Said bin Sultan (1804, Muscat und Sansibar)
Thuwaini bin Said (1856, Muscat)
Salim bin Thuwaini (1866, Muscat)
Azzan bin Qais (1868, Muscat)
Turki bin Said (1871, Muscat)
Faisal bin Turki (1888, Muscat)
Taimur bin Faisal (1913, Muscat)
Said bin Taimur (1932, Muscat)
Qaboos bin Said (1970, Muscat)

Geschichte

Verweis auf Seehandelstradition: Schmuckdetail an einem Handelshaus in Sadah

der Handelsmetropole Sohar eine wichtige Zwischenstation besaßen. Deshalb wurde die Stadt auch mehrmals angegriffen.

Für die Küstenregion hatte der Handel mit Indien besonders große Bedeutung, weil die omanischen Dhauwerften abhängig vom Import indischen Teakholzes waren. Zudem konnte von dort das Nahrungsmittel Reis importiert werden. Bereits im 10. Jh. segelten omanische Händler auch weit nach Süden bis hinunter zur afrikanischen Ostküste. Sie nutzten den Novembermonsun von Nordosten, segelten von Muscat, Sohar und Sur im Schutze der Küste Südarabiens bis nach Sansibar und zur damals größten Hafenstadt Ostafrikas, Mombasa. Hier hatten sie genügend Zeit, kostbare Waren zu laden, denn erst im April nach Beginn des Südwestmonsuns ging es in nur vier Wochen von Mombasa zurück nach Muscat.

Die zweite südliche Handelsroute führte über Aden durch das Rote Meer bis nach Aqaba. Die omanischen Hafenstädte profitierten wirtschaftlich als Stütz- und Zwischenhandelsstationen – und sei es nur für die Aufnahme von Süßwasser vor einer Meeresüberquerung. Marco Polo (1254–1324), der italienische Fernostreisende aus Venedig, beschrieb im 13. Jh. Balid (heute Salalah) als »großartige und schöne Stadt mit einem sehr guten Hafen«. Seine Händler schlugen aus dem Verkauf von arabischen Pferden und Weihrauch Gewinn, so Marco Polo. Auch die benachbarte Hafenstadt Mirbat wird in chinesischen Quellen als Markt für Weihrauch genannt, den man im China der damaligen Zeit gerne importierte.

Die wirtschaftliche Bedeutung Omans und seiner Häfen hing wesentlich von den politischen Rahmenbedingungen seines Umfelds

Aufstieg zum Seehandelsimperium

Einigkeit im Namen Allahs

Für die Araber bedeutete die sie einende Religion des Islam die Bündelung eines großen Potenzials an Selbstbewusstsein und Kreativität. Mit immensem Expansionsdrang eroberten sie im Namen des Islam zügig die umliegenden Machtzentren, sofern diese nicht selbst die neue Religion und den damit einhergehenden Machtanspruch der Kalifen anerkannten. Noch zu Lebzeiten Mohammeds waren alle Stammesführer der Arabischen Halbinsel dem Religions- und Herrschaftssystem Islam beigetreten. Drei Jahre nach Mohammeds Tod fiel Damaskus (635), bald darauf Jerusalem (638) und fünf Jahre später die Nilmetropole Alexandria (642). Im Jahr 710 hatten die Araber alle Reiche entlang der nordafrikanischen Küste erobert und setzten ihren Fuß auf die iberische Halbinsel. Seit 714 gehörte der südliche Teil Spaniens und Portugals zum Herrschaftsbereich der islamischen Kalifen.

Mehr als 700 Jahre hielt dieser islamische Machtbereich im Südwesten Europas und hinterließ bedeutende kulturelle und architektonische Spuren. Auch die Wirtschaft des kleinen Oman profitierte dank seiner Seefahrer und erfahrenen Händler von dieser arabischen Vormachtstellung.

ab, zumal Oman zu keiner Zeit mächtig genug war, seine Handelsflotte auch militärisch zu schützen. Dennoch wagte z. B. 943 die omanische Flotte einen Angriff auf Basra. Die Rache des Kalifen von Bagdad hatte 965 die vollständige Zerstörung Sohars zur Folge. Doch die Küstenregion erholte sich immer wieder von Angriffen, und andere Hafenstädte der Region, z. B. Qalhat, stiegen ab der Mitte des 12. Jh. zu neuem Reichtum auf.

Andererseits brach 878 der Handel mit China plötzlich ab, weil in Kanton ein Aufstand die Verwüstung der Stadt und der dortigen arabischen Handelsniederlassungen zur Folge hatte. Ungeachtet des unsicheren politischen Umfelds gelang es den Arabischen Seefahrern dank ihrer großen Navigationskenntnisse Oman bis zur Invasion der Portugiesen Anfang des 16. Jh. als bedeutendes Wirtschaftszentrum zu erhalten.

Doch um 1500 kam es zu grundlegenden Umwälzungen. Die Überseehändler Europas waren mehr als brennend daran interessiert, den Seeweg zu den Gewürzen Indiens zu entdecken, um den arabischen Zwischenhandel zu umgehen. Berichte vom Reichtum der Region am Golf und die Vertreibung der arabisch-islamischen Mauren aus Spanien und Portugal durch die katholische Reconquista (am 2. Jan. 1492 kapitulierte als letzte mulismisch beherrschte Stadt Granada) riefen die europäischen Seefahrernationen auf den Plan. Insbesondere Portugal suchte fieberhaft einen Seehandelsweg in den Indischen Ozean zu den östlichen Gewürzländern. Vasco da Gama umrundete 1498 mit vier Schiffen erfolgreich Afrika – er gab der Südspitze deshalb den Namen Kap der Guten Hoffnung – und segelte dann nach Norden entlang der afrikanischen Ostküste. Hier traf er auf oma-

Geschichte

Am Hofe zu Sansibar

Imam Said bin Sultan starb 1856 im Alter von 62 Jahren auf einer Seereise von Sansibar nach Muscat. Er hinterließ nicht nur große Reichtümer, sondern auch 36 Söhne und Töchter. Eine seiner Töchter, die 1844 in Sansibar geborene Sayyida Salamah bint Said, verliebte sich in den jungen Deutschen Heinrich Ruete, der auf Sansibar eine Hamburger Handelsgesellschaft vertrat. Sie wurde schwanger, floh mit britischer Hilfe 1866 nach Aden, wo sie Christin wurde und den Vornamen Emily bzw. Emilie annahm. 1867 heiratete sie den nachgereisten Heinrich und kehrte mit ihm nach Hamburg zurück. Unter ihrem deutschen Namen Emilie Ruete veröffentlichte die Prinzessin von Sansibar und Oman ihre Lebensgeschichte und berichtete darin detailliert über den Alltag bei Hofe. 1886 erschien das Buch in Berlin mit dem Titel Memoiren einer arabischen Prinzessin (Emilie Ruete, geb. Prinzessin Salme von Oman und Sansibar: Leben im Sultanspalast, Hamburg 2007). Es handelte sich um eine Übersetzung des zuvor in London verlegten Buchs. Ihr Sohn, Rudolf Said-Ruete, veröffentlichte 1929 eine Biografie seines Großvaters Said bin Sultan, in die viele Erzählungen seiner Mutter vom Leben am Hofe des Sultans einflossen.

nische Händler und Seefahrer. Der Überlieferung nach soll er einen omanischen Navigator angeheuert haben, der vom ostafrikanischen Malindi portugiesische Schiffe direkt nach Calicut an der indischen Westküste navigierte. Als da Gamas Flotte voll beladen mit Gewürzen heimkehrte, wurde ein neues Kapitel der europäischen Eroberungs- und Handelsgeschichte aufgeschlagen.

Oman und die Portugiesen

Der Vorstoß der Portugiesen in den Indischen Ozean stand unter imperialen Vorzeichen: Indien sollte portugiesische Kolonie werden. Um zunächst die Macht über den Handel mit Indien und der ostafrikanischen Küste zu erlangen, musste Portugal Oman unter seine Kontrolle bringen. 1503 eroberten die Iberer Sansibar, 1506 die Insel Sokotra, 1507 Muscat. Das Ziel, die Zufahrt zum Golf an der Straße von Hormuz und die Zufahrt zum Roten Meer am Bab el Mandeb zu blockieren, um damit die Kontrolle über die See- und Handelsroute aus Asien nach Europa zu gewinnen, hatte der portugiesische Admiral Alfonso de Albuquerque (1453–1515) 1510 erreicht. Zuvor hatte er aber nahezu alle omanischen Hafenstädte erobert, geplündert und anschließend zerstört sowie die omanischen Schiffe versenkt. Dass die portugiesische Flotte so schnell militärische Erfolge verbuchen konnte, verdankte sie ihren Schiffskanonen, denen die mit Lehmmauern befestigten omanischen Städte nichts entgegensetzen konnten und denen auch die hölzernen Dhaus wehrlos ausgeliefert waren.

Als sichtbare Demonstration und zur Sicherung ihrer Macht errichteten die Portugiesen im Laufe der nächsten Jahrzehnte mächtige Festungen, z. B. in Muscat und Mutrah, in Sohar, auf der Insel Hormuz und in Khasab auf der Halbinsel Musandam.

Portugals sinkender Stern unter der Al Yaruba-Dynastie

Im islamischen Machtbereich meldete Anfang des 16. Jh. eine andere erstarkende Großmacht ihren Herrschaftsanspruch an: die Osmanen. Sie hatten 1517 Ägypten erobert und wollten die Blockade des Roten Meeres 1533 nicht länger hinnehmen. Anfangs widerstanden die Portugiesen ihrer Flotte. Als die Türken beim dritten Versuch 1581 unter Führung von Ali Beq Muscat eroberten, gelang es den Portugiesen, sich ungeschlagen ins Landesinnere zurückzuziehen. Nach Abzug der Türken nahmen sie Muscat erneut ein und errichteten 1587 die Festung Al Jalali (s. S. 119). Doch das Ende der portugiesischen Herrschaft war abzusehen.

Die großen europäischen See- und Handelsnationen Großbritannien, Frankreich und die Niederlande gründeten Ende des 16. Jh. Handelsgesellschaften, deren Schwerpunkt der Gewürz- und Rohstoffhandel mit Indien war und die den Portugiesen zunehmend in die Quere kamen. Die bekannteste und schlagkräftigste war die 1600 in London von britischen Händlern gegründete English (später British) East India Company. Diese Handelsgesellschaften verfolgten immer auch die politischen Interessen ihrer Heimatländer.

Dies bekamen die Portugiesen bald zu spüren: Nach einem Überfall der Perser, die von England unterstützt wurden, mussten sie 1622 als Erstes die Insel Hormuz räumen. Zur gleichen Zeit hatte Imam Nasir bin Murshid aus der Dynastie der Al Yaruba die inneromanischen Stämme mit der Zielsetzung geeint, die Portugiesen aus Oman zu vertreiben. Zug um Zug mussten die Portugiesen die Hafenstädte räumen. Zuerst Sohar, dann Sur (1634) und schließlich, unter Nasirs Nachfolger Sultan bin Saif I., Muscat (1650).

Dieser vertrieb die Portugiesen auch aus vielen ehemals arabischen Handelsplätzen entlang der ostafrikanischen Küste, 1652 eroberte er Sansibar und 1655 sogar das indische Bombay. Unter Imam Sultan bin Saif I. baute Oman eine neue große, bewaffnete Handelsflotte auf, die von nun an die Macht der Omanis im Indienhandel sicherte. Sein Sohn, Imam Bil'Arub bin Sultan, verlegte seine Residenz von Nizwa (s. S. 258) nach Jabrin (s. S. 273). Sein Bruder und Nachfolger Imam Saif bin Sultan I. verdrängte die Portugiesen schließlich aus allen Besitzungen an der afrikanischen Ostküste außer Mosambik. Während der Al Yaruba-Dynastie (1624–1744) erlebte Oman eine Blütezeit.

Jahrzehnte des Bürgerkriegs

Mit dem Tod von Imam Sultan bin Saif II. im Jahre 1718 begann der Niedergang der Imam-Dynastie der Yaruba. Streitigkeiten um die Nachfolge, die Einsetzung von Imamen und Gegenimamen und der Wegfall der die Stämme einigenden Fremdherrschaft der Portugiesen führten zu inneromanischen Auseinandersetzungen, in deren Folge Imam Saif bin Sultan IV. 1737 die Perser zu Hilfe holte. Diese setzten sich sehr schnell als neue Herren in der Batinahebene fest. Widerstand gegen die neuen Besatzer leistete nur die Stadt Sohar unter Führung des Gouverneurs Ahmed bin Said. Anlässlich des Todes von Imam Saif bin Sultan IV. und seines Rivalen Sultan bin Murshid im Jahre 1743, womit die Linie der Al Yaruba-Dynastie erlosch, unterbrachen die Perser die Belagerung Sohars. Ahmed bin Said nutzte die Gelegenheit, lud die Anführer zu Waffenstillstandsverhandlungen ein und ließ sie bei einem Festessen in Barka alle umbringen.

Herrschaft der Al Bu Saids

Das »Festmahl von Barka« im Jahre 1747 beendete so die Herrschaft der Perser in Oman für immer. Ahmed bin Said, seit 1744 Anführer des Stammes der Al Bu Said, war zum Imam gewählt worden. Er löste als erster Imam der Al Bu Said-Dynastie die Yaruba-Dynastie der omanischen Imame ab.

Nach der Bewältigung innenpolitischer Probleme schloss Ahmed bin Said 1752 einen Vertrag mit Portugal über die Interessen- und Besitzabgrenzungen in Ostafrika. Damit war der Weg frei für eine neue omanische Herrschaftsausweitung.

Unter den Imamen der Al Bu Said-Dynastie erreichte Oman seine größte Machtfülle. Einer der Gründe war ihr gutes Verhältnis zu Großbritannien. Bereits 1784 hatte die Dynastie ihre Residenz nach Muscat verlegt und damit den Regierungssitz des Imams in die damals bedeutendste Stadt Omans transferiert. 1798 schloss Imam Sultan bin Ahmed mit Großbritannien einen Vertrag, der den Niederländern und Franzosen Handelsniederlassungen im Golf untersagte. Doch es gab weitere gemeinsame Interessen: Oman und Großbritannien sahen ihre Geschäfte gleichermaßen von den arabischen Piraten der Qawasim aus dem Küstenemirat Ras Al Khaimah und von den fundamentalistischen Wahabiten aus Saudi-Arabien bedroht, die

Geschichte

sich anschickten, die Oase Buraimi und die Batinah zu erobern.

Die Gefahr der saudi-arabischen Wahabiten wurde von der osmanischen Großmacht der Türkei 1821 mit der Zerstörung des Familiensitzes der Al Saud in Diraiya (heute ein Vorort von Riyadh) gebannt. Der Piratengefahr nahm sich Großbritannien mit der Zerstörung von Ras Al Khaimah im Jahre 1820 an, danach schloss es mit allen Emiraten Schutzverträge.

Said der Große

Mit dem Regierungsantritt von Imam Said bin Sultan im Jahre 1804, der bis 1856 Oman regierte, begann für Oman eine neue Blütezeit. Vor allem die von ihm kontrollierte ostafrikanische Küste versprach ein neues Zwischenhandelsgut: Sklaven für die europäischen Plantagen in Amerika und in der Karibik.

Es war die Zeit der ersten großen internationalen Beziehungen: 1839 unterzeichnete der Sultan einen Staatsvertrag mit Großbritannien und im selben Jahr landete in London an Bord der omanischen Dhau Al Sultanah der erste omanische Botschafter am englischen Hofe, Ali bin Nassr. Bereits 1833 war ein Freundschaftsvertrag mit den USA geschlossen worden. 1840 kam es zu einem weiteren Vertrag über diplomatische Beziehungen zu den USA, woraufhin Ahmad bin No'oman Al Qaabi, der erste omanische Botschafter in Amerika, in New York eintraf.

Oman entwickelte sich dank des Sklavenhandels und des Anbaus von Gewürznelken, zu einer Handelsmacht, deren Einfluss weit ins afrikanische Festland reichte.

Said bin Sultan machte Sansibar zu seinem zweiten Regierungssitz, sein Reich hieß jetzt »Sultanat Muscat und Sansibar«. Das große Handelsimperium geriet nach dem Tode von Imam Said bin Sultan 1856 jedoch ins Straucheln. Schuld daran waren Thronfolge- und Machtstreitigkeiten seiner Söhne, bereits zu Lebzeiten des Vaters hatte Thuwaini stellvertretend Muscat regiert und Majid Sansibar. 1861 wurde mit britischer Hilfe ein Vertrag zwischen den rivalisierenden Brüdern geschlossen, der die formelle Teilung des Reiches in das »Sultanat Muscat und Oman« und das »Sultanat Sansibar« zur Folge hatte. Die Briten agierten beim Vertrag, der das reiche Sansibar zu Zahlungen an das ärmere Muscat verpflichtete, als Bürgen.

Niedergang des Handelsimperiums

Die Trennung von Sansibar beraubte Oman des größten Teils seiner Handelseinnahmen. Sein Niedergang wurde aber durch drei weitere Faktoren noch beschleunigt: Die Eröffnung des Suezkanals im Jahre 1869 machte die Häfen Omans strategisch wertlos, die ersten neu entwickelten Dampfschiffe, die 1865 den Indischen Ozean erreichten, waren den segelnden Dhaus der Omanis überlegen, hinzu kam das Verbot des Sklavenhandels am Ende des 19. Jh. Die Staatseinnahmen brachen ein und innerhalb weniger Jahre verlor das einst große Oman seine Bedeutung und die Al Bu Saids ihre Macht. Neben Großbritannien hatte Deutschland ab 1885 großen Einfluss in Sansibar. Im sogenannten Helgoland-Sansibar-Vertrag erkannte das Deutsche Reich aber die Vorherrschaft Großbritanniens in Sansibar an (ab 1891 brit. Kolonie) und erhielt dafür Helgoland, das sich seit 1807 in britischem Besitz befand. Vom Sultan von Sansibar erwarb Deutschland mit britischer Unterstützung für 4 Mio. Goldmark im Zusammenhang mit dem Vertrag.

Der Niedergang des omanischen Großreiches führte gegen Ende des 19. Jh. zu Auseinandersetzungen zwischen den Al Bu Saids in Muscat, die mehr und mehr in britische Abhängigkeit gerieten, und den religiösen Ibaditen-Führern der inneromanischen Stämme, zumal sich auch die Sultane aus der Herrscherfamilie der Al Bu Said seit 1784 nicht mehr einer Wahl stellten, sondern die dynastische Erbfolge praktizierten. Ein lange währender Bürgerkrieg um rechtmäßige Herrschaftsansprüche zwischen Imamen und Sultanen, in den die Engländer aufseiten des Sultans von Muscat eingriffen, endete 1920 mit dem Vertrag von Seeb. Er gewährte den

Fischfang: In Oman nur zur Selbstversorgung gedacht

Imamen indirekt die Herrschaft über die Region des omanischen Berglandes und beschränkte die des Sultans auf den Bereich der Batinah und die Hauptstadt Muscat. Formal wurde das Sultanat Oman aber nie geteilt.

Als Sultan Said bin Taimur die ersten ausländischen Erdölbohrtrupps ins Landesinnere schickte, sprach ihm der 1954 gewählte Imam Ghalib bin Ali das Recht dazu ab, denn er selbst hoffte mithilfe der Erdölförderung einen souveränen Staat errichten zu können. 1955 nahm der Sultan das Landesinnere mithilfe der Briten ein und der Imam Ghalib bin Ali floh ins saudi-arabische Exil. Der Sultan war nach weiteren Aufständen ab 1959 endlich alleiniger Machthaber im Sultanat – wenn man vom großen politischen Einfluss Großbritanniens absah. Um diesen abzuschütteln, betrieb Sultan Said bin Taimur von nun an eine betont isolationistische Politik. Er beschränkte die Importe, drängte auf Nutzung einheimischer Ressourcen, erließ strenge Sparverordnungen und kapselte das Land von allen Außenbeziehungen ab. Mit religiösen Argumenten verbot er alle technischen Neuerungen, ließ keine Schulen, Straßen oder Krankenhäuser bauen und lebte selbst sehr zurückgezogen in seinem Palast in Salalah, das 1958 zur Residenzstadt geworden war. Regierungssitz blieb Muscat, das der Sultan aber nur sehr selten aufsuchte.

Omans Renaissance

In Salalah wurde er am 23. Juli 1970 von seinem Sohn Qaboos, der sechs Jahre zuvor von seinem Auslandsstudium aus England heimgekehrt war, gestürzt. Im Land selbst fand Sultan Qaboos sehr schnell große Zustimmung bei der Bevölkerung und machte sich eifrig an den Aufbau des Landes. Seit mehr als 40 Jahren lenkt er nun als Monarch die Geschicke seines Landes (s. auch »Wirtschaft und aktuelle Politik« S. 26 und »Thema: Sultan Qaboos« S. 34).

Zeittafel

3000–2000 v. Chr.	Umm al Narr-Kultur, Grabfunde (Bienenkorbgräber) der Hafitperiode im nördlichen Oman.
ab 2500 v. Chr.	Kupferexport aus Oman (Land Magan) nach Mesopotamien.
ab 1000 v. Chr.	Dhofar wird dank des Weihrauchhandels zum Zentrum Südarabiens.
563 v. Chr.–637 n. Chr.	Omans Küstenregion gerät seit Kyros II. mehrmals unter persische Herrschaft.
622	Mohammed emigriert von Mekka nach Medina, Beginn der islamischen Zeitrechnung.
630	Oman nimmt freiwillig die Religion des Islam an.
684	Abdallah ibn Ibad verbreitet in Basra seine Reformideen innerhalb des sunnitischen Islam.
751	Yulanda ibn Masud wird erster ibaditischer Imam in Oman.
892	Der Kalif von Bagdad erobert die Küstenebene Omans, in Sohar beginnt ein Jahrhundert der wirtschaftlichen Blüte.
1000	Die bedeutendsten Häfen Omans sind Sohar und Muscat, intensive Handelsbeziehungen mit Indien, China und Sansibar.
1507	Die Portugiesen erobern Qalhat, Muscat und Sohar; sie kontrollieren die Straße von Hormuz und den omanischen Handel.
1650	Imam Sultan bin Saif I., erster Imam der Yaruba-Dynastie, beendet die portugiesische Herrschaft, Aufbau einer großen Handelsflotte.
1743	Persien erobert die Küstenebene von Sohar bis Muscat.
1747	Ahmed bin Said, *wali* (Gouverneur) von Sohar, besiegt die Perser. Er wird zum ersten Imam der Al Bu Said-Dynastie gewählt.
1784	Unter Hamad bin Said verlegt die Al Bu Said-Dynastie ihre Residenz nach Muscat; Beginn der Aufspaltung in Imamat und Sultanat.
1804–1856	Blütezeit Omans unter Said bin Sultan; Handel mit Indien und Afrika.

Vertrag mit Großbritannien zur Aufhebung des Sklavenhandels. Einrichtung eines britischen Stützpunkts in Oman.	**1822**
Sultan Said bin Sultan verlegt seine Residenz von Muscat nach Sansibar; sein Sohn Thuwaini verwaltet Muscat.	**1828**
Im Vertrag zwischen Deutschland und Großbritannien erkennt Deutschland Sansibar als britische Kolonie an und erhält Helgoland.	**1890**
Vertrag von Seeb legt faktische Teilung Omans fest, in der Küstenregion regiert mit britischer Hilfe der Sultan, im Inneren ein Imam.	**1920**
Unter Sultan Said bin Taimur wird Oman zum rückständigsten Staat der Arabischen Halbinsel.	**1932–1970**
Sultan Said bin Taimur vertreibt den Imam aus dem Landesinneren; Ende des Imamats in Oman.	**1959**
Kriegerische Auseinandersetzung um den Dhofar.	**1964–1975**
Erste Erdölexporte Omans.	**1967**
Sultan Said bin Taimur wird von seinem Sohn Qaboos gestürzt und geht ins britische Exil. Das Land heißt jetzt »Sultanat Oman«.	**1970**
Aufnahme Omans in die Vereinten Nationen.	**1971**
Oman ist Gründungsmitglied des Gulf Cooperation Council (GCC).	**1981**
Sultan Qaboos erlässt per Dekret eine Verfassung für Oman.	**1996**
Muscat wird Kulturhauptstadt der Arabischen Halbinsel.	**2006**
Deutschland exportiert Waren für 400 Mio. € nach Oman (siebter Platz unter allen Lieferländern).	**2009**
In Muscat eröffnet das erste Opernhaus der Arabischen Halbinsel.	**2011**
In der Straße von Hormuz hält der Iran Anfang des Jahres sein bisher größtes Seemanöver ab.	**2013**

Gesellschaft und Alltagskultur

Ungeachtet aller säkularen Weltoffenheit im heutigen Oman bestimmt die Religion des Islam in weiten Teilen das Leben der omanischen Bevölkerung. Der Koran bildet das Fundament der politischen Strukturen sowie des gesellschaftlichen Alltags. Das gilt für die Bereiche Familie und Rechtsprechung genauso wie für viele Rituale im täglichen Leben und besonders der Feiertage.

Strukturen der omanischen Gesellschaft

Vor dem Regierungsantritt von Sultan Qaboos im Jahr 1970 war Oman fast ein Jahrhundert lang von der Welt abgeschirmt. Für die Bevölkerung bedeutete das: bescheidene, z. T. noch auf nomadisierender Lebensweise basierende Selbstversorgung und traditionelle Familienstrukturen, in denen nur der Mann sich um alle Angelegenheiten außerhalb des häuslichen Bereiches kümmerte. Hinzu kam das Herrschaftssystem der Stammeskultur – alle arabischstämmigen Omanis gehören einem bestimmten Stamm an –, in der der Sheikh, der (durch Wahl oder Dynastie) legitimierte Stammesführer, und der ihn beratende Stammesrat *(Majlis)* alle politischen Beschlüsse fasste. Kern dieser Entscheidungen waren immer regionale Interessen, nicht nationalstaatliche Gemeinsamkeiten. Einigendes Band war der muslimische Glaube, wobei mehr als zwei Drittel der ibaditischen Auslegung folgten.

In allen Staaten der Arabischen Halbinsel stoßen die Bemühungen, quasi über Nacht von traditionellen beduinischen und stammesbezogenen Lebensformen zu einer Industrie- und Dienstleistungsgesellschaft westlichen Zuschnitts zu gelangen, auf die Schranken von Religion und Tradition. Deshalb bilden – wenn überhaupt – in diesen Ländern eher religiöse Kreise die Opposition, nicht etwa Sozialrevolutionäre. Das gilt natürlich auch für Oman, aber ein zweites Moment kommt hinzu: In Oman wird die Legitimation des Herrschers von niemandem infrage gestellt. Nicht von der zunehmenden Zahl der akademisch gebildeten Mitglieder der bürgerlichen Eliten, die zur Wirtschaftsentwicklung wesentlich beitragen, aber von der politischen Macht formal ausgeschlossen sind, und auch nicht von den weniger privilegierten Schichten. In der omanischen Tradition der Stammesstruktur beteiligt Sultan Qaboos nur die angesehenen Familienoberhäupter durch Sitze im Oberhaus *(Majlis A'Dawla)* an der Macht und lässt seine Untertanen an den Petrodollars in Form von vorbildlicher Infrastruktur und sozialstaatlicher Unterstützung teilhaben.

Bevölkerung Omans

Arabische Stammesgruppen wanderten bereits in vorislamischer Zeit aus Süd- und Zentralarabien in das Gebiet des heutigen Oman ein, deren Nachfahren sich in die Gruppen der Hinawiy und Ghafiriy aufgliederten. Einwanderer aus Indien und Persien kamen später hinzu, ebenso die Nachkommen der einst ins Land gebrachten afrikanischen Sklaven. Vervollständigt wird die Vielfalt durch Omanis aus Sansibar, deren Familien vor Generationen oder während der

Bevölkerung Omans

Herrschaft Sultan Said bin Taimurs (1932–1970) in die ehemaligen omanischen Besitzungen ausgewandert waren. Viele von ihnen sind hoch qualifizierte, gebildete Fachkräfte. Sie bat Sultan Qaboos, nach dem Sturz seines Vaters nach Oman zurückzukehren, um am Aufbau des Landes mitzuwirken. Viele kamen. Sie und alle Omanis mit dunkler Hautfarbe werden umgangssprachlich als ›Sansibaris‹ bezeichnet und sind heute integrierter Bestandteil der Bevölkerung. Und noch immer gibt es in Oman Beduinen.

Beduinen

Der Anteil der nicht sesshaften Beduinen wird auf 2 % geschätzt, diese wenigen, nomadisierenden Araber – *bedu* genannt –, die die älteste und traditionsreichste Lebensform vertreten, leben heute als Ziegen- und Schafzüchter im wüstenhaften Binnenland. Noch in den 1950er-Jahren machten die *bedu* ein Viertel der omanischen Bevölkerung aus. Der britische Forschungsreisende Wilfried Thesiger, der zwischen 1945 und 1950 mit ihnen jahrelang die Wüstengebiete Südarabiens und die angrenzende Rub al Khali durchquerte, beschrieb sie voller Bewunderung: »Ich werde nie vergessen, wie ich mir diesen analphabeten Hirten gegenüber armselig vorgekommen bin, weil sie so viel großzügiger, so viel mutiger, ausdauernder, geduldiger und ritterlicher waren als ich.« (Die Brunnen der Wüste, München 2002, S. 340).

Oman war in dieser Zeit ein armes, unterentwickeltes Land, bescheidene Subsistenzwirtschaft sicherte den Lebensunterhalt der meisten Bewohner. Auch die Beduinen hatten dank ihrer Kamel- und Ziegenherden ihr Auskommen, wobei das Kamel als Milch- und Fleischlieferant (s. S. 21) und die Datteln der Palmen in den Oasen (s. S. 29) nahezu vollständig ihren Speiseplan bestimmten. Auch heute noch sieht man während des Südwestmonsuns *khareef* mehrere große Kamel- und Ziegenherden im Gebiet um Salalah weiden. Ihre beduinischen Besitzer bevorzugen heute aber Pick-ups und japanische Geländewagen mit Vierradantrieb.

Mit zunehmendem Tourismus sind Beduinen als Teil omanischer Tradition gefragt und

Fischer am Strand von Barka

Gesellschaft und Alltagskultur

eine Begegnung mit ihnen steht bei den meisten Veranstaltern organisierter Wüstenausflüge auf dem Programm. Manche Beduinensippen haben das Interesse von Besuchern, ihr karges Leben kennenzulernen oder an ihren Karawanen durch die Wüste teilzunehmen, als neues Betätigungsfeld für sich entdeckt und können so sogar einen Teil ihrer traditionellen Lebensweise beibehalten. In den Wahiba Sands, der Wüste, die Wilfried Thesiger im Osten Omans durchquerte, gibt es inzwischen ein knappes Dutzend Beduinencamps, von denen ein Teil aus ehemaligen Beduinenlagern entstanden ist. Andere *bedu*-Familien haben an besonders schönen Plätzen in der Wüste für Touristen neue Camps errichtet, die ihnen gehören und die sie selbst bewirtschaften.

Religion des Islam

Der Glaube an Allah in seiner alles bestimmenden Kraft und seiner großen Güte ist das einigende Grundverständnis aller Bewohner Omans. Die Religion des Islam prägt ihr alltägliches Leben und die familiären Beziehungsstrukturen, sie regelt die Rechtsverhältnisse und den Ablauf von Festen. Seit dem Jahr 630 bekennt sich Oman zur Religion des Islam und war damit eines der ersten unter den arabischen Ländern. Fünfmal am Tag erinnert der Muezzin daran, dass es so bleiben soll.

Der Prophet

In Mekka wurde um 570 Abd al Qasim Mohammed ibn Abdallah ibn Abd al Mutalib geboren, der unter seinem Vornamen Mohammed als Prophet des Islam später große Bedeutung erlangte. Sein Vater starb noch vor seiner Geburt, seine Mutter, als er acht Jahre alt war. Mohammed wuchs zunächst bei seinem Großvater, später bei seinem Onkel auf. Seine Familie gehörte dem angesehenen Stamm der Quraish an, zählte aber eher zu den ärmeren Einwohnern Mekkas. Als Mohammed 25 Jahre alt war, heiratete er die 40 Jahre alte reiche Kaufmannswitwe Khadidsha und kam so zu Wohlstand. Als Karawanenführer unternahm er jetzt selbst weite Reisen.

Seine Offenbarungen, in denen Gott durch den Erzengel Gabriel zu ihm sprach, verkündete er ab 613 in öffentlichen Predigten. Er fühlte sich nach Moses und Jesus als der letzte Prophet (Gesandter Gottes), der Christen und Juden in einem gemeinsamen Glauben an einen einzigen Gott zusammenführen wollte. Seine ersten Anhänger waren seine Frau Khadidsha, sein Vetter Ali (der auch der Ehemann seiner Tochter Fatima war) und sein Freund Abu Bakr, später der erste Kalif. Im Laufe der Zeit schlossen sich immer mehr Bürger Mekkas der neuen Lehre an, die u. a. die Freilassung der Sklaven und eine bessere Behandlung der Frauen forderte, eine Unterstützung der Armen gebot und nur den Glauben an einen einzigen Gott zuließ.

Einige Mekkaner sahen aber in der neuen Lehre eine Gefahr für ihre Geschäfte, weil sie die sich in Mekka aufhaltenden Pilger anderer Religionen ausschloss. Es häuften sich die Drohungen gegen den Propheten und seine Anhänger. Ganz anders reagierten die Kaufleute in der benachbarten Stadt Yathrib, die Mohammed Zuflucht anboten. Am 16. Juli 622 verließ er mit Abu Bakr und wenigen Anhängern seine Geburtsstadt Mekka und ging nach Yathrib. Dieser Tag der Flucht – arabisch Hedschra *(hijra)* – wurde 17 Jahre später von dem Kalifen Omar als Beginn der neuen islamischen Zeitrechnung festgelegt. In Yathrib verwirklichte Mohammed jene religiösen Organisationsformen, die Gott ihm in den Offenbarungen mitgeteilt hatte. Von Mohammed zur Heiligen Stätte erklärt, hieß der Ort bald Al Medinat Al Nabi – die Stadt des Propheten –, verkürzt Medina, die Stadt.

Von Medina aus überfiel Mohammed die Karawanen von und nach Mekka. 624 siegten 300 seiner Anhänger aus Medina in der Karawanenstation Badr über 1000 Bürger aus Mekka und im Jahr 630 ergab sich Mekka schließlich. Mohammed zog in die Stadt ein, entfernte alle Götzenbilder und erklärte die Kaaba zum Heiligtum des Islam. Von Mekka aus, der Heiligen Stadt des Islam,

Gebetspflicht

Der Ruf des Muezzin — Thema

Fünfmal am Tag erschallt von den Minaretten der Moscheen in ganz Oman der Ruf des Muezzin. Mit diesem Ruf zum Gebet erinnert er alle Muslime an eine der fünf wichtigen Pflichten ihres Glaubens: den fünf im Verlauf eines Tages vorgeschriebenen Gebeten nachzukommen.

Wie gelingt es einer Religion, im Alltag hörbar wahrgenommen zu werden? Christen werden von Glocken zum Gottesdienst gerufen, Muslime erinnert der Ruf des Muezzin an ihre Gebetspflicht. Früher erklang er live, vorgetragen vom Imam höchstpersönlich, und in Oman ist das vielerorts auch heute noch so. An einigen Minaretten erwachen zur Gebetszeit aber auch Lautsprecher knisternd zum Leben und tragen den Ruf zum Gebet vom Band aus in die Welt.

Viele Muezzine intonieren ihren Ruf als Gesang:

Allahu akbar. Allahu akbar.
Gott ist groß. Gott ist groß.
Ashhadu 'an la ilaha illa Allah.
Ich bezeuge, es gibt keinen Gott außer Gott.
Ashhadu anna Muhammadan rasul Allah.
Ich bezeuge, Mohammed ist der Gesandte Gottes.
Haiya ala-s-salat!
Auf zum Gebet!
Haiya ala-l-falah!
Auf zum Erfolg!
Allahu akbar. Allahu akbar.
Gott ist groß. Gott ist groß.
La illaha illa Allah.
Es gibt keinen Gott außer Gott.

Fadschr, auch *shubuh* genannt, das erste Gebet, wird zwischen Morgendämmerung und Sonnenaufgang gesprochen *(Morgengebet)*;

suhr (dhuhr), das zweite, nach dem Höchststand der Sonne am Mittag (Mittagsgebet);

asr, das dritte, im letzten Drittel zwischen Mittag und Abend, bzw. vom Zeitpunkt, in dem der Schatten eines Objektes länger ist als es selbst bis zum Sonnenuntergang (Nachmittagsgebet);

maghrib nach dem Sonnenuntergang und dem Ende der Dämmerung (Abendgebet);

ischa, das letzte, nach vollständigem Einbruch der Dunkelheit zwischen spätem Abend und Nacht (Nachtgebet).

Das jeweilige Gebet hängt vom Sonnenstand am jeweiligen Ort ab, zumal der Koran auch beachtet wissen will, dass während des Sonnenauf- und des Sonnenuntergangs und während die Sonne im Zenit steht, kein Gebet gesprochen werden darf.

Das Gebet – *al salaah* – ist die zweite unter den fünf Pflichten des Islam und nimmt eine besondere Rolle ein, weil es im direkten Gespräch des Betenden mit Allah eine persönliche Beziehung aufbaut. »Bete, sprich so, als würde Er vor Dir stehen«, lehrte der Prophet, »auch wenn Du Ihn nicht siehst, Er sieht Dich bestimmt.« Für das Gebet muss der Gläubige sich dem Ritual des *wudu* (der »Abwaschung«) unterziehen und vor dem *salaah* deshalb Hände und Füße, das Gesicht, den Mund und die Nasenlöcher waschen.

Die Tageszeitungen informieren über die genauen Gebetszeiten. Die Höflichkeit gebietet es, dass man einem Omani ca. 30 Minuten vor und nach den Gebetszeiten keine Verabredung vorschlägt.

Gesellschaft und Alltagskultur

regierte Mohammed seit 630 sein Reich. Christliche und jüdische Kaufleute in den großen Handelsstädten konnten an ihren Kulten festhalten, zahlten aber Steuern an Mohammed, das politische und religiöse Oberhaupt der Halbinsel. 632 starb der Prophet ganz unerwartet, nachdem er in nur zwei Jahren alle arabischen Stämme der Halbinsel vereinigt hatte.

Die Lehre

Sämtliche Verkündigungen Mohammeds sind in den 114 Suren (Versen) des Koran niedergeschrieben. Sie werden von den Muslimen als Gottes gesprochenes Wort angesehen und unterliegen daher keiner Veränderung. Was den Koran neben seinen vereinfachten jüdischen und christlichen Glaubensinhalten auszeichnet, sind seine praxisorientierten, umfassenden Regeln für den Alltag der Gläubigen. Nach der Grundformel »Es gibt keinen Gott außer Allah«, die sich gegen die christliche Vorstellung von der Dreifaltigkeit wendet, enthält der Koran einen verbindlichen Verhaltenskodex, z. B. für die Pflege der Gesundheit, zum Leben vor und in der Ehe, für Erbangelegenheiten und Scheidung, für Esssitten und Erziehung, zum sozialen Verhalten und zur Gestaltung des Tages- und Jahresablaufs. Diese einheitlichen Regeln prägen von jeher das Leben der Muslime und fördern noch heute das soziale und politische Zusammengehörigkeitsgefühl der islamischen Welt. Inzwischen bekennen sich weltweit 1,5 Mrd. Menschen zur Lehre Mohammeds.

Die streng monotheistische Religion des Islam (Hingabe an Gott) verspricht – genau wie Judentum und Christentum – allen gläubigen Muslimen, die die Gnade Gottes verdienen, ein Fortleben im jenseitigen Paradies. Ein dem Koran gemäßes Leben, insbesondere die Befolgung der fünf Grundpflichten, ist die Voraussetzung dafür; doch Gott allein bestimmt am Jüngsten Tag, wen er auserwählt. Auch liegt das irdische Schicksal jedes Muslim vorbestimmt in Gottes Hand. Die fünf Grundpflichten (*arkan* oder die Fünf Säulen des Islam) sind: das Bekenntnis zum Glauben an den einen Gott, das Gebet fünfmal am Tag, das Fasten im Monat Ramadan, das Almosengeben und die Pilgerfahrt nach Mekka.

Die Glaubensrichtungen

Der plötzliche Tod Mohammeds im Jahre 632 führte unter seinen Anhängern zu großer Unsicherheit über die Frage der Nachfolge, zumal sich in den wenigen Jahren seines Wirkens seine Lehre und das ihr gemäße autokratische Herrschaftssystem auf der Halbinsel gefestigt hatten. Aus zwei unterschiedlichen Auffassungen über die Nachfolge entstanden wenige Jahre später die zwei unterschiedlichen islamischen Glaubensrichtungen: *sunna* und *schia*. Als Omar, der zweite Kalif – Kalif ist die Amtsbezeichnung des Nachfolgers des Propheten – starb, gab es zwei Anwärter, die sich den sechs engsten Gefährten Mohammeds zur Wahl stellten: Ali (mit vollständigem Namen: Ali ibn Abu Talib), der Vetter Mohammeds und Ehemann seiner Tochter Fatima, und Othman, ein Mitglied der Quraishi, der dem Propheten nach Medina gefolgt war. Die Anhänger Alis stützten sich auf die Rechtsauffassung, dass nur einem Blutsverwandten des Propheten die Führerschaft zuerkannt werden könne. Die Mehrheit vertrat die Auffassung, dass der Anführer zwar aus einer Quraishi-Familie stammen solle, aber von der Gemeinde gewählt werden müsse; die Ausschließlichkeit verwandtschaftlicher Nachfolge lehnten sie jedoch ab.

Othman wurde gewählt und die Partei (*schia*) Alis spaltete sich ab. Unter Kalif Othman expandierte das islamische Reich nach Nordafrika (648) und Persien (651), aber in Medina kam es zu Streitereien über Qualität und Rechtmäßigkeit seines Kalifats. 656 wurde Othman in Medina ermordet und Ali zum Kalifen ausgerufen. Kaum hatte er die politische und religiöse Führerschaft errungen, verließ er Medina und ging nach Irak. Unter den hier lebenden Muslimen hatte sich die Idee verfestigt, der Kalif müsse als Leitfigur der Gläubigen nicht nur große politische, sondern auch jene göttliche Führungseigenschaft besitzen, die nur der Familie Mohammeds vorbehalten sei. Als Ali 661 ums Leben

Religion des Islam

kam, wollten seine Anhänger, dass sein Sohn Hasan und nach dessen Tod 669 sein Bruder Hussain an die Macht kommen sollten. Aber die sunnitische Mehrheit sah damals die Einheit aller Gläubigen, die *umma*, am besten durch die starke politische Führung der islamischen Omaijaden-Dynastie in Damaskus gewährleistet.

Nur 24 Jahre nach dem Tod Mohammeds hatte sich somit das politische Machtzentrum des Islam von der Arabischen Halbinsel weg verlagert; von nun an sollte die Geschichte des Islam andernorts bestimmt werden. Als die ›ideale Zeit‹ des Islam gelten deshalb nur jene 40 Jahre, in denen die *umma* vom Propheten selbst und seinen ersten vier Nachfolgern, den ›rechtgeleiteten‹ Kalifen (Abu Bakr 632–634, Omar 634–644, Othman 644–656 und Ali 656–661) geführt wurde. Für die Schiiten beschränkt sich die ›ideale Zeit‹ nur auf die Staatsführung Mohammeds und seinen vierten Kalifen Ali.

Die beiden großen Glaubensrichtungen des Islam haben sich bis heute erhalten. Ca. 90 % der Muslime gehören der Richtung der Sunniten an, darunter auch fast alle Gläubigen der Arabischen Halbinsel (Ausnahme: Bahrain mit über 50 % Schiiten). Etwa 8 % aller Muslime sind Schiiten; sie leben heute überwiegend in Iran, Irak und im nördlichen Jemen (größere Minderheiten auch in Syrien und der Türkei); ihre Imame (oder Ayatollas) gelten alle als blutsverwandt mit dem Propheten und haben weitaus größere Machtpositionen als bei den Sunniten.

Die Religionsgemeinde der Ibaditen

Dem omanischen Geschichtsschreiber As Salimi wird die Metapher zugeschrieben, in der es heißt, dass die islamische Lehre der *Ibadiya* einem Vogel gleiche, dessen Ei in Medina gelegt wurde, der in Basra ausgebrütet wurde und ausschlüpfte und sich dann schließlich in Oman niederließ.

Im Verlauf der Spaltung der Muslime in Schiiten und Sunniten (s. S. 40) trennte sich nach der Schlacht von Siffin im Jahre 657 eine Anhängerschaft des Kalifen Ali ibn Abu Talib von der Gruppe von Charidschiten (Spalter). Zu ihnen zählten auch die Anhänger des ab 683 in Basra wirkenden Abdulla bin Ibad. Sie kämpften gegen die Verweltlichung des Islam und wandten sich gegen die schiitische Praxis der Bestimmung des Iman durch Erbfolgeregelung auf Basis der Blutsverwandtschaft. Aber auch das sunnitische Verfahren, das zwar eine Wahl des Imam vorsah, aber nur aus Bewerbern, die mit der Sippe der Quraishiten verwandt waren, lehnten sie ab. Nach der Auffassung Abdulla bin Ibads sollte die Gemeinde, die *umma*, aus den Reihen ihrer männlichen Mitglieder den gebildetsten und frömmsten Muslim zum Imam wählen. So hat jedes Mitglied der Gemeinde die Möglichkeit durch Wahl zum Imam zu werden. Gibt es einmal keinen Kandidaten, auf den die Kriterien zutreffen, bleibt das Amt vorrübergehend unbesetzt und die Wahl erfolgt zu einem späteren Zeitpunkt. Die *umma* kann einen Imam bei Nichteignung auch abwählen. Kriege unter Muslimen aus theologischen Auslegungsdifferenzen lehnte Abdullah bin Ibad ab. Vielmehr sollte Toleranz die tragende Säule muslimischer Herrschaft werden. Auch Formen des Überflusses waren ihm fremd.

Um 700 fasste diese islamische Richtung in Oman Fuß, wurde aber von Sunniten wie Schiiten gleichermaßen verfolgt. Noch 100 Jahre später versuchte Kalif Harun al Rashid, die Omanis gewaltsam von der neuen Lehre abzubringen, allerdings erfolglos.

Seit dieser Zeit gehört der relativ abgeschlossene Zentraloman mit seiner alten Hauptstadt Nizwa der ibaditischen Richtung des Islam an, während in den Küstenregionen auch schiitische oder sunnitische Glaubensanhänger leben. Die Lehre des Abdulla bin Ibad kennt ähnlich puritanische Züge wie der Wahabismus, doch ist sie durch größere Toleranz, weniger Eiferertum und mehr egalitäre Gedanken gekennzeichnet. Zur ibaditischen Interpretation des Korans gehört auch eine größere Gleichberechtigung der Frauen.

Die Ibaditen verstehen sich nicht als islamische Sekte, sondern als diejenigen, die als

Gesellschaft und Alltagskultur

Stets Anlass für festliche Auftritte: omanische Hochzeiten

bewusste Muslime Gott genau nach den Regeln des Koran verehren, ohne diesen buchstabengetreu auszulegen. Sie vertreten eine liberale Grundhaltung und verfolgen eine stets zeitgemäße Neuinterpretation des Koran.

Rolle der Familie

Das Zentrum des omanischen Lebens ist die (Groß-)Familie. Der Zusammenhalt zwischen Geschwistern, insbesondere unter Brüdern, bleibt auch nach der Heirat groß. Vor allem ältere Familienmitglieder genießen immer respektvolle Ehrerbietung, ob nun Großvater, Onkel oder Bruder. Generell hat in der arabischen Gesellschaft das Alter eine hohe Bedeutung. Ein jüngerer Mann wird einem älteren Mann in der Öffentlichkeit niemals widersprechen. Auch ältere Frauen nehmen eine geachtete Stellung ein. Privatleben und Familie sind nach außen abgeschirmt und nur selten werden ausländische Besucher in eine Familie eingeladen.

Heirat

Hochzeiten gehören traditionell zu den ganz großen Familienfesten. Die Feierlichkeiten dauern mindestens drei Tage und enden immer am Donnerstagabend. Art und Weise der Partnerwahl haben sich bis heute wenig verändert, noch immer finden sich die meisten Ehepartner durch die Vermittlung der Eltern. Sehr oft – in der Vergangenheit noch häufiger als heute – heiraten Verwandte untereinander, z. B. entfernte Cousins und Cousinen, weil dies die Familienbande stärkt. Früher gingen Frauen am Golf im Alter von 13 bis 15 Jahren die Ehe ein, heute spätestens mit Anfang 20. Vor der Hochzeit dürfen sich die jungen Leute

Rolle der Familie

nur treffen, wenn erwachsene Familienmitglieder anwesend sind.

Vor der Trauung müssen sich Brautvater und Bräutigam über den Brautpreis (arab.: *maham,* englisch *dowry*) einigen, der je nach Ansehen der Familie sehr hoch sein kann. Der Betrag wurde ursprünglich daran gemessen, dass die Frau nach einer Scheidung mindestens ein halbes Jahr versorgt sein sollte. In Zeiten, in denen es noch keine Sozialämter gab, hatte dies eine soziale Schutzfunktion. Heute gereicht seine Höhe zu einer Frage der Familienehre und erreicht 10 000 OR. Den Brautpreis zahlt der Bräutigam zwar an den Vater, aber er gehört der Braut, damit sie im Scheidungsfall nicht mittellos dasteht. Um den Brautpreis zu sparen, heirateten omanische Männer auch Ausländerinnen nicht muslimischen Glaubens. Dem hatte die Regierung einen Riegel vorgeschoben, indem sie nur noch Ehen zwischen omanischen Staatsbürgern zuließ. Inzwischen hat sich diese Regel allerdings gelockert: In begründeten Ausnahmefällen sind Ehen mit Ausländern nach Zustimmung der Behörden zugelassen. Allerdings gilt für omanische Frauen immer noch das Gebot: Eine Muslima darf keinen Nichtmuslim heiraten, da sie unter Umständen nicht gewährleisten kann, dass die Kinder islamisch erzogen werden. Die Religion des Vaters bestimmt automatisch die der Kinder.

Zusätzlich werden Gold und Ausstattung als Geschenke für das Brautpaar erwartet. Auch die Eltern der Braut beschenken die Familie des Bräutigams. Als Zweites wird ein Hochzeitsvertrag vor einem Kadi geschlossen. Dreimal fragt er die Braut, ob sie einverstanden ist, dann erst holt er den Bräutigam hinzu. Die Zeremonie findet traditionell in der Familienwohnung der Braut statt. Danach beginnen die Vorbereitungen für das große Fest, an dessen Vorabend die Ehe formal geschlossen wird. Traditionell verbringen die Eheleute die Hochzeitsnacht im Haus der Brauteltern und ziehen am nächsten Tag in das Haus der Familie des Bräutigams. Heute überbieten sich in Muscat die Hotels mit Spezialarrangements für Hochzeitsfeiern. Auch nach der Hochzeit behält die Braut immer ihren Namen, der die Vater-Tochter-Beziehung anzeigt. Einen Trauring als Zeichen der Verbundenheit zu tragen, ist in Oman unbekannt.

Scheidung

Ob arabische, arrangierte Ehen länger halten als Liebeshochzeiten in westlichen Kulturkreisen, soll hier nicht erörtert werden, aber Scheidungen gibt es und sie vollziehen sich ebenfalls in ritualisierter Form. Nach dem Koran darf keine Frau gegen ihren Willen zur Heirat gezwungen werden und sie kann ebenfalls um Scheidung der Ehe ersuchen. Während aber der Mann relativ schnell geschieden ist, sobald er unter Zeugen dreimal den Satz ausspricht: »Ich trenne mich von dir«, muss die Frau, falls der Mann dem Trennungsersuchen nicht zustimmt, einem islamischen Gericht ihre Gründe vortragen.

Gesellschaft und Alltagskultur

Sollte ein Mann seine Trennung – weil im Zorn voreilig vollzogen – bereuen, hängt die Aussöhnung von ihrer Zustimmung ab. Allerdings kann er nur dreimal um Versöhnung ersuchen; danach ist die Scheidung irreversibel.

Die Frau kehrt nach einer Scheidung mit den Kindern in das Haus ihrer Eltern zurück, der Mann muss für den Kindesunterhalt aufkommen. Wenn die Söhne sieben Jahre alt werden, ziehen sie von der Mutter zum Vater, die Töchter bleiben bei der Mutter; das Sorgerecht behält aber der Mann. Geschiedene Frauen können meist schnell wieder heiraten und finden relativ leicht einen neuen Ehepartner. Der Brautpreis einer geschiedenen Frau ist wesentlich niedriger als der einer Frau, die zum ersten Mal heiratet.

Kinder

Bei der Geburt eines Kindes schlachtet jede Familie mindestens eine Ziege für ein Fest mit den Nachbarn. Diese Tradition geht auf den Propheten selbst zurück, der das Ritual bei der Geburt seiner Kinder vollzog. Arabische Familien halten Jungen zwar für wichtiger als Mädchen, aber beiden wird die volle Aufmerksamkeit zuteil; dies ist deshalb leichter zu bewerkstelligen als bei uns, weil im Haushalt einer Großfamilie immer eines der vielen Familienmitglieder zu Hause ist und Zeit hat. Gleiches gilt übrigens auch für die alten Familienangehörigen. Es ist eine selbstverständliche Verpflichtung der mittleren Generation, sich auch um die Eltern bzw. ältere Verwandte zu kümmern.

Arabische Väter sind weitaus mehr mit ihren Kindern zusammen, als allgemein vermutet wird. Ausländische Besucher können im öffentlichen Leben sehr oft den geduldigen, liebevollen Umgang mit Kindern erleben.

Tod

Der Umgang mit dem Tod erfolgt am Golf weitaus weniger emotional als in westlichen Gesellschaften. Wenn irgend möglich, wird der Leichnam nach einer rituellen Waschung noch am Tage des Todes beerdigt, wobei der Koran eine Erdbestattung verlangt. Dabei wird er nicht in einen aufwendigen Sarg gelegt, sondern nur in ein einfaches Leinentuch gewickelt. Die Gräber werden so angelegt, dass die rechte Seite des Leichnams Mekka zugewandt ist. Eine Trennung der Geschlechter besteht nicht. Die Trauerzeit beträgt nur drei Tage. Friedhöfe sollen Stätten des Gedenkens an das Jenseits, nicht an die Verstorbenen sein. Einfache Steine am Kopf und am Fußende des Grabes geben Auskunft über das Geschlecht des Begrabenen: Liegen nur zwei Steine auf dem Grab, ist es ein Mann. Liegt ein dritter Stein in der Mitte zwischen beiden, ist es eine Frau. Bei Grabstätten der Heiligen, der Imame und der Märtyrer gelten Ausnahmen.

Verliert eine Ehefrau ihren Mann, bleibt sie noch drei Monate und zehn Tage in seiner Familie. Der Grund: Gewissheit über eine mögliche Schwangerschaft zu haben und der damit verbundene Schutz ihrer Ehre. Danach kehrt sie in ihre Familie zurück und kann sofort wieder heiraten.

Traditionelle Bekleidung der Omanis

Die wortgetreue Auslegung des Korans verlangt, dass sich Männer und Frauen in der Öffentlichkeit bedecken. Allerdings unterscheiden sich die Traditionen auf der Arabischen Halbinsel von Land zu Land. Sie sind in Saudi-Arabien besonders streng, in Oman dagegen liberal. Bis heute sind sie jedoch in allen Ländern in der Bevölkerung fest verwurzelt, und je wichtiger der Anlass, umso selbstverständlicher ist das Tragen traditioneller Kleidung.

Männer tragen eine *dishdasha*, ein langärmliges, hemdähnliches Gewand aus weißer Baumwolle, das bis zum Knöchel reicht und gerade geschnitten ist. Zunehmend lassen sich auch pastellfarbene Abweichungen in beige und lila beobachten. Die omanische *dishdasha* schließt am Hals mit einem bestickten runden Kragen und einer kleinen, unauffälligen Quaste (*furakha*) ab, die in Parfüm getaucht wird, um den Träger ständig mit Wohlgeruch zu umgeben. Zur *dishdasha* ge-

Von Sultanen und Kalifen

Das Einmaleins arabischer Herrschertitel — Thema

Bis im 20. Jh. die Demokratie aus ihnen Bürger gleichen Rechts machte, trugen die Machthaber der Alten Welt die Titel von Königen, Fürsten oder Grafen. Heute haben Adelstitel im deutschsprachigen Raum allenfalls noch in einem illustren kleinen Kreis oder für die Leser der Regenbogenpresse Bedeutung. Doch auf der Arabischen Halbinsel gibt es sie noch: die Herrscher mit Macht und Titel.

Kalif war einst der höchste Herrschertitel in der arabisch-islamischen Welt. Ihn trugen jene Herrscher, die in der Nachfolge Mohammeds oberste weltliche und religiöse Macht in ihrer Person vereinigten. Kalifen wurden anfangs gewählt und hatten ihren Sitz bis 657 in Medina. Danach beanspruchten unterschiedliche Dynastien das Kalifat wie z. B. die Omaijaden in Damaskus. Nur die ersten vier Nachfolger Mohammeds, also jene der Goldenen Zeit vor der Spaltung der islamischen Gemeinschaft in Sunniten und Schiiten, gelten als »gerechte Kalifen«. Auch die türkischen Sultane liebäugelten ab 1460 mit diesem Titel, weil sie sich ebenfalls als geistige Führer aller sunnitischen Muslime verstanden. Heute gibt es keine Kalifen mehr; alle Versuche, das Kalifat im 20. Jh. wieder zu installieren, blieben ohne Erfolg.

Sultan bedeutet »Herrschaft« oder »Herrscher« und ist in sunnitisch-islamischen Gebieten ein Titel von sehr hohem Rang. Zum ersten Mal taucht die Bezeichnung Sultan im 11. Jh. auf Münzen eines seldschukischen Wesirs auf. Auch die Führer der ägyptischen Fatimiden und der Mamelucken in Kairo nannten sich im ausgehenden Mittelalter Sultane. Ursprünglich vom Kalifen verliehen, wurde der Titel von seinen Inhabern als selbstständiges Herrschaftsprädikat interpretiert und selbstbewusst getragen. In Oman wurde er zudem zur Abgrenzung zum Titel des Imam eingesetzt. Die mächtigsten Sultane waren die türkischen, die diesen Titel bis zur Abschaffung des Sultanats 1922 trugen. Heute ist ein Sultan einem absolutistischen Fürsten vergleichbar. Es gibt zurzeit nur zwei souveräne Staaten, deren Herrscher diesen Titel führen und vererben: Sultan Qaboos von Oman und Sultan Hassanal Bolkiah von Brunei.

Emir ist der Titel eines arabischen Stammesfürsten, der als Gouverneur oder als militärischer Befehlshaber diese Auszeichnung vom Kalifen oder Sultan verliehen bekam. Später wurde diese Würde an das nachfolgende Stammesoberhaupt vererbt. Den Titel Emir tragen heute die Herrscher der Golfstaaten Qatar und Kuwait, während der Emir von Bahrain, Isa Al Khalifa, im Jahr 2002 diesen Titel ablegte und sich selbst zum König ernannte. Protokollarisch wird er seitdem als »King of Bahrain« angesprochen.

Der Titel Sheikh (im Deutschen: Scheich) war dem Familienoberhaupt eines arabischen Beduinenstamms vorbehalten. Später wurden auch führende Persönlichkeiten des geistlichen Lebens so bezeichnet. Der Titel wird nicht verliehen, sondern dient vielmehr als Anrede für Personen, die besonders hohes Ansehen genießen. Er ist der bescheidenste aller arabischen Herrschertitel. Auch die Herrscher von Dubai und Abu Dhabi tragen ihn.

Gesellschaft und Alltagskultur

Traditionelle Kopfbedeckung: Der Vater trägt ein *muzzar*, der Sohn eine *kumah*

hört in Oman ein Unterrock *(wizar)*, ein weißes Tuch, das mehrfach um die Hüften geschlungen wird.

Jeder Omani trägt eine Kopfbedeckung, entweder eine *kumah*, eine runde bestickte Kappe, oder ein *muzzar*, ein zu einem Turban gewickeltes Kaschmirtuch, dessen Ränder ebenfalls bestickt sind. Der *muzzar* – nicht die *kumah* – kommt auch bei formellen Ereignissen auf den Kopf.

Hochgestellte Persönlichkeiten und ältere Herren ergänzen ihre Kleidung bei wichtigen Anlässen mit einem *khanjar*, einem an einem Gürtel getragenen, silbernen Krummdolch (s. S. 166), sowie einem *bisht*, einem weiten, meist dunklen Umhang, dessen Vorderseite ebenfalls bestickt ist. Immer, sowohl im Alltag als auch bei Feierlichkeiten, stecken die Füße der Omanis in Sandalen. Nur in der Provinz Dhofar kleidet sich die kleine Gruppe der

Jebalis anders: Sie tragen dunkle Wickelröcke (wie im nahen Jemen), manchmal mit einem Hemd, oft aber mit freiem Oberkörper und sie bändigen ihr langes, lockiges Haar mit Lederriemen.

Omanische **Frauen** hüllen sich noch oft in eine schwarze *abbaya*, bei der sonstigen Garderobe bevorzugen die meisten jedoch bunte Stoffe. Immer bedecken ihre Kleider den ganzen Körper einschließlich der Arme und Beine. Das weit geschnittene Überkleid, die *kandourah*, ist knöchellang, bunt und reichlich bestickt. Darunter wird eine weite, lange Hose (*sirwal*) getragen, die sich an den Fesseln verengt und oberhalb der Knöchel mit Stickereien verziert ist. Das Kopftuch (*lihaf*) ist groß und bunt und wird großflächig unter das Kinn und den Kopf gewickelt. Nur das Gesicht bleibt frei. Meist nur noch bei älteren Frauen sieht man eine Gesichtsmaske, die Nase und Wangen bedeckt. Diese *burqa* wird von verheirateten Frauen getragen, Gesichtsschleier sind hingegen unüblich.

Die zwölf Mondmonate
1. Muharram
2. Safar
3. Rabi al Awal
4. Rabi al Akhir
5. Jumada al Ula
6. Jumada al Akhira
7. Rajab
8. Shaban
9. Ramadan
10. Shawal
11. Dhul Qada
12. Dhul Hijra (Schaltjahr 30 Tage)

Die Wochentage
Samstag: Yawm al Sabt
Sonntag: Yawn al-Ahad
Montag: Yawm al-Ithnain
Dienstag: Yawm al Thalatha
Mittwoch: Yawm al Arab'a
Donnerstag: Yawm al-Khamis
Freitag: Yawm al Dschum'a

Islamischer Kalender

Omanische Zeitungen führen auf ihrer Titelseite zur Angabe des Tages, an dem sie erscheinen, immer zwei Daten an: das nach dem Gregorianischen Kalender (z. B. 25. September 2012) und das nach dem islamischen Kalender (8. Dhul Qada 1433). Das ist in einem arabischen Land mehr als nur Nostalgie.

Die islamische Zeitrechnung beginnt mit der Flucht Mohammeds von Mekka nach Medina am 16. Juli 622 nach christlicher (genauer: Gregorianischer) Zeitrechnung. Dieses Ereignis trägt im Arabischen den Namen Hedschra *(hijra)*. Die Auswanderung aus seiner Geburtsstadt Mekka, um die Botschaft Allahs weiter verbreiten zu können, war der entscheidende Wendepunkt im Leben des Propheten. In Mekka war er religiöser Bürger, in Medina wurde er Oberhaupt einer religiösen Gemeinschaft. Die Hedschra leitete einen neuen Abschnitt im Islam ein – kein anderes historisches, kulturelles oder politisches Ereignis in der Gründungsgeschichte des Islam ist damit vergleichbar. Deshalb setzte 17 Jahre später der zweite Kalif Omar ibn Al Chattab (Omar I.) dieses Datum als Jahr Null der islamischen Zeitrechnung fest und deshalb steht hinter den Jahreszahlen des islamischen Kalenders der Zusatz A. H. *(anno hedschra)*.

Der Koran hat die Umlaufzeit des Mondes um die Erde zur Grundlage der Zeitrechnung bestimmt. Im Koran sind zwölf Mondmonate festgelegt; wegen unterschiedlich langer Mondumlaufzeiten sind die Monate 29 oder 30 Tage lang. Da der Jahresumlauf des Mondes nur 354 Tage lang ist, d. h. Mondjahre durchschnittlich elf Tage kürzer sind als Sonnenjahre, sind der Hedschra-Kalender und der Gregorianische nicht datumsgleich. Zur annähernden Umrechnung der Hedschra-Jahre auf Jahre des Gregorianischen Kalenders gibt es eine vereinfachende Umrechnungsformel (G = Gregorianisches Jahr, H = Hedschra-Jahr): $G = H - 3H/100 + 622$. So ergibt sich gemäß dieser Umrechnung: Das Jahr 1434 A. H. wird gemäß dem Stand des Mondes am 5. November 2013 beginnen.

Gesellschaft und Alltagskultur

Islamische Feste und Feiertage

Wöchentlicher Feiertag ist der Freitag. An diesem Tag versammelt sich die islamische Gemeinde zum Mittagsgebet in der größten Moschee des Orts. Für erwachsene männliche Muslime ist die Teilnahme Pflicht. Der Freitagsgottesdienst darf vom Imam nur mit mindestens 40 Gläubigen eröffnet werden.

Der Koran kennt nicht die Vorschrift, am Freitag die Arbeit ruhen zu lassen. Deshalb öffnen z. B. die Souqs am Freitag ab ca. 16 Uhr. In fast allen muslimischen Ländern beginnt das Wochenende am Donnerstag, so auch in Oman. Nur der öffentliche Sektor (Behörden inklusive Oman Air und Banken) hat freitags und samstags geschlossen.

Die hohen religiösen Feiertage werden in allen arabischen Ländern auf Grundlage des islamischen Kalenders festgelegt, auch wenn beide Kalender gebräuchlich sind und sich die Datumsangaben nach dem Gregorianischen Kalender immer mehr durchsetzen. Die religiösen Feste des Islam sind in Oman staatliche Feiertage. Da sie nach dem islamischen Kalender (basierend auf Mondjahren) gefeiert werden, wechselt ihr Datum im gregorianischen Kalender (basierend auf Sonnenjahren) von Jahr zu Jahr (Daten: vergleiche www.islam.de). Weltweit werden von allen Muslimen zwei Feste besonders ausgiebig und mehrere Tage lang gefeiert:

Id Al Fitr heißt das große Fest am Ende des Monats Ramadan, das Fest des Fastenbrechens; in Umfang und Bedeutung ist es mit dem christlichen Weihnachtsfest vergleichbar. Wenn die Mondsichel den Beginn des Monats Shawahl anzeigt, werden die Moscheen festlich beleuchtet, die Menschen kleiden sich feierlich, man besucht Verwandte und Freunde, Geschenke werden ausgetauscht, Almosen an die Armen verteilt, Feuerwerk und Jahrmärkte sorgen für öffentliche Ausgelassenheit.

Das zweite große islamische Fest ist das Opferfest *Id al Adha* im letzten Monat des islamischen Jahres, in dem die Hadsch *(haj)*, die Pilgerfahrt nach Mekka, stattfindet. Am zehnten Tag des Pilgermonats schlachten muslimische Familien, sofern sie es sich leisten können, ein Schaf, ein Rind oder ein Kamel, um es Abraham gleichzutun, dem nach bestandener Gehorsamsprüfung von Gott befohlen wurde, anstelle des Sohns ein Lamm zu opfern. Das Opferfest *Id al Adha* wird in ähnlich aufwendiger Weise begangen wie *Id al Fitr*, wobei zwei Drittel des Fleischs

---

Die wichtigsten religiösen Feste:
Ras al Sana al Hijra: Beginn des islamischen Jahres, islamisches Neujahr, 1. Muharram; im Gedenken an die Migration des Propheten Mohammed von Mekka nach Medina im Jahre 622 (2013: 5. Nov.; 2014: 25. Okt.; 2015: 14. Okt.; 2016: 3. Okt.).
Mawlid al Nabi: Geburtstag des Propheten, ein Feiertag, der am 12. Rabi al awal begangen wird (2013: 24. Jan.; 2014: 14. Jan.; 2015: 3. Jan. (1436) und 24. Dez. (1437); 2016: 13. Dez.).
Isra'a wa Miraj: Der Tag der Himmelreise des Propheten, gefeiert am 27. Rajab (2013: 5. Juni; 2014: 27. Mai; 2015: 16 Mai; 2016: 5. Mai).
Id al Fitr: Drei Tage lang, Ende des Fastenmonats Ramadan ab dem 1. Shawal (2013: Beginn am 8. Aug.; 2014: 29. Juli: 2015: 18. Juli; 2016: 7. Juli).
Id al Adha: Drei Tage lang, im letzten Monat des islamischen Kalenders ab dem 9. Dhul Hijra zur Pilgerfahrt nach Mekka (2013: Beginn am 14. Okt.; 2014: 3. Okt.; 2015: 23. Sept.; 2016: 12. Sept.).
Beginn des Ramadan: 2013: 8. Juli; 2014: 28. Juni; 2015: 17. Juni; 2016: 6. Juni.

Staatlicher Feiertag
Nationalfeiertag: 18./19. Nov.; einziger nicht religiöser Feiertag. Am 18. Nov. hat Sultan Qaboos Geburtstag. Am 19. Nov. wird (zeitverschoben) des Neubeginns in Oman nach der Absetzung von Sultan Said bin Taimur (am 21. Juli 1970) gedacht. Im ganzen Land wird geflaggt, es herrscht Volksfeststimmung.

der geopferten Tiere als Almosen an die Armen verschenkt werden.

Drei weitere religiöse Feiertage sind in Oman staatliche Feiertage. Wie alle Muslimen feiern auch die Omanis das islamische Neujahrsfest *Ras al Sana al Hijra*. An diesem Tag beginnt das islamische Jahr, zum Gedenken an die Flucht des Propheten von Mekka nach Medina im Jahre 622 gemäß des Gregorianischen Kalenders. Des Weiteren wird beim *Mawlid al Nabi* der Geburtstag des Propheten feierlich begangen sowie beim *Lailat al miraj* (auch: *Al Isra al Miraj*) die Himmelsreise des Propheten. Der Überlieferung nach ist Prophet Mohammed vom Tempelberg in Jerusalem, dem Ort, an dem die von Mekka entfernteste Moschee stand, auf dem Pferd Buraq zum Himmel geritten und noch in derselben Nacht zurückgekehrt.

Ramadan

Der Fastenmonat Ramadan ist der neunte Monat des islamischen Mondjahrs. Von Sonnenaufgang bis Sonnenuntergang dürfen die Gläubigen weder essen noch trinken, rauchen oder sich körperlich lieben – von diesen Regelungen ausgenommen sind u. a. chronisch Kranke und Reisende. Hält der Gläubige diese Regeln ein, werden ihm alle Sünden vergeben. Das gesamte öffentliche Leben ist während des Ramadan tagsüber stark eingeschränkt: Restaurants (außer Hotelrestaurants) und Geschäfte öffnen erst abends. Nach Sonnenuntergang wird dann alles nachgeholt. Der Prophet nahm – so die Überlieferung – abends nur Datteln und Wasser zu sich und betete danach, seine Anhänger tafeln heute nicht nur üppiger, sondern auch bis weit in die Nacht hinein. Aus diesem Grund müssen in allen Ländern der Arabischen Halbinsel während des Ramadan mehr Lebensmittel importiert werden als in den anderen Monaten (s. S. 62).

Einladungen

Gastfreundschaft wird in Oman großgeschrieben. Auch heute kann der Fremde immer mit einer Einladung rechnen, meist zum Tee oder Kaffee, gelegentlich auch zum Essen. Aber meist werden diese Einladungen von Omanis an Besucher in Restaurants oder Teestuben ausgesprochen, relativ selten nach Hause. Erst nach längeren persönlichen Kontakten kommt es dazu. Bei solchen Einladungen sollte man beim Betreten von Privathäusern oder Wohnungen immer die Schuhe ausziehen. Denn diese Sitte demonstriert nach beduinischer Tradition ehrerbietende Höflichkeit. Wird der Eingeladene von seiner Frau in eine traditionell arabische Familie begleitet, erwartet der Gastgeber, dass sie die Zeit getrennt von den Männern mit den Frauen des Hauses in separaten Räumen verbringt.

Besonders eindrucksvoll sind für ausländische Besucher jene Festmahle, die an beduinische Traditionen anknüpfen. Bei diesen Essen sitzt man auf dem Boden und isst mit der Hand. In solchen Fällen darf man immer nur mit der rechten Hand zugreifen und essen, denn die linke gilt als (und ist) unrein, weil sie zu Waschungen, z. B. in der Toilette, benutzt wird. Es wird relativ schnell gegessen, Tischgespräche finden kaum statt, geschäftliche gelten als unhöflich. Diese traditionellen Formen der Geselligkeit werden aber immer seltener. Die Unterhaltung findet im Wesentlichen vor dem Essen statt. Wenn nach dem Essen der Kaffee gereicht wird, ist dies das Zeichen zum Aufbruch.

Das Kaffeeritual

Die einfachste Form der Gastfreundschaft stellt die Einladung zu einem arabischen Kaffee dar. Man bekommt ihn bei unterschiedlichen Anlässen und Besuchen. Meist wird er von einem Bediensteten in einer Messingkanne serviert. Der Kaffee ist ungesüßt und stark mit Kardamom gewürzt. Die kleine, henkellose Tasse wird nach dem Trinken so lange wieder aufgefüllt, bis man zu erkennen gibt, dass man nichts mehr möchte. Spätestens nach der dritten Tasse sollte man dies seinem Gastgeber dadurch signalisieren, dass man die Tasse leicht mit der Hand schüttelt.

Architektur und Kunst

Die meisten Besucher Omans sind von der Architektur des Landes begeistert. Überall im Land gibt es Festungen und Wehrtürme – viele wurden schon restauriert, die Mehrzahl wartet aber noch darauf. Touristen gefallen die alten Lehmhäuser, auf die sie bei ihren Rundreisen durch Oasen oder in den Vierteln der Altstadt von Nizwa und Salalah stoßen.

Traditionelle Bauweise

Noch bis in die Herrschaftszeit Sultan Saids bin Taimur bauten die Menschen in Oman ihre Wohnhäuser nahezu ausschließlich aus Materialien, die ihnen in der nächsten Umgebung zur Verfügung standen. Das waren selbst hergestellte Lehmziegel, Kalkstein aus Korallen und die Zweige und Stämme von Palmen.

Je nach klimatischen Bedingungen errichteten sie deshalb feste Lehmhäuser oder *areesh*-Häuser (engl.: *barasti*), die mit Hütten zu vergleichen sind.

Auch in den Städten wurden mehrstöckige Häuser früher überwiegend aus Lehmziegeln gebaut. So z. B. auch die alten Stadthäuser in den Hafenstädten, deren Bauherren für das Fundament Steine benutzten und die durch die Architektur ihrer Fenster und Balkone auffallen. Bei ihnen verbinden sich auf elegante Weise Funktion und islamische Tradition. Die letzten Exemplare dieser Stadthäuser sind noch in der Altstadt von Muscat, entlang der Corniche in Mutrah und in Salalah zu bewundern.

Areesh – Hütten als Häuser
Die luftigen Hüttenhäuser aus Palmzweigen entsprachen dem heißen Klima in vielen Regionen Omans. In der Küstenebene der Batinah waren sie jahrhundertelang gar die einzige Hausform und noch heute sind sie außerhalb von Städten und Siedlungen in entlegenen Gebieten, in denen der Stromanschluss für die Klimaanlage fehlt, zu finden.

Areesh sind stets einstöckig; ihre Größe definiert sich über die Breite. Für den Bau werden Palmzweige zunächst mit Faserseilen fest zusammengebunden. Aus ihnen werden rechteckige Rahmen hergestellt, die später als Wände dienen. Die Bauherren können deren jeweilige Größe ganz nach ihren Bedürfnissen bestimmen. Wohn- und Schlafbereiche werden vom Haushaltsbereich und den Lagerräumen getrennt; die Böden der Räume werden meist mit Teppichen belegt. Gekocht wird außerhalb des Hüttenhauses. Vor dem *areesh* befindet sich ein größerer Hof, der zusammen mit Haus und Stallungen für die Ziegen von einer Zaunmauer aus Palmzweigen eingerahmt wird. Bewohnte *areesh*-Häuser stehen heute noch vereinzelt in den Regionen Musandam und Al Wusta. Auch in den Beduinencamps der Wahiba-Wüste oder als Modellhäuser in den Innenhöfen von Festungen (z. B. in Khasab) sind sie zu finden.

Die arabischen Lehmhäuser
Die Bauweise der Lehmhäuser ist sehr alt, und bis vor wenigen Jahrzehnten unterschied sie sich nicht grundsätzlich von der urbaner Zivilisationen in den Metropolen Ur oder Babylon vor Tausenden von Jahren. Im benachbarten Jemen wurden aus Lehm prächtige Paläste und im Wadi Hadramaut sogar die Wolkenkratzerstadt Shibam errichtet.

Traditionelle Bauweise

Lehm findet man in Oman an vielen Stellen im Umkreis der Oasen. Jeder Hausbau beginnt mit der Herstellung von flachen Lehmziegeln in unmittelbarer Umgebung der Baustelle. Der Lehm wird mit Wasser und Häcksel zu einem Brei gestampft, der per Hand in Holzschablonen zu flachen rechteckigen Ziegeln (*madar*) gepresst wird. In langen Reihen werden die Ziegel in den Schablonen ca. eine Woche vorgetrocknet, dann werden die Schablonen entfernt und die Ziegel hochkant neben- und übereinander gestapelt, um mehrere Wochen an der frischen Luft und in praller Sonne vollständig auszutrocknen.

Von Hand werden die Mauern der Häuser hochgezogen. Anschließend werden sie innen und außen mit dem gleichen Lehm glatt verputzt. Mündlich überlieferte Traditionen bestimmen den Arbeitsablauf. Immer wieder muss die Arbeit an einer Mauer nach einer gewissen Höhe unterbrochen werden, damit das Mauerwerk, dessen Ziegel mit frischem Lehmbrei verklebt wurden, dann von der Sonne festgebacken werden kann. Der Rhythmus der Pausen ist von großer Bedeutung, denn leicht können nicht genug getrocknete Mauerteile vom Gewicht der neuen Ziegel zusammengequetscht werden und zusammenbrechen. Ein Hausbau dauert so lange – so eine arabische Handwerkerweisheit – wie Allah und die *madar* es wollen.

In der Zwischenzeit werden in Lehmöfen Kalksteinbrocken tagelang geröstet, bis sie spröde genug sind, um sie mit Knüppeln zu Pulver zu dreschen. Aus dem Kalkstaub wird eine glänzend weiße Anstrichfarbe (*nurah*) hergestellt, um Teile der Fassade, das flache Dach, Fensterbrüstungen und Innenwände zu imprägnieren und gleichzeitig kunstvoll zu verschönern.

Wurde ein Gebäude baufällig und lohnte seine Instandsetzung nicht mehr, wurde es früher einfach abgerissen und in seiner ursprünglichen Form an gleicher Stelle wiedererrichtet. Der Abrissschutt wurde selbstver-

Wadi Bawshar: Bei der Lehmziegelherstellung zur Restaurierung von Häusern kann man zuschauen

Architektur und Kunst

ständlich wieder verwendet, indem man ihn mit Wasser und Häckseln zu neuem, frischem Lehmbrei vermischte und erneut zu Ziegeln formte. Deshalb ist es schwer, das Alter einzelner Häuser zu bestimmen. Auch eingekerbte Jahreszahlen an den kunstvollen Holztüren oder Fenstern sind keine Garantie genauer Datierungen, denn auch sie wurden in Neubauten immer wieder verwendet.

Siedlungen aus Lehmhäusern findet man heute in Oman noch vereinzelt in Städten (z. B. Nizwa oder Salalah), häufiger aber auf dem Land. Meist sind die Häuser bereits verfallen und neuere aus Beton und Steinen wurden in unmittelbarer Nähe errichtet.

Restauriert werden alte, leer stehende Privathäuser aus Lehm meist nur, wenn sie als Ensemble von historischer Bedeutung sind. Das ist in Oman eher selten der Fall. Für die Besitzer sind sie wertlos geworden und wer will schon ausschließlich aus historischem Interesse ein solches Haus sanieren, wenn er trotz einer Instandsetzung gar nicht darin wohnen möchte? Mit dem Verschwinden seiner Lehmhäuser wird Oman somit eines seiner einzigartigen Kulturgüter verlieren.

Dort aber, wo aus historischem Interesse und im staatlichen Auftrag in traditioneller Weise mit Lehmziegeln gebaut wird, lohnt es sich, vorbeizuschauen. Das kann man weniger bei privaten Häusern, aber z. B. bei der Festung Bahla. Dort wird seit Jahren in der überlieferten Lehmbauweise restauriert. Und weil dies so schwierig ist, wird es noch lange dauern.

Festungen und Forts

Kein anderes Land der Arabischen Halbinsel besitzt heute noch so viele Wehrtürme, Stadtmauern, Festungen und Forts wie Oman. Diese Architektur der Wehrhaftigkeit hat dem Sultanat über Jahrhunderte hinweg Eigenständigkeit gesichert. Die UNESCO hat zwei dieser Festungen in die Liste des Welterbes aufgenommen.

Insgesamt gibt es in Oman mehr als 500 Festungen und Festungsruinen. Bis auf wenige wurden sie aus Lehmziegeln errichtet und waren deshalb bei starken Regenfällen äußerst anfällig. Solange die Bauherren sie bewohnten, wurden alle Schäden sofort behoben. Doch seit sie die historische Entwicklung überflüssig machte, beginnen sie zu zerfallen. Und je mehr dies geschah, umso mehr Regenwasser konnte in den darauffolgenden Jahren durch die eingestürzten Decken und in die umgestürzten Wände eindringen. Zudem wurde der Lehm vom Wasser auch noch weggeschwemmt. Diesen Prozess kann man exemplarisch an der Festung Bahla, der größten Lehmfestung Omans nachvollziehen.

Zerklüftete Mauern, eingebrochene Decken und Wände, mächtige, zerfallene Rundtürme und am Rande eine stark verwitterte Moschee – das haben Wind und Regen von der größten Lehmfestung Omans übrig gelassen. Aber weil Bahla das eindrucksvollste Beispiel früher omanischer Lehmarchitektur ist, erklärte es die UNESCO 1987 zum Welterbe und unterstützt seitdem die Restaurierungsarbeiten. Allerdings ist in Anbetracht der schweren Bauschäden die Grenze zwischen Restaurierung bestehender Bausubstanz und Neubau von Festungsteilen schwer auszumachen.

Die notwendigen Ausbesserungsarbeiten nach den starken Winterregen wurden in Bahla bis ins 17. Jh. durchgeführt. Dann verlegten neue Dynastien ihre Regierungspaläste an andere Orte und Bahla verlor an Bedeutung. Aus der beeindruckenden Festungsanlage wurde ein zerklüftetes Lehmmassiv, dem man allerdings die Mächtigkeit früherer Zeiten immer noch ansehen kann. Wegen der riesigen Ausmaße der Festung werden die bereits vor 20 Jahren begonnenen Restaurierungsarbeiten noch lange weitergehen.

Die Entwicklung neuer Waffentechniken beeinflusste auch im Oman die Festungsarchitektur. Für den Einsatz von Kanonen waren möglichst hoch gelegene Plattformen vonnöten, weil die Abschusshöhe die Reichweite bestimmte und die Kanone beim Abschuss zurückrollte. Zudem musste ihr Einsatz wegen des gefährlichen Pulverdampfs nach Möglichkeit unter freiem Himmel erfolgen. Der Rundturm der Festung von Nizwa, die Imam Sultan bin Saif Al Yaruba Ende des 17. Jh. erbauen ließ, entsprach dieser neuen Festungsarchitektur.

Nur ein kleiner Teil der omanischen Festungen wurde von den Portugiesen errichtet. Um die omanischen Küsten kontrollieren zu können, verstärkten sie lieber vorhandene Festungen, die sie zuvor erobert hatten (z. B. Sohar), nur selten bauten sie neue aus Stein (z. B. Muscat und Mutrah). Im Landesinneren gibt es keine portugiesischen Festungen.

Die schönsten unter den omanischen Festungen stehen in Oasenorten im Landesinneren und wurden nach der Vertreibung der Portugiesen während der Herrschaft der Al Yaruba-Dynastie in der zweiten Hälfte des 17. und in der ersten Hälfte des 18. Jh. errichtet.

Restaurierung und Tourismus

Seit den 1990er-Jahren wurden mehr als drei Dutzend der alten Festungen restauriert und teilweise neu aufgebaut. Insbesondere im Inneren der Festungen musste sehr viel erneuert werden. Bei diesen Sanierungsarbeiten nahm man – im Gegensatz zur Festung Bahla – weniger auf originalgetreue Materialien als auf genaue Nachbildungen der historischen Bauformen und Fassaden Rücksicht. Inzwischen haben die ersten der in den 1990er-Jahren restaurierten und rekonstruierten Festungen (z. B. Nakhal 1990, Rustaq 1994, Nizwa 1997) an ihren glatten Wänden, von denen kein Putz mehr abfällt, wieder Patina angesetzt.

Dass Oman sich sehr um den Erhalt seiner alten Festungen kümmert, geht – wie vieles andere im Land – auch auf den ausdrücklichen Wunsch von Sultan Qaboos zurück. Dem Ziel des Sultans, das historische Erbe zu bewahren, indem man Traditionen und moderne Errungenschaften miteinander verbindet, kommen zwei Ministerien mit großem Engagement nach. Zuerst kümmert sich das Ministry of Heritage and Culture (www.mhc.gov.om) um die historische Bedeutung eines Bauwerks und restauriert es gegebenenfalls fachmännisch. Dann übergibt es das Bauwerk (z. B. eine Festung) in die Hände des Tourismusministeriums (www.omantourism.gov.om), das es in Broschüren vorstellt, der Öffentlichkeit zugänglich macht und vermarktet (wie im Katalog der 22 sehenswertesten Festungen Omans: »Experienced history. Visit Omans Forts and Castles«).

Festungen, die bereits weitgehend restauriert, aber noch nicht vollständig fertiggestellt sind, also noch nicht durch das Tourismusministerium verwaltet werden, können ebenfalls besucht werden. Allerdings braucht man dazu eine offizielle Genehmigung. Man erhält diese kostenlose Besuchserlaubnis beim Ministry of Heritage and Culture in Muscat (Stadtteil Qurum, neben dem Natural History Museum, Tel. 24 64 13 00).

Architektur der Moderne

Oman war einer der letzten Staaten der Golfregion, in dessen kargem Wüstenboden Öl entdeckt wurde. Danach vollzog sich binnen weniger Jahrzehnte als Folge des neuen Reichtums ein rasanter gesellschaftlicher Wandel. Sichtbares Zeichen dieses Umbruchs ist die neue Architektur aus Glas, Stahl und Beton.

Es begann in den 1970er-Jahren mit gesichtslosen Hochhäusern als Zweckbauten für Ministerien und Verwaltungen. Aber seit zwei Jahrzehnten überwiegt in Oman die aufregende Symbiose aus moderner Architektur und traditionellen Prestigevorstellungen. Besonders bei den großen Hotelbauten auf der gesamten Arabischen Halbinsel kann man dies beobachten. Dennoch lässt sich Oman in diesem Architekturbereich keinesfalls mit den Entwicklungen in den anderen Golfstaaten vergleichen. Dort hat eine auffallende Architektur dank finanziell unbegrenzter Möglichkeiten den Charakter von Staatssymbolen angenommen. Auslöser waren zum Jahreswechsel 1999/2000 die faszinierende Konstruktion des über 300 m hohen Hotelturms Burj Al Arab in Dubai sowie der ebenso auffallende 250 m hohe Al Faisaliah Tower, den der britische Stararchitekt Sir Norman Foster (bei uns bekannt durch den Berliner

Gelebte Kultur

Reichstag) als Wahrzeichen der saudi-arabischen Hauptstadt Rhiyadh erbaute.

Oman kann mit Derartigem nicht aufwarten und es will bewusst diesen Weg nicht einschlagen. Behutsamkeit ist seine Maxime. Wolkenkratzer, wie sie die Al Maktoums in Dubai oder die Al Nahjan in Abu Dhabi lieben, gibt es deshalb im Reich der Al Bu Saids nicht. Allerdings verschließt sich Oman nicht vollkommen neuen Architekturformen, wie die Hotelanlage The Chedi in Muscat beweist. Sie müssen nur in die landschaftliche Umgebung und zu den Traditionen des Landes passen.

Kunsthandwerk

Oman besitzt eine lange Tradition in der handwerklichen Herstellung von Silberwaren und dem kunstvollen Flechten von Körben und Schalen. Aber über diese für das alltägliche Leben notwendige Handwerkskunst hinaus haben die Silberschmiede in Oman das Sultanat weit über seine Grenzen hinaus bekannt gemacht. In allen Ländern der Arabischen Halbinsel war Silberschmuck ein wertbeständiges Geschenk von Männern an ihre Frauen.

Omanischer Silberschmuck

Eine große Rolle in der Herstellung des omanischen Silberschmucks spielte der Maria-Theresia-Taler. Denn die seit 1751 in Österreich geprägte Münze, die den Namen einer österreichischen Kaiserin trägt, besteht zu 85 % aus Silber. Da das Gewicht der Münze bekannt war (exakt 28 Gramm), entwickelte sie sich wegen ihres standardisierten Werts in Oman und in weiten Teilen der Arabischen Halbinsel zum Zahlungsmittel. Für die omanischen Silberschmiede war es zugleich ein Rohstoff, den sie entweder einschmolzen oder als Münze direkt in die Silberstücke (z. B. als Halskettenbestandteil) einarbeiteten. Wenn man durch Museen geht (z. B. durch

Traditioneller Silberschmuck: Münzen sind vielfach Bestandteil der Halskette

das Bayt Al Zubair in Muscat), sieht man, zu welchen Meisterleistungen es omanische Silberschmiede gebracht haben. Auf viele schöne Stücke stößt man auch in den Souqs von Nizwa und Mutrah, z. B. auf Halsketten, Arm- und Fußreifen, die Schatullen für Koranverse (arab.: *hirz*), die an einer Halskette getragen werden, sowie die großen Ohranhänger. Auch die kunstvoll gefertigten Silberscheiden für die *khanjars* gehören dazu.

Gelebte Kultur

Oman versteht sich als Kulturland und ist als solches weltweit anerkannt. Beleg dafür ist u. a. die häufige Aufnahme in die UNESCO-Liste des Welterbes. 2006 wurde Muscat zur arabischen Kulturhauptstadt gekürt und im selben Jahr wurden die omanischen Beiträge zum Welterbe durch die Aufnahme des *aflaj*-Bewässerungssystems in die UNESCO-Welterbeliste erneut erweitert.

Auch im Sultanat selbst ist man sich der lebendigen Vielfalt der Landeskultur bewusst: »Oman erfreut sich einer lebendigen, atmenden Kultur und eines einzigartigen Erbes. Dieses Erbe beruht auf mehr als majestätischen alten Burgen und Festungen, auf raffiniertem Silberschmuck und hervorragend gewobenen Teppichen, die sicher alle ihren festen Platz im kulturellen Erbe des Landes einnehmen. Es sind jedoch auch die weniger greifbaren Dinge, wie die Gastfreundschaft und menschliche Wärme, die dem Besucher entgegenschlägt, der Geruch von Weihrauch, der Geschmack von Kaffee mit Kardamom, das geschäftige und bunte Treiben im Basar – all das spielt eine nicht zu unterschätzende Rolle, wenn man von Kultur spricht.« (Handbuch Oman 2011, hrsg. v. Ministry of Information).

Für die Besucher Omans ist dieser doppelte Aspekt von Kultur überall spürbar. Bei aller Bewunderung der Bauwerke und Handwerkskünste ist es diese lebendige, gelebte Kultur des Alltags, der sie in Oman begegnen und die lange im Gedächtnis bleiben wird.

Essen und Trinken

Es sind die Gewürze und ihre wohldosierte Mischung, die die arabische Küche von allen anderen unterscheidet. Sie verleihen den Speisen eine eigene Note und ihr Duft betört die Sinne. Auch darf man in Oman mit den Fingern zugreifen und das Fladenbrot als ›Einweggabel‹ benutzen.

Arabische Küche

Gewürze sind die Seele arabischer Gerichte. Als seefahrende Händler hatten die Omanis viele Gewürze und Kräuter in Indien und Ostafrika kennengelernt und mit nach Hause gebracht. Seitdem sind sie aus Oman nicht mehr wegzudenken. Von den omanischen Häfen gelangten sie auf Karawanenwegen schnell ins Landesinnere und über andere arabische Länder bis nach Europa.

Jeder omanische Koch hütet seine Gewürzmischung, mit der er seinen Speisen eine persönliche Note verleiht. Aber bei allen spezifischen Varianten der Zusammensetzung, immer greift er auf dieselben traditionellen Gewürze zurück: Knoblauch, schwarzer Pfeffer, getrocknete Limonen, Koriander, Safran und Kardamom. Muskatnuss gehört dazu, ebenso Zimt, Kümmel, Nelken, Ingwer, Kurkuma (Gelbwurz) und Rosenwasser. Nüsse, Mandeln und Pinienkerne dienen später zur Verfeinerung der Speisen.

Zu jeder arabischen Mahlzeit gehört Fladenbrot (arab.: *chubs*). Frisch gebacken im Holzofen schmeckt es vorzüglich und kann durchaus als Gabelersatz dienen. Dazu bricht man kleine Stücke ab, tunkt sie in die Speisen und führt sie dann in der rechten Hand zum Mund (Europäern werden aber selbst in einsamen Oasenrestaurants Gabeln gereicht).

Fast immer gibt es zu den Gerichten Reis, der zusammen mit verschiedenen Currys serviert wird. Lamm und Huhn sind bevorzugte Fleischsorten, Rindfleisch ist selten und teuer, Schweinefleisch aus religiösen Gründen absolut tabu. Oft wird das Fleisch auch in Joghurt und Gewürzen mariniert und als Spieß über dem Holzkohlegrill zubereitet. Wegen der Nähe zum Meer steht immer auch Fisch auf der Speisekarte; er wird ebenfalls gerne gegrillt gereicht. Frische Gurken- und Tomatenscheiben, mit Zitronensaft beträufelt, gehören zu jedem Hauptgericht.

Das omanische Nationalgericht Shuwa
Die Anfänge der arabischen Küche sind beduinischen Ursprungs. Beduinen und Oasenbewohner ernährten sich von Milch, Datteln und Fleisch. Erst durch die Handelsbeziehungen nach Übersee wurden Gewürze bekannt und mit diesen kamen auch indische und afrikanische Einflüsse. Als omanische Küche kann man deshalb das Konglomerat aus diesen verschiedenen Einflüssen bezeichnen. Ein omanisches Gericht, das nur zu besonders feierlichen Anlässen, z. B. an den Id-Feiertagen, zubereitet wird, ist Shuwa.

Große Fleischstücke oder eine ganze Ziege werden in einer Gewürzmischung aus Essig, Pfeffer, Knoblauch, Kardamom und Koriander mariniert und in einen Sack aus Bananenblättern eingewickelt. Dieser Sack wird in eine Grube mit glühender Holzkohle gelegt, die mit Erde abgedeckt wird. Frühestens nach 24 Std., mit Sicherheit nach 48 Std., ist das Fleisch sehr zart und schmeckt hervorragend. Shuwa wird mit Reis gereicht.

Arabische Küche

Am Rande eines Volksfestes: Junge Omanis essen gemeinsam zu Mittag

Innerhalb der arabischen Küche setzen einzelne Länder unterschiedliche Akzente und jedes Land kennt ein Nationalgericht. Die beste unter den arabischen Küchen ist für europäischen Geschmack die des Libanon, denn seit längerer Zeit wird sie französisch beeinflusst. Der Libanon ist auch Ursprungsland der arabischen Vorspeise, der *mezzeh*.

Mezzeh

Bei größeren Mahlzeiten am Mittag und am Abend ist die Vorspeise fester Bestandteil. Sie wird in vielen kleinen Schälchen auf den Tisch gestellt. Dazu gehören immer sauer eingelegtes Gemüse, *houmus* (das kalorienreich und köstlich mit Sesamöl und Zitronensaft zubereitete Kichererbsenpüree) und *tabuleh* (eine Mischung aus kleingeschnittener Petersilie, Minze und Weizenschrot). Beliebt als *mezzeh* sind auch *foul medames* (weiße Bohnen in würziger Tomatensauce) oder kräftig gewürztes *moutabel* (gebratene und pürierte Auberginen). Weitere *mezzeh*, die auch gerne aufgetischt werden: Spinattörtchen, gefüllte Weinblätter und kleine Teigtaschen mit Fleisch- oder Käsefüllung.

Arabische Desserts

Arabische Desserts sind zuckersüße Angelegenheiten. Mit Honig, Sirup, Nüssen und Pistazien zubereitet und mit Rosenwasser abgeschmeckt. *Mehabiya*, ein Pudding mit Rosenwasser, Mandeln und Pistazien, ist einer dieser zahlreichen Köstlichkeiten.

Der beliebteste Nachtisch am Golf ist *umm ali* (Alis Mutter), ein delikater Brotpudding mit Zucker, Zimt, Muskat und Rosenwasser. Folgende Legende rankt sich um die Entstehung dieser Nachspeise: Ein reicher arabischer Adliger war mit vier Frauen verheiratet. Jede Frau musste ihm an jedem Abend ein Abendessen zubereiten. Nur eine, die älteste, drückte sich vor der Aufgabe. Das ärgerte die

Essen und Trinken

anderen drei und sie drängten den Herren, er müsse auch die älteste Frau dazu bringen, für ihn zu kochen. Als er ihr dieses Anliegen vortrug, nahm sie zornig Reste, die sie in der Küche fand: altes Brot, Nüsse und Rosinen, alte Mandeln, ein Rest Milch und eine Portion Rosenwasser. Sie schüttete alles in einen Topf, kochte es auf und stellte es ihm lieblos auf den Tisch. Der Herr aber war von diesem Gericht so begeistert, dass sie es von nun an jeden Abend für ihn kochen musste.

Getränke

Das beliebteste Getränk in Oman ist Tee. Wer Tee mit Milch in arabischer Sprache bestellen möchte, verlangt: *Tschai bi halib.* Es gilt, präzise zu formulieren: Wer *Tschai bi habib* bestellt, verlangt einen Tee mit einem lieben Freund. Arabischer schwarzer Tee kam schon immer aus Indien, wird aber in Oman mit Pfefferminzblättern – nicht wie in Indien mit Milch – und stark gesüßt gereicht. Ein Glas Tee abzulehnen, gilt als unhöflich. Kaffee mit und ohne Kardamom ist in Oman weit verbreitet. Zum Abschluss eines Essens gibt es arabischen Kaffee, dazu meist Datteln.

In Oman muss man viel Wasser trinken! Deshalb ist es gut, zu jedem Essen auch eine Flasche Wasser zu bestellen. Verlangen Sie ausdrücklich eine Flasche Omanisches Wasser *(local water),* sonst bringt der Kellner Ihnen gerne ein aus Europa importiertes Flaschenwasser, das im Restaurant wesentlich teurer ist, als das einheimische. Im Supermarkt gibt man für die 1,5-Liter-Flasche *local water* 0,2 OR aus.

Immer mit der Ruhe: Obst- und Gemüseverkauf in Salalah

Restaurants

In den Restaurants der großen Hotels ist das Speiseangebot international. In diesen Lokalen werden mittags und abends üppige Buffets angeboten, die neben arabischen auch europäische und asiatische Gerichte anbieten. Alles, was das Herz begehrt, findet man hier: Salate und Suppen, Gebackenes und Gekochtes, Käse und Wurst sowie Süßspeisen aus aller Herren Länder. Zum Frühstück werden die Buffets noch um Eiergerichte, Müsli, Quark und Joghurt sowie Marmelade und Honig ergänzt. Wegen der zunehmenden Zahl japanischer Touristen gibt es an jedem Buffet immer auch eine Sushi-Abteilung. Neben einer Auswahl frischer Säfte findet man ebenfalls immer häufiger frische Kamelmilch vor.

Beliebt sind die in den Hotelrestaurants mehrmals in der Woche veranstalteten Themenabende. In der *BBQ-Night* gibt es viele Fleischsorten und frischen Fisch vom Grill, bei den *Italian Nights* werden alle Köstlichkeiten aus dem Mittelmeerraum gereicht und bei den *Arabian Nights* lernt man die Vielfalt der arabischen Küche kennen und kann sich zudem an Bauchtanzvorstellungen erfreuen.

Beliebt ist bei *expatriates* und Einheimischen gleichermaßen am arabischen Sonntag die freitägliche Brunchtime, weil dann die Buffets überquellen, und auch, weil sie besonders günstig sind und oft beim Essen Musikgruppen für Unterhaltung sorgen. In den Tageszeitungen am Donnerstag überschlagen sich die Angebote der großen Hotelrestaurants. Bei einigen sind sogar die Getränke inklusive, andere bieten den Besuch des hoteleigenen Schwimmbads bzw. des Strandes als Zugabe. Ein Preisvergleich lohnt sich.

In Oman kann man auch hervorragend asiatisch essen. Vor allem indische Restaurants bieten authentische Küche, weil Inhaber und Koch meist aus Indien kommen. In den großen Shoppingmalls wird in der Regel eine ganze Etage mit Food Courts geboten, in denen man ein halbes Dutzend Selbstbedienungslokale mit arabischer, indischer und westlicher Küche besuchen kann.

Zunehmend stößt man in den größeren Städten, vor allem in Muscat, auf Coffeeshops, die Snacks, Kuchen und Patisserien anbieten. Unter ihnen wird zunehmend Starbucks, die Filiale der US-amerikanischen Kaffeekette, populär. Einen Boom erleben gegenwärtig in Oman die Shisha-Cafés, in denen man außer kleinen Gerichten und einer Vielzahl von Getränken vor allem die traditionelle Wasserpfeife rauchen kann. Da aber ein Verbot des Rauchens in öffentlichen Bereichen auch langsam in Oman greift, ist ihre Zukunft offen.

Tabus

In Fragen der Ernährung halten sich omanische Muslime am Golf an die Vorschriften des Korans. Diese verbieten den Genuss von Tieren, die auf natürliche Weise gestorben sind. Zum Verzehr müssen Tiere durch Schächten getötet werden, denn ein Muslim darf kein Blut zu sich nehmen. Nach Blutwurst aus unseren Breiten wird man in Oman vergebens suchen. Auch der Genuss von Schweinefleisch ist untersagt.

Deshalb sind Vegetarier in Oman gut aufgehoben. Es gibt Omanis indischer Herkunft, und im Land arbeiten viele indische *expatriates,* deren Religion eine vegetarische Lebensweise verlangt. Deshalb gibt es auf den Speisekarten der meisten Restaurants ein gutes vegetarisches Angebot. Wem das nicht genügt, der kann gleich zum ›Inder‹ gehen.

Der Umgang mit alkoholischen Getränken wird auf der Arabischen Halbinsel sehr unterschiedlich gehandhabt. In Saudi-Arabien ist Alkohol gesetzlich streng verboten, im ganzen Land gibt es keinen zu kaufen und man darf nicht einen Tropfen einführen. In den Ländern am Golf, auch in Oman, wird er nur in den großen Hotels und Clubs zum direkten Verzehr ausgeschenkt.

Hygiene wird im Oman großgeschrieben. Alle Restaurants und Imbissstände werden regelmäßig kontrolliert. Man kann also beruhigt auch an der Straße einen *shawarma* essen.

Kulinarisches Lexikon

Im Restaurant

Ich würde gerne einen Tisch reservieren.	Ana uridu an ahjiza tawilatan lau samaht.
Die Speisekarte, bitte.	Qa-imatu al ma'kulat, lau samaht.
Ich möchte bezahlen.	Al hisab lau samaht!
Wo sind bitte die Toiletten?	Aina al merhadh lau samaht?
Mittagessen	Ta'amu al gada'a
Abendessen	Ta'amu al ásha'a
(Tages-)Gericht	Wajbatu al yaum
(Trink-)Glas	Koub lil shurb

Frühstück

laban abadi	Joghurt
baid	Eier
chubs muhammar	Toastbrot
murabba	Marmelade
asal	Honig
sudjuq	Wurst
djubne	Käse

Vorspeisen

mezzeh	Vorspeisen
achar/muqabilat	eingelegtes Gemüse
baba ganoush	Auberginenpüree
houmus	Kichererbsenbrei
labneh	Gurken-Joghurt-Salat
salata khadra	grüner Salat
salata tamtim	Tomatensalat
wara enab	mit Reis gefüllte Weinblätter
zaitun	Salat mit Oliven, Tomaten, Zwiebeln, Paprika und Petersilie
shurbar addas	Linsensuppe
shurbar khudar	Gemüsesuppe

Fleisch/Fisch

lahm	Fleisch
lahm mashwee	gegrilltes Fleisch
lahm muhammar	Fleischbraten
shishlick	Fleischspieß
kifta	Hackfleischbällchen
kharuf	Hammel
shish kabab	Lammfleisch am Spieß
dahrat	gegrillter Lammrücken
dajaj	Hühnerfleisch
dajaj fi-l-furn	Backhähnchen
samak	Fisch
samak harra	gebratenes Fischfilet
samak mashwee	gegrillter Fisch
djambari mashwee	gegrillte Garnelen

Beilagen

aish/arous	Reis
maskoul	Reis mit Zwiebeln
muaddas	Reis mit Linsen
batatis mahile	frittierte Kartoffelscheiben mit Sesamöl
chubs/raghif	Fladenbrot
pitta	gefülltes Fladenbrot
samouni	Baguette
koussa mahsi	gefüllte Zucchini
falafel	frittierte Gemüsebällchen mit Kichererbsen oder Bohnen

Desserts

fakiha	Obst
tamar	Datteln
baklava	Blätterteig mit Mandeln und Nusssirup
basbousa	Mandel-Grieß-Kuchen
esh asaraya	Käsekuchen
halwa	halb Götterspeise, halb Nusskuchen
harissa	Maisgries mit Nüssen und Sirup
kich al fuqura	Mandel- Reis-Creme
kunafa	Teignudeln mit flüssigem Käse
mehabiya	Pudding mit Rosenwasser, Honig und Pistazien
muhammar	Reis mit Kardamom, Rosinen, Mandeln

Getränke

kawa/qahwa	Kaffee
chai/schai	Tee
halib	Milch
asir	Saft
ma/maq/muya	Wasser

Typische Gerichte und Zutaten

baharat	Gewürzmischung aus Koriander, Pfeffer, Zimt, Kümmel, Nelken, Paprika, Muskat
tahina	Paste aus Sesammehl, Knoblauch und Joghurt
taratur	Knoblauchsoße nach syrischer Art
talal	scharfes Püree aus Tomaten, Zwiebeln, Petersilie, Paprika, Walnuss, Oliven
borek/fattayer	gewürzte Pastete mit Spinat und Quark
tabuleh	gehackte Petersilie, fein gewürfelte Tomaten und Zwiebeln, mit Zitronensaft, Minze und Weizenschrot
moutabel	gegrillte Auberginen mit Sesam-Knoblauch-Joghurt-Soße
sambusa	gefüllte, gebratene Teigtaschen
kubali	panierte Hackfleischbällchen
mashaqiq	gegrillter Spieß mit mariniertem Fleisch
ghuzi	gegrilltes ganzes Lamm auf Reis, mit Nüssen
hareis	Lamm mit gegartem Weizen
kabouli	Fleisch oder Fisch auf Reis mit Pinienkernen und Rosinen
kabsa	ganzes Lamm, gefüllt mit gewürztem Reis und Mandeln
kibde	dünne Streifen von Rindfleisch, Kartoffeln, Zwiebeln und Tomaten
kuba al aish	mit Reis gefüllte Lammfleischbällchen
kubbeh	Bällchen aus gehacktem Lammfleisch und Weizenschrot mit Pinienkernen
machbous	gewürzter Lammeintopf mit Reis
bastila	Huhn mit Mandeln im Teigmantel
quarmah dajaj	Curry aus Hühnerfleisch
samak narjeel	Fisch in Kokosmilchsoße
shawarma	gegrillte Lamm- oder Huhnstreifen mit Salat im Fladenbrot
shish tawouk	mariniertes Hühnerfleisch am Spieß mit Joghurtsoße
yakni	Gulasch mit Bohnen oder Erbsen
makaruna fi-l-furn	Nudelauflauf
foul medames	dicke Bohnen in einer Soße aus Zwiebeln, Tomaten, Karotten
sabaneq	Spinatgericht mit Koriander, Zwiebeln, Knoblauch, Zitrone, Olivenöl
nashab	gebackene Nussrollen
rus bil tamar	Reis mit Datteln
rus ma halib	Milchreispudding
sambusa holwah	Nussdreiecke
tangina	Dessert aus Datteln
umm ali	Brot-Milch-Pudding mit Zimt und Rosinen

Oman: arabische Welt im Auge des Betrachters

Wissenswertes für die Reise

Informationsquellen

Oman im Internet

www.omantourism.de
Deutsche Website des Ministeriums für Tourismus. Kurze, stimmungsvolle Texte und schöne Bilder werben für die Destination Oman. Neben Landschaftsbeschreibungen finden sich allgemeine Reiseinfos, Klimadaten, einige Hotelempfehlungen und gute Tipps (z. B. wo man die schönsten Strände im Sultanat findet). Besonders nützlich ist die Adressen- bzw. Kontaktsammlung mit Anschriften, Websites und Telefonnummern von Autovermietungen, Reiseagenturen vor Ort, Museen und Galerien, Restaurants und weiteren, für Besucher interessanten Einrichtungen und Institutionen.

www.omantourism.gov.om
(Englische) Website des omanischen Ministeriums für Tourismus mit umfassenden und hilfreichen Informationen zu allen Tourismusbereichen.

www.omanet.om
Website des omanischen Ministry of Information. Neben Services (z. B. Telefonnummern und Öffnungszeiten aller Apotheken im Sultanat, Fahrpläne der Busse der ONTC) und landeskundlichen Beiträgen enthält die Website eine Vielzahl weiterführender Links. Die Bildergalerie zeigt u. a. Fotos des Sultans und vermittelt Eindrücke vom Land und seiner Kultur. Wer möchte, kann sich Mitschnitte aus Oman TV ansehen.

www.oman.org
(Englische und deutsche) Dokumentation des »Oman Studies Centre for Documentation and Research on Oman and the Arabian Gulf«, einer 1975 gegründeten, unabhängigen NGO. Die Homepage besteht im Wesentlichen aus einer sehr umfangreichen Auflistung wichtiger und nützlicher Links. Unter »Literaturhinweise« findet sich eine von Joachim Düster kenntnisreich zusammengestellte, ausführliche und thematisch gegliederte Bibliografie zu Oman, die auch (internationale) Literatur zu speziellen Aspekten enthält. Darüber hinaus kann eine Adressliste von Oman-Experten im In- und Ausland abgerufen werden.

www.rop.gov.om
Website der Royal Oman Police. U. a. die neusten Visabestimmungen des Sultanats mit vielen Services, wie z. B. der Beantragung von Visa.

www.deutschoman.de
Website der Deutsch-Omanischen Gesellschaft e. V., die 1992 von Persönlichkeiten aus Wirtschaft, Wissenschaft, Politik und Diplomatie gegründet wurde. Zwar sind die Websites nicht immer ganz aktuell, sie informieren aber umfassend über Veranstaltungen, Symposien, Ausstellungen und weitere Aktivitäten, insbesondere auch im universitären Umfeld. So bietet die Website eine Fülle interessanter Informationen – über Ausgrabungsprojekte im Oman bis hin zu Berichten über den Vogelzug im Sultanat. Der an (politischen, wirtschaftlichen und kulturellen) Hintergrundinformationen über den Oman und die Länder am Golf interessierte Leser findet hier auch gute Literaturhinweise.

www.oman.de
Website der Arabia-Felix-Informations- (und Reise)agentur, die vom Omankenner Georg Popp gegründet wurde. Der Leser erhält auf den Seiten Informationen über Regionen und Landschaften Omans, Geschichte, Religion und Kultur. Außerdem bieten die Seiten zu jedem Beitrag sehr schöne Fotos.

www.maskat.diplo.de
Die Website der deutschen Botschaft in Oman (Name der Hauptstadt mit -a-!) enthält viele landeskundliche Hinweise und informiert darüber hinaus umfassend über die aktuellen deutsch-omanischen Beziehungen.

www.auswaertiges-amt.de
Unter »Länder- und Reiseinformationen« können Informationen über Oman abgerufen werden (z. B. die Anschriften und Kontakte der diplomatischen Vertretungen). Die Seiten bieten zudem Informationen über die Bezie-

hungen zwischen dem Sultanat und der Bundesrepublik Deutschland.
www.omannews.com
(Englische) Website der Oman News Agency (ONA), der omanischen Presseagentur. Hier finden sich tagesaktuelle (!) Veranstaltungshinweise sowie Links zu allen überregionalen Zeitungen am Golf.
www.dainst.org
Website des Deutschen Archäologischen Instituts, das u. a. auch in Oman archäologische Ausgrabungen durchführt.
andyinoman.com
Kanadischer Blogger, der sich seit Jahren beruflich im Oman aufhält, in seiner Freizeit das Sultanat bereist und seine Reiseberichte ins Netz stellt; gutes Orts- und Stichwortverzeichnis.

Fremdenverkehrsämter

In Deutschland
Sultanat von Oman
c/o Interface International
Karl-Marx-Allee 91a, 10243 Berlin
Tel. 030 42 08 80 12, Fax 030 42 25 62 86
www.omantourism.de;
auch zuständig für die Schweiz und Österreich.

Deutsch-Omanische Gesellschaft
c/o Arabia Felix Synform
Treffauer Straße 18, 81373 München
Tel. 089 30 77 92 00, Fax 089 300 28 41
www.deutschoman.de

In Oman
Ministry of Tourism
P. O. Box 200, P.C. 115 Muscat, Oman
Tel. +968 24 58 87 00, Fax +968 24 58 88 80
www.omantourism.gov.om

Touristen-Hotline
Tel. 800 777 99 (kostenfrei)

Diplomatische Vertretungen

In Deutschland
Botschaft des Sultanats Oman
Clayallee 82, 14195 Berlin
Tel. 030 810 05 10, Fax 030 81 00 51 96
botschaft-oman@t-online.de

In Österreich
Botschaft des Sultanats Oman
Währinger Str. 2–4, 1090 Wien
Tel. 01 310 86 43, Fax 01 310 72 68
embassy.oman@chello.at

In der Schweiz
Generalkosulat des Sultanats Oman
Chemin de Roilbot 3a
1292 Chambésy, Genf
Tel. 022 758 96 60, Fax 022 758 96 66
zuständige Botschaft: Berlin (s. o.)

In Oman
Deutsche Botschaft Muscat
Österreich unterhält seit 2011 keine Botschaft mehr in Oman. Zuständig ist die Botschaft in Saudi-Arabien, Riyadh, Tel. 009 66 14 80 12 17.

Österreichische Botschaft Muscat
Stadtteil Ruwi, Al Baladiya St., Way no. 3109, Moosa Abdul Rahman Hassan Complex, Building 477, 2. Stock, Büro 203–204,
Tel. 24 79 31 35, Fax 24 78 35 48

Schweizer Generalkonsulat Muscat
Stadtteil Qurum, Al Asfoor Plaza Building, 1. Stock 104, Tel. 24 56 82 05,
Fax 24 56 82 06, maskat@honrep.ch

Karten

GEOprojects Map und **Oxford Map Sultanate of Oman** (1 : 1,32 Mio.), mit detaillier-

Al Wafi: In Oman kann man viele schöne Holztüren entdecken

ten Stadtplänen von Muscat und Salalah; **Straßenkarte** der National Survey Authority (1 : 1,3 Mio.).

Lesetipps

Sachbücher

Emily Ruete: Leben im Sultanspalast – Memoiren aus dem 19. Jahrhundert, Hamburg 2007. Erzählungen einer omanischen Sultanstochter, die im 19. Jh. einen deutschen Kaufmann heiratete und von Sansibar nach Hamburg floh (s. S. 44).

Rainer Scheck: Die Weihrauchstraße – von Arabien nach Rom, Bergisch-Gladbach 1998.

Timothy Severin: Auf den Spuren Sindbads von Arabien nach China, Hamburg 1983. Die Geschichte der Fahrt der Dhau Sohar von Muscat ins chinesische Kanton.

Sir Wilfred Thesiger: Die Brunnen der Wüste, München 2002. Reiseberichte vom Durchqueren der Wüste. Klassiker.

Clive Winbow: The natives plants of Oman, Muscat 2008. Beschreibung omanischer Pflanzen und Blumen mit vielen Fotos.

Walter M. Weiss und **Kurt Michael Westermann:** Vereinigte Arabische Emirate und Oman – zwei Perlen in der Wüste, Wien 1996. Einzigartige Fotos und einfühlsame Texte zweier ausgewiesener Arabienkenner.

Offroad-Reiseführer

Explorer Group (Hrsg.): Oman – Off Road. 26 Adventures Routes, Dubai 2011.

Walker, Jenny; Owen, Sam: Off Road in the Sultanate of Oman, Dubai 2010.

Reise- und Routenplanung

Oman als Reiseland

Oman ist ein ideales Reiseland für diejenigen, die eine fremde Kultur kennenlernen und dennoch auf vertraute Infrastrukturen und relativen Komfort nicht verzichten möchten. Es gehört (neben Jemen) zu den historisch interessantesten Ländern der Arabischen Halbinsel, denn es kann auf eine lange Geschichte zurückblicken und besitzt viele steinerne Dokumente seiner Epochen, z. B. viele Forts und Festungen, von denen die meisten vorbildlich restauriert sind. Die lange Küste am Indischen Ozean wird von Felsbuchten und Stränden gesäumt. Sandwüsten mit herrlichen Dünen, trockenen Wadis, aber auch grünen Tälern und bis zu 3000 m hohe Berge prägen das Landesinnere. Die Bevölkerung ist sehr freundlich, aber keineswegs aufdringlich.

Oman bietet alle Möglichkeiten für einen Aktiv- und Erlebnisurlaub in der Natur, ebenso für einen Strand- und Badeurlaub und darüber hinaus zahlreiche kulturelle Sehenswürdigkeiten. Und noch etwas kommt hinzu: Auto fahren macht Spaß in Oman! Denn die Straßen sind gut ausgebaut und die Autofahrer rücksichtsvoll. Nur in der Capital Area von Muscat bilden sich manchmal kleine Staus.

Kulturelle Sehenswürdigkeiten

Von allen Staaten der Arabischen Halbinsel besitzt Oman die meisten Museen, viele davon in der Capital Area. Sie sind oft in traditionellen und architektonisch herausragenden Gebäuden untergebracht. Hinzu kommen eine stattliche Anzahl von Festungen, sowohl an den Küsten als auch in den Bergen. Sehr viele sind originalgetreu restauriert.

Auch präislamische archäologische Stätten sind der Öffentlichkeit zugänglich, allen voran die Bienenkorbgräber in der Nähe von Ibri und die antiken Häfen und Handelsstätten in der Weihrauchregion Dhofar. Den schönsten Einblick in die Landeskultur gewinnt man jedoch in den omanischen Dörfern mit ihrer ursprünglichen Lehm- und Steinbauweise. Man findet sie noch im ganzen Land entlang den Wadis, in Oasen und an den Hängen des Hajargebirges.

Legt man die Maßstäbe der UNESCO zugrunde, so steht Oman unter allen arabischen Ländern ganz oben in der Liste des anerkannten Welterbes für Kultur.

Tipp: Bei der großen Zahl von Festungen sollte man sich bei der Planung der Reiseroute auf jeden Fall vorab entscheiden, welche man besuchen will, zumal viele sich sehr ähnlich sehen. Gerade wenn Kinder mitreisen, kann weniger mehr sein!

Oman für Naturliebhaber

Die Sandwüsten des Inneren Oman, die zur Rub al Khali und damit zur größten Sandwüste der Welt gehören, üben mit ihren bis zu 100 m hohen Dünen einen ganz besonderen Reiz aus. Lokale Reiseveranstalter bieten eintägige Ausflüge und mehrtägige Touren mit Übernachtungen in Zelten an. Fährt man die im Inland gelegene Straße von Muscat nach Sur, dann gelangt man zu den Wahiba Sands (in arabischen Karten auch: Sharqiyah Sands), die als Wüste nicht minder eindrucksvoll, aber durch Wüstencamps bereits auf Touristen vorbereitet ist.

Die lange Küste zwischen Muscat und Salalah wird durch zahlreiche Wadis, Felsbuchten und Strände gegliedert. Bereits die Küstenpiste von Muscat nach Sur erlaubt Zugang zu mehreren dieser sehr schönen Wadis.

Die Gebirge Omans erreichen bis 3000 m Höhe. In der Umgebung von Nizwa führen mehrere Straßen in die Höhe des Jebel Akhdar und zu abgelegenen Bergdörfern. Die schroffe Bergwelt der Exklave Musandam kann man mangels Straßen nur mit Geländewagen erkunden. Ihre Berghänge fallen zum Meer hin steil ab, sodass fjordähnliche Einbuchtungen von bis zu 16 km Länge entstanden sind, die man mit Booten erkunden kann. Fast immer wird man dabei von Delfinen begleitet. Touren sowohl durch die Fjorde als auch mit dem Geländewagen in das Gebirge kann man bei örtlichen Tour Operators in Khasab buchen (s. S. 235).

Bade- und Strandurlaub

Die 1700 km lange Küste am Indischen Ozean bietet viele Möglichkeiten für einen unbeschwerten Strandurlaub und aktiven Wassersport. Nur wenige Hotels in Oman besitzen schöne Badestrände. In Muscat können nur das Shangri-La und das Al Bustan eigene Buchten mit hellen Sandstränden aufweisen, andere Hotels der Capital Area, z. B. The Chedi, Grand Hyatt, Intercontinental und Crowne Plaza, verfügen zwar über breite Strandabschnitte, allerdings nur mit dunkelfarbigem Sand und vielen Steinen.

Besser geeignet für Badeurlaube sind die Strände entlang der Küste in der Region Dhofar. Hier findet man an mehreren Orten herrliche, helle Sandbuchten. Wer am Badestrand auf Infrastruktur und Baywatcher Wert legt, ist im Hilton und im Crowne Plaza Hotel in Salalah besonders gut aufgehoben.

Vorschläge für Rundreisen

Die Mehrzahl der Omanbesucher verbindet einen längeren Aufenthalt in der Hauptstadt mit einer Rundreise zu den Städten, Festungen und in die Bergwelt des Landesinneren.

Dabei führen nahezu alle Veranstalter ihre Gäste immer entlang der Küstenebene der Batinah in die Hafenstadt Sohar, ins Landesinnere zu Orten am Jebel Akhdar und nach Nizwa, Bahla und Jabrin, einige auch durch die Wahiba Sands und dann in die Hafenstadt Sur. Je nach Zeitumfang werden die Rundreisen auch bis nach Musandam hoch oben im Nordwesten Omans ausgedehnt oder um einen Badeurlaub in Salalah am Indischen Ozean erweitert.

In jedem Fall kombinieren diese Rundreisen in Oman immer die touristischen Schwerpunkte Natur und Kultur.

Tagestour zu vier Festungen

Die kleine Rundreise mit der Besichtigung von vier unterschiedlichen Festungen beginnt in der Capital Area auf der vierspurigen Autobahn von Muscat nach Sohar, die parallel zur Küste verläuft (s. S. 182). Erster Ort ist Barka. Hier steht ein einfaches Fort, früher Teil der Stadtbefestigung unweit des Strandes. Ist man frühmorgens unterwegs, sollte man den lokalen Fischmarkt nicht verpassen! Zurück auf der Autobahn zweigt man dann ins Landesinnere nach Nakhal ab. Die dortige große Festung liegt auf einem Felsen am Rand des Jebel Akhdar und erlaubt einen Blick auf die sie umgebende Oase. Nur wenige Kilometer entfernt liegt auf einem Hügel die gewaltige Festungsanlage von Rustaq. Von ihrem Dach hat man einen herrlichen Blick auf umliegende Palmenhaine. Auf dem Weg zurück zur Küstenstraße passiert man das mächtige Fort Al Hazm. Von hier erreicht man wieder die Autobahn nach Muscat.

Exkursion nach Musandam

Wer die Straße von Hormuz hautnah erleben möchte, muss nach Musandam. Für diese Route benötigt man, wenn man nicht das Flugzeug oder die Fähre nimmt, mindestens drei Tage ab Muscat (s. S. 225).

Folgt man von Muscat der Küstenstraße über Sohar nach Nordwesten, gelangt man an die Grenze der VAE (Emirat Fujairah). Dann folgt eine 90 km lange Strecke entlang der Küste der VAE bis zum Grenzort Dibba. Hier beginnt die omanische Exklave Musandam, von Oman durch die VAE getrennt. Von Dibba führt eine neue Autobahn durch die Berge hinüber an die Westküste der VAE nach Ras Al Khaimah. Von dort schlängelt sich eine Küstenstraße zwischen Felsen und Meer nach Norden in Musandams Hauptstadt Khasab.

Von Khasab bricht man zu einem Tagesausflug auf einer Dhau in die Fjorde auf.

Tipps für die Reiseorganisation

Wer über wenig Zeit verfügt, aber trotzdem viel sehen möchte, der sollte sich einem örtlichen Tour Operator anvertrauen. Alle Touren werden in der Regel in bequemen Landrovern mit einem ortskundigen Reiseleiter durchgeführt. Diese Art des Reisens erspart das Suchen der Örtlichkeiten (z. B. der Hotels, der Festungen oder der Museen etc.).

Oman eignet sich aber auch vorzüglich für selbst organisiertes Reisen mit einem Mietwagen. Dieser ist relativ preiswert, Benzin ist billig, die Straßen sind im ganzen Land ausgezeichnet und Verkehrsstaus gibt es außerhalb der Capital Area nicht. Fast alle bedeutenden Ziele kann man mit normalen Pkw erreichen, solche mit Vierradantrieb sind nur auf Pisten und in der Wüste, am Jebel Akhdar und auf der Halbinsel Musandam erforderlich. Allerdings sollte man derartige Exkursionen nur mit einem ortskundigen Reiseführer wagen.

Wüstentouren

Für Besucher Omans gehören Fahrten in die Wüste zu den Höhepunkten ihres Urlaubs. Wer einen solchen Ausflug nicht als organisierte Tour gebucht hat, sondern das ›Aben-

Nicht naturfreundlich: *Dune Bashing* **(s. S. 95) als Teil des Ausflugsangebots**

teuer‹ privat mit einem geliehenen Landrover erleben möchte, sollte sich bewusst sein, dass die Beachtung bestimmter Grundsätze eine überlebenswichtige Voraussetzung ist:

1. Fahren Sie niemals allein, sondern immer mit mindestens zwei voll getankten Fahrzeugen!
2. Denken Sie an eine zweckmäßige Ausrüstung; dazu gehören unbedingt: pro Person 10 l Trinkwasser als Reserve, ein 20-l-Kanister Benzin, ein Erste-Hilfe-Paket, eine Wolldecke, zwei Ersatzreifen, ein Abschleppseil, zwei Schaufeln, ein Ersatzkanister, Kompass und Uhr, eventuell Sandbleche oder Bastmatten und ein Ersatz-Keilriemen.
3. Fahren Sie niemals in Sandalen in die Wüste. Achten Sie stets auf festes, geschlossenes Schuhwerk!
4. Informieren Sie vor Ihrer Abreise das Hotel; teilen Sie mit, wohin Sie fahren wollen und wann Sie ungefähr zurückkommen werden. Vereinbaren Sie, dass das Hotel 12 Std. nach diesem Zeitlimit tätig wird (z. B. Polizei benachrichtigen), sollten Sie noch nicht ins Hotel zurückgekehrt sein, bzw. sich noch nicht gemeldet haben. Falls sich eine Panne in der Wüste ereignen sollte, bleiben Sie stets zusammen. Hilfesuchende sollten immer nur zu zweit aufbrechen.

In Zeiten des Mobiltelefons ist vieles leichter, aber ein Handy ersetzt nicht diese notwendigen Vorbereitungen, zumal ja auch zu einem Abenteuer gehört, dass man es ohne Rettungsdienste vollbringt.

Kamelreiten

Wer vor Reiseantritt schon weiß, dass er an einer Expedition durch die Wahibawüste teilnimmt und eine längere Strecke auf einem Kamel zurücklegen wird, kann sich bereits zu Hause vorbereiten.
In Deutschland: www.rent-a-camel.de
In der Schweiz: www.camel-company.ch

Organisierte Touren und Spezialveranstalter

Viele der großen deutschen Reiseunternehmen bieten Omanreisen in ihren Programmen an. Bei ihnen bucht man die klassische Rundreise und ggfs. auch Tagesexkursionen oder mehrtägige Tauch- und Wüstenexpeditionen von zu Hause gleich mit. Alle deutschen Veranstalter arbeiten in Oman mit omanischen Incoming-Agenturen zusammen.

Veranstalter für Omanreisen in Deutschland

Die nachstehenden großen deutschen Reiseveranstalter bieten in ihren Katalogen Omanreisen an, die man entweder direkt oder über Reisebüros buchen kann.
- Air Tours (www.airtours.de)
- Ikarus Tours (www.ikarus.com)
- EWTC Exklusives Reisen Direkt (www.ewtc.de)
- GeBeCo (www.gebeco.de)
- Meier's Weltreisen (www.meiers-weltreisen.de)
- Studiosus Reisen (www.studiosus.de)
- Tui (www.tui.com)
- Tischler (www.tischler-reisen.de)

Darüber hinaus gibt es in Deutschland und in der Schweiz kleine und **mittelständische Reiseveranstalter,** die sich auf **Spezialreisen** im Oman konzentrieren. Sie besitzen in der Regel eine große Erfahrung und eine gute Landeskenntnis.

Diese Veranstalter – das gilt auch für die schweizerischen Agenturen – sind seit Jahren im Oman auf Rundreisen mit thematischen Schwerpunkten spezialisiert. Aber es ist zu beachten, dass immer der Reiseleiter und das Personal der örtlichen omanischen Inlandagentur die Qualität dieser Rundreisen bestimmen.
- Bedu Expeditionen (www.bedu.de)
- Klaus Demel (www.einfach-losfahren.de)

- Nomad Reisen (www.nomad-reisen.de)
- Profi Team Reisen (www.arabienspezialist.de)
- Rose Travel Consulting (www.rosetravel.de)
- Windrose Fernreisen (www.windrose.de)

Anbieter in Schweiz

- Arabica Orientreisen, Dornhaldestraße 79, 3627 Heimberg, Tel. 079-335 11 00, Fax 033-437 99 46, www.arabica-orient reisen.ch
- Bischofberger Info-Reisen, Dofourstraße 157, 8034 Zürich, Tel. 044-382 24 84, Fax 382 24 33, www.bischofberger-reisen.ch

Omanische Reiseveranstalter

Man kann sich aber auch (möglicherweise sogar preiswerter!) vor Ort in Muscat, Nizwa oder Khasab für bestimmte Touren oder eine Rundreise bei einem **örtlichen Reiseveranstalter** (Tour Operator) ad hoc entscheiden. Nachstehend sind einige Adressen von omanischen Tour Operators aufgelistet, die sowohl in der Hauptstadt als auch in Nizwa und Khasab Filialen unterhalten. Für Khasab und Salalah werden darüber hinaus lokale Tour Operators genannt (s. S. 235 und 331).

- Arabica, Muscat, Tel. 24 49 05 00, Fax 24 49 00 20, sanjay@arabicaorient.com. Kleines Unternehmen mit engagiertem Management; sehr guter Service
- Al Hashar Tours, Muscat, Tel. 24 83 61 00, Fax 24 83 71 00, www.alhashartravels.com
- Oman Orient Tours, P O Box 409, Muscat, Oman, Tel. 24 48 50 66, Fax 24 483 491, www.orienttours.ae; Repräsentant in Deutschland: Tel. 089 322 74 88, Fax 089 32 42 39 45, barbara@berve.com
- Mark Tours: Al Iskan Street, Muscat, Stadtteil Ruwi, Tel. 24 78 27 27, Fax 24 78 68 82, www.mark-oman.com, mit erfahrenem Personal
- Golden Tours, Muscat, Tel. 96 36 40 41, Fax 24 70 77 47, www.goldentoursoman.com
- Orient Holidays, Muscat, Stadtteil Al Khuwair, Tel. 24 47 89 02, Fax 24 48 25 12, www.visitingoman.com

Planungen bei An- und Abreise

Wer sich nach einem Preisvergleich entscheidet, Oman nicht direkt (z. B. mit Oman Air, s. S. 89) anzufliegen und sogar Zeit für einen längeren Zwischenstopp hat, für den empfiehlt sich die Überlegung, einen dreitägigen Aufenthalt z. B. in Dubai, Abu Dhabi oder Doha einzulegen.

Emirates Airlines bietet sehr günstige und interessante Stopover-Programme an, bei denen man für den Flug nach Muscat bei einem Zwischenstopp in den Hotels von Dubai hohe Ermäßigungen (inklusive Transfer) erhält. Auch Etihad-Airlines bietet solche Programme für Abu Dhabi oder Qatar Airways für Dhoha bei Zwischenstopps an.

Etihad: Tel. 089 44 23 88 88, www.etihad airways.com; Emirates: Tel. 069 95 96 88 20, www.emirates.com; Qatar Airways, Tel. 069 50 50 57 101, www.qatarairways.com.

Reisen mit Kindern

In einer Gesellschaft, in der es (noch) viele Kinder gibt und in der Kinder zu haben ein wesentliches Moment für Identität und Ansehen eines Erwachsenen sind, wird für Kinder auch vieles geboten. Kinder werden in Oman mit besonderer Wertschätzung behandelt. Hotels, Restaurants und Freizeitparks sind auf die kleinen Besucher vorbereitet. Besonders interessant sind aber auch Ausflüge in die Wüste, Reiten auf Kamelen oder der Besuch eines Fischmarkts. Generell aber gilt:

Wer Kinder mitnimmt, sollte wegen der großen Hitze nicht während der Sommermonate unterwegs sein.

Unter den deutschen Veranstaltern von Omanreisen bieten einige auch Rundreiseprogramme für Familien mit Schulkindern im Alter von 6 bis 14 Jahren in kleinen Gruppen (max. 12 Pers.) an. Die zweiwöchige Entdeckungstour zeigt, wie man bei den Beduinen in der Wahibawüste lebt, bietet mehrtägige Reitausflüge auf Kamelen, Dhaufahrten entlang der Küste und Besuche der Höhlen von Al Hoota. Übernachtet wird in Zelten, Palmwedelhütten und Hotels. Abends werden Geschichten aus Tausendundeiner Nacht am Lagerfeuer vorgelesen (www.nomad-reisen.de).

Nach Möglichkeit ein Strandhotel

Da in Muscat oder Salalah die Wassertemperatur des Meeres auch im Frühjahr und Herbst angenehm warm ist, sollten Eltern nach Möglichkeit bei der Wahl des Hotels ein Strandhotel einem Stadthotel vorziehen. In jedem Fall aber sollten sie ein Hotel buchen, das über ein Schwimmbad verfügt.

Von den wenigen Strandhotels im Oman (in Muscat 6, in Salalah 3) bieten in Muscat das Shangri-La und in Salalah das Crowne Plaza eigene, größere Kids-Clubs an, in denen die Kinder mit abwechslungsreichem, altersgerechtem Spiel- und Unterhaltungsprogramm zwischen 9 und 16 Uhr am Strand und im Wasser bei Laune gehalten werden.

Unter den Stadthotels ist nur das Grand Hyatt Muscat vorbildlich auf Familien mit Kindern eingestelllt. Es bietet betreute Spielangebote und hat ein eigenes rutschfestes Kinderschwimmbecken mit Sonnensegel.

Besuch in Museen und Parks

Allein in Muscat gibt es drei Museen für Kinder und mehrere Parkanlagen mit großen, ausgedehnten Kinderspielplätzen, die mit vielen Spielgeräten ausgestattet sind. Während des Muscat Festivals (s. S. 176) gibt es sehr viele Unterhaltungsangebote für Familien mit Kindern und eigene Kinderprogramme.

Überlandtouren

Was für Erwachsene gilt, ist für Kinder besonders wichtig: Da im Landesinneren Restaurants und Geschäfte seltener sind, sollte immer Wasser im Gepäck sein.

Restaurantbesuche

Auf den Speisekarten der Restaurants werden fast immer Kindermenüs angeboten. Aber für ganz kleine Kinder gibt es ganz selten Hochstühle, weil bessergestellte omanische Familien immer ein Kindermädchen mitbringen bzw. in einfachen Restaurants die Mutter das Kind auf dem Schoß füttert. Bei Reservierung deshalb ggfs. nach Hochstühlen fragen.

Reisen mit Handicap

Oman bemüht sich in seinen öffentlichen Gebäuden um barrierefreie Zugänge und behindertenfreundliche Ausstattungen, z. B. mit Aufzügen. Nach Ankunft auf dem Muscat International Airport in Seeb sorgt der Flughafenbetreiber (s. S. 89) für eine erste Unterstützung.

Alle neuen Hotels sind behindertenfreundlich gestaltet. Bei einigen gibt es sogar eigens vorbereitete Zimmerangebote. Bei der Restaurierung der Festungen bemüht man sich um die Installierung von Rampen. Nur wenn die Museen in modernen Gebäuden liegen, sind diese auch behindertengerecht.

Der »Disabled Travelers Guide to the World« (www.disabledtravelersguide.com) informiert auch über Oman.

Wahiba Sands: Einen Kamelritt kann man schon von zu Hause aus buchen

Anreise und Verkehr

Einreise- und Zollbestimmungen

Einreise aus Europa

Flugreisende aus Deutschland, Österreich und der Schweiz jeden Alters benötigen einen Reisepass, der mindestens noch 6 Monate gültig ist. Bei der Ankunft am Muscat International Airport erhalten sie ein »Single Entry Visa« (für einmalige Einreise) wahlweise für einen Aufenthalt bis zu 10 Tagen (5 OR = ca. 10 €) mit der Möglichkeit einer Verlängerung um weitere 10 Tage bzw. für einen Aufenthalt bis zu einem Monat (20 OR = ca. 40 €) und der Verlängerungsmöglichkeit um einen Monat. Ein Visum für mehrfache Einreisen mit einer Nutzungsdauer von einem Jahr kostet bei den Botschaften Omans 50 OR (ca. 100 €).

Allerdings ist der Erwerb des Visums bei der Einreise mit Zeitaufwand verbunden, wenn das Flugzeug voll besetzt ist. Denn Sie müssen sich zuerst bei einem Schalter der Travel-Ex World Wide Money Exchange anstellen, um die Visumsgebühr nach einem Geldumtausch (schlechter Wechselkurs) in Oman Rial zu bezahlen. Dort erhalten Sie ein Voucher, das Sie dann nach Warten in der nächsten Schlange mit Ihrem Pass zusammen dem Beamten am Einreiseschalter übergeben. Der stempelt das Visum freundlich in den Pass. Damit man ungefähr abschätzen kann, wie viel Zeit man in der Schlange noch benötigt, haben die freundlichen Omanis Schilder aufgestellt: »If you are here, it will take ... minutes.« Für diejenigen, die bereits im Besitz eines Einreisevisums für Oman sind, gibt es eigene Schalter (ohne Schlangen). So gesehen kann es von Vorteil sein, das Visum bereits zu Hause zu erwerben (s. Diplomatische Vertretungen, S. 79).

Einreise von Dubai bzw. VAE

Zwischen Dubai und Oman gibt es ein Abkommen, wonach alle Besucher aus Dubai in das Sultanat mit einem Visum *on arrival* aus Dubai ohne omanisches Visum auf dem Landweg über Hatta nach Muscat fahren, bzw. wenn sie nach einem Aufenthalt in Dubai nach Muscat fliegen, sich ohne den langwierigen Geldumtausch und Erwerb des Vouchers direkt an den Einreiseschalter begeben können. Diese Reiseerleichterung gilt nur für Oman-Besucher auf direktem Wege aus Dubai.

Für die Einreise nach Oman aus allen anderen Emiraten der VAE benötigen Deutsche, Österreicher und Schweizer ein omanisches Visum, das von den omanischen diplomatischen Vertretungen oder am jeweiligen Grenzübergang kostenpflichtig ausgestellt wird. Bei Ausflügen von Oman in die VAE benötigt man für die Rückkehr wieder ein neues omanisches Visum. Bei Überschreitung der Gültigkeitsdauer eines Visums wird eine Strafgebühr von 10 OR pro Tag erhoben. Kreuzfahrttouristen sind für maximal 24 Stunden von der Visumspflicht ausgenommen.

Fährt man mit dem Mietwagen von den VAE nach Oman, benötigt man eine Zusatzversicherung (70–90 Dh pro Tag) und eine Erlaubnis des Autovermieters. Die Versicherungsbüros an den Grenzen können zwar versichern, aber diese Erlaubnis nicht ausstellen. Wer von Ras Al Khaimah aus über den omanischen Grenzort Tibat (Westküste) in die omanische Halbinsel Musandam einreist und über den omanischen VAE-Grenzort Dibba (Ostküste) wieder in die VAE ausreisen will, muss sein Vorhaben zuvor in Tibat angeben und in ein *road permit* eintragen lassen. Diese Bestimmung gilt auch in umgekehrter Richtung. Wer über Tibat sowohl ein- als auch ausreist, benötigt nur das omanische Visum. Beim Übergang von Al Ain (Abu Dhabi, VAE) nach Buraimi (Oman) liegt die VAE-Grenzstelle am östlichen Stadtrand von Al Ain, die omanische Grenzstelle für das Visum direkt dahinter.

Die **Royal Oman Police** (ROP) gibt Auskunft über die Einreisebestimmungen (www.rop.gov.om, Tel. 009 68 24 56 95 98).

Zollvorschriften

Nicht erlaubt ist die Einfuhr von (mehr als einer Flasche) Alkohol, Pornografie, Drogen, Waffen und naturfrischen Nahrungsmitteln. Nicht ausgeführt werden dürfen archäologische Ausgrabungsfunde, Korallen, Fossilien und Antiquitäten, die als »historische Kulturgüter« eingestuft werden (dazu gehören z. B. sehr alte *khanjars,* nicht die, die man in den Souqs erwerben kann). Für die Einfuhr nach Deutschland und Österreich gelten die Zollvorschriften der EU, für die Schweiz vgl. www.zoll.admin.ch.

Anreise

... mit dem Flugzeug

Muscat wird von Deutschland aus direkt nur von **Oman Air** angeflogen. Die Flugzeuge der omanischen Fluglinie sind neu, ihre Innenausstattung sehr passagierfreundlich, das Medienangebot überwältigend individuell, der Service perfekt. Die Flugzeit beträgt ca. 7 Std., der Flugpreis ab ca. 600 € (bei längerem Aufenthalt). Oman Air fliegt zzt. direkt von München (4 x pro Woche) und Frankfurt (5 x pro Woche) nach Muscat (Oman Air, Lurgiallee 10, 60439 Frankfurt, Tel. 069 58 30 07 10, www.omanair.com). Für Anreisen mit Zwischenstops am Golf s. S. 85.

Der Flughafen **Muscat International Airport** liegt in Seeb, 40 km westlich der Hauptstadt, Auskünfte über Ankunft und Abflug: www.omanairports.com. Vom Airport gibt es zwar eine Busverbindung in die Innenstadt (Haltestelle am Departure-Gate), aber die wenigsten Hotels liegen an einer Busstrecke und sind deshalb per Bus nicht leicht zu erreichen (Ausnahme: die an der Mutrah-Corniche, s. S. 160). Deshalb muss man bei der Hotelbuchung darauf achten, dass das Hotel einen Shuttle-Service am Flughafen bereitstellt. Wenn es das nicht tut, muss man ein Taxi benutzen (s. S. 91).

... mit dem Auto

Die Einreise auf dem Landweg nach Oman von den Vereinigten Arabischen Emiraten ist an mehreren Grenzübergängen, z. B. von Ras Al Khaimah (Emirat Ras Al Khaimah, s. S. 225) und Dibba (Emirat Fujairah, s. S. 222) nach Musandam, von Hatta (Emirat Dubai) und von Al Ain (Emirat Abu Dhabi) nach Buraimi möglich.

... mit dem Bus aus Dubai

Die omanischen Busse der **ONTC** (s. S. 90) verkehren regelmäßig zwischen Dubai und Muscat, (Fahrt über Sohar). Fahrtzeit je nach Grenzabfertigung bis zu 7 Std, s. S. 177.

... mit dem Schiff

Deutsche und internationale Kreuzfahrtschiffe laufen den Hafen von Muscat regelmäßig an. Ebenso ist Muscat Station von Passagierschiffen, die innerhalb des Arabischen Golfs einwöchige Rundreisen von Bahrain über Abu Dhabi und Dubai nach Muscat und zurück anbieten (z. B. www.costakreuzfahrten.de).

Unterwegs in Oman

... mit dem Flugzeug

Oman Air (Flughafen Muscat International Airport, Tel. 24 51 95 91, www.omanair.com), Inlandsflüge: tgl. von Muscat nach Khasab und Salalah, Reservierung: Tel. 24 53 11 11.

... mit dem Bus

Oman besitzt ein öffentliches Busnetz, mit dem man alle großen Städte und Ortschaften innerhalb Omans und sogar Dubai in den VAE direkt erreicht.

Die **Oman National Transport Company** (ONTC) unterhält Busverbindungen von Muscat (Zentraler Busbahnhof im Stadtteil Ruwi, s. S. 177) über Nizwa nach Salalah, über Sohar nach Buraimi und Dubai (tgl. ab Muscat

Straße auf den Jebel Al Qamar/Dhofar: wegen ihres kurvenreichen Verlaufs auch Zig-Zag-Road genannt

16 Uhr, Ankunft Dubai am DNATA-Centre 21 Uhr; Rückfahrt von Dubai tgl. 15.15 Uhr ab DNATA-Centre).

Auskunft in Muscat: Ruwi Bus Station, Tel. 24 51 04 38, www.ontcoman.com; weitere Informationen s. S. 177.

... mit dem Mietwagen

Um einen Leihwagens in Oman anzumieten, sind ein internationaler Führerschein und eine Kreditkarte erforderlich. Leihwagen kann man in jedem größeren Hotel des Landes oder bereits am Muscat International Airport mieten.

Wer schon sicher weiß, dass er das Land auf eigene Faust bereisen wird, sollte das Leihfahrzeug am besten am Flughafen übernehmen (dann spart man z. B. Taxifahrten vom und zum Hotel). Ein Dutzend Agenturen unterhalten in der Ankunftshalle Niederlassungen (s. S. 177).

Ein japanischer Mittelklassewagen kostet inkl. Versicherung und Steuern bei unbegrenzter km-Zahl etwa 140 OR pro Woche. In den großen Hotels findet man Niederlassungen von Mietwagenfirmen, die Pkws ab 20 OR und Geländewagen ab 60 OR pro Tag anbieten (alle klimatisiert). Um auf der sicheren Seite zu sein, empfiehlt es sich wegen der großen Nachfrage, den Leihwagen schon von Europa über einen internationalen Anbieter mit allen Zusatzwünschen (unbegrenzte Kilometer, Vollkaskoversicherung ohne Selbstbeteiligung, zusätzlicher Fahrer, Übernahme/Rückgabe am Flughafen, inkl. Steuern etc.) zu reservieren. Dies erspart vor Ort eine Menge Diskussionen um zusätzliche Gebühren. Preiswert und zuverlässig ist z. B. **www.holidayautos.de.** Sie arbeiten mit dem omanischen Partner Thrifty zusammen und nennen Endpreise inklusive Versicherungen (Holiday Autos, Barthstr. 26, 80339 München, Tel. 089 17 92 30 02, 0180 51 79 19; in Österreich Tel. 0810 00 09 99). Als einziger Autoverleiher unterhält Thrifty eine Niederlassung in Muscat nicht nur am Flughafen, sondern auch am zentralen ONCT-Busbahnhof.

Autofahren ist in Oman sehr billig. Für Ausflüge in die VAE ist eine Zusatzversicherung abzuschließen (7–9 OR pro Tag).

... mit dem Taxi

Taxis erkennt man an ihren orangefarbenen Kotflügeln und einer orangefarbenen Nummer an den beiden vorderen Türen. Sie besitzen keinen Taxometer. Der Preis ist Verhandlungssache. Zur Orientierung für Muscat: Innerhalb der Stadt 3–5 OR, zum Flughafen 8 OR, nachts 12 OR; auf der Strecke nach Seeb verkehren Sammeltaxis (Kleinbusse), die man an der Straße anhält (150 Baizas). Für Taxifahrten zum Flughafen zu den Hotels s. S. 176/177.

Straßenverhältnisse und Verkehrsregeln

In der Capital Area von Muscat nach Nizwa und nach Sohar und weiter nach Norden zur VAE-Grenze sind die Straßen vier-bis sechsspurig ausgebaut. Die übrigen Hauptstraßen sind zweispurige Landstraßen in hervorragendem Zustand. Die Verkehrsregeln entsprechen weitgehend denen in Europa.

Omanis lieben Verkehrskreisel. Statt Kreuzungen trifft man im ganzen Land auf Roundabouts (R/A) und bei Wegbeschreibungen zu Hotels oder Sehenswürdigkeiten spielen die R/A eine große Rolle. In der Capital Area gibt es besonders viele. Selbst bei der autobahnähnlichen Nationalstraße (NA) 1 zwischen Muscat und Sohar sind mehr als ein Dutzend Verkehrskreisel angelegt.

In der Mitte der R/A stehen manchmal wahre architektonische Kunstwerke: In Seeb R/A steht z. B. auf vier Säulen eine stilisierte Moscheekuppel mit vier kleinen Kuppelbauten an den Ausfahrten. Am Coffee R/A zwischen Seeb und Barka sind alle Stationen des Kaffeezeremoniells dargestellt. Den R/A Sultan Qaboos University schmückt ein überdimensionales Buch aus Marmor. In der Capital Area tragen inzwischen einige R/A mit *fly-over*-Ergänzungen dem starken Verkehrsaufkommen Rechnung.

Beim Befahren von Straßen, die Wadis kreuzen oder parallel zu Wadis verlaufen, sieht man immer wieder zu beiden Seiten der Straße rote Pfosten stehen, die an ihrem Boden einen weißen Kranz tragen. Sie haben eine wichtige Funktion. Wenn das Wasser eines Wadis über die Straße läuft, signalisieren sie den Autofahrern, nicht mehr weiterzufahren, wenn der Wasserspiegel den roten Bereich erreicht hat.

Bei jedem Verkehrsunfall muss man die Royal Oman Police (Tel. 999) hinzuziehen und warten, bis sie eintrifft. Ein Verlassen des Unfallortes unabhängig von der Schuldfrage wird als Fahrerflucht ausgelegt. Während des Fahrens ist es verboten, zu telefonieren.

Parken, Gebühren, Strafzettel

Auf vielen Straßen der Capital Area kostet das Parken inzwischen Geld. Geparkt wird dort nach dem Parkscheinsystem (1 Std. = 500 Baizas). Schilder erläutern die Bedingungen des Geldeinwurfs in englischer Sprache.

Auf den Straßen herrschen Geschwindigkeitsbeschränkungen von 80 bis 120 km. Per Radar wird das Tempo kontrolliert, und sehr häufig kann man beobachten, wie die Polizei schnell fahrende Autos herauswinkt. Die Strafgebühr fängt bei 40 OR bei einer Geschwindigkeitsüberschreitung von 10 % an, bei 50 % Geschwindigkeitsüberschreitung wird der Führerschein eingezogen; Falschparken kostet 10 OR.

Tanken

Überall im Land sind die Benzinpreise an allen Tankstellen gleich. Man bezahlt für 1 l Diesel 142 Baizas, 1 l Super Benzin 120 Baizas (Stand Ende 2012). Nur Barzahlung möglich.

Unterkunft

Oman baut! Seitdem das Land sich Ende der 1990er-Jahre für touristische Besucher geöffnet hat und Fremdenverkehr in den ökonomischen Entwicklungsplänen als Wirtschaftsfaktor zunehmend Bedeutung gewinnt, rückt der Bau neuer Hotels massiv in den Vordergrund – am meisten im Großraum Muscat, aber auch von den Bergen Nordomans in Musandam bis Salalah im Süden Dhofars. 2007 gab es in ganz Oman 8000 Hotelzimmer, 2010 waren es bereits 10 000, 2012 insgesamt ca. 250 Hotels mit zusammen ca. 13 000 Zimmern!

Luxushotels

Es gibt in Oman schon seit über 30 Jahren Hotels gehobenen Standards. Aber solange das Land relativ abgeschlossen vom Rest der Welt lebte, galt es v. a. Geschäftsleute angemessen unterzubringen. Zwar waren die großen Marken der 4- und 5-Sterne-Hotellerie (z. B. Intercontinental-Gruppe, Hyatt, Sheraton, Radisson SAS) im Raum Muscat bereits vertreten, aber mit der Eröffnung von The Chedi (2003) und des Shangri-La Barr Al-Jissah (2006) etablierten sich zum ersten Mal neue, moderne Hotelkonzeptionen im Sultanat. Während The Chedi als Oase der Ruhe mit fernöstlichem Flair für Paare besonders attraktiv ist, bieten unter dem Dach des Shangri-La Barr Al-Jissah gleich drei Hotels für unterschiedliche Zielgruppen ihre Dienste an: Das sehr edle Al Husn mit orientalischem Luxus, das Al Bandar für Geschäftsleute und das Al Waha für Familien und Gruppen. Die Infrastruktur des Resorts steht allen der ins-

The Chedi: Oase der Ruhe und Urlaub für die Sinne

gesamt über 700 Gäste des Shangri-La zur Verfügung. In den letzten Jahren eröffneten auch außerhalb der Capital Area von Muscat mehrere schöne Hotels, darunter ein Hilton in Salalah, sodass die historisch bedeutende Stadt am Indischen Ozean in der Weihrauchprovinz Dhofar jetzt mit dem bereits existierenden Crowne Plaza über zwei 5-Sterne-Hotels verfügt. 2010 hat in Mirbat, ca. 60 km nördlich von Salalah ein neues Ferienresort der Marriott-Kette das Angebot im Luxussegment des fernen Dhofar erweitert. Diese Region setzt in der Tourismusentwicklung des Landes einen weiteren Akzent: Einmal im Jahr (Juni–Aug.) ist dort *khareef*-Saison (s. S. 328). Auf der Halbinsel Musandam gibt es zwei Hotels der Golden-Tulip-Kette, in Khasab und in Dibba, und mit dem Six Senses Zighy Bay das erste 5-Sterne-Resort in Omans Norden.

Mittelklassehotels

Aber nicht nur im gehobenen Sektor entstehen neue Hotels. Wegen des inneromanischen Fremdenverkehrs und wegen der Nachfrage von europäischen *expatriates* und ausländischen Besuchern in Städten und Orten von kultureller Bedeutung (z. B. Muscat, Nizwa, Sohar oder Sur) oder in großartigen Naturräumen (z. B. Jebel Akhdar und Musandam) entstehen neue Mittelklassehotels.

Jugendherbergen

2007 eröffneten die ersten zwei Jugendherbergen: eine in Salalah und eine in Küstenlage am Rand der Wahiba-Wüste in Al Ashkharah. Beide verfügen jeweils über 50 Zimmer mit gutem Komfort, wobei es sich nicht um Orte der Begegnung von Jugendlichen untereinander nach europäischer Tradition handelt, sondern um relativ günstige Familienhotels, denn im sittenstrengen Oman reisen Jugendliche nur in Begleitung ihrer Eltern.

Preisniveau

Übernachten ist in Oman nicht billig, und nur in seltenen Fällen stimmt das Preis-Leistungs-Verhältnis. Das gilt insbesondere für die Hotels im Raum Muscat und in der preislichen Mittelklasse. Die wenigen 5-Sterne-Häuser bewegen sich auf europäischem Preisniveau bzw. eher darüber. Die Übernachtungspreise in diesem Buch gelten für 2 Pers. im Doppelzimmer (DZ) inkl. Frühstück, falls nicht anders angegeben. Hinzuaddieren muss man noch 17 % tax and service, die auf den Rechnungen gesondert erscheinen:

Luxus (5 Sterne)	ab 160 OR
Deluxe (4 Sterne)	bis 130 OR
Mittelklasse (3 Sterne)	bis 80 OR
Einfache Hotels	20–30 OR

Sport und Aktivurlaub

Während eines Oman-Aufenthaltes braucht man auf sportliche Betätigungen nicht zu verzichten. Das Angebot für eine Bandbreite an Sportarten ist besonders in der Hauptstadtregion groß.

Für zwei Sportarten bietet Oman allerdings ideale und höchst aufregende Voraussetzungen: **Tauchen** und **Bergsteigen**. Aber bei beiden Sportarten ist es unbedingt erforderlich, sich örtlichen Veranstaltern oder nationalen Organisationen anzuschließen und nicht auf eigene Faust loszuziehen!

Wer gerne anderen Sportarten nachgeht, hat in Oman selbstverständlich auch dazu die Möglichkeit. Ein örtlicher Ratgeber für westliche *expatriates* und für touristische Besucher ist das Veranstaltungsmagazin »Time out – Muscat«, das regelmäßig erscheint (erhältlich in Hotels bzw. in Buchläden). Es listet mehr als 50 Sportarten von Bogenschießen, Basketball und Cricket über Golfen, Mountain Biking und Reiten bis zu Segeln, Surfen und Tennisspielen auf. Spielstätten und Verleihstationen werden ebenso genannt wie deren Internetadressen und Telefonnummern.

Ein großer Teil des Angebots konzentriert sich auf die Hotels in der Capital Area um Muscat (s. S. 172). Über sie kann man auch die jeweils notwendigen Informationen einholen und ggf. buchen.

Tauchen (Diving)

Seit Jahren ist Oman unter Tauchern ein Geheimtipp, wobei die beiden großen Tauchgebiete des Sultanats – die Halbinsel Musandam im Norden und der Küstenbereich zu beiden Seiten der Hauptstadt Muscat – weit auseinanderliegen.

Die Unterwasserwelt in der **Nähe von Muscat** ist ungewöhnlich ruhig. In den Tauchgebieten leben zahlreiche Korallenfischarten, aber auch Walhaie und Delfine. Besonders häufig sind die verschiedenen Muränenarten und Makrelen. Immer wieder trifft man bei Tauchgängen auf Stachelrochen oder Schildkröten. Die Unterwasserlandschaft wird von großen, meist nur spärlich bewachsenen Felsen dominiert. Doch es gibt auch kleine Korallenriffe und einige Wracks. Verblüffend ist das Temperaturgefälle im Wasser: Im Monat August beträgt es an der Oberfläche bis zu 32 °C, während es in 20 m Tiefe nur noch 20 °C erreicht. Deshalb ist trotz der Wärme an der Oberfläche ein Tauchanzug in den Sommermonaten notwendig.

Auch das Tauchgebiet um die **Halbinsel Musandam** ist sehr fischreich. Die Fischarten unterscheiden sich nicht von denen bei Muscat: Man trifft auf Walhaie, Wale, Delfine, Schildkröten und Stachelrochen. Allerdings wird die Unterwasserlandschaft auch durch große, korallenbewachsene Felsblöcke und kleine Korallenriffs bereichert. Was die Unterschiede bei den Wassertemperaturen zwischen Oberfläche und Tiefe betrifft, gilt das Gleiche wie in Muscat.

Die beliebtesten Tauchplätze

Daymaniyat-Inseln: ein Naturschutzgebiet, rund 18 km westlich von Muscat vor der Batinahküste in der Nähe des Ortes Barka (s. S. 194).

Bandar Khayran: 20 Schiffsminuten von Muscat in östlicher Richtung; Einbuchtungen, Sandstrände und ruhige Gewässer. Dieser Tauchplatz ist für Anfänger und Fortgeschrittene gleichermaßen geeignet, denn er ist sehr fischreich (s. S. 173).

Was Abu Daoud: der am südöstlichsten von Muscat gelegene Tauchplatz in der Nähe der Stadt Quriyat. Hier handelt es sich um eine Steilwand von bis zu 30 m Tiefe. In 16 m Tiefe kann man zum Wrack der »Quriyat« tauchen (s. S. 311).

Corall Garden: Ein Tauchgebiet von 3–15/ max. 20 m Tiefe. Hier trifft man auf Fischschwärme, insbesondere auf ganze Barracudaschulen. Das Husmiwrack, ein vor wenigen Jahren gesunkenes, 20 m langes Schiff, das Baufahrzeuge geladen hatte, liegt hier in 8 m Tiefe. Ein Idealer Trainingsplatz für Wracktauchanfänger.

Jackfish Corner: So heißt die bis zu 15 m tiefe, senkrechte Felswand, die mit bunten Korallen bewachsen ist. Wer weiter tauchen will, kann bis 40 m vorstoßen, trifft aber nur auf große Felsblöcke. Diese strömungsreiche Ecke wird gerne von Papageienfischen aufgesucht.

Tauchschulen

Oman Dive Center: Bandar Al-Jissah, www.omandivecenter.info, Tel. 24 82 42 40 (s. S. 173).

Extra Divers Daymaniyat: c/o Al Sawadi, Tel. 26 79 55 45, 97 25 90 99, www.alsawadibeach.com (s. S. 194).

Extra Divers Salalah: c/o Crowne Plaza Resort, Salalah, Tel. 23 23 53 33, 92 87 35 60, www.divesalalah.com (s. S. 331).

Bergsteigen (Climbing)

Oman ist unter allen Ländern der Arabischen Halbinsel für **Bergsteiger** ein **Paradies.** Es gibt über 160 Aufstiegsrouten, die von leicht bis extrem schwierig eingestuft sind. Auch Anhänger von Bergwanderungen *(Mountain Trekking)* finden in Oman, insbesondere im östlichen Hajargebirge, ausgezeichnete Bedingungen. Besonders der **Snake Canyon,** ca. 150 km südlich von Muscat am äußeren Rand des **Wadi Bani Awf** in der Nähe von Rustaq gelegen, zieht viele Besucher an. Denn hier kann man Wandern und Klettern. In jedem Fall sollte man immer einen omanischen Bergführer hinzuziehen. Ausrüstung für Bergsteiger und ortskundige Führer vermittelt **Muscat Diving & Adventure Centre (MDAC):** Tel. 24 54 30 02, www.holiday-inoman.com.

Kamelrennen

2005 haben sich alle Golfstaaten aufgrund des Drucks von Menschenrechtsorganisationen geeinigt, keine Kinder unter 18 Jahren und Jockeys von einem Gewicht unter 45 kg einzusetzen. Aber es bleibt jedem Land überlassen, wie es diese freiwillige Vereinbarung umsetzt. Eine derartige Regelung war nötig, weil es zuvor sehr beliebt war, Kinderjockeys aus Pakistan im Alter von 6 bis 10 Jahren wegen ihres leichten Körpergewichtes einzusetzen. Wie ernst es der omanischen Regierung mit dieser Bestimmung gegen Kinderjockeys ist, kann man daran ermessen, dass sie das Zuwiderhandeln mit einer Geldstrafe ahndet. Seit 2007 sind bei diesen Rennen sogenannte *robot riders* (auch *robotic jockeys*) zugelassen. Dabei handelt es sich um in der Schweiz hergestellte kleine Roboter, die auf den Kamelen sitzen und die Kleidung von Jockeys tragen. Ihr Rennverhalten wird von der Tribüne oder von den neben der Rennstrecke fahrenden Autos aus ferngesteuert beeinflusst.

Dune Bashing

Obwohl Oman unter seinem Herrscher Sultan Qaboos der Erhaltung der Natur und dem Umweltschutz hohe Prioritäten eingeräumt hat, sind einzelne seiner Untertanen und viele *expatriates* vom technologischen Fortschritt derart fasziniert, dass sie mit **Autos durch die Dünen der Wüste** jagen. Auch die örtlichen Tour Operator bieten *Dune Bashing* als Teil ihres Ausflugs- und Unterhaltungsprogramm an. *Bashing* heißt auf Deutsch übersetzt ›heftig prügeln‹. Und genau das geschieht mit den Sanddünen. Mit vierradgetriebenen Komfortjeeps fährt man die Dünen hinauf und hinunter und definiert dies als sportliches Abenteuer. Nur in den seltensten Fällen zum Schaden der Autos und ihrer Insassen, aber immer **zulasten der Natur!**

Einkaufen

Shoppingmalls

In Oman gibt es auch zwei Shoppingmalls, die sich mit denen im benachbarten Emirat Dubai aber nicht messen können. Sie sind jedoch so groß, dass man sich stundenlang dort aufhalten kann und immer noch nicht alle Schaufenster gesehen hat.

Markaz Al Bahja (www.albahja.com), die größte Shoppingmall, befindet sich in der Capital Area bei Seeb und bietet 35 000 m² Einkaufsfläche und Parkplätze für 1500 Autos (s. S. 150). Schräg gegenüber liegt das **Muscat City Centre** (www.citycentremuscat.com), nur etwas kleiner, aber genauso konzipiert: Alles nur Erdenkliche vom Feinsten, dazu Spielangebote für Kinder und ein ganzes Stockwerk als Food-Court mit Dutzenden von Restaurants. Ein Dutzend kleinerer Warenhäuser, die sich auch »Mall« nennen, sind über ganz Muscat verteilt.

Souqs und Märkte

Jede größere und kleinere Stadt besitzt einen Souq und überall, selbst in Küstendörfern, trifft man auf offene, teilweise auch überdachte, Märkte.

Märkte

Entlang der **Küste der Batinah** sind es v. a. **Fischmärkte**, die in jeder kleineren Siedlung tgl. morgens ab 7 Uhr stattfinden. Je größer der Ort, umso größer der Fischmarkt. Einen besonders großen Fischmarkt besitzt Muscat (s. S. 130).

Über die normalen Versorgungsmärkte hinaus gibt es in zentralen Orten **Wochenmärkte**. Seit Jahrzehnten kommen an ganz bestimmten Tagen in der Woche die Händlerinnen und Händler aus der Umgebung, um auf diesen Märkten ihre Produkte anzubieten. Sie dienen dem inneromanischen Warentausch, werden aber inzwischen auch gerne von Touristen aufgesucht. Die beiden bekanntesten dieser Wochenmärkte sind der **Frauenmarkt in Ibra** (s. S. 286) und der **Tiermarkt in Nizwa** (s. S. 259). Die Kenntnis der Markttage kann nützlich bei der Planung von Rundreisen sein. Märkte finden immer vormittags statt.

Bahla: Tiermarkt, Donnerstag
Ibra: Frauenmarkt, Mittwoch
Minitrib: Wochenmarkt, Dienstag
Nizwa: Tiermarkt, Freitag

Souqs

Bei Arabern und Europäern gleichermaßen beliebt ist das Einkaufen im Souq, d. h. in jenen traditionellen Ladenstraßen, in deren Basaren die gleichen Waren nebeneinander und in gleicher Qualität angeboten werden. Allein der ›Wille Allahs‹ entscheidet, zu welchem Händler sich der Käufer verirrt, wobei ersterer sich allerdings meist nicht scheut, dem Willen Allahs etwas nachzuhelfen.

Es ist die Atmosphäre, die orientalische Basare ausstrahlen, ihre schmalen, malerischen Marktgassen, das Labyrinth der vielen kleinen Läden und Ladennischen, in denen sich die Besucher leicht verlieren und die sie ganz selten ohne ein Souvenir verlassen.

Das Aushandeln des Preises ist Teil der Basarkultur, und gerade in den Souqs ist ein Kauf mehr als ein kurzes, zielstrebiges Tauschen von Geld gegen Ware.

Die Philosophie des Feilschens

Feilschen um den Preis ist Voraussetzung für ein beide Seiten zufriedenstellendes Geschäft. Denn zahlen Sie den vom Händler ursprünglich geforderten Preis, ist dieser unzufrieden, keinen höheren gefordert zu haben, und Sie werden sehr unzufrieden sein, weil Sie den gerade erworbenen Gegenstand beim nächsten Händler billiger angeboten bekommen. Nur wenn beide Seiten sicher sind, den optimalen Preis erreicht zu haben, breitet sich Zufriedenheit aus.

Handeln ist deshalb Teil der arabischen **Preisfindungskultur.** Zudem gilt es für beide Seiten, aus Mangel an ›objektiven Informationen‹ (wie wir sie in unseren Breiten durch Marktforschung, vergleichende Aufklärung über Preise und Qualität sowie die Bewertungen der Stiftung Warentest kennen), zuerst einmal im Souq den Marktpreis einer Ware herauszufinden.

Das **rhetorische Repertoire,** das beim Handeln im Souq eingesetzt wird, dient dazu, dass der Händler die obere Grenze seiner Forderung, und der Käufer die untere Grenze seines Angebots erkennt, um z. B. beim nächsten Kunden bzw. im nächsten Laden einen Kauf erfolgreich abschließen zu können. Die nuancenreichen Finten und Gesten und das verbale Feuerwerk, mit denen beide Seiten versuchen, erfolgreich zu sein, müssen in Oman auch von Respekt begleitet werden, denn Stolz und Würde verbieten beiden Seiten ein unfreundliches Geschacher. Ein Kauf soll auch Freude bereiten!

Ein Dutzend Goldene Regeln – oder wie erwirbt man einen *khanjar*

Die Kultur des Handelns hat mittlerweile auch hierzulande (z. B. beim Kauf eines neuen Autos) Einzug gehalten. Dennoch ist Handeln für Europäer ungewohnt. Aber man kann es lernen. Und es gibt Rituale, deren Befolgung die Lehrzeit verkürzen. Nachstehend das Protokoll eines erfolgreichen Verkaufsabschlusses zur beidseitigen Zufriedenheit – ein Ereignis, das dem Besucher v. a. bei erfolgreichem

khanjar: **Symbol omanischer Ehre und beliebtes Souvenir**

Verlauf noch lange im Gedächtnis bleiben wird:

1. Nehmen Sie genügend Geld in kleinen Scheinen mit, die Sie auf mehrere Hosen- und Jackentaschen verteilen. Verschließen Sie diese gut.
2. Wenn Sie eine bestimmte Ware – sagen wir einen *khanjar* – im Auge haben, feilschen Sie um einen anderen. Nachdem Ihnen der andere *khanjar* zu teuer ist, nehmen Sie den gewünschten, betrachten ihn kritisch und fragen nach dem Preis.
3. Der Händler sagt z. B. 250 OR. Jetzt lächeln Sie und erwidern, dass der *khanjar* dies möglicherweise wert sei, Sie aber nicht über genügend Geld verfügen, weil Sie zu Hause eine große Familie zu ernähren hätten. Da der *khanjar* Ihnen aber gefalle, könnten Sie sich zu einem Angebot von 100 OR durchringen.
4. Jetzt lacht der Händler und erzählt Ihnen seine Schwierigkeiten, und dass er seit dem 11. Sept. und dem Irakkrieg nur noch selten etwas verkaufe. Sein letzter Preis wäre 200 OR. Zudem wird er noch einmal die hohe Qualität des *khanjars* herausstreichen.
5. Sie fahren prüfend über die Scheide, finden eine schadhafte Stelle, einen losen Silberfaden oder eine Beschädigung am Griff und sagen *shuf* (Schau mal hier!) Der Händler bietet jetzt 180 OR, betont aber, dass es sich um ein absolutes Einzelstück handelt und er nur deshalb mit dem Preis heruntergehe, weil Sie sein Freund *(sadiq)* seien.
6. Sie nehmen 120 OR abgezählt aus der Tasche und geben sie ihm mit der Bemerkung *hallas* (genug) und *shukran* (danke)!
7. Der Händler nimmt die 120 OR, verlangt aber 60 OR mehr, weil 180 OR sein letzter Preis sei. Nach einigem Überlegen fingern Sie aus der nächsten Tasche weitere 10 OR. Die geben Sie dem Händler mit der Geste, dass Sie nicht über mehr verfügen (z. B. durch Umkrempeln der Hosentasche).
8. Der Händler erwidert *mafi* (auf keinen Fall) und macht eine bedauerliche Handbewegung, gibt Ihnen alles Geld zurück und wendet sich von Ihnen ab.
9. Sie sagen noch einmal freundlich *shukran*, drehen sich um und gehen einige Schritte, bis der Händler *Mister* oder *Madam* ruft und dabei 170 OR flüstert. Jetzt schütteln Sie den Kopf, lächeln aber und sagen nicht sehr entschieden *mafi*, ziehen dabei die 130 OR wieder aus Ihrer Tasche und drücken diese und noch einmal 10 weitere OR dem Händler in die ausgestreckte Hand.
10. Der Händler beschwört Allah, klagt über die schlechte Geschäftssituation, aber ein Preis von 160 OR geht dabei über seine Lippen. Sie holen noch einmal 10 OR aus der dritten Tasche. Der Händler richtet den Blick gen Himmel, nickt aber mit dem Kopf. Jetzt haben Sie den *khanjar* für 150 OR erworben.
11. Sie freuen sich riesig. Auch der Händler strahlt und betont, dass Sie der zäheste Verhandlungspartner gewesen seien, der sich je in seinen Laden verirrt habe. Während er den *khanjar* einpacken lässt, bietet er Ihnen einen Tee an und holt einen zweiten *khanjar* aus der hintersten Ecke, der genauso aussieht wie der, den Sie gerade von ihm erworben haben. Dafür verlangt er von vornherein nur 160 OR, weil Sie sein bester Kunde werden sollen und Sie diesen *khanjar* doch zu Hause einem Verwandten schenken könnten.
12. Sie bedanken sich für das Kompliment, lassen ihm aber die Hoffnung, morgen mit Ihrem Bruder wiederzukommen, weil er auch Interesse an einem *khanjar* hätte. Danach verabschieden Sie sich mit einem Handschlag und einem freundlichen *ma'as salama* (Auf Wiedersehen).

Gut zu wissen

Alkohol

Alkoholische Getränke werden nur in Hotels, Restaurants und Bars angeboten, die eine Lizenz zum Alkoholausschank besitzen. Das sind relativ wenige, aber alle großen 4- und 5-Sterne-Hotels gehören dazu. Der Genuss von Alkohol im Freien ist streng untersagt. Für Autofahrer gilt die 0-Promillegrenze.

Ausgehen

Die 5- und 4-Sterne-Hotels besitzen Diskotheken, z. T. mit asiatischen Livemusikern. 3-Sterne-Hotels verfügen meist nur über eine Bar. Ansonsten spielt sich das Nachtleben in den Restaurants ab.

Drogen

Der Konsum und das Handeln mit Drogen sind in Oman absolut verboten. Zwar steht nicht wie in Saudi-Arabien die Todesstrafe auf ein solches Vergehen, aber mit hohen, langen Gefängnisstrafen müssen auch Ausländer rechnen.

Fotografieren

Beim Fotografieren und Filmen sollten Besucher Respekt und Zurückhaltung walten lassen. Das gilt für Personen ebenso wie für Militäranlagen, Höfe und Regierungsgebäude. Ein konkretes Fotografierverbot gilt für Flugplätze, Grenzübergänge, Erdölanlagen und Betende in Moscheen. Wer Personen ablichten möchte, sollte unbedingt vorher deren Zustimmung einholen. Das gilt insbesondere, wenn Frauen fotografiert werden sollen. Ist ein Ehemann an ihrer Seite, sollte man auch ihn vorher fragen. Auch in Museen empfiehlt es sich, um Erlaubnis zu fragen.

Je strenger die persönliche Auslegung des Korans, der Abbildungen von Menschen verbietet, je ablehnender ist die Haltung von Omanis, sich fotografieren zu lassen. Deshalb ist es bei Einzelpersonen sehr schwer, die Zustimmung für ein Foto zu erhalten. Doch sind die meisten bereits den Versuchungen erlegen, die die Digitalkameras bieten. Immer häufiger sieht man in Parks und Restaurants Familien, die Fotos von sich schießen. Bei diesen ›Familien-Shootings‹ herrscht oft eine ausgelassene Stimmung. Wenn man die Gelegenheit nutzt und ein älteres Familienmitglied dieser Gesellschaft fragt, ob man auch ein Foto machen darf, wird einem als Tourist die Bitte meist nicht verwehrt.

Frauen allein unterwegs

Die Belästigung von Frauen ist in Oman die absolute Ausnahme. Wenn überhaupt, so hängt es – wie in den meisten arabischen Ländern – in der Regel von der Bekleidung ab. Die sollte bei Reisen außerhalb der Capital Area den Landessitten entsprechend Arme und Beine bedecken und weit geschnitten sein. In jedem Fall empfiehlt es sich, ein größeres leichtes Tuch mitzunehmen (z. B. in der Handtasche), um sich bei bestimmten Gelegenheiten demonstrativ zu bedecken.

Um Missverständnisse zu vermeiden, sollten sich allein reisende Frauen jeden Alters in Gesprächen immer als verheiratet und kinderreich ausgeben.

An den Stränden der Capital Area ist es nicht auszuschließen, dass badende Europäerinnen die Blicke von ›Bewunderern‹ auf sich ziehen; meist sind diese *expatriates* aus Dritte-Welt-Ländern, die allerdings immer großen Abstand halten. Trozdem: Frauen sollten an Stränden einteilige Badeanzüge bevorzugen. Baden im Bikini erregt nur an Hotelpools keinen Anstoß. ›Oben ohne‹ ist in Oman wie auch in den anderen Golfstaaten absolut tabu.

Öffnungszeiten

Im Oman schätzt man an Werktagen eine Mittagspause zwischen ca. 13 und 16 Uhr. In dieser Zeit ruht das geschäftliche Leben. Darüber hinaus gelten:
Behörden: Sa–Mi 7.30–14 Uhr
Banken: Sa–Mi 8–13, Do 8–12 Uhr
Geschäfte: Sa–Do 8–13 und 16–19 Uhr

Sitten und Gebräuche

Bei aller Modernität und Offenheit: Oman ist ein islamisches Land, und Normen und Regeln werden vom Koran bestimmt – zumindest weitgehend. Im ganzen Land begegnet man Besuchern sehr freundlich. Gerade deshalb sollten Touristen die Traditionen und Sitten des Landes respektieren.

In der Ruhe liegt die Kraft

Und so formuliert das das omanische Tourismusministerium in einem Werbetext: »Wenn nicht alles nach europäischem Tempo läuft, bitte Nachsicht üben!« Omanis gehen ruhig und geduldig miteinander um, Besucher sollten ihnen darin nicht nachstehen. Ungeduld oder abwertende Bemerkungen, wenn etwas nicht klappt, geschweige denn lautes Schimpfen stoßen auf Unverständnis, bewirken nichts und setzen am Ende nur den Schimpfenden ins Unrecht. Denken Sie daran: Als deutscher Besucher werden Sie in Oman in solchen Situationen als Repräsentant Deutschlands angesehen.

Verhaltensempfehlungen für ausländische Besucher

1. Wenn ein Omani einen fremden Omani im Freien begegnet, erhebt er ein wenig die offene Hand zu einem freundlichen

Im Park von Mutrah: Bitte fragen Sie immer, ob Sie ein Foto machen dürfen

Gruß, einem leichten Winken vergleichbar. Das machen Omanis auch Fremden gegenüber, wenn sie diesen bei einem Spaziergang oder in einer Oase begegnen. Es gebietet die Höflichkeit, in gleicher Form zurückzugrüßen.

2. Achtung verlangt Erwiderung. Der Gruß *As-Salam Aleyqum* (Friede sei mit Euch) erwartet den Gegengruß *Wa Aleyqum As-Salam* (Auch mit Euch sei Friede). Den Gegengruß vergessen oder gar ihn zu verweigern kommt unter Omanis einer Beleidigung gleich.

3. Bei Begrüßungen und Verabschiedungen ist unter Männern immer ein Händedruck angebracht. Die Initiative geht in der Regel vom höhergestellten oder älteren Mann aus. Frauen sollten ihre Hand niemals zuerst zum Gruß anbieten.

4. Umarmungen und Wangenküsse in der Öffentlichkeit sind unter arabischen Männern gang und gäbe, aber zwischen Männern und Frauen absolut tabu.

5. Beim Betreten einer arabischen Wohnung zieht man die Schuhe aus (beim Moscheebesuch ist es Pflicht!). Generell gilt: Beim Sitzen auf dem Boden oder in einem bequemen Sessel dem Anderen nicht die Schuhsohlen zuwenden.

6. Angebotene Erfrischungen (z. B. Tee, Kaffee oder Wasser) nach Möglichkeit annehmen, die Ablehnung kommt einer kränkenden Geste gleich.

7. Aufgetragene und angereichte Speisen stets anerkennend würdigen, beim Essen und Anreichen ohne Besteck immer nur die rechte Hand benutzen.

8. Bei einem gemeinsamen Essen im Restaurant sollte man sich nur dann alkoholische Getränke bestellen, wenn der arabische Teilnehmer dies auch tut bzw. wenn er den Gast ausdrücklich dazu auffordert.

9. Einladungen nach Hause sind in Oman selten, aber wenn man eine Familie besucht, sollte man unbedingt ein Ge-

schenk (z. B. Blumen oder Süßigkeiten) mitbringen.
10. Alkohol nur in lizenzierten Räumlichkeiten (Hotel- oder Clubbars), niemals im Freien zu sich nehmen; bei Trunkenheit in der Öffentlichkeit greift die Polizei ein.
11. Während des Ramadan tagsüber in der Öffentlichkeit unbedingt auf Essen, Trinken (Ausnahme: Kinder und Kranke) und Rauchen verzichten.
12. Bei Treffen unter Geschäftsleuten oder bei Erledigungen in Behörden sind Visitenkarten üblich.
13. In Gesprächen sind Fragen nach den Kindern oder über den Erfolg männlicher Verwandter angebracht, aber man sollte sich nicht nach der Ehefrau erkundigen.
14. Ältere Personen werden mit besonderem Respekt und Ehrerbietung behandelt.
15. Tiefe Dekolletés signalisieren in der Arabischen Welt Verlockung. Zu langer direkter Augenkontakt und ein langes Händeschütteln von Frauen werden in ähnlicher Weise interpretiert. Also: Tragen Sie kein tiefes Dekolleté, keinen freien Rücken, keine Hotpants, natürlich nichts Transparentes und generell keine sehr stoffarmen Outfits.
16. Wider die islamischen Gepflogenheiten verstoßen Paare, die in der Öffentlichkeit turteln oder sich küssen.
17. Gespräche über Religion sind eigentlich tabu, es sei denn, Sie wollen etwas während der Führung in der Sultan-Qaboos-Moschee über den Islam wissen. Man hält Europäer immer für Christen. Outen Sie sich nicht als Atheist, es stößt auf völliges Unverständnis.
18. Es wird Besuchern hoch angerechnet, wenn Sie ein paar Worte Arabisch sprechen. Ein paar kleine Anregungen finden Sie auf S. 109.

Männer im Rustaq Markt, die Kaffee trinken

Reisekasse und Reisebudget

Währung

Die Währungseinheit ist der Rial; zur Unterscheidung von anderen Rial-Währungen auf der Arabischen Halbinsel heißt sie offiziell Omani Rial, abgekürzt: OR (auch OMR oder RO). Banknoten haben Werte von 200, 100, 50, 20, 10, 5 und 1 OR. Ihr Wert wird auf jeder Note in arabischen und abendländischen Ziffern angegeben. Ein Rial ist unterteilt in 1000 Baizas. Baizas gibt es als Münzen und die hohen Werte als Scheine (500, 200 und 100 Baizas).

Der OR ist fest an die US-$-Währung (im Verhältnis 1 OR = 2,61 US-$) gekoppelt, sodass der Wechselkurs des OR zum Euro jeweils vom Wechselkurs des Euro zum US-$ abhängt (Januar 2013: 1 OR = 1,91 € = 2,38 sFr; 1 € = 505 Baizas). **Aktueller Kurs:** www.oanda.com.

OR sollte man nur im Oman erwerben. Vor der Rückreise empfiehlt sich, restliche OR unbedingt zurückzutauschen.

Kleine Geschichte des Omani Rial

Bis ins 20. Jh. besaß Oman keine Währung. Der Maria-Theresia-Taler war gängiges Zahlungsmittel entsprechend dem Wert seines Silbers. Deshalb findet man diese Taler heute noch als Teil von Schmuckstücken oder als Einzelstücke in den Souqs von Muscat und Salalah. Der Maria-Theresia-Taler war auch als ›Rohstoff‹ sehr begehrt, weil die Silberschmiede ihn eingeschmolzen haben, um neue Schmuckstücke daraus zu fertigen.

Über die Briten und den Handel mit Indien wurde zuerst die indische Rupie, dann eine eigene omanische Rupie eingeführt, die mehr als doppelt so viel wert war als die indische. Da die indische Rupie in Paiza unterteilt ist, die Omanis das »P« jedoch schlecht artikulieren können, heißt die omanische Unterteilung des Rial heute Baiza. Der Rial als Währungsname wurde von Saudi-Arabien, dem größten Nachbarn Omans, dann übernommen.

Kreditkarten

Die gängigen Kreditkarten (Amexco, Visa, Diner's Club und MasterCard) werden in allen internationalen Hotels, in gehobenen Restaurants und bei Banken akzeptiert. Mit ihnen kann man auch an allen Bankautomaten OR ziehen.

Geldtausch

Barbezahlung wird in Oman bevorzugt, auch wenn Kreditkarten in Hotels, Restaurants und Warenhäusern akzeptiert werden. Deshalb empfiehlt es sich, immer genügend Bargeld in der Landeswährung mitzuführen. Tauschen kann man Euro in OR in Hotels, bei Banken und in Wechselstuben.

In Hotels
Hier geht es am schnellsten, aber der Kurs ist der ungünstigste.

Sperrung von EC-und Kreditkarten bei Verlust oder Diebstahl*:

0049-116 116

oder 0049-30 4050 4050
(* Gilt nur, wenn das ausstellende Geldinstitut angeschlossen ist, Übersicht: www.sperr-notruf.de)
Weitere Sperrnummern:
– MasterCard: 0049-69-79 33 19 10
– VISA: 0049-69-79 33 19 10
– American Express: 0049-69-97 97 2000
– Diner's Club: 0049-69-66 16 61 23
Bitte halten Sie Ihre Kreditkartennummer, Kontonummer und Bankleitzahl bereit!

In Banken

Banken gibt es in großer Zahl in der Capital Area und in Salalah. Auch in Sur, Nizwa und Sohar gibt es mehrere, aber im Landesinneren so gut wie keine. Banken haben So–Mi 8–12 oder 13, manche auch Do 8–11.30 Uhr geöffnet. Sie verlangen beim Tauschen immer auch die Vorlage des Reisepasses.

ATM-Automaten

Banken unterhalten **ATM-Automaten** (Automatic Teller Machines), aus denen man mit seiner Kreditkarte OR ziehen kann. Fast alle ATMs in Oman akzeptieren Visa-Kreditkarten. Aber zum Abheben benötigt man eine persönliche Geheimnummer, die man bei Kartenzahlung in Hotels, Restaurants und Geschäften nicht benötigt. Diese Geheimnummer ist vorher beim Kreditkartenaussteller anzufordern.

Die **ATM-Automaten** der **National Bank of Oman** (NBO, www.nbo.co.com) akzeptieren auch die Maestro- bzw. Cirrus-EC-Karte. Die Gebühren, die zu Hause anfallen, sind bei Kreditkarten und bei EC-Karten unterschiedlich hoch (bei EC-Karten z. B. bis zu 4 € pro Abhebung).

Geldwechsler

Geldwechsler (Money Exchange) bieten die besten Kurse. Sie sind in Muscat und Salalah sehr verbreitet. Ihre Häuser haben Sa–Do 8–13 und 16–19 (einzelne auch bis 22 Uhr und am Freitagnachmittag) geöffnet. Die Adressen findet man unter den jeweiligen Ortsbeschreibungen.

Am ungünstigsten unter allen Wechselstuben ist Travel-Ex-World-Wide-Money am Flughafen. Sie bietet nicht nur einen sehr schlechten Kurs, sondern verlangt zudem eine Wechselgebühr von 2,5 OR (ca. 5 €) pro Umtausch. Deshalb sich dort zum gemeinsamen Umtauschen für das Visum innerhalb der Gruppe zusammentun. Wechselstuben in Muscat, s. S. 154.

Preisniveau

In den Hotels und Restaurants des 4- und 5-Sterne-Bereichs liegen die Preise nicht unter dem europäischen Niveau. Wohl aber sind Dienstleistungen und das Einkaufen im Souq billiger. Preisgünstig sind Elektronik aus Fernost, Museums- und Parkbesuche, Leihwagen und Benzin (s. S. 91).

Preisbeispiele

Mittelklasse-Hotel: DZ ab 40 OR
4-Sterne-Hotel: DZ ab 80 OR
Eintritt Museen: 0,5–1 OR
Restaurant: Menü ab 5 OR
Hotelrestaurants: ab 10 OR
Tasse Kaffee: 1,5–2 OR
1 kg Bananen: 0,5 OR

Spartipp

Sie sollten die teuren Getränke aus der Minibar im Hotelzimmer meiden. Frisch gepresste Obstsäfte und *shawarma*-Gerichte können Sie bedenkenlos in guter Qualität in Straßenrestaurants zu sich nehmen. Handeln Sie den Fahrpreis bei Taxis immer vor Fahrtantritt aus.

Trinkgeld

Auf den Rechnungen in Hotels und Hotelrestaurants sind bereits insgesamt 17 % für *service charge* und *tourism tax* ausgewiesen. Aber in den wenigsten Fällen bekommt das Personal die 9 % Trinkgeld, die auf der Rechnung stehen. Deshalb gibt man in bar noch etwas dazu, natürlich je nach Zufriedenheit 5–10 % des Gesamtbetrags der Rechnung.
Kofferträger: 200–500 Baizas pro Stück;
Zimmermädchen: 1–2 OR pro Tag;
kleine Dienstleistungen: ab 500 Baizas.

Nicht erwartet werden Trinkgelder von dem **Servicepersonal der Tankstellen,** wohl aber von den **Taxifahrern.**

Reisezeit und Reiseausrüstung

Klima und Reisezeit

Oman ist ein ganzjähriges Reiseziel. Doch liegt die beste Reisezeit für europäische Besucher in den Monaten Oktober bis März. In dieser Zeit kann man sich auf Durchschnittstemperaturen von 25 °C einstellen, wobei es abends etwas abkühlt. Das Meer hat eine angenehm erfrischende Temperatur und wird ab Februar warm. Sehr vereinzelt kann es in dieser Zeit zu kurzen Schauern kommen, die aber wegen der warmen Lufttemperaturen ebenfalls eher erfrischende Wirkung haben. In den übrigen Monaten liegen die Tagestemperaturen über 30 °C, in den Sommermonaten erreichen sie sogar über 50 °C.

Die Südprovinz Dhofar wird von Juni bis September vom Monsun, der vom Indischen Ozean herüberweht, gestreift. Dadurch sinken die Temperaturen in der Region in dieser Zeit auf 25 °C und es fällt häufig ein warmer, angenehmer Nieselregen. Dieses Phänomen des *khareef* lockt besonders Besucher aus den Ländern der Arabischen Halbinsel nach Dhofar. Ende September steigen die Temperaturen dann wieder auf über 40 °C.

Kleidung und Ausrüstung

Das ganze Jahr über reicht leichte Sommerkleidung aus, in den Wintermonaten genügt abends ein Pullover. Bei der Auswahl sollten Frauen an die landesüblichen Gepflogenheiten denken und keine Spaghettiträger-Tops oder Miniröcke einpacken. Beim Baden an öffentlichen Stränden tragen Männer immer Badeshorts und Frauen einteilige Badeanzüge.

Ins Gepäck gehören in jedem Fall der internationale Führerschein, langärmlige Hemden oder Blusen, allerdings in leichter, hitzetauglicher Qualität, festes Schuhwerk, Sonnencreme mit hohem Lichtschutzfaktor, eine passende Schirmmütze bzw. ein Sonnenhut, eine sehr gute Sonnenbrille.

Elektrizität

220–240 Volt Wechselstrom sind üblich, allerdings passen die deutschen Stecker nicht in die omanischen Steckdosen. Deshalb benötigt man einen Adapter mit einem Dreistiftstecker (Three Pin Plug).

Reisen im Ramadan

Während des Fastenmonats Ramadan ist allen Muslimen zwischen Sonnenauf- und Sonnenuntergang Lieben, Rauchen, Trinken und Essen untersagt. Diese Regel wird in Oman eingehalten. Da alle Restaurants und die meisten Geschäfte tagsüber geschlossen sind (in jedem Hotel ist ein abgetrenntes Restaurant für Hotelgäste geöffnet!), unterliegen auch Besucher beim Reisen Einschränkungen. Erst nach Sonnenuntergang treffen sich Familien und Freunde zum gemeinsamen Iftar-Essen zuhause oder in Hotelrestaurants. Danach beginnt das normale alltägliche Leben bis tief in die Nacht.

Klimadaten Muscat

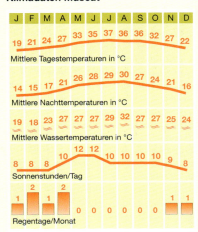

Gesundheit und Sicherheit

Gesundheit

Vorsorge

Impfungen sind nicht erforderlich, allerdings kann eine Auffrischung von Tetanus nicht schaden. Nur wer vorher Länder bereist hat, in denen Gelbfieber verbreitet ist, muss eine 14 Tage alte gültige Impfung bei der Einreise vorweisen. Aus Afrika Einreisende werden auf eine Malariainfektion getestet.

Wegen der hohen Sonneneinstrahlung ist es ratsam, immer eine **Kopfbedeckung** zu tragen und **Sonnencremes** mit hohem Lichtschutzfaktor zu verwenden. Da medizinische Behandlungen in Oman teuer sind, empfiehlt sich unbedingt der Abschluss einer **Auslandskrankenversicherung.**

Prophylaxe in Oman

Man muss **mehrere Liter Flüssigkeit** pro Tag zu sich nehmen, nicht nur wegen des Durstes, sondern um keine gesundheitlichen Schäden davonzutragen. Am besten geeignet sind Tee oder Wasser. Das Leitungswasser in Oman ist Trinkwasser.

Krankenhäuser

An der Spitze des flächendeckenden Gesundheitsnetzes stehen die Krankenhäuser, wobei die staatlichen Krankenhäuser in der Regel besser ausgestattet sind als die privaten, die sich meist auf fachärztliche Bereiche (z. B. Zahn-, Kinder- und Schönheitschirurgie) spezialisiert haben. Allein im Bereich der Capital Area gibt es ein Dutzend Kliniken, in allen ländlichen Regionen gibt es medizinische Zentren, die sich der Notfälle annehmen. Allerdings ist noch kein umfassend organisiertes Ambulanz-Transportwesen eingerichtet, sodass die Fahrt zum Krankenhaus in der Regel selbst gelöst (z. B. Taxi, Freunde) werden muss.

**Einheimische Männer bei Sur:
Der Sitz des Muzzar wird geprüft**

Notrufe
Allgemeiner Notruf (Polizei, Feuerwehr, in Notfällen auch Krankentransporte): Tel. 999
Notaufnahme (Al Shatti-Hospital Muscat): Tel. 24 60 42 63

Sicherheit

Oman ist ein sicheres Reiseland. Es gibt viele Englisch sprechende Ärzte. Einbruch in Mietwagen, Diebstähle und Überfälle, Straßenkriminalität, Betrug oder Gewalttätigkeiten sind nahezu unbekannt. Der Besucher wird auch nicht aggressiv von Kindern angebettelt.

Allerdings ist die Grenze zwischen Betrug und überteuerten Preisen schwer zu bestimmen, z. B. im Souq oder wenn Taxifahrer bei ausländischen Besuchern immer einen höheren Preis verlangen. Es empfiehlt sich, in solchen Fällen vorher den Preis auszuhandeln. Der ›gerechte‹ Preis ist immer der vereinbarte, ungeachtet seiner Höhe oder seiner Angemessenheit.

Regierungsamtlich informiert das Deutsche Auswärtige Amt (AA) über den Sicherheitsstand in Oman. Bei grenzüberschreitenden Reisen in andere Länder der Arabischen Halbinsel ist es besonders nach den Ereignissen des 11. September 2001 ratsam, jeweils die aktuellen Empfehlungen des Auswärtigen Amtes zu beachten. Denn bei Nichtbefolgung und späterer aufwendiger Inanspruchnahme einer Deutschen Botschaft kann es teuer werden.

Auf der Homepage des Auswärtigen Amtes (s. S. 79) kann man sich länderbezogen über die offizielle Sicherheitsempfehlung erkundigen:

Auswärtiges Amt, Bürgerservice Referat 40, 11013 Berlin, Tel. 030 50 00 20 00, www.auswaertiges-amt.de.

Auch die Deutsche Botschaft in Oman informiert zu dieser Frage (s. S. 79).

Kommunikation

Internetcafés

Es gibt wenig Internetcafés in Oman, aber zumindest in den größeren Städten Muscat, Nizwa und Salalah kann man seine E-Mails in örtlichen Internetcafés abrufen. Auch die Business Centres der 4- und 5-Sterne-Hotels bieten öffentlich zugängliche Internetanschlüsse. Das omanische Internet unterliegt Zensurbestimmungen. Deshalb findet man auch keine kritischen Beiträge über Religion, Moral und das Regierungssystem.

Post und Porto

Die omanische Post ist verlässlich. In jeder Stadt gibt es in allen Stadtteilen Postämter, überall stehen die gelben oder dunkelblauen Briefkästen in Form eines *khanjar*-Griffs. Briefmarken erhält man in Postämtern, aber auch in allen Book Shops der Hotels. Ein Brief nach Europa kostet 400, eine Postkarte 150 Baizas.

Fernsehen

Der staatliche Fernsehsender Sultanat of Oman TV kann auch per Satellit empfangen werden. Er strahlt mehrmals täglich Nachrichtensendungen in englischer Sprache aus. Der zweite omanische TV-Sender, Kanal Zwei, spricht gezielt jüngeres Publikum an.

Telefonieren

Internationale Vorwahlen:
Nach Oman: + 968
Nach Deutschland: + 49
Nach Österreich: + 43
In die Schweiz: + 41
Innerhalb Omans gibt es keine Vorwahlen, alle Telefonnummern sind achtstellig. Die ersten beiden Ziffern stehen für die Region.

Überall im Land stehen **öffentliche Kartentelefone** zur Verfügung, von denen man Auslandsgespräche führen kann. Telefonkarten ab 2 OR erhält man in Geschäften und Supermärkten. 1 Min. nach Europa kostet ca. 500 Baizas. **Europäische Mobiltelefone** funktionieren problemlos. Wer innerhalb Omans preisgünstig mobil telefonieren möchte, kann eine SIM-Karte eines omanischen Telefonanbieters (z. B. Omantel oder Nawas) in deren Büros in jeder Stadt oder an jedem Kiosk erwerben. Die Prepaid-Karten beginnen ab 2 OR Startkapital. Empfehlenswert ist es, ein zweites Handy für den omanischen Anbieter mitzunehmen. Informationen: www.omantel.net.com.

In **transkribierten Telefonbüchern** werden arabische Namen nach Vornamen alphabetisch geordnet, europäische Namen nach dem Familiennamen. Der Namensteil »bin« bzw. »ibn« wird ausgelassen, außer, wenn er am Anfang eines Namens steht. Namensteile wie »Al« werden mit dem Namen zusammengezogen.

Zeitungen

Die Pressefreiheit wird in Art. 31 der Verfassung garantiert; Zeitungen unterliegen offiziell keiner Zensur. Aber Art. 29 der Verfassung verbietet ausdrücklich Kritik an der Person des Sultans. Auch findet man kaum Kritik an behördlichen Missständen oder an der Politik des Sultans.

Die **Oman News Agency** (ONA) verbreitet im Internet Nachrichten über Oman in die ganze Welt (www.omannews.com). Insider berichten in Blogs über unterschiedliche Themen, z.B. http://muscati.blogspot.com.

In Muscat erscheinen drei Tageszeitungen in englischer Sprache: **Times of Oman** (www.timesofoman.com), **Oman Daily Observer** (www.omanobserver.com) und die **Oman Tribune** (www.omantribune.com), 200 Baizas.

Sprachführer

Transkription arabischer Namen

Am besten lässt sich das Prinzip der arabischen Namensgebung an einem Beispiel erklären. Der Herrscher des Oman heißt mit vollem Namen Sultan Qaboos bin Said bin Taimur al Bu Said. »Sultan« bezeichnet seinen Titel, wird aber in seiner Funktion als Teil des Namens immer genannt. *Bin* (auch *ibn*) ist das arabische Wort für Sohn. Der Herrscher des Oman heißt mit Vornamen Qaboos, sein Vater trug den Vornamen Said und dessen Vater hieß mit Vornamen Taimur. Mit dieser Namenszusammenstellung wird er innerhalb der Familiendynastie der Al Bu Said unverwechselbar.

Die Namen der Frauen werden in gleicher Weise gebildet. Da Frauen und Töchtern in der Genealogie der Familie (bisher) keine Rolle zuerkannt wird, werden ihre Namen in den Stammbäumen der Herrscherfamilien nicht aufgeführt. Das arabische Wort für Tochter ist *bint*.

Was die Schreibweisen von arabischen Namen in deutschsprachigen Texten betrifft, ist zu beachten, dass jede Transkription lediglich den Versuch darstellt, die korrekte Aussprache der arabischen Schriftzeichen in lateinischen Buchstaben wiederzugeben. Auch dazu ein Beispiel: Das Gebirge nördlich der Stadt Nizwa, der »Grüne Berg«, wird aus dem Arabischen sehr unterschiedlich transkribiert, mal als Jebel Akhdar, mal als Jabal Akdar oder als Jabel Akhda. Wir finden diese variierenden Schreibweisen in der Reiseliteratur, in Zeitungen und Broschüren, obwohl es sich um ein und denselben Ort handelt. Was ist nun richtig? Im Grunde sind alle Schreibweisen richtig, weil sie in erster Linie die Aussprache und den Klang eines arabischen Buchstabens bzw. des arabischen Wortes in dem Leser bekannte Buchstaben übertragen. Dadurch erhalten auch diejenigen, die arabische Buchstaben nicht lesen können, zumindest phonetische Kenntnisse des arabischen Namens. Auf der Arabischen Halbinsel werden arabische Namen in der Regel in die Phonetik der englischen Sprache überführt (Presse, Bücher, Geschäfte sowie Hinweisschilder etc.).

In den Texten dieses Reiseführers wird zumeist die Transkription gewählt, die vom omanischen Tourismusministerium in seinen Karten und Veröffentlichungen benutzt wird, sodass die Leser diese vor Ort sofort wiedererkennen. Allerdings gibt es auch hier keine einheitliche Transkription.

Arabische Sprache

Es ist von großem Vorteil, wenn man einige Worte Arabisch beherrscht. In den großen Städten wird zwar Englisch verstanden, und auch Geschäftsleute und Verwaltungsangestellte sprechen Englisch, aber Taxifahrer, Polizisten und Verkäufer im Souq verstehen oft nur Arabisch.

Die arabische Schrift wird von rechts nach links geschrieben. Sie verfügt über 28 Konsonanten und die drei Vokale *a, i* und *u*. Lange und kurze Aussprache der Vokale verändert die Bedeutung des jeweiligen Wortes, außerdem können die Vokale auch hell oder dunkel ausgesprochen werden (wie e oder o), je nachdem, welcher Konsonant sie begleitet.

Das klassische Hocharabisch, eine südsemitische Sprache, ist die Sprache des Korans und wird heute v. a. in Wissenschaft, Literatur und Presse verwendet. Im Alltag dominiert der Omanische Dialekt. Das Arabische ist reich an blumigen Umschreibungen, Ausdrücken von Höflichkeit und sprachlichen Ritualen. Dies erscheint dem Europäer manchmal langatmig und umständlich.

Natürlich lässt sich diese schwierige Sprache nicht über Nacht erlernen. Dennoch sollte man versuchen, sich einige Redewendungen anzueignen.

Grußformeln und Redewendungen

hallo	as salam aleykum, marhaba
willkommen	ahlan wa sahlan
auf Wiedersehen	ma'a salama
danke	shukran
bitte	afwan, men fadlak
tut mir leid	muti assif
Wie geht es Ihnen?	Kaif halak?
macht nichts	maalish
ja/nein	na'am/la
wenn Gott will	in sha'allah
geh fort!	jalla!
wie viel	kam
es gibt (nicht)	fi/man fi

Unterwegs

Auto	sayara
Bank	masraf
Boot	safina
Botschaft	sifara
Bus	autobis
Flughafen	matar
Flugschein, Fahrschein	tazkara
Flugzeug	tayara
Geld	flus
Hafen	mina
Moschee	jami
Platz	meidan
Post	barled
rechts	yamin
links	yasar
geradeaus	dugri
Herberge, Hotel	funduk
Restaurant	matam
Schiff	bakhira
Schlüssel	miftah
Straße	shari
Taxi	taksi

Zeit

der Morgen	saba
der Abend	masa
die Nacht	layl
morgen	bukra
gestern	ams
sofort	halan
(s. auch S. 61)	

Notfall

Arzt	tabib
Deutsche Botschaft	Assafara Almania
Ich bin Deutscher	Ana Alamani
Krankenhaus	mustaschfa
Polizei	ashurta
Polizeistation	markaz il buliz

Landestypische Begriffe

Abbaya	langer, schwarzer Umhang der Frau
Abra	Wassertaxi
Agal	(meist) schwarze Kordel, die das Kopftuch der Männer hält
Ain (ayn)	Quelle, Brunnen
Amir, Emir	Fürst, Adliger
Bab	Tor
Birka	Speicher, Zisterne
Burj	Turm
Burqa	Gesichtsmaske der Frau, meist aus Plastik
Bustan	Garten
Dar (auch bayt)	Haus
Dawlat	königliche Residenz
Dishdasha	langes, hemddähnliches Gewand der Männer
Diwan	Empfangsraum
Djambia	Krummdolch (Jemen)
Falaj	künstlicher Wasserkanal
Gauwa	arabisches Café
Ghadir	Teich, Wasserlauf
Gutra	weißes, schwarzweißes oder rotweißes Kopftuch der Männer

Hadsch	große Pilgerfahrt nach Mekka
Hammam	Bad, Badehaus
Ihram	Gewand, das zur Pilgerfahrt nach Mekka getragen wird
Imam	religiöser (und weltlicher) Führer
Ismaeliten	schiitische Muslime, die den 7. Imam (Ismael) verehren
Jami masjid	Freitagsmoschee, Versammlungsmoschee
Janad	Garten, Paradies
Jazirah	Insel, Sandbank
Jebel	Berg, Hügel, Gebirge
Kafiya	weißes, schwarz-weißes oder rot-weißes Kopftuch der Männer
Khaleej	(Arabischer) Golf
Khalif	Herrscher in der Nachfolge des Propheten
Khanjar	Krummdolch (Oman)
Khor	Bucht, natürlicher Meeresarm
Madina	Stadt, Altstadt
Mafraj	Empfangsraum der Männer im obersten Stockwerk des Hauses
Mamelucken	ägyptisches Reitervolk, das zwischen 1250 und 1500 den Nahen Osten beherrschte
Midan	Platz, Feld
Mirab	Gebetsnische (gen Mekka) in der Moschee
Qasr	Fort, Burg, befestigter Palast
Ramadan	islamischer Fastenmonat
Samsarat	Zollstelle, Handelsstätte, Karawanserei
Schafiiten	sunnitische Muslime mit eigener Rechtsschule
Schiiten	muslimische Minderheit, Anhänger des Kalifen Ali
Sheikh	Gemeindeoberhaupt, männliches Mitglied einer Herrscherfamilie
Sherif	Nachkomme Mohammeds
Souq	Markt, Marktstraße
Sunniten	muslimische Mehrheit, die nach dem Koran auch die Überlieferungen Mohammeds (Hadith) als Glaubensquelle anerkennt
Thoub	langes, hemdähnliches Gewand der Männer
Umra	kleine Pilgerfahrt nach Mekka
Wadi	trockenes Flussbett, Tal
Wahabiten	strenggläubige Sunniten, die die Lehren des Abdul Wahab befolgen
Zayditen	schiitische Muslime, die den Urenkel Alis (Zaid) verehren

Zahlen
(von links nach rechts gelesen)

1	wahed		17	sabatasha
2	itnin		18	tamaniatasha
3	talata		19	tisatasha
4	arba'a		20	ishrin
5	khamsa		21	wahed wa ishrin
6	sitta		30	talatin
7	seb'a		40	arba'in
8	tamania		50	khamsin
9	tisa'a		60	sittin
10	ashra		70	saba'in
11	ahadasha		80	tamanin
12	itnasha		90	tisa'in
13	talatasha		100	mia
14	arbatasha		200	mia'tin
15	khamsatasha		1000	alf
16	sittatasha			

Nakhal Fort: Kicken vor historischer Kulisse

Unterwegs in Oman

Abenddämmerung im Hafen von Mutrah

Kapitel 1
Muscat und Capital Area

Keine andere Stadt Omans hat eine so zentrale Bedeutung für das Land wie Muscat. Das galt für bestimmte Epochen der Geschichte, aber es gilt vor allem für die Gegenwart. Muscat ist das Zentrum des Sultanats. Längst ist es über seine historischen Stadtgrenzen hinausgewachsen, insbesondere seit dem Regierungsantritt von Sultan Qaboos im Jahr 1970. 2006 wurde Muscat von der UNESCO als Kulturhauptstadt der arabischen Länder ausgezeichnet.

In der Verwaltungssprache heißen Hauptstadt und Regierungsbezirk von Großmuscat heute nüchtern Capital Area. Hier leben heute ca. 1. Mio. Menschen, d. h. ein Drittel der omanischen Bevölkerung. Die Capital Area umfasst ein ca. 50 km langes Gebiet entlang der Küste zwischen der Altstadt Muscat und den südöstlichen Außenbezirken von Al Bustan und dem Muscat International Airport im westlichen Seeb. Mit ihrer modernen Infrastruktur ist sie die am höchsten entwickelte Region Omans. Die Capital Area ist jedoch keine großstädtische arabische Metropole, in der sich gesichtslose Hochhäuser aneinanderdrängen, kein Großstadtmoloch wie Kairo, aber auch kein neoarabisches futuristisches Global Village wie Dubai.

Die Capital Area verbreitet eine wohlhabende, ruhige, weitläufige Atmosphäre: blühende Gärten, grüne Parks, dazwischen prächtige Moscheen, moderne Villen. Eine breite Stadtautobahn, unterbrochen von begrünten Verkehrskreiseln und sie überbrückenden Überführungen, verbindet die Stadtteile. Dazwischen erstrecken sich schroffe Bergrücken und eingekerbte Wadis.

Auf einen Blick
Muscat und Capital Area

Sehenswert

1 Muscat: Die historische Altstadt mit den beiden portugiesischen Festungen und den neuen Regierungsgebäuden gleicht einem Gesamtkunstwerk (s. S. 118).

2 Mutrah: Im Stadtteil Mutrah befindet sich der Hafen mit einer schönen Uferstrasse, genannt Corniche, entlang der historische alte Häuser stehen und der Mutrah Souq, der alle Erwartungen erfüllt: orientalische Atmosphäre, große Auswahl und ausgefallene Angebote. Das neue Stadtmuseum Bayt Al Baranda stellt die Geschichte Omans und seiner Hauptstadt in Dokumenten mit multimedialer Unterstützung vor (s. S. 128).

3 Al Ghubrah: Im Stadttreil Al Ghubrah recken sich die Minarette der Sultan Qaboos Mosque gen Himmel. Sie ist die größte Moschee Omans und zugleich die einzige, die auch von Nichtmuslimen betreten werden darf (s. S. 146).

Schöne Routen

Sultan Qaboos Road: Einmal von der Altstadt über Mutrah nach Seeb die über 40 km lange Stadtautobahn der Capital Area bewusst als ›Programmpunkt‹ abfahren. So kann man sich am besten die Ausmaße der Stadtentwicklung der ehemals kleinen, von Bergen umgrenzten Hafenstadt Muscat zur sehenswerten Metropole ›Muscat und Capital Area‹ vorstellen (s. S. 141).

Die Küstenstraße nach Bandar Al-Jissah: Eine der schönsten Küstenstraßen Omans führt von der Altstadt Muscats nach Bandar Al-Jissah. Hinter den Bergrücken liegen kleine Fischerdörfer, herrliche Sandbuchten, eine große Tauchclubanlage und am Ende die Buchten von Bandar Al-Jissah mit dem schönen Shangri La-Hotel. Entlang dieser 30 km langen Route erlebt man die unterschiedlichen Facetten einer Entwicklung, die sich der Moderne nicht verschließt, aber auf die Traditionen Rücksicht nimmt (s. S. 150).

Golf von Oman

Meine Tipps

Französische Dependance von Muscat: Das im 19. Jh. erbaute Stadthaus Bayt Fransa diente französischen Konsuln als Amtssitz. Heute ist es ein schönes Museum (s. S. 125).

Zu Gast bei Sultan Qaboos: Das Al Bustan Palace ist das Flaggschiff der omanischen Hotellerie; hier hat Sultan Qaboos eine ganze Etage für sich reserviert (s. S. 152).

The Chedi Muscat – Orient de luxe: Fernöstliches Design und orientalisches Ambiente – es gehört zu den Leading Hotels of the World und die Mehrzahl seiner Gäste kommt jedes Jahr wieder (s. S. 155).

Livejazz: In der John-Barry-Bar swingt man zu anspruchsvollem Livejazz und sieht viele Erinnerungsstücke an die US-amerikanische SS John Barry, die vor den Küsten Omans von einem deutschen U-Boot versenkt wurde (s. S. 168).

aktiv unterwegs

Spaziergang entlang der Corniche: Straßen mit Promenaden entlang von Meeresbuchten tragen inzwischen weltweit den Namen ihres Vorbilds an der französischen Riviera. Auch in Muscat gibt es entlang der Bucht von Mutrah eine besonders schöne Uferpromenade mit diesem Namen, auf der bevorzugt am späten Nachmittag Einheimische und touristische Besucher sich die Zeit vertreiben (s. S. 132).

Auf den Spuren des Erdöls – ein Erkundungsgang: Was wäre Oman ohne Erdöl? Im Oil & Gas Exhibiton Centre erfährt man alles über die Bedeutung des Erdöls für das Sultanat, wo es gefördert, wie es transportiert und wohin es verkauft wird. (s. S. 144).

1 Historisches Muscat ▶1, R 7

Im alten Kernbezirk von Muscat weht ein Hauch von Geschichte, von romantischer märchenhafter, altarabischer Atmosphäre. Als Kulisse dient die schmale, lang gezogene Bucht mit dem Sultanspalast und den beiden portugiesischen Festungen Al Jalali im Osten und Al Mirani im Westen. Sie erheben sich hoch über der Altstadt und erstrahlen abends in goldgelbem Licht.

Old Muscat liegt am östlichen Ende der Capital Area. Es ist keine quirlige Altstadt, sondern erscheint eher wie ausgestorben. Statt pulsierendem Leben umfängt den Besucher ein Hauch meditativer Stille, denn mit dem wirtschaftlichen Aufschwung wurde ein Großteil der alten Häuser abgerissen, um Platz für den Sultanspalast zu schaffen. Die verbliebenen wurden aufwendig restauriert und sind heute Museen oder Regierungsgebäude.

Dokumentiert wird die Bedeutung des Hafens Muscat von Ahmad ibn Majid bereits Ende des 15. Jh., der genau diese geografischen Standortvorteile des »einzigartigen Hafens« würdigte. Ein solcher Hafen weckte Begehrlichkeiten. Nachdem Vasco da Gama 1498 das Kap der Guten Hoffnung umsegelte und damit den Seeweg von Europa nach Indien ›entdeckt‹ hatte, wurde der Indische Ozean Aufmarschgebiet der Portugiesen.

1507 eroberte der Portugiese Alfonso de Albuquerque mit einer großen Flotte Muscat und zerstörte über 30 Schiffe, die in seinem Hafen ankerten. Seitdem stand die Küstenebene Omans unter portugiesischer Herrschaft. 1550–1581 erreichten Schiffe des aufstrebenden Osmanischen Reiches die Stadt und türkische Truppen bedrängten die Portugiesen. Diese errichteten deshalb zu beiden Seiten des Hafens die zwei Festungen Jalali und Mirani (1586–1588) und befestigten Muscat von der Landseite her durch eine mächtige Stadtmauer.

Aber das Zentrum portugiesischer Präsenz am Golf blieb weiterhin Hormuz. Als sie es 1622 an die Perser verloren, wurde Muscat der Haupthafen der Portugiesen im nördlichen Indischen Ozean. Deshalb erweiterten sie die Stadt und den Hafen. 1626 war der Bau der Stadtmauer mit den vier Stadttoren abgeschlossen, und zahlreiche weitere Befestigungstürme entlang der Küste sicherten den Hafen. Doch der Niedergang der Portugiesen als Seemacht mit globalen Ambitionen war nur eine Frage der Zeit. 1650 eroberte der im Jahr zuvor inthronisierte Imam der Yaruba-Dynastie, Sultan bin Saif I., die Stadt, die von nun an in omanischem Besitz blieb. Aber weil Muscat als Hafen am Eingang zum Golf einen hohen strategischen Wert besaß, versuchten im 17. und 18. Jh. auch andere Seemächte, z. B. die Niederlande oder Frankreich, dort Fuß zu fassen, jedoch ohne Erfolg.

1737–1741 gelang es den Persern noch einmal, Muscat zu erobern, 1744 wurden sie jedoch endgültig von Imam Ahmed bin Said aus der Stadt vertrieben. Sein Erfolg brachte die Al Bu Said-Dynastie in Muscat und Oman an die Macht. Erst im Jahr 1779 verlegte Sultan Ahmed bin Said offiziell seine Residenz von Rustaq nach Muscat. Als Hauptsitz der ibadhitischen Herrscher entwickelte es sich von nun an zum handelspolitischen Zentrum des Oman für den florierenden Indien- und Afrikahandel.

Unter allen ausländischen Mächten waren die Briten in Oman am erfolgreichsten. Sie schlossen 1798 mit Imam Sultan bin Ahmed einen Vertrag, der ihnen Vorrechte sicherte und beide zu Partnern machte. In den nächsten Jahrzehnten erreichte Oman mit seiner blühenden Hauptstadt Muscat den größten Einflussbereich entlang des Golfs und der afrikanischen Küste. Allerdings verlegte Said bin Sultan 1828 seine Residenz nach Sansibar. Nach seinem Tod im Jahr 1856 kam es infolge von Erbstreitigkeiten unter seinen beiden Söhnen zur Teilung des Reiches in ein Sultanat Sansibar und ein Sultanat Muscat und Oman. Kurze Zeit später brach 1868 im Sultanat Muscat und Oman wieder ein lang anhaltender Bürgerkrieg zwischen den inneromanischen Stämmen und dem Herrschaftsbereich des Sultans in Muscat und der Küstenebene aus.

Mit dem Vertrag von Seeb im Jahr 1920 wurden diese nach Jahren der Ruhe immer wieder aufflammenden Kämpfe durch eine Zweiteilung in einen inneromanischen Herrschaftsbereich des Imam und einen des Sultans entlang der Küste besiegelt. Territorial geteilt wurde Oman allerdings nicht. Jetzt aber erhob Saudi-Arabien territoriale Ansprüche im Gebiet der Oase Buraimi, die Muscat unter der Führung von Sultan Said bin Taimur nur mithilfe der Briten abwehren konnte. In dieser Auseinandersetzung, in der die Stämme Saudi-Arabien unterstützten, gelang es dem Sultan, Oman wieder zu vereinen.

Zwischen 1932 und 1970 bestimmte Sultan Said bin Taimur die Geschicke Omans. Ging die Hafenstadt seit der Eröffnung des Suezkanals im Jahr 1869 ihrer strategischen Bedeutung verlustig, so verlor sie unter der Herrschaft von Sultan Said bin Taimur – er residierte seit 1960 die Hälfte des Jahres in Salalah – völlig ihren Glanz. Die puritanische Isolation, in die der strenggläubige Sultan die Stadt in der Mitte des 20. Jh. führte, wird in folgendem Dekret sichtbar: Die vier Stadttore mussten 3 Std. nach Sonnenuntergang geschlossen werden. Da niemand danach die Stadt verlassen durfte bzw. keiner mehr eingelassen wurde, informierten Kanonenschüsse vom Fort Jalali die Untertanen über die Schließung. Die Menschen sollten ab diesem Zeitpunkt in ihren Häusern bleiben und beten. Wer dennoch auf die Straße ging, musste eine angezündete Laterne mit sich führen und den Wächtern einen Grund nennen.

Kein Wunder, dass nach dem Sturz des Sultans Said bin Taimur im Juli 1970 und der Machtübernahme durch seinen Sohn Qaboos die ausgelassensten Feste im Reich in Muscat gefeiert wurden.

Tipp: Bayt Al Zubair

Großzügigkeit und Familientradition bewies Mohammed Al Zubair, einer der erfolgreichsten Unternehmer Omans, als er sein Elternhaus der Stadt Muscat als Museum stiftete und die schönste und umfassendste **Sammlung von omanischem Silberschmuck** darin beließ (s. S. 123).

Stadtbefestigung

Cityplan: S. 120

Im historischen Stadtbezirk von Muscat gibt es heute nur noch wenige alte Bauwerke, denn der größte Teil der herrschaftlichen Häuser von einheimischen und indischen Handelsfamilien sowie das Sammelsurium von Sultanspalästen wurde seit 1970 abgerissen, um Platz für den neuen Al Alam-Palast von Sultan Qaboos und für neue repräsentative Regierungsgebäude zu schaffen. Aber versteckt zwischen diesen neuen Bauten stehen immer noch ein paar wenige alte Residenzen, Botschaften und Handelshäuser (arab.: *bayt*).

Die zwei mächtigen Festungen der Portugiesen aus dem 16. Jh., **Fort Al Jalali** und **Fort Mirani**, grenzen Old Muscat ein. Beide wurden mehrfach restauriert, dürfen aber von Besuchern nur mit Sondergenehmigungen betreten werden (zuständig: Ministry of Heritage and Culture; www.mhc.gov.om). Zu Füßen der Festungen erhebt sich auf Meeres-

höhe seit 1974 der neue Al Alam-Palast. In ihm residiert Sultan Qaboos.

Die Altstadt war seit 1626 von einer mächtigen **Mauer** umgeben, die im 19. Jh. erweitert wurde. Durch ihre **vier Stadttore,** deren Holztüren bis 1970 noch geschlossen werden konnten, gelangte man nach Muscat. Die Rekonstruktion von Teilen der Mauer gehört zu dem vor Jahren begonnenen »Beautyfication Program«, aber die historische Stadtmauer und die alten Stadttore haben heute für die Besucher nur eine nachgeordnete touristische Bedeutung, da sie – sofern mit dem Auto unterwegs – auf Einbahnstraßen in die Altstadt geleitet werden.

Von den vier alten Stadttoren sind die beiden östlichen, das **Bab Al Waljad** und das kleinere **Bab As Saghir,** mittlerweile Neubauten zum Opfer gefallen. Während das westliche am Fuß von Fort Mirani gelegene **Bab Al Mathaib** und das zentrale Haupttor **Bab Al Kabir** noch an derselben historischen Stätte wie vor Hunderten von Jahren stehen – allerdings in einer dem modernen Straßenverkehr angepassten Form. Um die alten Mauern zu schützen, hat man mit dicken Pfosten aus Metall die Fahrbahn durch das Tor verengt. Sie sind die beiden letzten der ehemals vier Stadttore, die als mächtige (Beton-)Portale mit schweren Holztüren, zusammen mit der rekonstruierten Stadtmauer zwischen ihnen, heute an die historische Verteidigungsanlage erinnern.

Regierungsbezirk

Cityplan: oben

Qasr Al Alam 1

Zentrum des historischen Muscat ist heute der neue **Al Alam Royal Palace.** Er wurde 1974 feierlich eingeweiht und befindet sich an jener Stelle, an der seit dem 19. Jh. die palastähnlichen Häuser der Sultane der Al Bu Said-Dynastie standen. Für den Bau des neuen Palastes am Ende der gleichnamigen Straße ließ Sultan Qaboos seit 1971 nahezu ein Drittel der Altstadt, darunter das Inderviertel mit der indischen Botschaft und einem alten Hindutempel, abreißen und einebnen. Der neue riesige blau-golden schimmernde Palast, dem man ansieht, dass ein indischer Architekt ihn entworfen hat, kann von Besuchern nicht besichtigt werden. Links vom Hauptportal ermöglicht eine kleine Gittertür den öffentlichen Zugang zu einem Teil der herrlichen **Parkanlage.**

Der Palast dominiert die Altstadt und reduziert sie zugleich zu einem leblosen Regierungsbezirk. Denn auch die Regierungsgebäude zu beiden Seiten sind durch wenig

Old Muscat

Sehenswert
1 Qasr Al Alam
2 Bayt Graiza
3 Bayt Nadir
4 Bayt Fransa
5 Bayt Al Zubair
6 Muzna Gallery
7 Muscat Gate House Museum
8 – 18 s. Cityplan S. 131
19 – 33 s. Cityplan S. 142

öffentliches Leben gekennzeichnet. Und so trifft man in Old Muscat heute fast ausschließlich ausländische, an Feiertagen auch einheimische Touristen. Sie bewegen sich meist zu Fuß, um dem Gewirr der Einbahnstraßen zu entgehen, und weil die wenigen zu besichtigenden Gebäude eng beieinanderliegen. Cafés und Restaurants gibt es nicht.

Nur bei Staatsbesuchen oder sonstigen offiziellen Anlässen füllen sich Straßen und Plätze des Stadtviertels mit vielen Neugierigen, soweit das die Sicherheitsmaßnahmen dann überhaupt noch zulassen. Sultan Qaboos selbst lebt nicht im Palast. Als Wohnung dient ihm ein Palast in der Nähe von Seeb.

Der Zugang zum Al Alam-Palast wurde neu gestaltet. Heute führt ein breiter, eindrucksvoller **Prachtboulevard** im Versaillesstil mit schweren dreiarmigen Kandelabern, gesäumt von Arkaden und gepflegten Blumenbeeten in gerader Linie zum Eingang des Palastes. Wenn man sich auf diesem Boulevard dem Palast nähert, erscheint er besonders eindrucksvoll. Nur bei Staatsbesuchen wird er für Pkws geöffnet. Man erreicht diese Prachtzufahrt am besten vom Verkehrskreisel am östlichen Ende von Old Muscat direkt über die As Saidiyah Street Richtung Sidab.

Ministry of Finance und ehemalige Botschaften

Nach der Errichtung mehrerer neuer Verwaltungsgebäude für das **Ministry of Finance** östlich des Palastes ist die Altstadt um weitere historische Gebäude ärmer geworden. Insbesondere der ganze Teil östlich des Palastes unterhalb des Fort Jalali fiel diesen neuen Bürobauten zum Opfer. Hier stand einst rechter Hand des Sultanspalastes die **ehemalige Britische Botschaft.** »English gentlemen of respectability should always reside at the port of Muscat«, hieß es ab 1800 in einem Vertrag für britische Repräsentanten. Da aber das Klima als der Gesundheit abträglich galt und zwischen 1800 und 1810 gleich vier Konsuln kurz nach Amtsantritt verstarben, blieb die Stelle bis 1861 unbesetzt. Der schließlich 1890 an der Bucht von Muscat im arabischen Stil errichtete Sitz des britischen Konsuls wurde, wie seine Erbauer auch beabsichtigten, eines der eindrucksvollsten Gebäude der Stadt.

Nach dem Umzug der britischen Botschaft nach Al Khuwair stand das Gebäude seit 1995 leer und wurde zehn Jahre später abgerissen. Schräg gegenüber befand sich **Bayt Zawawi,** ein im 19. Jh. erbautes Kaufmannshaus, an einer kleinen Bucht namens Chinaman's Cove, das in fleckenlosem Weiß erstrahlte. Auf der Dachterrasse wehte einst die amerikanische Flagge, denn Bayt Zawawi war bis ins 20. Jh. Sitz der **US-Botschaft.** Nachdem 1833 der Sultan Wirtschaftsverträge mit den USA geschlossen hatte, wurde das elegante Bauwerk 50 Jahre später erbaut. Rundbogenfenster, breite, hölzerne Balkone und mit Schnitzwerk im Mashrabiyastil versehene Fenster charakterisierten dieses repräsentative Bauwerk.

Nachdem durch den Vater von Sultan Qaboos fast alle diplomatischen Verbindungen – auch die zu den USA – abgebrochen worden waren, fungierte Bayt Zawawi nach dessen Sturz ab 1971 wieder als Botschaft bis auch sie 1995 in die Capital Area verlegt wurde. Seitdem stand Bayt Zawawi ebenfalls leer und wurde abgerissen. Heute kann man beide Gebäude nur noch als Fotografien in alten Bildbänden bewundern.

Linker Hand des Al Alam-Palastes liegt die **Qasr Al Alam Street,** die vom Stadttor Bab

Historisches Muscat

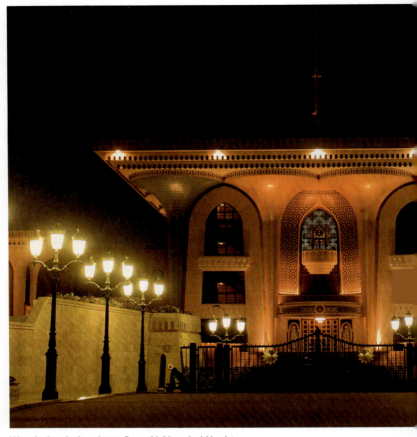

Wunderbar beleuchtet: Qasr Al Alam bei Nacht

Al Kabir zum Fort Mirani führt. Zwischen modernen Verwaltungsgebäuden liegen an dieser Straße drei alte **Handelshäuser.** Ebenfalls linker Hand auf dem Weg zum Fort passiert man die schöne **Al-Khor-Moschee,** deren blaue und goldene Farben sich von den grauen Mauern der Festung Al Mirani durchaus freundlich abheben. Am Eingang zur Festung Mirani sollte man dem prächtigen Qasr Al Alam noch einmal Aufmerksamkeit schenken. Von dort kann man den Amtssitz von Sultan Qaboos von der Seeseite her mit seinen Anlegestellen und Kaimauern, eingebettet zwischen den beiden stolzen Festungen, genauso eindrucksvoll wie von der Vorderseite erleben.

Alte Handelshäuser

Cityplan: S. 120

Bayt Graiza 2

Zu den alten Handelshäusern gehört zunächst **Bayt Graiza,** das in der ersten Hälfte des 17. Jh. an jener Stelle errichtet wurde, an

Alte Handelshäuser

(deshalb ist es lediglich von außen zu besichtigen).

Vor dem Gebäude fällt das Dutzend schwarzer Poller auf, die halben Kanonenrohren gleichen. Und in der Tat handelt es sich um Rohre von solchen Kanonen, die Sultan Faisal bin Turki (1888–1913) als unerwünschtes Geschenk der indischen Regierung zweckentfremdet kopfüber vor dem Haus in den Sand eingrub, wie auf alten Fotos zu sehen ist. Als die Straße vor Bayt Graiza asphaltiert wurde, betonierte man sie einfach in dieser Form mit ein.

Bayt Nadir und Bayt Fransa

Auf der anderen Seite der Straße steht das ebenfalls im typischen Muscatstil errichtete **Bayt Nadir** 3. Es gehörte einem Großonkel des heutigen Sultans, Said Nadir bin Faisal, nachdem das Haus auch benannt wurde. Bis 1988 diente es als Museum, danach stand es leer. Beeindruckend ist sein schattiger Innenhof. Wie für ein Kaufmannshaus jener Zeit üblich, beherbergt es im Erdgeschoss fensterlose Lagerräume sowie Repräsentations- und Wohnzimmer im ersten Stock. Besonders eindrucksvoll ist seine hölzerne Eingangstür. Das Haus ist noch nicht öffentlich zugänglich.

Eines der wenigen erhaltenen alten Häuser ist auch **Bayt Fransa** 4 in der Nähe des Bab Al Kabir, das heute das **Omani-French-Museum** beherbergt (s. S. 125).

Bayt Al Zubair 5

Außerhalb der Stadtmauer, unweit des Bab Kabir, liegt an der As Saidiyah Street **Bayt Al Zubair**. Das 1914 von Sheikh Al Zubair bin Ali, einem hohen Beamten am Sultanshof, erbaute Haus bietet heute dem **Ethnografischen Museum** Platz. Der Scheich selbst, der bis 1956 in diesem Haus lebte, hatte zuvor die beiden Nachbarhäuser erworben und sie zusammen mit seinem Haus zu einem Grundstück zusammengefasst. Sohn Mohammed, heute Besitzer des Hotels Shangri-La, ließ das originalgetreu belassene Haus seines Vaters mehrfach restaurieren und stellt dort seit 1989 die Sammlung seines Vaters

der einst ein unter den Portugiesen um 1525 erbautes Handelshaus stand. Das zweistöckige Gebäude mit seinen spitzbögigen Fenstern war eines der größten in Muscat und besaß eine Kapelle; von dem portugiesischen Wort für Kiche *(egreja/igrezia)* leitet sich der Name des Hauses ab. Später nutzten es die omanischen Herrscher als Residenz. Auch Sultan bin Ahmed wohnte hier gegen Ende des 18. Jh. Nach seinem Umzug in den benachbarten Palast stand Bayt Graiza leer. Rekonstruiert und restauriert dient es heute als **Gästehaus** der omanischen Regierung

Historisches Muscat

Bayt Al Zubair: Präsentiert ethnografische Kostbarkeiten

aus – ergänzt durch weitere wunderschöne von ihm erworbene Exponate. Dazu zählen ebenso omanische Türen und Fenster wie auch ausgefallene historische Kleidung für Männer und Frauen, eine Haushalts- und Küchenabteilung inklusive Weihrauchgefäße und eine umfangreiche Waffensammlung.

Am meisten beeindruckt aber die große **Sammlung omanischen Silberschmucks** und die der *khanjars* (s. auch S. 166). Die ausgefallenen Exponate werden durch Fotos ergänzt, auf denen man sieht, wie Frauen und Männer diese Stücke tragen. Informativ sind auch die didaktisch hervorragend positionierten Begleittexte; hilfreiches Personal ist ebenfalls zur Stelle. In einem eigenen Saal werden auf Video omanische Tänze gezeigt und dem Besucher die Schrittfolge in ihrer Bedeutung erläutert.

Die **Fotoausstellung** von Mohammed Al Zubair, die die Entwicklung Muscats seit 1920 dokumentiert und im Internet zu sehen ist (www.myoman.com), ist ebenfalls aller Ehren wert. Sie ist im **Bayt Al Oud** linke Hand neben dem Bayt Al Zubair zusehen. In diesem vierstöckigen Haus findet man darüber hinaus historische Holztüren und omanische Möbel, eine Dokumentation über die maritime Vergangenheit sowie alte Stiche von Muscat und Sansibar. Im **Garten** befindet sich ein kleiner Souq sowie Modelle von Fischerbooten und von einem omanischen Dorf. Im Innenhof hinter dem Museum gibt es ein neues liebevoll eingerichtetes Café (saubere Toiletten!) mit vielen Fotos omanischer Motive (Tel. 24 73 66 88, Sa–Do 9.30–18 Uhr, www.baitalzubairmuseum.com, Eintritt 2 OR, Kinder unter 10 Jahren frei).

Muzna Gallery 6

Cityplan: S. 120
Es gibt nur noch ganz wenige private alte omanische Häuser in der Altstadt, die man von innen besichtigen kann. Das Haus der Prinzessin Zayyida Muzna bint Nadir gehört dazu. Seit seiner Renovierung heißt es Bayt

Tipp: Französische Dependance von Muscat

Im **Bayt Fransa** (s. S. 123) ging der französische Konsul bis zum Ende des Ersten Weltkriegs seinen Amtsgeschäften nach. Sultan Said bin Sultan ließ es um 1860 für seine Nichte Gahlia im indisch-arabischen Stil erbauen. Als die Nichte verstarb, wurde in dem Prachtbau ein christliches Missionshospital untergebracht. 1894 bot Sultan Faisal bin Turki es dem französischen Staat als Sitz für seinen Botschafter an. Mehrere Jahre diente es dann verschiedenen französischen Konsuln sowohl als Amtssitz als auch als Wohnung – weswegen es auch den Namen ›Französisches Haus‹ erhielt.

Um einen luftigen Innenhof mit schönen Veranden gruppieren sich Treppenaufgänge und hohe Zimmer. Neben Dokumenten der omanisch-französischen Beziehungen, Kunsthandwerk und Modellen altarabischer Segelboote beherbergt das Haus noch zahlreiche der ehemaligen Einrichtungsgegenstände. Ein ganzes Zimmer widmet sich französischer und omanischer Haute Couture des 19. Jh. Im kühlsten Raum des Gebäudes lag das Arbeitszimmer des Konsuls. Es wurde im Originalzustand belassen, wie es 1894–1920 die französischen Diplomaten benutzten. An den Wänden hängen noch die Fotografien aus diesen Tagen.

Seit 1980 wurde Bayt Fransa sehr sensibel restauriert. Seinen heutigen eindrucksvollen Zustand verdankt das Haus in nicht geringem Maße dem französischen Staat. Er übernahm alle Kosten für die Renovierung, und bei seiner Einweihung 1992 war sogar François Mitterand, der damalige Staatspräsident, anwesend (Al Alam St., Sa–Do 9–13 Uhr, Okt.–März auch 16–18 Uhr, Eintritt 0,5 OR, Kinder zwischen 6 und 12 Jahren 200 Baizas, unter 6 Jahren frei).

Muzna, im Januar 2006 ist die **Muzna Gallery** dort eingezogen. Das zweistöckige große Haus gegenüber dem Bayt Al Zubair besitzt einen schönen Innenhof mit einem Brunnen unter alten Bäumen. Die Galerie stellt ihre Räume omanischen Künstlern für die Ausstellung ihrer Kunstwerke zur Verfügung. Hier können Bilder und andere Kunstgegenstände erworben werden. Das schöne **Café** im Innenhof lädt zum Verweilen und zu Gesprächen ein. Wenn während des Muscatbesuches zufällig eine Vernissage stattfindet, sollte man unbedingt dabei sein (As Saidiya Street, Way 8662, 234, Tel. 24 73 92 04, www.baitmuznagallery.com, Sa–Do 9.30–19 Uhr, Eintritt frei).

Muscat Gate House Museum 7

Cityplan: S. 120

Bereits auf der Fahrt nach Mutrah entlang der Küstenstraße durchfährt man am Stadteingang von Old Muscat ein mächtiges neues Stadttor. Es beherbergt das **Muscat Gate House Museum,** dessen Schwerpunkte die Stadtgeschichte und die im alten Muscat lebensnotwendige Wasserversorgung sind. Schautafeln, Bilder, große Relieftafeln von Muscat und Umgebung und alte Fotos von Mutrah ergänzen die Exponate. Sie veranschaulichen die Entwicklung der Stadt im Zeitraffer: 1970 reichte der Sandstrand noch bis zu den Handelshäusern von Al Lawatiyah (s. S. 129). Dort, wo heute die Corniche im eleganten Bogen um die Bucht herumgeführt wird, rollten Eselskarren auf sandigen Pisten direkt zu den kleinen Fischerbooten.

Wer die Geschichte der Stadt unter dem besonderen Aspekt der Leistungen der Al Bu Said-Dynastie in einem Crashkurs kennenlernen möchte, sollte sich auch den 25-minütigen Film ansehen, der den Besuchern auf Wunsch vorgeführt wird.

Die Wachen vor dem Museum ähneln allerdings nicht mehr denen zu Zeiten Sultan Taimirs, sondern tragen Maschinenpistolen des neuesten technischen Standards. Vom Dach des Gebäudes hat man einen sehr

Historisches Muscat

Das historische Muscat

schönen Blick über die Stadt. Leider ist der Besuch des Museums mit einer umständlichen Parkplatzsuche verbunden, da es an einer Hauptstraße liegt. Parkplätze gibt es zu beiden Seiten nach der Durchfahrt hinter dem Torbogen (Al Bahri Road, Tel. 99 32 87 54, Sa–Do 9.30–12.30 und 16.30–19 Uhr, Eintritt frei).

Alte Passstraße

Cityplan: S. 131

Blickt man am späten Nachmittag von der Höhe der alten **Passstraße** auf den historischen Stadtkern von Muscat, spürt man am ehesten die Aura dieses eindrucksvollen Hafens. Diese Passstraße war vor der Eröffnung

Alte Passstraße

der Corniche im Jahre 1978 die einzige asphaltierte Verbindung zwischen Muscat und Mutrah. Hinter der Passhöhe führt eine Straße zum Wasserspeicherwerk von Muscat mit einer Polizeistation. Hier kann man den Wagen parken, sich den Polizisten als (deutscher) Tourist vorstellen und erklären, dass man von hier oben ein besonders schönes Foto von Muscat machen möchte. Wenn man an der umzäunten Anlage bis zum dahinterliegenden Wachturm vorgeht, hat man den ultimativen Blick auf die Altstadt von Muscat und die westliche der beiden Festungen. Die Passstraße beginnt am Riyam-Verkehrskreisel in Mutrah und schlängelt sich in engen Serpentinen hinunter zur As Saidiyah Street.

Mutrah und Ruwi

Die Festungsruine Fort Mutrah wacht über die in der Bucht ankernden Dhaus, am nordwestlichen Ende dehnt sich der Fischmarkt aus und direkt an der Uferstraße liegt der große Souq – Mutrah ist ein attraktiver Stadtteil mit viel orientalischer Atmosphäre. Das landeinwärts hinter einer zweiten Bergkette gelegene Ruwi ist heute Handels- und Geschäftszentrum mit einem interessanten militärhistorischen Museum.

2 Mutrah ▶ 1, R 7

Cityplan: S. 131

Obwohl nur wenige Kilometer voneinander entfernt und heute durch eine breite Straße entlang der Küste miteinander verbunden, unterscheidet sich Mutrah und seine Hafenbucht wesentlich von dem benachbarten Muscat. Mutrah ist lebhaft, voller Menschen, hier kann man den omanischen Alltag in seiner ganzen Vielfalt erleben. Dazu tragen in erster Linie der Souq, der schönste in ganz Oman, und der Hafen Mina Qaboos, der größte des Landes, bei.

Diese Attraktivität besitzt Mutrah erst seit der Mitte des 19. Jh., als Oman seine Position als internationale Seehandelsmacht verloren hatte. Da es von der Landseite nicht durch Berge geschützt wird und so die Bucht vom Landesinneren her leichter zu erreichen war als die von Muscat, entwickelte sie sich schnell zum vitalen Handelsplatz für Güter aus dem Inland. In der Blütezeit Mutrahs, zu Beginn des 20. Jh., ankerten hier viele Dutzende von Dhaus. Aus dieser Zeit stammen auch die hellen Handelshäuser des Stadtteils Al Lawatiyah, deren restaurierte Frontseiten heute bis an die Uferstraße reichen.

Um die Sehenswürdigkeiten des Stadtteils aufzusuchen, bewegt man sich am besten entlang der Corniche. Die breite Straße, die die Bucht seit ihrer Fertigstellung 1984 umschließt, ist die Hauptverkehrsader von Mutrah. Sie führt in östlicher Richtung nach Muscat und in westlicher Richtung ins benachbarte Ruwi.

Kalbouh- und Riyampark

Beginnt man vom historischen Muscat kommend den Besuch von Mutrah im Osten der Corniche, so liegt heute hier direkt an der Küste in einer Bucht vor einer Anhöhe der **Kalbouhpark** **8**, ein kleiner Erholungspark mit einem Amphitheater, der besonders an lauen Sommerabenden wegen der Nähe zum Wasser von Einheimischen aufgesucht wird. Auch tagsüber wird der Park wegen seiner Aussicht geschätzt.

Hinter der nächsten Kurve erreicht man den **Riyam Roundabout** (R/A). An diesem Verkehrskreisel zweigt die alte (inzwischen asphaltierte) **Passstraße** hinüber nach Muscat ab (s. S. 126). Dort muss man die Corniche auch verlassen, um in den Riyampark zu gelangen.

Der **Riyampark** **9** ist ein öffentlicher Park mit Spiel- und Erholungsbereichen. Am Rande des Parks steht das weithin sichtbare Wahrzeichen von Mutrah, ein überdimensionaler Weihrauchbrenner. Der weiße Bau auf einer eingeebneten Bergkuppe ist ein Aussichtsturm; er mutet aus der Ferne wie ein außerirdisches Ufo an. Von seiner Galerie überblickt man die Bucht von Mutrah und sieht im Norden den Hafen Mina Qaboos und

Mutrah

im Südosten Old Muscat. Allerdings kostet es etwas Anstrengung, die 75 Stufen des Aussichtsturms zu erklimmen, denn der Fahrstuhl funktioniert nur in den seltensten Fällen (Sa–Do 16–24, Fr 8–24 Uhr, Di Frauentag, Eintritt frei).

Vom Riyampark führt ein Weg hinüber zum **Mutrah Fort,** einer mächtigen Festungsruine, die hoch über der Bucht von Mutrah thront und jeden Abend in goldgelbem Licht erstrahlt. Das Fort wurde im 16. Jh. von den Portugiesen erbaut und 1654 von den Omanis erobert. In den nächsten Jahrhunderten ließ man es mehrfach erweitern und 1980 vollständig restaurieren. Heute dient es als Regierungsgebäude und ist der Öffentlichkeit nicht zugänglich.

Mutrah Souq 10

Direkt an der Corniche liegt der Haupteingang zum **Mutrah Souq.** Er ist den ganzen Tag über das Ziel vieler Einheimischer und aller Touristen – denn hier ist man ganz nah dran, am Puls des alten Stadtviertels! Der Mutrah Souq ist der größte Basar Omans und wurde unter Sultan Qaboos einer gründlichen Renovierung unterzogen. Aluminium und Beton ersetzten Holz und Lehm. Um dennoch in dem Gewirr der Gassen und Ladennischen die vertraute Atmosphäre zu wahren, überdecken weiterhin Bambusstangen und Matten aus Palmzweigen das enge Gassenlabyrinth. Sie spenden Schatten und lassen nur so viel Sonne durch, dass sich wohltuend dämmriges Licht ausbreitet. Nicht nur die Basaratmosphäre beeindruckt europäische Besucher, sondern nirgendwo sonst in Oman ist die Auswahl an Handgefertigtem aus Arabien so groß wie hier.

Deshalb ist der Souq von Mutrah der ideale Ort für den Kauf omanischer Produkte, seien es Duftstoffe in unterschiedlichen Konsistenzen (z. B. Öle, Harze oder Hölzer), handgefertigte Silberwaren (z. B. Halsketten, Armbänder oder Ringe), Tücher und Schals (z. B. *pashminas*), ausgefallene Töpfereien (z. B. Schalen oder Weihrauchbrenner) oder kunstvoll gearbeitete Antiquitäten (z. B. alte Gewehre oder Truhen). Immer fällt der Blick beim Schlendern durch die Basargassen auf die wunderschönen silbernen Krummdolche, die *khanjars* (s. S. 166), die so charakteristisch für den Oman sind. Sie werden heute noch von Männern an Festtagen getragen und sind auch als nationales Emblem in der omanischen Fahne zu sehen. Alte Familienstücke dieser *khanjars* werden von ihren Trägern besonders in Ehren gehalten.

Am Eingang des Souq befindet sich ein arabisches Café (s. S. 165). Hier kann man sich nach dem Einkauf etwas ausruhen und das Markttreiben beobachten: Es sind überwiegend Omanis, meist allein einkaufende Männer, die vor den Ständen stehen. Frauen kommen eher zu zweit oder zu dritt, seltener sieht man Paare, Paare mit Kindern sind die absolute Ausnahme. Sie alle bevorzugen traditionelle Kleidung, Männer tragen die kragenlose *dishdasha*. Die älteren bevorzugen konservatives Weiß, bei jüngeren sieht man häufig modische Pastellfarben. Zurzeit sind Ocker und Flieder trendy. Ihren Kopf bedecken sie mit der *ammama,* einem geschickt zu einem Turban gewundenen bunten Tuch, oder der *kumah,* einer runden bestickten Kappe. Omanische Frauen bevorzugen bunte, lange Kleider und tragen manchmal darüber eine schwarze *abbaya.* Immer ist ihr Kopf mit einem Tuch bedeckt, manchmal auch der obere Teil des Gesichtes mit einer goldfarbenen *burqa* (s. S. 61).

Al Lawatiyah

Verlässt man den Souq wieder an der Corniche, so liegen linker Hand weiße, eindrucksvolle **Handelshäuser** 11 aus dem 19. Jh., alle zweistöckig und mit schönen Holzbalkonen versehen. Vor dem Bau der Corniche standen sie direkt am Ufer der Bucht. Ihre leichte, offene Bauweise mit Bogenfenstern und Balkongalerien macht sofort deutlich, dass dies keine ursprünglich omanische Architektur ist. Die 2004 im Rahmen des »Beautyfication Program« renovierten Häuserfassaden grenzen die Bucht von Mutrah zum alten Stadtbezirk **Al Lawatiyah** ab, in dem vorwiegend jene schiitischen Kaufleute wohnten, die vor zwei Jahrhunderten als

Mutrah und Ruwi

Sehenswert
- 1–7 s. S. 120
- 8 Kalbouhpark
- 9 Riyampark
- 10 Mutrah Souq
- 11 Handelshäuser
- 12 Fish Market
- 13 Obst- und Gemüsemarkt
- 14 Bayt Al Baranda
- 15 Oman National Museum
- 16 Bayt Al Falaj
- 17 Currency Museum
- 18 Hauptpostamt
- 19–33 s. S. 142

Übernachten
- 1–9 s. S. 142
- 10 Sheraton Oman
- 11–13 s. S. 142
- 14 Ruwi Hotel
- 15 s. S. 142
- 16 Marina
- 17 Corniche Hotel
- 18 Mina
- 19 Al Wafa Hotel
- 20 Naseem
- 21 Al Fanar
- 22–23 s. S. 142
- 24 Sun City Hotel

Essen & Trinken
- 1–2, 5–10 s. S. 142
- 3 La Brasserie
- 4 Haj Alarab

Einkaufen
- 1 Friday Market
- 2 Al Habib Carpets
- 3–5 s. S. 142

Abends & Nachts
- 1, 3–4 s. S. 142
- 2 Ruwi Cinema

Aktiv
- 7 Falaj Sports Club

seefahrende Händler aus Pakistan und Indien einwanderten. Ihre Nachkommen sind heute als Händler im Souq ansässig. Die Handelshäuser vereinten Arbeiten und Wohnen unter einem Dach: Im Parterre befinden sich Lager- und Stapelräume, im ersten Stock die Wohn- und Schlafzimmer. Früher war es Fremden verboten, das Viertel Al Lawatiyah zu betreten. Heute appelliert nur noch ein Schild »Residential Area« an die Besucher, sich ruhig und respektvoll zu verhalten, wenn sie die engen Gassen des Viertels durchstreifen.

Märkte

An der Westseite der Bucht von Mutrah öffnet jeden Morgen ab 6.30 Uhr der **Fish Market** 12 seine Tore. Wer etwas früher kommt, kann noch miterleben, wie die später zum Kauf angebotenen fangfrischen Fische aus den Booten geladen werden. Der Verkauf findet in einer offenen Torbogenhalle statt, in der auf langen Theken Thunfische, Hammerhaie und andere ausgefallene Fischarten auf Käufer warten. Spannend ist es, die Preisfindungsrituale zwischen Käufer und Verkäufer zu beobachten. Bis zum Mittag sind alle Fische verkauft.

Unter dem Dach des Fischmarkts befindet sich in der hinteren Ecke eine Abteilung, die europäische Besucher mit einer besonderen Variante von ›Dienstleistung‹ bekannt macht. Wer nämlich größere Fische gekauft hat, bringt sie hierher, um sie von geschicktem Personal entschuppen, auszunehmen und portionieren zu lassen.

Über die Zukunft des Fischmarkts in Mutrah entbrannte 2008 eine heftige Diskussion: Gerüchte wurden bekannt, nach denen er geschlossen und ein neuer in 40 km entfernten Seeb errichtet werden sollte. Nach vehementen Protesten der Bevölkerung blieb der Fischmarkt. 2012 wurde an der selben Stelle mit dem Bau eines neuen Gebäudes begonnen, das den Fish Market integriert. Ende 2013 soll es als architektonische »landmark« in der Bucht von Mutrah eröffnet werden.

Hinter dem Fischmarkt befindet sich ein **Obst- und Gemüsemarkt** 13, den es wegen der Vielfalt exotischer Früchte zu besuchen lohnt.

Bayt Al Baranda 14

Gegenüber dem Fischmarkt zwischen dem Al Mina R/A und der Mutrah Corniche hat in einem historischen Stadthaus einer omanischen Händlerfamilie ein neues Museum eröffnet, das die Stadtverwaltung von Muscat unterhält. Das Haus behielt seinen alten Namen **Bayt Al Baranda** (Haus der Balkone). Es leuchtet nach seiner Renovierung in strahlendem Weiß und beeindruckt durch seine dunkelbraunen Fensterläden, Balkone und Türen. In den Jahrzehnten zuvor diente es

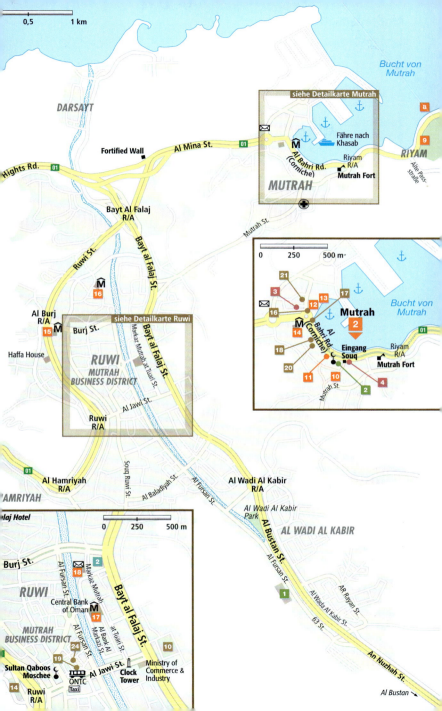

Mutrah und Ruwi

aktiv unterwegs

Spaziergang entlang der Corniche

Tour-Infos
Start: im Stadtteil Mutrah, am östl. Ende der Promenade
Länge: ca. 2 km
Dauer: mit Pausen ca. 1 Std.
Wichtiger Hinweis: Wegen der Hitze empfiehlt es sich, den Beginn des Spaziergangs auf den späten Nachmittag, bzw. den frühen Abend zu legen.

Muscat ist heute durch und durch eine Stadt für Autofahrer, nicht für Fußgänger. Wer dennoch einmal gern länger spazieren gehen möchte, macht das barfuß an den Sandstränden von Qurum und As Shatti zwischen den Hotels Crowne Plaza und Intercontinental oder auf der gepflasterten Uferpromenade entlang der Corniche im Stadtteil Mutrah.

Die zweispurige **Corniche,** die wie ein Saum die Bucht von Mutrah umschließt, besitzt auf beiden Seiten breite Bürgersteige. Die dem Meer zugewandte Seite wird von fast allen Spaziergängern bevorzugt, von Einheimischen wie von touristischen Besuchern. Am frühen Abend wandelt sie sich zur »guten Stube« der Stadt. Stilvolle Straßenlaternen verbreiten ein angenehmes ockerfarbenes Licht, das das Licht der hinter den nahen Bergen untergehenden Sonne farblich verstärkt. Unter den von Säulen getragenen Kuppeldächern der hohen Schattenspender füllen sich die steinernen Bänke mit einheimischen Männern. Wer dort keinen Platz zum Verweilen findet, lässt sich auf der hüfthohen Kalksteinmauer nieder, die die Promenade vom Meer trennt, und genießt hier die leichte Brise, die vom Hafen herüberweht.

Während des gesamten Spaziergangs entlang der Uferpromenade gleitet der Blick hinauf zu den grauen Gebirgsformationen mit den – nach Einbruch der Dämmerung beleuchteten – Ruinen des alten **Mutrah Forts** (s. S. 129) und zu dem weithin sichtbaren Aussichtsturm. Seine Form eines überdimensional großen Brenngefäßes für Weihrauch macht ihn zum meist fotografierten Bauwerk Muscats.

Hier draußen auf der Promenade trifft man viele Spaziergänger. Sowohl ihre Gesichter als auch ihre Kleidung verraten, dass Oman ein kosmopolitisches Land ist. Omani aus Arabien und dem ostafrikanischen Sansibar, Inder, Pakistani, Europäer und Filipinos – sie leben miteinander in einer Stadt und doch immer noch in ihrer eigenen Kultur. Omanische Männer tragen die weiße *dishdasha,* ihre Frauen schwarze *abayas,* Pakistani und Inder tragen weite Hosen und knielange Hemden mit Stehkragen. Indische Frauen erkennt man am Sari. Keine der verschleierten omanischen Frauen scheint sich daran zu stören.

Beim Spaziergang fällt auf, dass entlang der Corniche auf der dem Meer zugewandten Seite ein Auto hinter dem anderen parkt. Der Grund: In der Mitte der Biegung liegt der **Mutrah Souq** 10, und dorthin begibt man sich nur mit dem Auto. So passieren die Spaziergänger entlang der Promenade meist auch die neusten schwere Limousinen deutscher Autohersteller. Doch dank Servolenkung und leisen Motoren nimmt man sie akustisch kaum wahr, wenn sie ein- oder ausparken.

Dafür kann man sich aber von der Corniche dem Anblick der Schiffe nicht entziehen, die in der **Bucht von Mutrah** ankern. Mit etwas Glück wird man Zeuge, wie eines der großen Kreuzfahrtschiffe, von denen inzwischen viele Muscat anlaufen, in nur 100 m Entfernung festmacht. Besonders nach Sonnenuntergang ist die Atmosphäre beeindruckend, wenn deren Lichterketten über den Toppen angehen.

Hinter dem Souq stehen entlang der Corniche die alten weißen Wohn- und **Handels-**

Mutrah

häuser **11** von Al Lawatiyah. Vor diesen historischen Häusern mit ihren hölzernen Balkonen bleiben die meisten Spaziergänger für kurze Zeit bewundernd stehen. Die weißen zweistöckigen Häuser entlang der Bucht von Mutrah mit ihren schönen Holzbalkonen sind nach ihrer aufwendigen Renovierung nicht zu übersehen.

Noch eindrucksvoller wird es, wenn man durch die engen Gassen dieses Wohnviertels schiitischer Händler streift. Ist das nicht eine Gelegenheit, einen Einheimischen nach diesen Häusern und ihrer heutigen Nutzung zu fragen? Scheuen Sie sich nicht, stellen Sie sich als touristischer Besucher aus Deutschland vor und fragen Sie. Aus Ihrem Spaziergang wird dann vielleicht sogar noch eine interkulturelle Begegnung. Denn Omani sind stolz auf ihre Geschichte und ihren Sultan Qaboos, und sie erzählen gerne, wie sehr sich dieser um die Erhaltung ihrer Kulturgüter bemüht.

Am westlichen Ende der Corniche liegt der **Fish Market** **12**, der bis 2013 umgebaut wird. Hier ruht ab nachmittags das Treiben. Kleinere Fischerboote dümpeln entlang der Kaimauer, beladen mit zusammengelegten Nylonnetzen. Wenn Sie bis hierhin gelaufen sind, haben Sie sich einen arabischen Kaffee und eine leckere französische Tarte mit frischem Obst in der gegenüberliegenden **La Brasserie** **3** verdient.

Ein Spaziergang entlang der Uferpromenade in Muscat eröffnet schöne Ausblicke

Ideal für den Souvenirkauf:
Orientalisch shoppen im Mutrah Souq

Mutrah und Ruwi

dem British Council als Ort für sein Kulturangebot.

Muscat besitzt viele Museen, aber das 2007 eröffnete Bayt Al Baranda versteht sich als Interactive Visitors Centre und kann für sich in Anspruch nehmen, dass es den längsten Zeitabschnitt in der Geschichte Omans und Muscats darstellt. Mit diesem Museum will die Stadt einen kulturellen Beitrag zu einer viel zitierten Vision von Sultan Qaboos leisten: »Our country in the past was famous and strong«, sagte das Staatsoberhaupt in seiner ersten Ansprache nach der Machtübernahme im Juli 1970. »If we work in unity and cooperation, we will regenerate that glorious past.«

Das Museum versteht sich im Sinne der Worte des Sultans als Bildungseinrichtung, in der die Besucher über die Exponate und Erläuterungstafeln hinaus ihr persönliches Erkenntnisinteresse zu bestimmten Fragen einbringen sollen. Personale und mediale Unterstützung werden dazu gewährleistet (sofern man des Arabischen oder des Englischen mächtig ist). Insgesamt umfasst es 13 Ausstellungsräume, verteilt auf zwei Stockwerke. Vom Dach, das man über eine steile Treppe aufsuchen kann, streift der Blick über Mutrah und seine herrliche Bucht.

Die Ausstellungsräume folgen den chronologischen Abläufen. Sie beginnen in Halle 1 mit der Geschichte der Erde vor 100 Mio. Jahren und enden in Halle 13 mit der stolzen Bilanz »Muscat today«. Auch in den ersten Hallen kommt der Omanbezug immer zur Geltung. So werden bei der naturwissenschaftlichen Entwicklungsgeschichte der Erde auch die Entstehung all jener Naturphänomene berücksichtigt, die in Oman eine Rolle spielen (z. B. Entstehung von Wadis und Sanddünen und ihre Wanderungen). Oder in Halle 6, die sich auf die frühe Geschichte der Arabischen Halbinsel konzentriert: Hier werden die Ausgrabungsfunde von Ras Al Jinz (s. S. 303) oder die stadtnahen von Qurum (s. S. 141) sowie später die Spuren des Weihrauchhandels einbezogen.

Ebenfalls spannend sind die nachfolgenden Räume, in denen die Museumspädagogen die Rolle der Al Bu Said-Dynastie, die Bedeutung Muscats als Hafenstadt sowie die internationalen Konflikte und ihre Bedeutung für Oman im 17. und 18. Jh. aufarbeiten. Der 13. Ausstellungsraum präsentiert Muscat heute ausgehend von der Entwicklung seit 1970 (Al Mina Road, Info-Tel. 24 71 42 62, Sa–Do 9–13 und 16–18 Uhr, www.baitalbaranda.om, Eintritt 1 OR, Kinder 500 Baizas; regelmäßig werden auch Ausstellungen für Kinder und zu Spezialthemen angeboten).

Ruwi ▶ 1, R 7

Cityplan: S. 131

Der Stadtteil Ruwi ist eine sehr junge Ansiedlung. Noch vor drei Jahrzehnten war das gesamte Gelände im Umfeld des Wadi Al Kabir unbebautes Brachland, zumal man ja auch mit unvorhergesehenen Wassermassen rechnen musste. Als nach 1970 Mutrah zu klein wurde, bot sich das Tal von Ruwi jenseits des Bergrückens als natürliches Ausweichgelände an. Ein Masterplan sicherte, dass in diesem Neubaugebiet private Immobilieninteressen öffentliche Bauvorhaben nicht behinderten.

Ruwi verdankt seine Existenz engagierter Planung. Heute ist sein Zentrum gleichzusetzen mit dem **Central Business District** (CBD) der Capital Area. Moderne Architektur bestimmt die Straßenzüge, in denen die großen wirtschaftlichen Entscheidungen für das Sultanat fallen, insbesondere in der soge-

Beispiel moderner Architektur in Ruwi: Oman Development Bank

Mutrah und Ruwi

nannten Bank Street, in der neben vielen anderen auch die Hochhäuser der Omanischen Zentralbank und die der Bank of Muscat stehen. Allerdings orientiert sich in Oman auch die moderne Architektur an traditionellen Vorbildern, und die Gebäudehöhe beschränkt sich in der Regel auf höchstens 10 Stockwerke.

Im Stadtteil Ruwi gibt es mehrere Hotels, darunter das traditionsreiche **Al Falaj**, das heute zur Mercure-Gruppe gehört, und das Sheraton Oman am Fuße des Bergrückens, der Ruwi von Mutrah trennt. Allein schon wegen seiner Höhe ist das mehr als 25 Jahre alte **Sheraton Oman** 10 ein Orientierungspunkt in Ruwi. Geschäfte in unterschiedlicher Größe, Wohnblocks und kleine Einfamilienhäuser am Rande des Wadi Kabir ergänzen das Stadtbild.

In Ruwi befindet sich auch der **zentrale Busbahnhof** (s. S. 177) der staatlichen Busgesellschaft **Oman National Transport Company** (ONTC). Mehrere Autoverleiher und fast alle Fluggesellschaften unterhalten hier ihre Hauptgeschäftsstellen, und parkende Autos versperren Fußwege und Straßen. Nur der alte renovierte Clocktower in der Al Mujamma Street erinnert daran, dass die Uhren in Ruwi einst langsamer gingen.

In Ruwi erlebt man omanischen Alltag der Gegenwart. Die Düfte orientalischer Imbissstände durchziehen die Straßen, Händler preisen ihre Waren an, die sie auf Tischen entlang der Straße ausgebreitet haben, und die Autokolonnen schieben sich nur schrittweise vorwärts. Natürlich gehört zur omanischen Alltagsnormalität auch ein **Souq.** Er befindet sich in der Ruwi Souq Street, ist sehr groß und ganz auf die alltäglichen Bedürfnisse der Gegenwart ausgerichtet: Elektroartikel und Videospiele, Schuhe und Bekleidung, Baumaterialien, Ersatzteile und Geschirr. Mehrere kleine indische Lokale tragen zu einer lockeren Einkaufsstimmung im Souq bei.

Ruwi unterscheidet sich auch deshalb von anderen Stadtteilen, weil viele Straßen wegen der Wadi-Täler über Brücken geführt werden müssen. Ein Besuch lohnt sich in jedem Fall auch wegen der drei Museen, die in diesem Stadtteil der Capital Area stehen. Die Museen liegen allerdings so weit auseinander, dass man die Entfernungen zwischen ihnen am besten per Taxi überbrückt.

National Museum 15

Das **Oman National Museum** liegt im nördlichen Teil von Ruwi, in der Nähe des Al-Falaj-Hotels in der Al Noor-Street. Es widmet sich der Geschichte und den traditionellen handwerklichen Fähigkeiten der Omanis. Ausgestellt werden handgefertigte traditionelle Kleidung, Silberarbeiten sowie Keramik aus unterschiedlichen Epochen, ebenso Schiffsmodelle aus verschiedenen Regionen des Landes. In einem besonderen **Omani Traditional Room** sind Möbel und Gebrauchsgegenstände aus dem 19. Jh. aus unterschiedlichen Sultanspalästen zusammengetragen.

Was die Geschichte des Sultanats betrifft, so konzentriert sich dieses Museum auf Gelände, alte Fotos und v. a. auf alte Briefwechsel. Diese Korrespondenzsammlung beginnt mit einer Kopie des Briefes des Propheten Mohammed an die in Sohar lebenden Söhne des in Nizwa residierenden Herrschers Al Yalandi, den neuen Glauben anzunehmen. Besondere Aufmerksamkeit erfordert auch die ausgestellte Korrespondenz der letzten fünf Sultane der Al Bu Said-Dynastie.

Deutschsprachige Besucher bleiben gerne an einer Vitrine stehen, die an das ungewöhnliche Leben der 1844 geborenen Prinzessin Sayyida Salamah, einer Tochter von Said bin Sultan von Oman und Sansibar (1807–1856) erinnert. Sayyida verliebte sich als 20-Jährige im Palast zu Sansibar in den Vertreter der deutschen Hamburg-Sansibar-Handelsgesellschaft, floh deswegen aus ihrer Heimat, ließ sich auf den Namen Emilie taufen, heiratete den Mann, den sie liebte, und zog mit ihm nach Hamburg. Dort veröffentlichte sie ihre Memoiren (s. S. 44) und führte ein bürgerliches Leben (Al Noor Street, Tel. 24 70 12 89, Sa–Do 9–13 Uhr, Okt.–März auch 16–18 Uhr, Eintritt 0,5 OR, Kinder 0,2 OR, unter 6 Jahren 0,1 OR).

Ruwi

Militärmuseum

Weiter nördlich auf der anderen Seite des Wadi Kabir liegt **Bayt Al Falaj** 16, in dem heute das **Sultan's Armed Forces Museum** untergebracht ist. Der Name des Gebäudes »Haus des Falaj« beschreibt, dass das Haus an eine traditionelle Wasserversorgung angeschlossen war. Es wurde 1845 von Sultan Said bin Sultan als Sommerresidenz errichtet, von seinen Nachfolgern später umgebaut und befestigt, bis es im Baustil einer Festung glich. Sultan Taimur bin Faisal konnte es deshalb 1915 als Verteidigungsbollwerk gegen Truppen des Imam nutzen, die Muscat erobern und ihn vertreiben wollten. Britische und Indische Soldaten im Dienste des Sultans verhinderten, dass das ca. 3000-köpfige Heer des Imam Erfolg hatte.

Danach wechselte das Bayt Al Falaj zweimal seine Besitzer: Zunächst zog die Royal Oman Police ein, und von 1957–1978 gehörte das Haus der Armee. 1984 wurde es renoviert und beherbergt seit seiner Eröffnung in Anwesenheit von Sultan Qaboos im Jahre 1988 das **Militärmuseum.** Wegen seiner historischen Exponate lohnt sich ein Besuch auch bei pazifistischer Grundeinstellung.

Neben historischen Waffen und Einzelheiten des Gebäudes (z. B. die Holzdecken) und die Fotodokumentationen der kriegerischen Auseinandersetzungen, in die das Land verwickelt war, sehenswert. Das Museum gewährt nicht nur Einblicke in die Waffenentwicklung, sondern vermittelt auch die Geschichte Omans aus dem Blickwinkel bewaffneter Konflikte. Nirgendwo sonst bekommt man die Verfehlungen, Leistungen und Verästelungen der Al Yaruba und der Al Bu Said derart ausführlich präsentiert wie hier. Man erfährt sehr viel über omanische Festungen, ihre Bedeutung für die jeweilige Herrscher und anhand von Modellen über ihre militärstrategische Architektur.

Alte, seltene Fotos zeigen den Großvater (Taimur bin Faisal, 1813–1932) und den Vater (Said bin Taimur, 1932–1970) des heute regierenden Sultan Qaboos im Krieg sowie während ihrer diplomatischen Missionen. Erbeutete Kanonen und Waffen der Aufständischen in Dhofar runden als Ausstellungsstücke diesen Aspekt der omanischen Geschichte ab.

Im Außenbereich des Museums wird militärische Hardware der Gegenwart präsentiert: Helikopter, Flugzeuge, Armeeboote sowie gepanzerte Kettenfahrzeuge sind hier zu sehen. Dazu gesellt sich das erste Auto, das Sultan Qaboos 1970 erwarb: einen Cadillac mit Fenstern aus 3 cm dickem schusssicherem Glas. Das Fort ist umgeben von Blumengärten, zu deren Üppigkeit das Wasser aus den umliegenden Bergen beiträgt, das in traditionellen *aflaj*-Systemen über Kanäle herangeführt wird (Al Muyamma Street, Tel. 24 31 26 42, Sa–Do 8–13.30 Uhr, Eintritt 1 OR, Kinder 500 Baizas).

Currency Museum und Hauptpostamt

Zu den wenig besuchten, aber hochinteressanten Museen der Capital Area gehört das **Currency Museum** 17. Es befindet sich im Gebäude der **Central Bank of Oman.** Alleine das Betreten der Zentralbank lohnt den Besuch. Ausgestellt werden alle omanischen Münzen aus Vergangenheit und Gegenwart sowie besondere Münzen der Arabischen Halbinsel und historische Banknoten. Das Museum liefert dank der Erläuterungen und Schautafeln einen weiteren Aspekt der Geschichte des Sultanats (Markaz Mutrah Al Tuari Street, Tel. 24 79 61 02, www.cbo-oman.org, Sa–Mi 8.30–12.30 Uhr, Eintritt 250 Baizas).

Auch Briefmarken erklären viel über ein Land. Im **Hauptpostamt** 18 in Ruwi, das sich am weithin sichtbaren **GTO-Turm** der omanischen **Telefongesellschaft** befindet, gibt es im ersten Stock eine eigene Abteilung für Briefmarkensammler (Philatelic Department). Hier können Philatelisten ihre Bestände ergänzen und neue Sondermarken erwerben. Zu dieser Abteilung gehört eine Ausstellung alter und neuer omanischer Briefmarken, einschließlich derer, mit denen vor 200 Jahren die Briefe in Sansibar frankiert wurden (Markaz Mutrah Al Tuari Street, Sa–Mi 7.30–14 Uhr, Eintritt frei).

Westen und Südosten der Capital Area

Westlich und südöstlich des historischen Stadtkerns von Muscat liegen heute die langen Badestrände mit den Luxushotels. In den westlichen Stadtteilen findet man zudem mehrere Museen, schöne Parks und die größte und eindrucksvollste Moschee von Oman. Aber auch Ursprünglichkeit ist angesagt: In den Fischerdörfern entlang der südöstlichen Küste und im Wadi Bawshar an den Hängen des Hajargebirges.

Je weiter man sich in der Capital Area jenseits von Mutrah nach Westen bewegt, umso jünger sind die Stadtteile. Alle sind erst seit 1970 entstanden, entweder auf dem Reißbrett entworfen oder aus kleinen, unbedeutenden Fischersiedlungen hervorgegangen. Letzteres gilt für **Qurum** und **Al Khuwair.** Diese neuen, weitläufig angelegten Stadtteile werden bevorzugt von *expatriates* bewohnt – viele Parks durchbrechen die autogerechte Infrastruktur. Geschäfts- und Einkaufsviertel gehören genauso dazu wie Botschaften und luxuriöse Hotels. Außerdem gibt es hier einen langen, breiten Sandstrand, dessen Attraktivität bei Einheimischen und Besuchern hoch im Kurs steht. Seine schöne Strandpromenade ist bei Joggern und Spaziergängern so beliebt, dass sie in den letzten Stunden vor Sonnenuntergang einer Ameisenstraße gleicht.

Qurum liegt geografisch etwa in der Mitte der Capital Area, westlich von Ruwi und nördlich des Stadtteils **Madinat As Sultan Qaboos.** Es umfasst zwei sehr unterschiedliche Bezirke, **Qurum** und **Shatti Al Qurum** und erstreckt sich im Osten bis zur Landspitze von **Ras al Hamra,** die innerhalb der Capital Area am weitesten in den Golf von Oman hineinragt. An diesem Teil der Küste dehnten sich vor Tausenden von Jahren viele Mangrovenwälder aus. Qurum ist das arabische Wort für Mangrove (auf manchen Straßenschildern oder in Texten wird es auch als »Qurm« transkribiert). Die Mangroven stehen heute unter Naturschutz, und man findet sie nur noch im Qurum National Park and Nature Reserve, einer der eindrucksvollsten Parkanlagen der Capital Area.

Der angrenzende Stadtteil **Al Khuwair** beginnt am Al Khuwair R/A. Im Viertel der Botschaften und Ministerien trifft man auf eine große architektonische Vielfalt. Am Strand von Al Khuwair stehen Luxushotels, u. a. das Grand Hyatt Muscat **3**.

Jenseits dieser beiden Stadtteile geht die Entwicklung ohne Halt weiter. Im angrenzenden **Al Ghubrah** reihen sich kilometerlang schöne Wohnhäuser zwischen Strand und der autobahnbreiten Sultan Qaboos Street aneinander. Hier ziehen zwei neue Sehenswürdigkeiten die Touristen an: Die direkt an der Sultan Qaboos Street liegende Sultan-Qaboos-Moschee (s. S. 146), die größte und schönste Moschee Omans, und das direkt am Strand liegende, 2006 neu eröffnete Designer-Luxushotel The Chedi **2**.

In den neuen westlichen Stadtteilen fällt vor allem die Großzügigkeit auf, mit der hier gebaut und in welch hohem Maße den Erholungsinteressen der Bevölkerung durch Parks und Grünanlagen Rechnung getragen wird. Alle Straßen sind begrünt, in und an den Verkehrskreiseln blühen das ganze Jahr über Blumen. Deshalb wohnen in Muscats Westen auch gerne die besser verdienenden *expatriates.* Für Besucher dagegen sind es

Qurum

in erster Linie die vielen Museen, die diese Bezirke der Capital Area interessant werden lassen.

Wer omanische Ursprünglichkeit in unmittelbarer Nähe der Capital Area kennenlernen möchte, macht von hier einen Kurzausflug ins südlich gelegene **Wadi Bawshar.**

Die sich im Südosten von der Capital Area ausdehnenden Buchten und Fischerdörfer sind erst seit 1980 durch eine geteerte Straße mit dem Zentrum verbunden. Vorher erreichte man sie ausschließlich per Boot vom Meer her. Verlässt man die Altstadt und fährt auf der neuen Küstenstraße gen Süden, gelangt man zuerst zum Fischerdorf **Sidab** und von dort weiter zum ehemaligen Fischerdorf **Al Bustan,** bekannt wegen des hier errichteten, inzwischen legendären gleichnamigen Palasthotels. Auf der Fahrt passiert man immer wieder traumhafte Buchten umgeben von hohen Bergrücken. Direkt hinter Sidab liegt das kleine Fischerdorf **Haramel,** das in seiner Ursprünglichkeit Sidab noch übertrifft. Touristisch interessant sind aber auch die mitten in der Bergwelt liegenden neuen Erschließungen von **Al Bustan** südöstlich der Altstadt und das 2006 eröffnete Shangri-La Barr Al-Jissah-Hotel 4.

Selbst entlegene Ecken der Capital Area sind heute über Straßen zu erreichen, und dank der **Stadtautobahn (Sultan Qaboos Road)** kommt man zügig von einem Ende zum anderen. Die Sultan Qaboos Road ist nicht nur die bedeutendste Straße der Hauptstadt, ihr kommt durchaus auch touristische Bedeutung zu. Denn wer diese breite von Palmen begrünte Straße quer durch die Stadt einmal langsam auf der rechten Spur mit offenem Blick für die Umgebung entlanggefahren ist, hat nicht nur viel von Muscat gesehen, sondern kann sich später leichter zurechtfinden, wenn er sich an die Lage des einen oder anderen Gebäudes erinnern wird, das er an der Straße passiert hat.

Entlang der Sultan Qaboos Road stehen deutlich sichtbare Hinweisschilder, die die Ausfahrten zu den angrenzenden Stadtteil und zu den internationalen Hotels ankündigen. Oft liegen diese Ausfahrten an Verkehrskreiseln (engl.: Round abouts, abgekürzt: R/A), die aber im Interesse des Durchgangsverkehrs von hochgelegten Viadukten überbrückt werden. Als stadtunkundiger Besucher muss man sich sehr konzentrieren, um die gewünschte Ausfahrt nicht zu verpassen. Ist es dennoch einmal passiert, fährt man an der nächsten Ausfahrt ab, wendet unter dem Viadukt im Verkehrskreisel und kehrt zur gewünschten Ausfahrt zurück.

Qurum ▶ 1, R 7

Cityplan: S. 142

Qurum ist ohne Zweifel eine der angesehensten Stadtteile der Landeshauptstadt, und wer auf den **Qurum Hights** eine Villa besitzt, muss sehr gut verdienen.

Qurum Hights

Am höchsten Punkt dieser Anhöhen, nördlich des Qurum National Park & Nature Reserve, stehen mehrere Hotels, unter denen das **Crowne Plaza Muscat** 6, das durch seine besondere Lage und Tradition – es war das erste am Platz – eine herausragende Stellung einnimmt. In seiner Gartenanlage genießt man an der schönsten Stelle der Küste ungestört die untergehende Sonne mit Blick auf den Golf von Oman. Vom Garten führt auch eine vielstufige Treppe hinunter zum Strand. Das heutige Hotel – jahrzehntelang als Gulf Hotel das beste Hotel vor Ort – steht auf geschichtsmächtigem Grund.

Als in den 1980er-Jahren die Qurum Hights bebaut wurden, stießen die Bauarbeiter auf **Reste einer prähistorischen Ansiedlung** aus der Zeit um 2000 v. Chr. Dabei handelte es sich um Gräber mit Grabbeigaben, auch um Reste von Pfahlbauten und Steinwerkzeuge. Von den Fundstellen ist zwar heute nichts mehr zu sehen, aber Teile dieser Fundstücke der Qurum Hights werden heute in mehreren Museen der Stadt ausgestellt. Man erreicht das Hotel, wenn man am Sayh Al Malih R/A von der Sultan Qaboos Road nach Norden in die Al Qurum Street abbiegt.

Capital Area

Sehenswert
- 1 – 7 s. S. 120
- 8 – 18 s. S. 131
- 19 Qurum National Park & Nature Reserve
- 20 Children's Museum
- 21 Oil Exhibition Centre
- 22 Planetarium
- 23 Museum of Oman Heritage
- 24 Natural History Museum
- 25 Oman International Bank
- 26 Sultan Qaboos Grand Mosque
- 27 Wadi Bawshar
- 28 Seeb Beach Park
- 29 Sidab
- 30 Capital Area Yacht Centre
- 31 Marina Bandar Al Rowdah
- 32 Sohar-Dhau
- 33 Qantab

Übernachten
- 1 Al Bustan Palace Ritz Carlton Hotel
- 2 The Chedi Muscat
- 3 Grand Hyatt Muscat
- 4 Shangri-La Barr Al-Jissah
- 5 Intercontinental Muscat
- 6 Crowne Plaza
- 7 Radisson Blu
- 8 Golden Tulip Seeb
- 9 Al Qurum Resort
- 10 s. S. 131
- 11 Oman Dive Center Resort
- 12 Park Inn
- 13 Ramee Guestline Hotel
- 14 s. S. 131
- 15 Villa Shams Qurum
- 16 – 21 s. S. 131
- 22 City Season Muscat
- 23 Ibis Hotel Muscat
- 24 s. S. 131

Naturschutzgebiet

Auf dem Weg zum Crowne Plaza Hotel passiert man das Naturschutzgebiet **Qurum National Park & Nature Reserve** 19. Das eigentliche Schutzgebiet innerhalb des Qurum Parks ist der Öffentlichkeit nicht zugänglich, aber den größeren Teil gestaltete man als Naherholungsgebiet. Durch ein massives Holztor führt der gepflasterte Weg zunächst zu einem **Amphitheater** und dann weiter zu einem See mit einer 30 m hohen **Fontäne**. Am Ende der fast 1 km langen Anlage rauscht ein **Wasserfall**. Den Garten schmücken exotische Blumen, auf dem See kann man Boot fahren und sich auf den Rasenflächen erholen. Oberhalb des Wasserfalls speist man im ausgezeichneten indischen **Restaurant Mumtaz Mahal** 1.

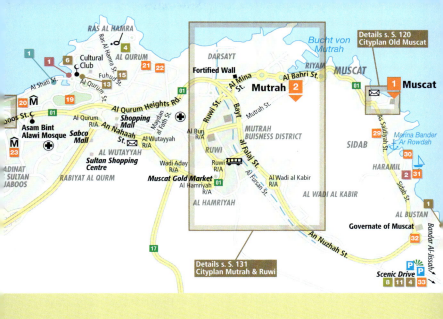

Essen & Trinken
1. Mumtaz Mahal
2. Blue Marlin
3. – 4. s. S. 131
5. Slider Station
6. Ubhar Restaurant
7. D'Arcy's
8. Second Cup
9. Starbucks
10. Café Barbera

Einkaufen
1. – 2. s. S. 131
3. Omani Heritage Gallery
4. Muscat City Centre
5. Markaz Al Bahja

Abends & Nachts
1. Left Bank
2. s. S. 131
3. As Shatti Plaza
4. Royal Opera House

Aktiv
1. Gulf Leisure Tours
2. Ghala Valley Golf Club
3. Muscat Hills Golf & Country Club
4. Qurum Equestrian School
5. Muscat Diving & Adventure Centre
6. Ice Skating Centre
7. s. S. 131
8. Oman Dive Center
9. Dimaniyat Diving Office
10. Almouj Golf

Ein kleinerer Teil des National Park ist der Vorliebe des Sultans für Rosen gewidmet. Im **Sultan's Rose Garden** blühen Hunderte unterschiedlicher Rosensorten, die aus der ganzen Welt kommen. Der Rosengarten ist zugleich der ruhigste Platz im ganzen Park (As Shatti Street, Sa–Mi 15–22, Do und Fr 10–22, während des Ramadan tgl. 19–24 Uhr, Eintritt frei).

Children's Museum [20]

The Children's Museum liegt direkt an der Stadtautobahn (Sultan Qaboos Road) und fällt schon von Weitem wegen seines weißen Kuppeldaches auf. Es ist ein Kindermuseum, das Naturwissenschaften zum Anfassen und Technik zum Ausprobieren bietet. Sein museumspädagogisches Konzept sieht vor, physikalische und biologische Phänomene

Westen und Südosten der Capital Area

aktiv unterwegs

Auf den Spuren des Erdöls – ein Erkundungsgang

Tour-Infos
Start: am Zugang zum Hafen Mina Al Fahal vor dem Haupttor der Petroleum Development Oman (PDO) hinter den Qurum Hights
Dauer: Fußweg vom Hafen zum Museum ca. 20 Min., Rundgang im Museum ca. 1 Std.
Wichtige Hinweise: Das Oil and Gas Exhibition Centre 21 liegt am Gate 2 des Geländes der PDO. Man erreicht es auf der Sayh Al Malih Street, die von der Al Qurum Street kurz hinter dem Sayh Al Malih R/A nach Osten abbiegt. Öffnungszeiten: So–Mi 7–12, 13–15.45, Do 8–12 Uhr, Eintritt frei, Tel. 24 67 78 34.

Wenn man durch Oman reist, sieht man keine Bohrtürme, Offshore-Bohrinseln oder Abfackelungsanlagen, die auf Erdölförderung schließen ließen, denn Omans Erdöl kommt aus der abgelegenen Region Al Wusta. Im Hafen von **Mina Al Fahal,** mitten in Muscat hinter Hügeln versteckt, bekommt man überhaupt erst die großen Öltanklager des Landes zu Gesicht. Die Zufahrt zum Hafen und die Einfahrt in das Gelände der PDO werden streng kontrolliert, aber rechter Hand, etwas abseits der Zufahrt kann man durch den hohen Maschendraht mühelos in das Gelände blicken. Die Wachhabenden achten nur darauf, dass man nicht fotografiert. Unübersehbar reihen sich hier gigantische Erdöltanks aneinander, verbunden mit einem Gewirr von Leitungen und Röhren. Dazwischen verkehren Tanklaster, Arbeiter in grauen Overalls und rotem Helm laufen geschäftig umher.

Wenn man sich jetzt auf dem Bürgersteig entlang der Maschendrahteinzäunung vom Zufahrtstor entfernt, kann man das geschäftige Treiben jenseits des Zauns weiter verfol-

Erdölgeschichte modern präsentiert: Oil & Gas Exhibition Centre

Qurum

gen. Hinter der nächsten Biegung steigt der Weg an. Jetzt kann man von der höher gelegenen Kurve hinunter zum Hafen Mina Al Fahal blicken. Dort, hinter dem PDO-Gelände liegen an den Kais die Tanker, die das omanische Erdöl über die Weltmeere transportieren werden. Dass das Geschäft boomt, sieht man daran, dass viele weiter draußen auf Reede liegen.

Wie kommt das Öl eigentlich dorthin und was wäre Oman ohne das Erdöl? Diese Fragen werden bei einem Besuch des Petrol Exhibition Centers ausführlich beantwortet. Dazu muss man nur 300 m weiter auf dem Bürgersteig der Straße folgen, um das weiß gestrichene **Museum** zu erreichen, das sich der Entstehung des Erdöls, seiner Entdeckung und seiner heutigen Förderung, Verarbeitung und Verschiffung widmet. Es ist nicht zu verfehlen. In seiner Architektur gleicht es einer omanischen Festung und vor dem Museum stehen eine alte Pumpe und ausgedientes Bohrgestänge. Nach dem Spaziergang in der Hitze ist man froh, einen klimatisierten Raum betreten zu können.

Im Inneren birgt dieses Museum einen Schatz an Informationen zu allen Fragen des omanischen Erdöls. Texte, Tabellen, Modelle und Fotos veranschaulichen seine Rolle für das Sultanat. Besonders informativ ist ein Modell, an dem man den Weg des Erdöls von der Absetzung der ersten Bohrung über den Transport via Pipeline und die Verarbeitung zu Benzin bis zur Auslieferung an der Tankstelle verfolgen kann. Das Museum ist ein Geschenk der größten Erdölgesellschaft des Landes, der PDO, die sich seit ihrer Gründung 1980 mehrheitlich in omanischem Besitz befindet. 1956 wurde zum ersten Mal nach Erdöl gebohrt, 1962 das erste entdeckt und 1967 die ersten 500 000 Barrel exportiert – aber damals hießen die großen Gewinner noch Shell und BP.

des Alltags durch eigenes Experimentieren verstehen zu lernen: Schwerkraft, Spektralfarben oder Wärmeleitung werden an Modellen erläutert und geben beim eigenen Experimentieren ihre Geheimnisse preis. Versuchsreihen (z. B. durch Erwärmung von Luft einen Ballon zum Aufsteigen zu bringen oder die Fliehkräfte bei Drehung eines Rades zu spüren), Anleitungen und Demonstrationen der Lehrkräfte sind so spannend, dass vor den Experimentieranlagen und Schaukästen auch Erwachsene häufig wieder zu staunenden Kindern werden (Shatti Al Qurum, Way 2601, am Qurum National Park, Sa–Do 8–13, Okt.–März auch Mo 16–18 Uhr, Eintritt frei für Kinder bis 6 Jahre, 6–12 Jahre 100 Baizas, über 12 Jahre 500 Baizas).

Oil & Gas Exhibition Centre und Planetarium

Auf der anderen Seite der Qurum Hights, jenseits von Ras Al Hamra, am östlichsten Stadtrand von Qurum, liegt im Bezirk Mina Al Fahal das **Oil & Gas Exhibition Centre** [21], ein Museum, in dem das Thema »omanisches Erdöl« intensiv von allen Seiten beleuchtet wird (s. S. 144).

Neben dem Erdölmuseum steht ein neues Gebäude im Stil einer omanischen Festung: Das **Planetarium** [22] wurde zum Jahrtausendwechsel eröffnet. Hier kann man sich sehr anschaulich über die Sternenwelt und die Bewegungen und Strukturen im Weltall anhand von Projektionen informieren. Carl Zeiss Jena stellte die gesamte technische Ausstattung des Planetariums (Adresse und Öffnungszeiten wie Oil Museum, spannende Filmvorführungen: Mi 17 und 19, Do 10 und 11 Uhr, Anmeldung Tel. 24 67 55 42, Eintritt frei).

Museum of Oman Heritage [23]

Eine umfassende Dokumentation omanischer Kultur aus allen Epochen von prähistorischer Zeit bis zur Gegenwart bietet das **Museum of Oman Heritage** (auch: **Oman Museum),** das vom Ministry of Heritage and Culture unterhalten wird. Es liegt südlich der Sultan Qaboos Street auf einem Hügel zwi-

Westen und Südosten der Capital Area

schen Qurum und Madinat Qaboos hinter dem Informationsministerium.

Das ältere, relativ kleine, aber renovierte Museum bietet anhand von Schautafeln und Exponaten hervorragenden Anschauungsunterricht über den antiken Weihrauchhandel einschließlich seiner Qualitätsklassifikationen (je heller, desto besser und teurer!). Der Besucher gewinnt außerdem Einblicke in die Entwicklung der omanischen Architektur mit Schwerpunkt Festungs- und Moscheenbau sowie über die Rolle des Kunsthandwerks.

Eine eigene Abteilung widmet sich Oman als Seehandelsmacht und der Geschichte seiner Schiffe (einschließlich der unterschiedlichen Dhauformen). Ausführlich erläutert wird auch das *aflaj*-System der Wasserversorgung, das für das Leben der Omanis in all den Jahrtausenden eine äußerst wichtige Bedeutung hatte. Möbel, Waffen, Kunsthandwerk und Schmuck ergänzen den historischen Ausflug in die Vergangenheit. Von der Anhöhe des Museums hat man einen herrlichen Blick auf die Küste (Tel. 24 60 09 46, www.mhc.gov.om, Sa-Mi 8.30-13, Do 9.30-12.30 Uhr, Okt.-März auch 16-18 Uhr, Eintritt 0,5 OR, Kinder 0,2 OR).

Al Khuwair ▶ 1,Q/R 7

Cityplan: S. 142

Der Stadtbezirk **Al Khuwair** liegt südlich der Sultan Qaboos Road in Höhe Shatti Al Qurum, westlich von Madinat As Sultan Qaboos.

Natural History Museum 24

Im Stadtteil Al Khuwair lohnt ebenfalls der Besuch eines Museums. Gegenüber der **Al Zawawi-Moschee** mit ihren schlanken Minaretten und ihrer weithin sichtbaren goldenen Kuppel liegt im Ministerienbezirk das **Natural History Museum**, ein Museum, das sich der Geografie, Fauna und Flora des Oman widmet. Stolz des Museums, das sich auf dem Gelände des Ministry of National Heritage and Culture über mehrere Gebäude verteilt, ist die Wal-Halle *(Whale Hall)* mit den Skeletten eines Wales und mehrerer Delfine, die an der Küste Omans gestrandet waren. In der ruhigen, in Blau gehaltenen Halle taucht man von Walgesängen und Delfinmelodien begleitet in eine andere Welt ein.

In einer Sammlung werden außerdem einheimische Muscheln und Schnecken präsentiert, in Schauvitrinen Fossilien ausgestellt. Faszinierend sind all jene präparierten Tiere der Wüste, die vom Aussterben bedroht sind. Erst wenn man die schöne Oryxantilope oder den arabischen Leoparden in voller Größe vor sich sieht, erkennt man, wie wichtig deren Schutz heute ist.

Zum Museum gehört auch ein Botanischer Garten, in dem sich ausschließlich omanische Bäume, Sträucher und Blumen befinden. In seiner Beschränkung auf die indigene Flora liegt sein Reiz: Hier wachsen Weihrauchbäume und Pflanzen, aus denen Henna oder Aloe gewonnen werden (Ministry of Heritage and Culture, Al Wazarat St., Tel. 24 64 15 10, Sa-Do 9-13 Uhr, Eintritt 0,5 OR, Kinder 0,2 OR, unter 12 Jahren 0,1 OR).

Oman International Bank

In Al Khuwair konzentrieren sich Botschaften, Banken und große Shoppingmalls. Unter den Banken ist die **Oman International Bank** von besonderem touristischen Interesse. Sie besitzt ein 10 m hohes Eingangsportal, dessen Tür mit 24-karätigem Gold überzogen ist. Jeden Morgen, bevor die Bank öffnet, wird diese Tür intensiv poliert.

3 Al Ghubrah ▶ 1, Q 7

Cityplan: S. 142

Hinter Al Khuwair, direkt an der Sultan-Qaboos-Stadtautobahn, erhebt sich im Stadtteil **Al Ghubrah** heute die eindrucksvollste Moschee des Sultanats, die **Sultan Qaboos Grand Mosque** 26.

In allen arabischen Ländern gilt, dass Moscheen von Nichtmuslimen nicht betreten werden dürfen. Zurzeit gibt es nur drei Aus-

Sultan-Qaboos-Moschee: die ganze Pracht orientalischer Baukunst

Westen und Südosten der Capital Area

nahmen: die Jumeirah Mosque in Dubai, die Sheikh Zayed Mosque in Abu Dhabi und die Sultan Qaboos Grand Mosque in Muscat. Es spricht für die Weitsicht der Herrscher, dass sie direkte Begegnungen der Kulturen durch Besuchsprogramme in den schönsten Gotteshäusern ihrer Staaten fördern. Deshalb und weil die Moschee ein herausragendes Beispiel neuer islamischer Architektur ist, steht ihr Besuch auf dem Programm aller Besucher.

Die Sultan Qaboos Grand Mosque wurde zwischen 1995 und 2001 auf einem 40 000 m² großen Gelände errichtet. Sie bietet Platz für 20 000 Gläubige, von denen 6000 in der Moschee und 14 000 im Hof beten können. Über dem Gebäude erhebt sich eine große Kuppel und ein 90 m hohes Minarett. Vier weitere Minarette vervollständigen das Bauwerk; alle fünf Minarette zusammen symbolisieren die fünf Säulen des Islam. Roter Buntsandstein ist das dominierende Baumaterial. Hohe Bogengänge umgeben ein mit Marmor ausgelegten großen Innenhof.

Im Inneren der Moschee dominieren die Farben Blau, Grün und Gold. Anziehungspunkt des reich dekorierten Innenraums ist ein prächtiger Kronleuchter – 15 m hoch und 8 m breit – den das Weltunternehmen Swarovski entworfen und angefertigt hat; er wiegt 8 t. Den Fußboden bedeckt ein über 4000 m² großer Teppich aus Iran, der zu den größten der Welt zählt. Er darf nur von Muslimen betreten werden. 600 Frauen haben vier Jahre lang insgesamt 1,7 Mio. Knoten geknüpft; er wird in seinen Ausmaßen nur noch von dem der Sheikh Zayed Moschee in Abu Dhabi übertroffen.

In der Moschee dürfen nur Männer beten. Für die Frauen gibt es einen eigenen Gebetsraum, er liegt hinter der Hauptmoschee und fällt vergleichsweise bescheiden aus. Während des Gebets dürfen Männer nicht in der Moschee der Frauen anwesend sein. Die ›Predigt‹ des Imam zum Freitagsgebet, zu der sich die Männer in der Hauptmoschee versammeln, wird via TV in den Gebetsraum der Frauen übertragen. Gemeinsam sind beiden Gebetsräumen nur die großen Uhren aus 14-karätigem Gold.

Im Vorhof der Moschee befinden sich die zugehörigen Waschgelegenheiten, denn Muslime dürfen nur rein am Freitagsgebet teilnehmen. Der Koran schreibt das Ritual der Waschungen detailliert vor. Für Frauen gibt es auf dem Moscheegelände keine Waschgelegenheit; sie müssen zu Hause vor dem Besuch der Moschee für ihre Reinheit sorgen. Allerdings ist für sie auch die Teilnahme am Freitagsgebet nicht verpflichtend. Zur Moschee gehört eine **Bibliothek** mit mehr als 20 000 Büchern zu Themen des Islam sowie ein Informationszentrum. Dort werden jeden zweiten Sonntag Vorträge in englischer Sprache über den Islam angeboten. (Sultan Qaboos Road, für nichtmuslimische Besucher Sa–Do 8.30–11 Uhr, Eintritt frei. Am Haupteingang weist ein Schild darauf hin, welche **Regeln** bei einem respektvollen Besuch in diesem Gotteshaus einzuhalten sind: Essen und Trinken sind untersagt, keine Benutzung der Handys, Frauen müssen ihr Haar mit einem Kopftuch bedecken, Männer sollten keine Shorts oder ärmellose T-Shirts tragen, Kinder unter 10 Jahren dürfen die Moschee nicht betreten. Fotografieren ist erlaubt).

Wadi Bawshar ▶ 1, Q 7

Cityplan: S. 142

Im Westen der Capital Area zweigt im Stadtteil Al Ghubrah am gleichnamigen Verkehrskreisel eine Straße gen Süden ab. Sie führt entlang eines **Wadis** und endet nach ca. 10 km in der **Oase Bawshar** 27. Bawshar ist auch der Name eines der fünf *wilayate,* in die die Verwaltung der Capital Area unterteilt ist. Auf dem Weg passiert man zuerst den **Ghallah Valley Golf Corse** 2 (früher: Ghallah Went Worth).

Bayt Al Maqham

Die größte Sehenswürdigkeit der Bawshar-Oase ist **Bayt Al Maqham,** ein Haus, das wegen seiner Größe von den Einheimischen auch Bayt Kabir (großes Haus) genannt wird. Das dreistöckige Gebäude gleicht mit seinen Türmen eher einer Festung als einem Wohn-

Wadi Bawshar

Wadi Bawshar: ursprüngliches omanisches Leben

haus. Gebaut wurde es 1740 und war bis 1970 immer wieder zeitweise bewohnt. Im Parterre befinden sich die Lagerräume, im ersten Stock die Aufenthaltsräume für *Majlis*-Empfänge und im dritten Stock die Schlafräume der Familie. Vom mächtigen Rundturm hat man einen schönen Blick über die Oase mit ihren Palmenhainen. Nach jahrzehntelangem Verfall glich das Haus eher einer Ruine, denn die gesamten oberen Stockwerke waren eingestürzt. Es wurde sehr aufwendig restauriert, heute dominiert das Haus

Westen und Südosten der Capital Area

wieder das Oasendorf (Tel. 24 64 13 00, Sa–Mi 8–14 Uhr, Eintritt 0,5 OR).

Am Ortseingang weisen Schilder den Weg zum Bayt Al Maqham, das im westlichen Teil des Dorfes am Rande des Wadis liegt. Das Haus erreicht man nur zu Fuß. Die Straße endet an einem großen, ummauerten **Dattelpalmengarten** mit einem neuen *falaj*-Bewässerungssystem. Der Garten, an dessen Eingang ein mit blauen Kacheln verkleidetes Haus steht, ist zugänglich.

Bawshar Sands

Am Rande von Bawshar erheben sich hohe Sanddünen, die in den letzten Jahren zunehmend als Spielwiese für Geländewagen und Quads herhalten müssen. Wer Spaß am Zuschauen dieser nicht gerade umweltfreundlichen Sportart hat, kommt besonders am Wochenende auf seine Kosten.

The Wave ▶ 1, Q 7

Muscats Capital Area wächst rasant gen Westen. Entlang der Küste in Flughafennähe entsteht das gigantische Projekt The Wave. Dazu gehören 4000 Villen und Appartments, eine Marina mit 500 Anlegeplätzen, ein Golfclub sowie mehrere Luxushotels, darunter ein Fairmont und ein Kempinski, beide mit jeweils 300 Zimmern und Suiten (www.thewavemuscat.com).

Seeb ▶ 1, Q 7

Cityplan: S. 142

Im äußersten Westen der Capital Area, 40 km vom historischen Stadtkern Muscat und über 20 km vom Stadtteil Qurum entfernt, erstreckte sich entlang der Küste ein kleines Fischerdorf namens **Seeb**. 1920 erlangte es für Oman große Bedeutung, denn hier wurde der Vertrag von Seeb geschlossen. Er kam auf Drängen der Briten zustande und klärte die Machtverhältnisse zwischen Imam und Sultan. Der Vertrag von Seeb garantierte dem in Nizwa residierenden, gewählten Imam die Herrschaft über Inneroman und den freien Zugang zur Küste. Dem Sultan mit Sitz in Muscat blieben die anderen Regionen Omans einschließlich der Batinah und Dhofar.

In Seeb eröffnete 1978 der neue Flughafen der nahe gelegenen Hauptstadt Muscat. Deshalb tauchte der Name des kleinen Seeb plötzlich in der Liste der großen internationalen Flughafenstädte auf, und das Fischerdorf entwickelte sich zu einer modernen Stadt, die seitdem aufgrund ihrer Verbindung zur Batinah eine zentrale Bedeutung als Markt für landwirtschaftliche Produkte zur Versorgung der Capital Area einnimmt. 2008 wurde der Name des Flughafens in **Muscat International Airport (MCT)** geändert.

Shoppingmalls

In den letzten Jahren gewann Seeb durch die Eröffnung zweier riesiger Shoppingmalls für die Bewohner der Capital Area weitere Attraktivität. Der Besuch des **Muscat City Centre** 4 oder des **Markaz Al Bahja** 5 sind für viele fester Bestandteil eines Einkaufsbummels in der Capital Area, weil hier nicht nur unter einem Dach alle großen Weltmarken ihre Kollektionen präsentieren, sondern weil beide Malls schöne Bereiche für Kinder bieten, in denen diese in klimatisierter Umgebung herrlich spielen können.

Foton World Fantasia im Markaz Al Bahja bietet für größere Kinder Kletterwände und auf dem Gelände dreht ein Rollercoaster seine Runden (Tel. 544 02 00), und der **Magic Planet** im Muscat City Centre (Tel. 22 55 88 88) verfügt über eine große Auswahl an Spielgeräten und Karussells.

Seeb Beach Park 28

Ganz in der Nähe des Markaz Al Bahja eröffnete 1997 der **Seeb Beach Park**, eine große Parkanlage an einem sehr schönen Sandstrand, die sich mit dem Qurum National Park (s. S. 142) messen kann. Mit großem Aufwand trug man den Bedürfnissen von Kindern in einem eigenen **Children's Playground** Rechnung. Ein **künstlicher See** ermöglicht Bootsfahrten, und die meisten Einrichtungen dienen der Erholung der Parkbesucher. Während des Muscat Festivals (s. S. 176) finden im Seeb Beach Park viele Veranstaltungen statt.

Seeb hat sich auch als Reiterzentrum einen Namen gemacht. In der Nähe liegen die **Royal Stables,** eine **Pferderennbahn,** und die Reitervereinigung Omans wählte Seeb zu ihrem Hauptquartier. Im Winter finden an allen Wochenenden Reitveranstaltungen statt. Weitere Ausflüge von Muscat in westlicher Richtung s. S. 180.

Von Sidab nach Bandar Al-Jissah ▶ 1, R 7

Cityplan: S. 142

Sidab 29

Der kleine **Fischerort** gehört zu den wenigen Orten der Capital Area, der trotz der neuen Durchgangsstraße einen großen Teil seiner Ursprünglichkeit bewahrt hat. Fischerei ist seit Jahrhunderten die Lebensgrundlage dieses Dorfes, auch wenn heute nur noch wenige Bewohner ihren Lebensunterhalt ausschließlich vom Fischfang bestreiten. Der Hafen am Ende der Durchgangsstraße ist das Zentrum des Dorfes geblieben. Hier liegen die Boote am Strand, hier kann man die Fischer beim Reparieren ihrer Netze oder beim Zerlegen von Fischen hautnah beobachten.

Jachtcenter und Marina Bandar Al Rowdah

Die Straße zwängt sich weiter zwischen steilen Felsen hindurch, wird aber in Höhe der nächsten Steigung von Palmen und begrünten Seitenstreifen eingesäumt. Daran erkennt man die Einfahrt zur Bucht des **Capital Area Yacht Centre** 30**,** des vornehmsten und ältesten Jachtclubs von Oman. An seinen langen, sauberen Sandstränden mit einer vorgelagerten Insel können auch Gäste baden.

Die nächste Bucht ist die der **Marina Bandar Al Rowdah** 31 ein sehr schöner Jachthafen, der sehr gerne auch als Ausflugsziel von Nichtseglern aufgesucht wird. Die gesamte Anlage ist sehr gepflegt, besitzt ein einladendes Clubhaus und bietet entlang von Kaimauer und Bootsstegen den Anblick sehr teurer Motorjachten und Segelboote. Auf dem Gelände der Marina gibt es auch ein älteres öffentliches Aquarium, in dem man die Unterwasserwelt des Indischen Ozeans samt seinen Fischarten und Korallenformationen entlang der omanischen Küste besichtigen kann (Sa–Mi 8–14, Do 8–13 Uhr, Eintritt frei). Für eine kurze Rast sind das Restaurant **Blue**

Badeträume werden wahr: feiner Sandstrand und tiefblaues Meer in der Bucht von Bandar Al-Jissah

Westen und Südosten der Capital Area

Tipp: Zu Gast bei Sultan Qaboos

Wohnen wie ein Sultan und mit ihm unter einem Dach – das ist nur möglich im **Al Bustan Palace Ritz Carlton Hotel** [1], denn die oberste Etage dieses Superluxushotels ist ständig für Sultan Qaboos reserviert. Der achtstöckige Oktogonbau erhebt sich zu Füßen der steil aufragenden Hajarberge an einem weißen Sandstrand, eingebettet zwischen Palmen und subtropischen Gärten. Gebaut wurde das Al Bustan Palace für die Royalties der Arabischen Halbinsel, die sich hier 1985 im Rahmen ihrer Sitzungen des GCC trafen.

Die 40 m hohe Eingangshalle mit einem eleganten Lobby-Café lässt bereits erahnen, welchen Komfort die Gäste auf ihren Zimmern erwartet. In dem Gartenpalast (Al Bustan bedeutet ›Der Garten‹) mit 200 Balkonzimmern und 40 Suiten auf acht Etagen fehlt es an nichts.

Nach einer *multi-million-dollars*-Renovierung, für die es zwei Jahre geschlossen war, erstrahlt das Al Bustan (früher als Intercontinental, heute als Ritz Carlton Hotel geführt) seit 2008 in noch prächtigeren Dimensionen. Jetzt hängt in der hohen Lobbyhalle ein traumhafter Swarovski-Kristallleuchter. Die Gartenanlage wurde vollkommen neu gestaltet, die Räume umgebaut, neu und liebevoll eingerichtet und mit modernstem technischen Komfort ausgestattet. Warmes Licht verwandelt jedes Zimmer in einen gemütlichen Aufenthaltsort. Die neuen Bäder sind ein Traum. Immer stehen Blumen und Obst auf den Tischen.

Im Hotel hat man die Wahl zwischen sieben Restaurants und Cafés, das neue Palastspa ist ambitiös und in Muscat unübertroffen. Hier wohnt man wirklich wie ein Sultan! (Komplette Adresse s. S. 154)

Im Al Bustan Palace wird man rundherum verwöhnt

Von Sidab nach Bandar Al-Jissah

Marlin [2] und für eine schnelle Abkühlung der Swimmingpool der Marina (Benutzung: 1 OR) sehr geeignet.

Linker Hand passiert man dann das **Governate of Muscat,** in dem der Wali des Bezirks Muscats seinen Geschäften nachgeht. In der Bucht wurde ein neues ›Dorf‹ aus vielen Reihenhausvillen für die dort arbeitenden Beamten des *wilayat* erbaut.

Al Bustan

4 km hinter Sidab erreicht man den **Al Bustan R/A,** den wohl interessantesten Verkehrskreisel der Stadt. Denn in seiner Mitte steht die **Sohar** [32]**,** eine 14 m lange Dhau, mit der Timothy Severin 1980 in acht Monaten von Sur ins chinesische Kanton segelte. Damit hatte er den Beweis erbracht, dass omanische Händler mit diesen kleinen Schiffen, gebaut aus einheimischem Material und ohne Nägel, bereits im 8. Jh. derartige Seewege zurücklegen konnten.

Vom Al-Bustan-Verkehrskreisel biegt man linker Hand zum **Al Bustan Palace** [1] (s. S. 152) ab. Für den Bau des mächtigen Komplexes mussten ein Fischerdorf umgesiedelt, Berge gesprengt und aufgebrachte Bewohner beschwichtigt werden. Das alte Dorf, das dem Hotel weichen musste, liegt jetzt weiter nördlich neu errichtet und ist vom Hotel aus zu sehen.

Qantab [33]

Um zu den Buchten und Stränden östlich des Al Bustan zu gelangen, muss man die neue Straße durch das Landesinnere nehmen. Die Fahrt nach Bandar Al-Jissah lässt sich verbinden mit einem Ausflug nach **Qantab**. Weil es noch keine direkte Küstenverbindung zu dieser schönen Bucht und der kleinen Siedlung direkt am Meer gibt, muss man zurück zum Al Bustan R/A und dort die breite Landstraße nach Ruwi nehmen. Von ihr zweigt (4 km hinter dem Al-Bustan-Hotel) die steile Passstraße linker Hand Richtung Osten ab und führt zuerst den Berg hinauf – mit wundervoller Aussicht – und dann hinunter zur kleinen Ortschaft Qantab. Hier findet man einen außer am Wochenende (Do/Fr) wenig besuchten Badestrand. Örtliche Bootsbesitzer bieten mehrstündige Ausflüge zu den Nachbarstränden an.

Bandar Al-Jissah

Die Weiterfahrt entlang der 5 km langen Panoramastraße führt durch die Berge zur Bucht von **Bandar Al-Jissah.** In der Bucht unterhält der bekannteste Tauchclub des Oman – das **Oman Dive Center** [8] – seine Station. Der Tauchclub gehört unter Tauchern zu den angesehensten weltweit, denn er bietet nicht nur Tauchlehrgänge für alle Schwierigkeitsgrade an, sondern organisiert auch Tauchsafaris entlang der Küste.

Das Zentrum besitzt ein **Schwimmbad** und einen eigenen **Kinderpool,** die beide von Schattenspendern vor der Sonne geschützt werden, einen eigenen **Strand** und ein angenehmes Lokal mit Außenterrasse (Bandar Al-Jissah Street, Tel. 24 82 42 40, www.omandivecenter.info, Tageskarte Sa–Mi Erwachsene 1,5 OR, Kinder 0,7 OR, Do und Fr Erwachsene 3 OR, Kinder 1,5 OR). Wer über Nacht bleiben will, kann eine relativ komfortable Barastihütte anmieten ([11]).

In der nächsten Bucht von Bandar Al-Jissah hat 2006 das größte Luxushotel und eines der schönsten seiner Art in der Capital Area, das **Shangri-La** [4] eröffnet. Es befindet sich im Besitz des omanischen Geschäftsmannes und Fotografen Mohammed Al Zubair, der sich mit seinem Bayt Al Zubair (s. S. 123) um die Geschichte Omans verdient gemacht hat. Auch im Shangri-La bemüht er sich, Gästen omanische Traditionen näherzubringen. Das hoteleigene **Oman Heritage Village** besteht aus Nachbauten eines altarabischen Souq mit vielen kleinen Läden. Die Bucht von Bandar Al Jissah mit der Shangri-La-Hotelanlage gehört zu den schönsten Omans.

Das Shangri-La-Hotel ist Teil des **Saraya Bandar Jissah-Projekts** (www.sarayabandarjissah.com) und zugleich Modell für neue, große Hotelanlagen, die die zukünftige Entwicklung des omanischen Tourismus bestimmen werden: besonders schöne Hotels für einkommensstarke Schichten in Buchten mit

Muscat und Capital Area

Sandstränden, abgelegen inmitten der Natur, aber dennoch unweit der kulturellen und historischen Zentren. So wurden 2009 westlich des Shangri La große infrastrukturelle Vorbereitungen für ein Hotel der Jumeirah-Gruppe aus Dubai getroffen, die aber nach der Finanzkrise nicht fortgeführt wurden.

Infos

Ministry of Tourism: Sultan Qaboos Rd. (gegenüber der neuen Großen Moschee), Tel. 24 81 72 38, Sa–Mi 8–13 Uhr.

Mehrmals im Jahr erscheint für die englischsprachigen Expatriates das Veranstaltungsmagazin »Time Out – Muscat« (www.timeout.muscat.com) mit touristischen Hinweisen; sie liegen in den Zimmern der 5-Sterne-Hotels aus.

Geldwechsler: Im Stadtteil Ruwi gibt es mehrere Money-Changer mit guten Kursen, darunter: Al Jadeed Exchange, ONTC-Station, Tel. 24 78 90 35, Sa–Do 9–12.30 und 16–21 Uhr.

Übernachten

Während der Wintermonate ist es nicht leicht, in den Hotels der Hauptstadt ein freies Hotelzimmer zu finden. Deshalb empfiehlt es sich unbedingt vor Antritt der Reise zu reservieren (s. S. 92)!

Da Muscat sich über 40 km ausdehnt, muss man je nach Standort des Hotels pro Tag eine gewisse Summe für Taxifahrten einkalkulieren. Da die Autos keine Taxameter besitzen, können bei mehreren Tagesfahrten durchaus 10 OR bei einem Hotel in der Stadt, bis zu 20 OR bei den weit außerhalb liegenden zusammenkommen. Allerdings bieten die meisten Hotels auch einen Shuttle-Service (zu festgesetzten Zeiten) an.

Da die deutsche Reiseveranstalter und deutsche Besucher Hotels der 4- und 5-Sterne-Kategorie bevorzugen, werden sie nachfolgend ausführlich beschrieben.

Königlich und einzigartig ▶ Al Bustan Palace Ritz Carlton Hotel 1 : 10 km südlich von Muscat im Stadtbezirk Al Bustan, Tel. 24 79 96 66, Fax 24 79 96 00, www.albustanpalace.com. DZ ab 250 OR (s. Tipp S. 152).

Stadtgespräch ▶ The Chedi Muscat 2 : North Ghubrah 232, Way No. 3215, St. No. 46, Abzweig von der Sultan Qaboos St. am Al Ghubrah R/A, Tel. 24 52 44 00, Fax 24 49 34 85, www.chedimuscat.com. DZ ab 180 OR (s. Tipp S. 155).

Orientalische Klassik ▶ Grand Hyatt Muscat 3 : Shatti Al Qurum, Tel. 24 64 12 34, Fax 24 60 52 82, www.muscat.grand.hyatt.com. Das 1999 eröffnete weiträumige, vierstöckige Luxushotel liegt am Strand von Shatti al Qurum. Die arabisch opulente Eingangshalle beeindruckt mit einer sich langsam drehenden Reiterstatue, die die Leidenschaft der Araber für Pferde und Falken in den Mittelpunkt rückt. Viel Gold, ein stimmungsvoller Sternenhimmel in der Kuppel, eine riesige Glasfensterfront mit spektakulärer Aussicht auf die große Poollandschaft sowie ein sehr persönlicher, exzellenter Service erwarten den Gast. Das Hotel ist ein Haus der Superlative: drei Restaurants, die zu den besten der Stadt gehören, die originellste Bar und der größte Nachtclub von Muscat. 280 sehr geräumige Zimmer und Suiten, alle mit großem Bad und separatem WC. Das Hotel ist für Rollstuhlfahrer geeignet *(wheelchair friendly)*. DZ ab 155 OR.

Luxus hoch drei ▶ Shangri-La Barr Al-Jissah 4 : im östlichen Außenbezirk der Capital Area, in Barr Al-Jissah, Tel. 24 77 66 66, Fax 24 77 66 77, www.shangri-la.com. Die Anlage liegt ca. 20 km außerhalb von Muscat auf einer felsigen Halbinsel inmitten einer herrlichen Bucht. Sie ist über eine neue Panoramastraße gut zu erreichen und umfasst genau genommen drei unterschiedliche Hotels: Al Waha (4 Sterne, 302 Zimmer, für Familien mit Kindern), Al Bandar (4,5 Sterne, 198 Zimmer, gediegen und ruhig) und Al Husn (5 Sterne, 180 Zimmer, traumhaft schönes Haus, großartige Aussichtsterrasse, eigene Bibliothek, eigener Strand). Die Größe der Anlage, die vielen unterschiedlichen Restaurants, die großen Schwimmbäder und die weitläufigen Liegewiesen kommen allen Gästen zugute. Die Zimmer variieren je nach Hotel in Ausstattung, Komfort und Preis. Aber alle haben einen Balkon oder einen Patio zum

Adressen

Tipp: The Chedi Muscat – Orient de luxe

Der Name »Chedi« verweist in Thailand auf ein buddhistisches Heiligtum – und diese kontemplative Ruhe und Aura umfängt den Besucher auch in **The Chedi Muscat** 2 (s. S. 154) mit seinen klaren architektonischen Linien und einer Farbgestaltung in Weiß und warmen Sand- und Brauntönen. Die nach geometrischen Mustern gepflanzten Palmen, die asiatisch inspirierten Wassergärten und die drei großen Pools erstrecken sich auf einem 85 000 m² großen Gelände, zu dem auch ein 400 m langer Privatstrand gehört. Auf ein solches Hotel wird man schnell aufmerksam. 2005 eröffnet, wurde es bereits mehrfach ausgezeichnet und gehört zu den Leading Hotels of the World.

Beim Betreten der Lobby beeindruckt eine einladende Sitzlandschaft, Weihrauchduft breitet sich aus, rote und gelbe Lampenschirme sorgen für wunderschönes, warmes Licht. Überhaupt spielt das Beleuchtungskonzept eine tragende Rolle in allen Räumen und in den Außenanlagen des Hotels; es rückt all die wohldurchdachten innenarchitektonischen Details in den richtigen Blick.

Im Restaurant, das von Stararchitekt Yasuhiro Koichi aus Tokio eingerichtet wurde, entlocken acht große Kristallleuchter, die an dunkelroten Seidenbändern hängen, dem Gast ein staunendes »Wow« (s. S. 161). Die 156 Zimmer und Suiten sind wie das gesamte Hotel im asiatischen Design mit arabischen Akzenten und in der gleichen Farb- und Lichtkonzeption gehalten – getreu dem Motto *a style to remember.* Das Chedi verfügt über eine Bibliothek, eine sehr edle und gutsortierte Boutique mit Kleidung, Schmuck und Wohnaccessoires und einer stimmungsvollen Lounge/Bar mit Außenterrasse. Das luftdurchflutete Beach Restaurant wird bei Einbruch der Dunkelheit mit Feuerschalen illuminiert. Das Spa rangiert ebenso in einer Klasse für sich, mit eigenem balinesischem und ayurvedischem Programm (s. S. 173).

The Chedi Muscat: Die Lichtkonzeption ist einmalig

Muscat und Capital Area

Meer hin. Zur Anlage gehören ein 450 m langer Privatstrand (plus 100 m exklusiv für Gäste des Al Husn), der der schönste aller Hotelstrände Muscats ist, 20 Restaurants und Bars, vier Tennisplätze und eines der besten Wellnesscenter Muscats, das **Chi Spa Village**. Diese Einrichtungen können von allen Gästen besucht werden. Attraktion ist ein 500 m langer *lazy river,* ein Wasserkanal im Stil des omanischen *falaj,* auf dem sich Kinder auf Gummireifen vom Al Waha zum Al Bandar und zurücktreiben lassen können.

Zum Sportangebot des Hotels gehören ein Bootshafen für Bootsausflüge, Segeln und Windsurfen. Tgl. verkehrt 2 x ein kostenloser Shuttle-Bus nach Mutrah und zu den Shoppingkomplexen von Ruwi. DZ ab 190 OR.

Bewährte Gastlichkeit ▶ **Intercontinental Muscat** [5] : Stadtteil Shatti Al Qurum, Abzweig von der Sultan Qaboos St., am Strand inmitten des diplomatischen Viertels, Tel. 24 68 00 00, Fax 24 60 00 12, www.ichotelsgroup.com. Eines der traditionsreichsten 5-Sterne-Hotels der Stadt. Von außen wirkt der sechsstöckige Zweckbau schon etwas in die Jahre gekommen, aber sobald man die hohe Halle der imposanten Lobby betritt, wird man von einer gastfreundlichen, luxuriösen Atmosphäre empfangen. Die 258 Zimmer und Suiten gehören zu den größten der Stadt und werden kontinuierlich renoviert. Die Suiten in den beiden Clubetagen im vierten und fünften Stock bieten viele zusätzliche Annehmlichkeiten und exzellenten Service. Das Hotel verfügt über ein breites Sportangebot. Der Indoorpool bietet ein 25-Meter-Becken, im Garten gibt es neben der großen Poolanlage noch ein Kinderbecken. Fünf Restaurants, darunter ein Trader Vic's, sorgen für das kulinarische Wohl der Gäste. In der Lobby befinden sich mehrere gut sortierte Geschenk-, Schmuck- und Teppichläden, eine Bank, ein Autoverleih und ein Reisebüro. DZ ab 155 OR, Clubetage ab 180 OR.

Hoch überm Strand ▶ **Crowne Plaza** [6] : Al Qurum Street Nr. 1730, im Stadtteil Qurum auf den Qurum Heights, Tel. 24 66 06 60, Fax 24 66 06 00, www.cpmuscat.com. Das höchstgelegene Hotel der Stadt liegt auf den Klippen von Qurum, an der Küste des Golfs von Oman. Errichtet als sechsstöckiges Hotel, beherbergt es seine Gäste in zwei Flügeln. Man wohnt in gemütlich-privater Atmosphäre inmitten eines weitläufigen Gartens. Die 200 großen Zimmer wurden von Grund auf renoviert, die Liegewiesen mit Pool neu gestaltet. Die kleine, hoteleigene Strandbucht, die man über eine Holztreppe erreicht, öffnet sich bei Ebbe zu einem kilometerlangen Strandparadies. Die gute Küche und der Blick über die Bucht locken besonders am Abend viele Gäste von außen in das hauseigene Restaurant. DZ ab 100 OR.

Urlaub und Business ▶ **Radisson Blu Hotel Muscat** [7] : Al Khuleilah Street im Stadtteil Al Khuwair, Tel. 24 48 77 77, Fax 24 48 77 78, www.radissonblu.com. Das Haus für gehobene Ansprüche bietet viel Komfort und sehr freundlichen Service; es liegt vor der Kulisse des Hajargebirges, nur knapp 15 Min. vom Flughafen entfernt. Sechsstöckiges Gebäude mit 150 Zimmern (davon 64 Businessclass), 6 Suiten und 8 Studios, beheiztem Pool und schöner Gartenanlage, drei sehr beliebten und guten Restaurants, Pool- und Kellerbar (Nightclub) sowie der Coral Bar mit Live-Klaviermusik. Das Hotel orientiert sich an den Bedürfnissen von Geschäftsleuten, entsprechend funktional sind seine Zimmer eingerichtet. Der Fontana Health Club bietet ein gut ausgestattetes Fitnessstudio, Sauna und Dampfbad sowie Massage. DZ 100 OR, Businessclass 150 OR, Suite 250 OR, von Juni bis August sind die Preise um 15 % niedriger.

Business-Komfort ▶ **Golden Tulip Seeb** [8] : am Muscat International Airport, Tel. 24 51 03 00, Fax 24 51 44 44, www.goldentulipseeb.com. Der große Vorteil des Hauses: seine Lage am Flughafen. Es besitzt 177 Zimmer, verteilt auf zwei Flügel, die sich zu beiden Seiten an den runden Zentralbau anschließen. Große Lobby, Schwimmbad im Garten, Tennisplätze. Trotz Flughafennähe: ruhige, große Zimmer, zweckmäßig eingerichtet, mit Kaffeemaschine. DZ ab 70 OR.

Klein und privat ▶ **Al Qurum Resort** [9] : Shatti Al Qurum, hinter dem Intercontinental

Adressen

an der Seite von Jawahrat As Shatti, am Strand, Tel. 24 60 59 45, Fax 24 60 59 68, sales@alqurumresort.com. Die kleine, edle Hotelanlage am Strand des Botschaftsviertels besitzt nur sieben Zimmer, einige mit Balkon, alle sind ausgesprochen groß und von gemütlicher Eleganz. Vom Hotelgarten mit schöner Liegewiese, Pool und Sporthalle geht es direkt zum Strand. Das Hotel bietet private Atmosphäre. DZ 80 OR.

Weithin sichtbar ▶ Sheraton Oman 10 : Bait Al Falaj St./Al Jami St., MBD am Nordrand von Ruwi, www.starwoodhotels.com/sheraton. Das 14-stöckige Haus, das höchste Hotel der Stadt, bietet nicht nur einen schönen Ausblick auf das Hajargebirge, sondern ist auch ein Ort der Entspannung inmitten des verkehrsreichen Geschäftsviertels Ruwi. 227 großzügige Zimmer und 32 Suiten, ein sehr schöner Pool, dessen Terrasse sich bei Livemusik in ein gemütliches Openair-Restaurant verwandelt. Als das Haus vor 30 Jahren eröffnet wurde, war es in aller Munde. Seit 2007 wird es einer Totalrenovierung unterzogen, die kein Ende zu nehmen scheint. Jetzt soll es im Sommer 2013 in neuem Glanz wieder eröffnet werden. Preise erfragen.

Strandbungalows ▶ Oman Dive Center Resort 11 : in der Bucht von Barr Al-Jissah, Tel. 24 82 42 40, Fax 24 82 42 41, www.omandivecenter.info. Ferien wie Robinson: Wohnen am Strand in der schönen Bucht des bekanntesten Tauchclubs von Oman. Von außen sehen die 35 Bungalows mit ihren Dächern und Wänden aus Palmzweigen sehr rustikal aus, aber innen erwartet die Gäste relativer Komfort: Schöne Holzböden, breite, weiß bezogene Betten, eigenes Badezimmer, Moskitonetze. In der Anlage trägt man nur T-Shirts und Badehosen. Man kann die Barasti-Bungalows nur mit Halbpension buchen (Odyssey-Restaurant auf dem Gelände, s. S. 164). DZ ab 66 OR (an Id-Feiertagen 88 OR). Wenn ein Kind bis zu 12 Jahren im Bungalow der Eltern miteinzieht 70 OR.

Frisch und innovativ ▶ Park Inn 12 : Khuwair, zentral gelegen, in der Nähe des Diplomatic Quarter, an der Sultan Qaboos Road, Tel. 24 50 78 88, Fax 24 50 78 89, www.parkinn.com/hotel-muscat, 175 Zi. Sechsstöckiges modernes Hotel mit Schwimmbad auf dem Dach, großzügig geschnittene Zimmer, freundlicher Service, Roof Top Lounge, angenehme Atmosphäre, DZ ab 70 OR.

Für Durchreisende ▶ Ramee Guestline Hotel 13 : Qurum, in der Straße zu den Klippen, Tel. 24 56 44 43, Fax 24 56 24 64, www.rameehotels.com. Sechsstöckiges Haus in ruhiger Seitenstraße, umgeben von Grün, mit Schwimmbad und gemütlicher Lobby. 90 freundliche Zimmer, älteres Mobiliar. Indisches Management. DZ ab 50 OR.

Mit Küche ▶ Ruwi Hotel 14 : Nähe Ruwi R/A, Tel. 24 70 42 44, Fax 24 70 42 48, www.omanhotels.com. Das frühere Novotel im Stadtteil Ruwi verfügt über viele Annehmlichkeiten einschließlich Schwimmbad und Squashcenter, doch inzwischen ist es in die Jahre gekommen. Die Zimmer sind groß, besitzen eine kleine Küche, sind zweckdienlich eingerichtet, aber strahlen keine Wohnlichkeit aus. DZ ab 50 OR.

B&B – wie zu Hause ▶ Villa Shams Qurum 15 : im Villenviertel von Qurum, Tel. 24 56 11 97, Fax 24 56 36 97, www.villashams-omanhotel.com. Die Frühstückspension steht unter deutscher Leitung, mit Schwimmbad, 2500 m bis zum Strand. 10 Zimmer und drei Suiten in dreistöckiger, schöner Villa, ruhige Lage (keine Einschränkungen während des Ramadan!), freundliche Atmosphäre. DZ ab 53 OR (inkl. kleinem Mietwagen für die Dauer des Aufenthalts).

Direkt am Hafen ▶ Marina 16 : Mutrah, Corniche Rd., Tel. 24 71 43 43, Fax 24 71 46 66. Ein sechsstöckiges, weißes, modernes Haus am Fischmarkt in der Nähe des Mutrah Souq gelegen, mit Balkonzimmern zum Hafen. Alle 20 Zimmer mit TV und AC, freundlicher Frühstücksraum. Internetcafé und Restaurant. DZ 35 OR.

Mitten in Mutrah ▶ Corniche Hotel 17 : Mutrah, Corniche Rd., Tel. 24 71 47 07, Fax 24 71 47 70. Zentrale Lage in der Bucht von Mutrah mit schönem Blick auf den Hafen und die Corniche. Alle 54 Zimmer (davon 5 Suiten) des dreistöckigen Hotels (Baujahr 1985) besitzen AC, TV und sind freundlich eingerich-

Aufwendige Renovierung: Die Gassen des Wohnviertels Al Lawatiyah erstrahlen in neuem Glanz

Muscat und Capital Area

tet. Vor der Tür gibt es genügend Parkplätze. Vom Tourismusministerium wurde es in die Kategorie ›1 Stern‹ eingestuft. DZ 22 OR.

Preiswert mit Aussicht ▶ Mina 18 : Mutrah, Corniche Rd. (Al Mina St.), Tel. 24 71 18 28, Fax 24 71 49 81, minahotel@omantel. net.om. Kleines Haus (14 Zimmer) am Hafen von Mutrah gegenüber dem Fischmarkt, einfache Ausstattung; erhielt einen Stern vom Tourismusministerium. DZ 15 OR.

Direkt am Bus ▶ Al Wafa Hotel 19 : am zentralen Busbahnhof, Stadtteil Ruwi, Tel. 24 78 65 22, Fax 24 78 65 34. Hotelapartments, verteilt auf mehrere Stockwerke eines Hochhauses. Einfach, aber zweckdienlich mit AC und TV. Die Rezeption befindet sich im ersten Stock. DZ 22 OR.

Zentral und sauber ▶ Naseem 20 : Mutrah, Corniche Rd., am Hafen, Tel. 24 71 24 18, Fax 24 71 17 28. Der vordere Eingang führt ins gleichnamige Restaurant, der Eingang zum Hotel befindet sich rechter Hand in einer Seitengasse. Schöner Blick auf die Bucht und auf das Mutrah-Fort. Die 40 relativ kleinen Zimmer sind freundlich eingerichtet; das Tourismusministerium stufte es in die Kategorie 1-Stern ein. DZ 22 OR.

Hafenleben inbegriffen ▶ Al Fanar 21 : Mutrah, Corniche Rd., gegenüber dem Fischmarkt, Tel. 24 71 23 85, Fax 24 71 31 42, alfanar@omantel.net.om. Einfaches Hotel mit 50 Zimmern, am Hafen, viele Backpacker. DZ 15 OR.

Perfektes Stadthotel ▶ City Seasons Muscat 22 : Sultan Qabos St., Tel. 24 39 48 00, Fax 24 39 49 00, www.cityseasonsgroup. com. Gastfreundschaft zu allen Jahreszeiten ist der Slogan dieser neuen Hotelgruppe und in dem 2010 eröffneten Haus für gehobene Business-Ansprüche gegenüber dem Diplomatic Quarter trifft dies voll zu. 269 große Zimmer, modern möbliert und mit vielen IT-Extras. Sehr großer Fitnessbereich mit Sauna und Dampfbädern, Schwimmbad auf dem Dach. Mehrere Restaurants. DZ ab 82 OR.

Bestes Preis-Leistungs-Verhältnis ▶ Ibis Hotel Muscat 23 : Al Khuwair, Al Azeiba, südlich der Sultan Qaboos Rd. in Höhe der Muscat Grand Mall, Tel. 24 48 98 90, Fax 24 48 79 70, www.ibishotel.com. Moderner Ibis-Komfort, 2009 eröffnet, großzügige, helle Lobby, einladendes Ambiente. Alle 171 Zimmer zweckmäßig, auf hohem Niveau eingerichtet (z. B. Kaffeemaschine). Freundlicher (u. a. deutschsprachiger) Service, freier Internetzugang. DZ ab 45 OR.

Am zentralen Busbahnhof ▶ Sun City Hotel 24 : an der zentralen ONTC-Busstation in Ruwi, Tel. 24 78 98 01, Fax 24 78 98 04. hotel.suncity@hotmail.com. Zweistöckiges, helles Haus, einfach möbliert. DZ ab 18 OR.

Essen & Trinken

Restaurantbesuche sind Teil des abendlichen Unterhaltungsprogramms. Muscat ist der richtige Platz, um die regionalen Köstlichkeiten der omanischen Küche zu probieren und die feinen Unterschiede zwischen iranischen oder libanesischen Spezialitäten kennenzulernen. Doch auch in Muscat haben inzwischen mehrere US-amerikanische Fast-Food-Ketten Niederlassungen eröffnet. Sie verdrängen zunehmend die Schnellküchen und *shawarma*-Stände von den Straßen, in denen man mit gegrilltem Lamm- oder Hähnchenfleisch, Salat und arabischem Fladenbrot den kleinen Hunger für 0,5 OR stillen kann.

In den Restaurants der großen, internationalen Hotels, in denen es stets mehrere gibt – vom gehobenen Coffeeshop bis zum eleganten Abendlokal – sind auch Nichthotelgäste gerne gesehen. Nur hier werden Wein und andere alkoholische Getränke ausgeschenkt (!). Besuche in den Restaurants der großen 4- und 5-Sterne-Hotels sind zwar sehr angenehm, aber nicht billig. Die Preise bewegen sich auf europäischem Niveau, eher darüber als darunter. Auf alle Preise werden 17 % *Tax and Service Charge* erhoben; nur manchmal sind sie bereits im Menüpreis enthalten (Karte genau lesen).

Vertraut europäisch ▶ Al Tajin 7 : im Radisson Blu Hotel (s. S. 156), Tel. 24 48 77 77, tgl. 6–24 Uhr. Sehr beliebtes Buffet-Restaurant mit exzellentem Service und internationaler Küche. Aufwendige mediterrane Dekorationen, rötliche Vorhänge und

Adressen

flackerndes Kerzenlicht, schaffen die Atmosphäre für einen stimmungsvollen Abend; hervorragende Fleisch- und Fischgerichte à la carte, sehr gute und frische Salate. Menü ab 26 OR.

Höchster Genuss ▶ Sultanah 4 : im Al Husn Hotel im Shangri-La Barr Al-Jissah Resort (s. S. 154), Tel. 24 77 65 65, tgl. 18.30–23.30 Uhr. Der Name des Restaurants erklärt dessen Design. Beim Betreten des Restaurants fühlt man sich wie auf einem Luxus-Kreuzfahrtschiff, nur dass man hier nicht rundum von Wasser umgeben ist, sondern auf den schönen Strand und die Bucht des Resorts blickt. Der Teppich nimmt die Wellenstruktur des Meeres auf, die Decke ist in grünblauen Pastelltönen gehalten. Sultanah hieß das erste omanische Segelschiff, das Passagiere von Muscat 1839 nach New York brachte. Es gehörte Sayyid Said bin Sultan, dem Ururgroßvater des heutigen Herrschers. Das Essen ist *fine dining* in Perfektion und der Service ist exzellent. Menü ab 25 OR.

Spitze ▶ The Restaurant 2 : im Hotel The Chedi (s. S. 154), Tel. 24 52 43 43, tgl. 12–15 und 19–22.30 Uhr. Acht große Kristallleuchter, die an dunkelroten Seidenbändern hängen, fallen den Gästen des perfekt gestylten Restaurants sofort ins Auge und sorgen für romantische Stimmung. Die vier offenen Showküchen ermöglichen es den Gästen, die Zubereitung Ihres Essens mitzuverfolgen. Sie haben die Wahl zwischen fernöstlicher, indischer und italienischer Küche, den größten Blickfang bildet aber zweifellos die vierte Küchenstation, die für die Pâtisserie und die Desserts zuständig ist. Der ins Restaurant integrierte gläserne ›Weinkeller‹ vervollständigt das edle Ambiente. The Restaurant gehört zweifellos zum Besten, was Muscat Gourmets zu bieten hat. Hauptgerichte ab 20 OR.

Das beste Fischrestaurant ▶ The Beach 2 : im Hotel The Chedi (s. S. 154), Tel. 24 52 44 00, tgl. 19–22.30 Uhr (nur Sept.–Mai). Man durchschreitet den Garten der Hotelanlage und erreicht direkt am Strand den traumhaft schönen Restaurantpavillon mit der Möglichkeit, drinnen und draußen zu speisen. Alles was das Meer bietet, ob Hummer, Muscheln

Tipp: Friday's Brunch

Wer auf Reisen öfters großen Hunger hat oder bei Restaurantbesuchen eine große Auswahl ohne Aufpreis schätzt, der sollte unbedingt an Freitagen das Brunchangebot in den großen Hotels der Stadt wahrnehmen. All you can eat – und das mehrere Stunden lang bei hoher Qualität. Die meisten größeren Hotels der Stadt bieten solche Möglichkeiten. Besonders zu empfehlen sind z. B.:

Al Bustan Palace Ritz Carlton Hotel 1 : Tel. 24 79 96 66, 12.30–15.30 Uhr, 22 OR inkl. Softdrinks und ein Glas Sekt.

The Chedi 2 : Tel. 245 24 40 02, 12.30–16.00 Uhr, 23 OR inkl. Softdrinks, 45 OR inkl. unbegrenzt Champagner.

Shangri-La 4 : Tel. 247 76 66, 12–15 Uhr, 20 OR ink. Softfrinks.

Crown Plaza 6 : Tel. 246 06 60, 12–15 Uhr, 14 OR inkl. Softdrinks.

Golden Tulip 8 : Tel. 24 51 03 00, 12–15 Uhr, 11 OR inkl. Schwimmbadbesuch.

oder the *catch of the day* wird köstlich zubereitet. Wenn Giorgio Armani in Muscat weilt, speist er hier. Hauptgerichte um 20 OR.

1001 Nacht ▶ Shahrazad 4 : im Al Husn Hotel in Shangri-La Barr Al-Jissah Resort (s. S. 154), Tel. 24 77 65 65, tgl. 19–23.30 Uhr. Das neue marokkanische Restaurant entwickelte sich innerhalb kürzester Zeit zum Renner. Künstlicher Sternenhimmel, marokkanisch-arabische Spiegelmosaiken an den Wänden, lichtdurchlässige, honiggelbe Vorhänge, glänzender, dunkler Steinboden und viele Kerzen sorgen für eine orientalische Atmosphäre. Die Speisen und der Service sind exzellent. Wenn Sie Fisch mögen, versuchen Sie das Essaouri-Couscous, versäumen Sie aber als Vorspeise nicht die Teigtaschen mit Fleisch-, Fisch- und Reisfüllung. Hauptgericht ab 18 OR.

Einfach sehr gut ▶ Mokha Café 3 : im Grand Hyatt (s. S. 154), Tel. 24 64 12 43, tgl. 6–10.30, 12.30–15.30 und 19–23.30 Uhr. Die Buffets – ob zum Frühstück, Mittag- oder

Muscat und Capital Area

Abendessen – gehören zu den besten und opulentesten der Stadt, hier sollte man unbedingt viel Appetit mitbringen! Im unteren Teil der Hotellobby fühlt man sich wie in einer Wüstenoase unter (Kunst-) Palmen und mit vorwiegend sand- bis braunfarbenem Interieur. Für Romantiker gibt es auch die Möglichkeit, unter einem Zeltdach zu sitzen. Das Mokha Café besitzt auch eine schöne Terrasse mit Blick auf den hoteleigenen Garten und Pool. Buffet ab 16 OR.

Speisen auf Reisen ▶ Trader Vic's Restaurant [5] **:** im Intercontinental Muscat (s. S. 156), Tel. 24 68 00 80, Sa–Do 12–14.30 und 19–23.30, Fr 19–23.30 Uhr. Die international renommierte Restaurantkette führt in Muscat eines der beliebtesten und immer gut besuchten Lokale der Stadt mit der berühmten Südseeatmosphäre, legendären Cocktails und sehr schmackhafter polynesich-eurasischer Küche. Die Geschichte der Trader Vic's Restaurants kann man anhand der wunderschön gestalteten Speisekarte studieren. Die Inneneinrichtung des Restaurants in warmen Braun- und Erdtönen mit schwarzen Ethnomustern lässt die Gäste sofort an Palmen, Strand, Mondlicht und tahitianische Südseeschönheiten denken. Bis hin zu den originellen Trinkgefäßen (zeremonielle *Tiki*- und *Kaca*-Schalen) wird hier auf jedes Detail geachtet. Cocktails ab 4,5 OR, Vorspeisen ab 4 OR, Hauptgerichte ab 16 OR.

Meeresrauschen inklusive ▶ Bait al Bahr [4] **:** im Al Waha Hotel des Shangri-La Barr al-Jissah Resort (s. S. 154), Tel. 24 77 65 65, tägl. 12.30-14.30 und 19-23.30 Uhr, Tomatensuppe: 5 OR, Fischgerichte ab 13 OR.

Fischrestaurant am Strand mit großer Terrasse, ansprechendes Interieur aus dunklem Holz, dezentes Kerzenlicht, die Spezialität der Küche: Catch of the day und Hummer aus Salalah.

Viva Italia ▶ Tomato [5] **:** im Intercontinental (s. S. 156), Tel. 24 68 00 00, tgl. 8–22.30 Uhr. Am Rand der riesigen Garten- und Poollandschaft des Hotels liegt auf einer erhöhten Außenterrasse das Freiluftrestaurant mit schicken Korbsesseln. Man blickt auf Palmen und den Pool, hört das Meeresrauschen vom nahen Strand und genießt die edle Tischdekoration mit Leinenläufern und viel Glasgeschirr. Der Service ist sehr freundlich und aufmerksam und die überschaubare Karte bietet neben Ambitioniertem auch die klassische Pizza und knackig frische Salate mit sehr guter Vinaigrette. Empfehlenswert ist auch – *nomen est omen* – die Tomatensuppe. Pizza Capricciosa 6 OR, Insalata Mediterraneo 4 OR, Hauptgerichte 12 OR.

Fernost XXL ▶ Asia [4] **:** Im Shangri-La-Hotel (s. S. 154), Tel. 24 77 65 65, Di–So 17–22, Fr 14–23 Uhr. Neu eröffnetes Restaurant mit unterschiedlichen asiatischen Küchen. Küchenchefs aus China, Indien, Japan und Vietnam bereiten die fernöstlichen Köstlichkeiten ihrer Länder in offenen Küchen vor den Augen der Gäste zu. Nur beste, frische Zutaten, aufregende Gewürze und eine immer lächelnde Bedienung. Gerichte ab 12 OR.

Hongkong en miniature ▶ Jade Garden [9] **:** im Al Qurum Resort (s. S. 157), Tel. 24 60 59 45, tgl. 17–23 Uhr. Das Restaurant am Strand in der Nähe des Intercontinental ist stadtbekannt für seine *Live Cooking Station* (Mi) und *Sushi Nights* (Do) mit einem sehr guten Preis-Leistungs-Verhältnis. Das Sushi ist von guter Qualität, das Meeresfrüchte- und Fischbuffet wird vor allem wegen seiner Garnelen- und Hummer-Station geschätzt. Ansonsten gibt es eine große Auswahl an thailändischen und chinesischen Gerichten. Der Innenraum hat wenig Tageslicht, suchen Sie sich lieber einen Platz im hübschen Außen-

> ## Tipp: Der Italiener in Muscat
>
> Der Chef de Cuisine kommt aus Bologna, die Ausstattung des Restaurants gleicht einer Villa in der Toskana, alle Weine kommen aus Italien und die Auswahl an typisch italienischen Gerichten ist einfach fantastico – **Tuscany** heißt das Restaurant und es wurde mehrfach preisgekrönt (s. S. 164).

Fischverkauf am Strand von Seeb

Muscat und Capital Area

bereich. *Sushi Night* 12 OR, Hauptgerichte ab 10 OR.

Ganeshs Tempel ▶ Mumtaz Mahal 1 : Al Qurum Natural Park (über dem Wasserfall), Tel. 24 60 59 07, Sa–Do 12–14.30 und 19–23.30, Fr 13–15 und 19–23.30 Uhr. ›Bester Inder der Stadt‹, die Aussicht von der Höhe des Hügels über Muscat ist von der Terrasse besonders schön, die Einrichtung ist hell und freundlich. Hier speist man nach Rezepten mogulischer Herrscher. Spezialität ist ein samtiges Curry mit Zwiebeln und Chili mit Namen *Kadai Gosht Mumtaz,* die drei Sorten des selbst gebackenen *naan*-Brotes sind köstlich, der krönende Abschluss mit einem *Snake Coffee,* der mit Orangen, Brandy und Cointreau spektakulär in Brand gesetzt wird, ist ein Muss! Hauptgerichte ab 10 OR.

Bester Italiener ▶ Tuscany 3 : im Grand Hyatt (s. S. 154), Tel. 24 64 12 34, So–Do 12–15.30 und 19–23.30 Uhr, Fr 19–23.30 Uhr. Der beste Italiener der Stadt (s. S. 162). Die Außenterrasse im zweiten Stock bietet einen schönen Blick über die Garten- und Poolanlage des Hotels, die am Abend von 16 riesigen Kandelabern stimmungsvoll in Szene gesetzt wird. Pasta ab 5 OR, Fisch- und Fleischgerichte ab 9 OR, 5-Gänge-Menü ab 23 OR.

Neptun lässt grüßen ▶ Blue Marlin 2 : Marina Bander Ar Rouwdha, Tel. 24 73 72 86, www.marinaoman.net, Sa–Mi 9.30–23, Do/Fr ab 8 Uhr. Das Auffälligste an der Innenarchitektur des Lokals ist der lebensgroße Plastikfisch, der für den Namen des Lokals steht. Es liegt im Jachthafen, von der Terrasse schweift der Blick über das Meer. Das Blue Marlin bietet unspektakuläre, aber schmackhafte frische Fischgerichte, Curries und Burger. Als Dessert sollten Sie einen Dattelpudding wählen. Hauptgerichte ab 8 OR.

Zu Gast in Frankreich ▶ La Brasserie 3 : Mutrah Corniche neben dem Marina Hotel, gegenüber dem Fischmarkt, Tel. 24 71 37 07, tägl. 8–14 und 18–23 Uhr, französisches Café als Designer-*Majlis* gestaltet, im ersten Stock mit Blick über den Hafen, beige Sofas und dunkle Holztische, große Glaswände, auf der handgemalten Speisekarte findet man ausgefallene Frühstücksvarianten (7 OR). Das gleichnamige Restaurant im Parterre bietet beste französische Küche und omanische Gerichte (Fischgerichte ab 6,5 OR).

Unter Tauchern ▶ Odyssey 8 : im Oman Dive Center (s. S. 173). Tel. 24 82 42 40. tgl. 7–22 Uhr. Wer gerne Geschichten von Tauchern und ihren Unterwasserabenteuern hört und außerdem in einer der schönsten Meeresbuchten nahe der Capital Area sitzen möchte, ist hier genau richtig. Seine schöne Terrasse ist meist voll besetzt. Das Restaurant ist auf Fischgerichte spezialisiert, es gibt aber auch fischlose indische und fernöstliche Küche sowie Pasta, Pizza und Sandwiches. Frühstück 4 OR, Fischgerichte ab 6,5 OR. Zum Odyssey gehört eine stimmungsvolle **Beach Bar** unter freiem Himmel, die besonders junge Gäste anzieht und eine Alkohollizenz besitzt (Sa–Do 18–23, Fr 14–23 Uhr).

Fischrestaurant im Hafen ▶ Al Boom 16 : im 6. Stock des Marina Hotel, Tel. 24 71 31 00, tgl. 12–15 und 18–24 Uhr. Frischer als in diesem Dachrestaurant, das direkt am Hafen gegenüber dem Fischmarkt liegt, können Fische nicht auf den Tisch kommen. Gerichte ab 6 OR.

Gut und schnell ▶ Haj Alarab 4 : linker Hand neben dem Eingang zum Mutrah Souq. Arabisches Schnellimbissrestaurant und Coffeeshop, ohne Tischdecken, mit großem Außenbereich. Hierher, nicht in die anderen Schnellimbissrestaurants zu beiden Seiten, kommen die Omani. Haj Alarab bietet den besten *shawarma* an der Mutrah Corniche, Blick über den Hafen eingeschlossen. *Shawarma* 0,7 OR, Tee 0,1 OR.

Oasis by the Sea ▶ Slider Station 5 : Shatti Al Qurum, am Strand gegenüber der Jawahrat Al Shatti-Mall, Tel. 24 69 89 90, tgl. 12–23 Uhr. Große Strandterrasse, amerikanische Multi-Kulti-Küche von guter Qualität, freundlicher Service. Tenderloin-Steak mit Beilage 9 OR, Portion Pommes Frites 2 OR.

Auf hohem Niveau ▶ Ubhar 6 : Kharajia St., Shatti Al Qurum, in der Bareeq-Al Shatti Mall, nahe der neuen Oper, Tel. 24 69 98 26, www.ubharoman.com, tgl. 12.30–15.30 Uhr und 18.30–23 Uhr. Inspiriert von der antiken Weihrauchstadt Ubar (s. S. 335) bietet dieses

Adressen

2009 eröffnete Restaurant omanische Küche aus lokalen Produkten an. Der Koch verhilft ihnen durch seine Erfahrung aus Marokko und dem Libanon zu köstlichen Menüs. Gerichte ab 8 OR.

Fröhlich und gesund ▶ **D'arcy's Kitchen**
7 : Shatti Al Qurum, Tel. 24 60 02 43, tgl. 8–22 Uhr. Freundliches helles Restaurant, kleine gesunde Gerichte, sehr freundlicher Service. Überwiegend junge, nette Gäste. Milchshake 1,6 OR, frisch gepresste Säfte 1,5 OR, Tellergerichte (z. B. Hühnchen) 3,6 OR.

Coffeeshops

Aus der Capital Area Muscats sind sie nicht mehr wegzudenken, die neuen kleinen Restaurants, in denen man Kuchen und Torten, Sandwiches und Salate, vor allem aber Kaffee, Tee und Softdrinks zu sich nehmen kann. Oft bieten sie auch Internetanschluss, und in einer Ecke wird auf einem großen Flatscreen irgendein Sportereignis live übertragen. Sie werden bei jungen Leuten immer beliebter. Meist sind es Selbstbedienungsrestaurants und dennoch: Besonders preiswert ist keines. Aber es gibt wenig Alternativen für den kurzen und schnellen Imbiss auf diesem Niveau. Viele befinden sich in Shatti Al Qurum.

Stadtcafé ▶ **Second Cup** **8** : Al Qurum As Shatti, Tel. 24 69 99 51, tgl. 7.30–24 Uhr, www.secondcup.com. Freundliches Café in Strandnähe, Niederlassung des größten kanadischen Kafferösters. Schwarzwälderkirschtorte 1,6 OR, Karottenkuchen 1,6 OR, *Date Cake* 1,2 OR, Kanne Tee 1,5 OR, Kanne Kaffee 1,6 OR.

Vertraute Qualität ▶ **Starbucks** **9** : Al Qurum As Shatti, Tel. 24 60 14 57, tgl. 7–1 Uhr. Niederlassung der US-Kette, wie alle Starbucks: guter Kaffee, junges Personal, Besucher aus der Szene und alle mit Laptops! Salat 1,5 OR, Sandwich 1,75 OR, Kuchen 0,5–1,5 OR, Kakao 1,6–1,9 OR, Kaffee 1,5–2,6 OR.

Garten und Strand ▶ **Café Barbera** **10** : Al Muntazlah St., Nähe As Shatti Cinema, Tel. 24 60 35 05, tgl. 8–24 Uhr. Strandnähe und Garten! Man sitzt draußen im Grünen und drinnen in gediegenen rotbraunen Sesseln, *very british*. Kaffee 1,5 OR.

Tipp: Der Coffee Shop von Abna Haji bin Beri

Dieser einfache Kiosk mit wenigen Plastikstühlen und einer schönen Steinbank befindet sich in der Hauptgasse des Souq in der Nähe des Eingangs. Ruhen Sie sich hier bei einem Tee (100 Baizas) von Ihren Einkäufen im Souq aus und lassen Sie die Besucher vorüberziehen!

Einkaufen

Märkte und Souq ▶ Wer orientalische Basaratmosphäre kennenlernen möchte, muss auf die Märkte und in den Souq. In Muscat gibt es noch beides. **Mutrah Souq** **10** : Mutrah Corniche. Der Souq hat keine festen Öffnungszeiten, nur Zeitfenster, in denen die Händler selbst entscheiden, ob sie ihre Läden öffnen. Für viele gilt: Sa–Do ab 8.30/9–13, 16/16.30–21 Uhr (manche auch 22 Uhr). Geschlossen sind alle Läden am Freitag zum Freitagsgebet und öffnen um 16 Uhr. Das meiste einheimische Leben herrscht im Souq am Donnerstag vom späten Nachmittag bis in den Abend. Die zahlreichsten touristischen Besucher trifft man, wenn Kreuzfahrtschiffe Muscat anlaufen.

Der Mutrah Souq ist ein ca. 1 km^2 großes Labyrinth kleiner, oft sehr schmaler Gassen. Man muss den Souq nicht durch den breiten Haupteingang an der Corniche betreten. Bereits zwischen den schönen Lawathiya-Häusern führen sehr schmale kleine Passagen in die Gassen parallel zur Corniche.

Im Souq gibt es keine festen Preise. Da in vielen Geschäften die gleichen Waren angeboten werden, sollte man unbedingt vor einem Kauf Vergleiche anstellen. Fragen Sie den Händler, was ein Gegenstand kostet, geben Sie aber kein Gebot ab auf die Frage, was Sie dafür bezahlen würden. Wenn der Händler Ihr Preisangebot akzeptiert, müssen Sie die Ware eigentlich nehmen – das ist der Brauch. Handeln Sie nur, wenn Sie einen Gegenstand auch wirklich erwerben wollen. Wenn Sie sich nicht auf einen Preis einigen können, hat sich

Muscat und Capital Area

Khanjar – ein Symbol omanischer Traditionen — Thema

Er ist Emblem im Staatswappen, weht auf der Nationalflagge und ziert die Leitwerke der Maschinen der nationalen Fluggesellschaft. Der kleine Krummdolch – in Oman *khanjar* genannt – ist das Symbol Omans, weil er ein Sinnbild für das Festhalten an Traditionen darstellt.

An Feiertagen und bei festlichen Anlässen tragen die meisten Männer ihren *khanjar*, gehalten von einem bestickten Gürtel, als Ausdruck männlicher Eleganz sowie Statussymbol selbstbewusster Männlichkeit. Auch Sultan Qaboos trägt bei Dienstgeschäften einen *khanjar*, wie man auf Fotos in den Tageszeitungen sehen kann. Erst wenn ein Mann seinen Krummdolch anlegt, ist er nach omanischen Dresscode vollständig angezogen.

Ursprünglich war der *khanjar* eine Waffe. Bereits zur Zeit der Kreuzzüge, in denen die abendländischen Ritter mit langen geraden Schwertern kämpften, traten die Araber ihnen mit gebogenen Klingen entgegen. Die Verletzungen, die dem Gegner damit zugefügt wurden, waren großflächiger als beim Einstich eines geraden Schwertes. Durch die Krümmung hatte die Klinge zudem große Stabilität bei geringem Gewicht.

Aus dieser Entwicklung der Waffentechnik im arabischen Raum stammt auch der stark gebogene *khanjar*. Seiner starken Krümmung, die durch die Scheide optisch verstärkt wird, verdankt er seine deutsche Bezeichnung Krummdolch. Er war leicht und seine starke Klinge drang tief in den Körper des Gegners ein. Außerdem wurden oberhalb des unmittelbaren Einstiches weitere innere Organe verletzt. Jahrhunderte lang trug jeder Omani stets einen *khanjar*, so wie im Wilden Westen jeder Cowboy eine Pistole. Der *khanjar* war die allzeit bereite Handwaffe.

Heute dient er ausschließlich als Schmuck und unterstreicht den Status des Trägers. Denn ein *khanjar* ist nicht billig. Besonders alte, in Silberscheiden, die sich seit Generationen in Familienbesitz befinden, sind äußerst wertvoll.

Je älter und kostbarer diese Krummdolche sind, desto mehr Ansehen genießen ihre Besitzer. Die Klinge eines Krummdolchs wird über offenem Feuer geschmiedet oder aus vorgefertigtem Stahl hergestellt. Der reich verzierte Griff besteht aus Tierknochen oder Büffelhorn, seltener aus teurem Rhinozeros-Horn und nur bei sehr alten *khanjars* aus Elfenbein. Der Krummdolch wird in einer Scheide getragen, die an ihrem auslaufenden Ende rechtwinklig abgekrümmt ist. Diese Scheide besteht meist aus ziseliertem Silber oder aus mit Silberfäden dicht besticktem Leder. In jedem Fall ist sie formvollendet gearbeitet und zeugt von der hohen Kunst omanischer Silberschmiede. Auch der Ledergürtel, an dem der *khanjar* getragen wird, ist kunstvoll gestaltet. Ihn zieren alte Silberbeschläge, Stickereien aus Silberfäden, meist auch ein Futter aus Brokat oder Samt. Stimmt das Ensemble aus Gürtel, Scheide und Griff – nur dies sieht man von außen – steigt der Wert des Krummdolchs.

Die Form des *khanjars* ist seit Jahrhunderten dieselbe geblieben. Schon die altarabischen Priester und hadramitischen Könige trugen in ihren Gürteln solche Dolche. In traditionsbewussten Familien tragen bereits kleine Jungen Mini-Krummdolche und bekommen in der Pubertät ihren ersten »richtigen« *khanjar* geschenkt.

Adressen

die Sache erledigt. Sich einigen heißt, den Verkauf abschließen (ein Beispiel zum Schmunzeln, s. ›Ein Dutzend Goldene Regeln oder wie erstehe ich einen *khanjar*‹ S. 97).

Inzwischen haben einige omanische Händler indische *expatriates* angestellt, die schon in den Gassen wortreich die Waren westlichen (niemals omanischen!) Besuchern anpreisen. Lassen Sie sich nicht aus Höflichkeit in Kaufgespräche verwickeln, wenn Sie kein Interesse haben. Ein freundliches, aber klares »Nein, danke« (engl. *thank you*, arab. *la, shukran*) wird nicht falsch verstanden, ist aber auch keine Garantie, dass das wortreiche Anpreisen ein Ende nimmt. Gehen Sie einfach weiter und wiederholen Sie Ihr »Nein, danke«. Muscat besitzt keinen eigenen Gold Souq. Innerhalb des Mutrah Souq gibt es aber eine Gasse in Richtung Fischmarkt mit mehreren Schmuckgeschäften. Dieser Teil des Mutrah Souq wird als **Gold Souq** bezeichnet.

Fish Market 12 : Mutrah Corniche, tgl. 6–11 Uhr. Auch wenn man keine Fische zu kaufen beabsichtigt, es lohnt sich, den Markt wegen der Atmosphäre zu besuchen, s. S. 130.

Friday Market 1 : Al Fursan St., Wadi Al Kabir, Fr ab 7 Uhr. Riesiges Gelände mit Flohmarkt sowie Gebraucht- und Neuwaren aller Art.

Antiquitäten ► Kein Souq Omans bietet eine solche Auswahl an Silberschmuck und an alten und neuen ›Antiquitäten‹ wie der **Mutrah Souq** 10. Aber es gibt nur noch wenige Händler, bei denen man das eine oder andere wirklich ausgefallene und tatsächlich alte Stück finden kann! Wer sich mit dem Gedanken trägt, ein altes Stück omanischen Silberschmucks oder einen *khanjar* zu erwerben, sollte sich vor dem Kauf im nahe gelegenen Museum **Bayt Al Zubair** 5 (s. S. 123) die dortige Silberschmuck- und *khanjar*-Sammlung anschauen, um sich kundig zu machen (erwarten Sie aber nicht, dass sie Einzelstücke in der gleichen Qualität im Souq finden!). Unter den vielen Geschäften hat ein besonders großes Sortiment an Silberschmuck, *khanjars*, arabischen Antiquitäten und Souvenirs: **Ali Baba Gift Town**: Hauptgasse, rechter Hand vom Eingang aus nach ca. 100 m, Tel. 24 71 53 73. Der Besitzer Akhtar ist interessierter Sammler.

Teppiche ► **Al Habib Carpets** 2 : Mutrah Corniche, zwischen Souqeingang und Moschee, Tel. 24 71 12 10, tgl. 9–21.30, Fr ab 16 Uhr. Yalal E. Zamani ist ein Teppichhändler aus Iran, der auch omanische (gewebte) Beduinenteppiche im Sortiment hat. Herr Zamani übernimmt auch die Versendung von Teppichen in die Bundesrepublik.

Kunsthandwerk ► **Bait Muzna Gallery** 6 : Altstadt von Muscat, gegenüber dem Museum Bayt Al Zubair, www.baitmuznagallery.com, Sa–Do 9.30–13.30 und 16.30–20 Uhr. Es ist nicht nur die schönste Galerie Muscats, sie verkauft neben Bildern auch Silberschmuck, Weihrauchseife und -kerzen, Bücher, Handgewebtes und Antiquitäten. Schöner Innenhof mit Café (s. S. 124).

Omani Heritage Gallery 3 : Jawharat As Shatti, gegenüber dem Intercontinental, Sa–Do 9–21 Uhr. Große Auswahl an orientalischem Kunsthandwerk, viel Kupfer und Holzgeschnitztes, auch Töpferei und Weihrauch, sehr empfehlenswert.

Shoppingmalls ► Mittlerweile besitzt Muscat auch große Warenhäuser nach dem US-amerikanischen Vorbild der Shoppingmalls. Die zwei größten befinden sich in Seeb. **Muscat City Centre** 4 : Seeb, Nähe Nationalstraße 1, Tel. 24 55 88 88, www.muscatcitycentre.com, Sa–Do 9–13 und 16–21 Uhr. Eine Mall nach den Vorbildern in Dubai mit mehr als 200 Geschäften. **Markaz Al Bahja** 5 : Al Mawaleh R/A, zwischen Seeb und Muscat, Tel. 24 54 02 00, www.albahja.com, Sa–Do 10–22, Fr 14–22 Uhr. Großes Kaufhaus mit ebensolcher Ausstattung (180 Geschäfte), viel Gold an den Säulen und Decken; alle großen Mode-Labels sind vertreten.

Abends & Nachts

Muscat ist kein Eldorado für Nachtschwärmer, aber das Unterhaltungsangebot ist doch so abwechslungsreich, dass man den Tag nicht mit dem Abendessen beenden muss.

Das Nachtleben findet fast ausschließlich in den Pubs, Cocktail-Lounges und Bars der 4- und 5-Sterne-Hotels statt. Einige unter

Muscat und Capital Area

Tipp: Livejazz

Die **John Barry-Bar** im Grand Hyatt Muscat 3 ist eine der meistbesuchten Bars der Stadt. Teile ihrer Einrichtung erinnern an das US-amerikanische Frachtschiff der Liberty-Klasse SS John Barry, das vom deutschen U-Boot U 859 im Zweiten Weltkrieg vor der Küste Omans versenkt wurde. Ein Teil der Fracht, die die John Barry an Bord hatte, landete 50 Jahre später in der Bar des Grand Hyatt Muscat: Saudi-arabische Ein-Riyal-Münzen aus Silber. Denn der Besitzer des Grand Hyatt, Sheikh Ahmed Farid Al Aulaqi, hatte wesentlich dazu beigetragen, dass die Silbermünzen aus 2600 m Tiefe überhaupt geborgen werden konnten. Seitdem trägt die Bar den Namen des Schiffes, und einen kleinen Teil der geborgenen Münzen wurden in die Bartheke eingelassen. Wer die Geschichte der John Barry nicht kennt, dem erzählt sie der Barkeeper immer wieder gern.

Die Bar kann mit zwei Dutzend US-amerikanischen Whisky-Sorten aufwarten. Das Personal in Marineuniform ist zuvorkommend, Kerzenlicht trägt zur romantischen Atmosphäre bei. Wenn Skeikh Ahmed zu Gast in seinem Grand Hyatt ist, besucht er immer auch die John-Barry-Bar. Meist bringt er omanische Freunde mit. Sie unterhalten sich gerne mit deutschen Besuchern. Denn schließlich verdanken sie einem deutschen U-Boot die Silbermünzen, von denen heute nur noch eine einzige in der Mitte der Bartheke zu finden ist. Ursprünglich waren es sehr viele. Aber alle anderen wurden nur einen Monat nach Eröffnung der Bar entfernt, weil sich auf den Münzen ein Koranzitat befindet, das mit Alkoholausschank nicht zu vereinbaren ist, so ein saudischer Gast. Die Silberriyal in der Bartheke wurden durch Münzen aus aller Welt ersetzt.

Ein anderer Grund, der Bar auf jeden Fall einen Besuch abzustatten, ist der ab 22 Uhr gespielte Livejazz. Zu jedem Abendprogramm gehören viele altbekannte Bluesmelodien, die der Klavierspieler intoniert und die sein Kollege mit Trompete oder Saxophon begleitet. So fühlt man sich als Gast manchmal eher nach New Orleans versetzt denn an omanische Kultur erinnert. Wenn man einen besonderen Wunsch hat, sollte man dem Duo einen Drink spendieren.

Damit Sie sich die Geschichte nicht vom Barkeeper erzählen lassen müssen, hier ist sie. Titel: »Indiana Jones« in Oman. Im Juli 1944 verließ der Frachter ›John Barry‹ den Hafen von Philadelphia. Die Fracht war geheim, denn das Schiff hatte 3 Mio. neue Silbermünzen an Bord, die im Auftrag des Königs von Saudi-Arabien gerade in den USA geprägt worden waren. Außerdem gehörten zu dieser geheimnisvollen Fracht 2000 t Silberbarren. Für wen die Barren bestimmt waren, bleibt ein Rätsel, weil die Schiffspapiere sich darüber ausschweigen. Die Presse spekulierte später, sie seien ein Geschenk Roosevelts an Stalin gewesen. Mit den Silberriy-

---

diesen Hotels bieten in ihren Restaurants zum späten Abendessen auch arabische Livemusik libanesischer Kapellen und Bauchtanz-Aufführungen an, obwohl der Bauchtanz in Oman überhaupt keine Tradition hat. Unter den Bars und Pubs der Hauptstadt gibt es keine *Swinging Hot Spots*, wie man sie vielleicht aus der Clubszene anderer Hauptstädte kennt. Die meisten Bars sind im muslimischen Oman sowieso *»quite male dominated«*, wie es die Barkeeper freundlich ausdrücken.

Very british ▶ **Al Ghazal** 5 : im Intercontinental (s. S. 156), tgl. 18–2 Uhr. Ein britisches Pub, in das auch viele Omanis gerne kommen. Bier vom Fass, Sportübertragungen auf Großbildschirmen und eine Ecke mit Tanzfläche und Musik.

Afrika in Oman ▶ **Club Safari** 3 : im Grand Hyatt Muscat (s. S. 154), tgl. 18–2 Uhr. Ein Ausflug in den afrikanischen Dschungel mit Jagdtrophäen, Tigerfellen, viel Bambus und einem alten Landrover am Eingang. Heiße Musik und schnelle Gerichte (hauptsächlich

Adressen

als für König Abdul Aziz sollten die im Auftrag der Saudis in Dahran nach Öl suchenden Aramco-Bohrtrupps entlohnt werden, wobei der weitaus größte Teil der Münzen für seine Privatschatulle bestimmt war.

Die 3 Mio. silbernen Riyals waren in 750 hölzernen Kisten an Bord gebracht worden, ohne dass die Besatzung wusste, welche Fracht das Schiff transportierte. Im Geleitzug kreuzte die John Barry den Atlantik, passierte den Suezkanal und sollte nach Passage der Straße von Hormuz im saudischen Hafen Ras Tanura anlegen. Für den Schutz ab dem Suezkanal war die britische Flotte zuständig.

Die Reise der John Barry war nichts Ungewöhnliches, König Abdul Aziz Al Saud ließ schon seit 1943 in den USA seine Silbermünzen prägen, und Ende des Zweiten Weltkriegs waren es insgesamt 42 Mio. Stück, die auf diese Weise von den USA per Schiff nach Saudi-Arabien gelangten. Doch die John Barry sollte niemals Ras Tanura erreichen. Im August 1944 nahm ein deutsches U-Boot das Schiff vor der Küste Omans mit zwei Torpedos unter Beschuss. Die 126 m lange John Barry brach in zwei Stücke und versank; ihre Mannschaft wurde allerdings gerettet.

Alles wäre in Vergessenheit geraten, wäre nicht 1972 in einer Veröffentlichung der amerikanischen Marine über das Schicksal des Liberty Frachters SS John Barry als Wert ihrer Fracht 26 Mio. US-$ aufgetaucht. Dies rief zwei professionelle US-amerikanische Schatzsucher auf den Plan. Sie ersteigerten sich für 50 000 US-$ von der amerikanischen Regierung die Bergungsrechte, und da das Wrack in omanischen Gewässer lag, war ihnen omanische Beteiligung willkommen. Auch Sheikh Ahmed Farid Al Aulaqi, ein Geschäftsmann, der aus Jemen nach Oman gekommen war, hatte von dem Wert der Fracht gehört und war sehr an der Bergung interessiert. Die drei gründeten zusammen eine Gesellschaft namens »John Barry Group«.

Die Bergung geriet zum Abenteuer. Im November 1992 wurde das Wrack mithilfe eines Sonargerätes geortet. Ein Spezialteam von 74 Personen machte sich mit Unterstützung der omanischen Armee an die Arbeit. 1994 begann die letzte Phase der Bergung. Aufgrund des Monsuns und des damit verbundenen hohen Seegangs gab es pro Jahr nur zwei Zeitfenster, während derer die Bergung vonstatten gehen konnte. Das Team entschied sich, die Kisten mit den Silbermünzen mithilfe eines Baggers zu bergen. Doch die komplizierte Konstruktion konnte nur sehr langsam ins Wasser gelassen werden, und es dauerte 24 Std., bis sie das Wrack in 2500 m Tiefe erreichte. Bereits beim zweiten Versuch traf der Bagger genau die Stelle, an der sich die Kisten mit den Silbermünzen befanden. Am Ende wurden 1,4 Mio. Münzen ans Tageslicht befördert, bis heute wurden die Silberbarren nicht gefunden.

Burger bzw. *Fish and Chips);* am Wochenende spielt die *House Band.* Gutes Preis-Leistungs-Verhältnis.

Sport zum Bier ▶ **Duke's Bar 6 :** im Crowne Plaza (s. S. 156), tgl. 18–1 Uhr. Pub mit Balkon und Blick aufs Meer, tiefe, dunkelrote Sofas, übliches Sportangebot (Billard, Darts) und viele Sorten Bier. Alle Rugbyspiele werden live übertragen.

Sehr beliebt ▶ **John Barry Bar 3 :** im Grand Hyatt Muscat (s. S. 154), tgl. 20–2 Uhr (s. Tipp o).

Cocktailbar ▶ **Left Bank 1 :** Qurum, neben dem Mumtaz Mahal Restaurant, Tel. 24 69 36 99, tgl. 18–2 Uhr. Die Cocktailbar liegt oberhalb des Children's Museum auf einem Hügel und bietet auch kleine Gerichte an. Von hier hat man einen herrlichen Ausblick, es gibt gute Daiquiris. Äußerst empfehlenswert: Left Bank Iced Tea.

Chillout ▶ **Piano Lounge 4 :** im Shangri-La Barr Al-Jissah (s. S. 154), Tel. 24 77 66 66, tgl. 18–24 Uhr, Happy Hour 18–19 Uhr. Schon beim Betreten bestechen das Weinregal, das

Muscat und Capital Area

Tätowierung auf Zeit – Henna

Thema

Man muss genau hinsehen, um die hohe künstlerische Qualität der braunroten Zeichnungen an den Händen und Füßen arabischer Frauen zu würdigen. Sofern der Faltenwurf der *abbaya* überhaupt einen Blick zulässt, sieht man auf der Haut der Frauen Kunstwerke, die Tätowierungen ähneln. Sie wurden mit Hennapaste aufgetragen und sind nur für kurze Dauer bestimmt.

Vor allem an Feiertagen und zu besonderen Anlässen wie Hochzeiten sind sie für Frauen und Mädchen ein persönlicher Bestandteil ihres Körperschmucks und ihrer natürlichen Kosmetik. Die Vielfalt der Muster, die Anordnung der Linien und die Intensität der Farbe sind von Region zu Region verschieden, lassen aber zugleich auch den ganz individuellen Geschmack der Trägerinnen erkennen. Henna-›Schmuck‹ anzulegen, ist sehr zeitaufwendig: Zum einen werden die Muster meist freihändig aufgezeichnet (neuerdings gibt es aber auch Schablonen), zum anderen muss die Paste mehrere Stunden auf der Haut bleiben, um ihre färbende Wirkung zu entfalten. Frauen, die sich nicht den Luxus der kunstvollen Bemalung leisten können oder die mit ihren Händen harte Arbeit verrichten müssen, färben sich – um nicht ›ungeschminkt‹ zu erscheinen – oft ihre Hand- und Fußflächen einfach vollständig mit Henna ein.

Die Farbpaste wird aus den pulverisierten Blättern und Beeren des Hennastrauches (*Lawsonia inermis*) gewonnen; mit anderen Heilkräutern und ätherischen Ölen vermischt ergeben sich jene Tönungen, mit denen auch Haare, Finger- und Zehennägel einen rötlichen Glanz erhalten. Die Tradition, Henna zur schmückenden Körperbemalung zu verwenden, stammt aus Ägypten. Mumienfunde belegen, dass die Pharaonen nicht nur Haare, Nägel, Finger- und Fußflächen, sondern sogar intime Körperteile mit Henna einfärbten.

Im Islam ist das Tätowieren verboten *(haram)*, weil es zur dauerhaften Veränderung der körperlichen Erscheinung führt, wie Allah sie geschaffen hat. Durch Tätowierungen wird der Körper dauerhaft durch Farbe ›entstellt‹. Deshalb hat eine Hennabemalung nur Vorteile: Das Aufbringen bereitet keine Schmerzen und nach drei bis vier Wochen verschwindet sie wieder, ohne Spuren zu hinterlassen. Henna wird lediglich auf die Haut aufgetragen, nicht wie beim Tätowieren unter die Haut gestochen. So kann man auch Fehler schnell korrigieren.

Bei den mehrtägigen Hochzeitsfeierlichkeiten heißt der Abend vor der eigentlichen Vermählung, an dem die Braut nur mit Frauen feiert, *Laylat Al Henna* – Hennanacht. Nicht nur alle Geladenen tragen an diesem Abend eindrucksvolle Hennamotive am Körper, auch die Braut wird von sogenannte Hennafrauen feierlich mit Hennabrautschmuck für die Hochzeit am nächsten Tag bemalt.

Und wie entsteht ein Hennatattoo? Man malt mit der Paste ein Motiv auf die gereinigte Haut. Nachdem die Farbe getrocknet ist, bröckelt sie ab und zurückbleibt das fertige Hennatattoo. Die Farbe ist braunorange und wird in den nächsten Wochen verblassen, bis nach knapp einem Monat schließlich gar nichts mehr zu sehen ist.

Adressen

Schmerzfreie Hennabemalung: Ein Tattoo hält drei bis vier Wochen

vom Boden bis zur Decke prall gefüllt ist und die dezente Jazzmusik. Klassisches Mobiliar, freundlicher Service. Zu jedem Getränk werden Nüsse und Oliven gereicht; ideal als Absacker-Location.

Für Hard Rock Fans ▶ Rock Bottom Café 13 : im Ramee Guestline Hotel (s. S. 157), Tel. 24 56 44 43, tgl. 19–3 Uhr. Nicht zu vergleichen mit den legendären Hard Rock Cafés, aber die beste Gelegenheit, in Muscat guten, harten Rock (tgl. außer Fr) live zu hören. Vollkommenes US-amerikanisches Dekor, inklusive eines Harley-Davidson-Motorrads.

Romantik pur ▶ Serai Pool Bar 2 : im Hotel The Chedi (s. S. 154), Tel. 24 52 44 00, tgl. 18–23 Uhr. Wer nicht im The Chedi wohnt, sollte die Chance nutzen: Um zur Poolbar zu kommen, muss man das ganze Hotel durchqueren und läuft dann auf schmalen, dezent beleuchteten Steinwegen durch die weitläufige Gartenanlage. Kerzenlicht, leise Musik und das Rauschen des Meeres – romantische Atmosphäre; auf jeden Fall ein Ort, an dem sich Paare tief in die Augen schauen.

Crazy Arabic ▶ Shark 16 : im Marina Hotel (s. S. 160), Tel. 24 73 13 10, tgl. 21–3 Uhr. Eine pakistanische Liveband mit Tänzerin spielt laut, akrobatisch und ziemlich verrückt auf. Der Barraum wirkt wegen seiner Spiegel viel größer, als er ist. Gutes Kontrastprogramm zum anschließenden gemütlichen Spaziergang entlang der Corniche.

Philippinisch ▶ The Cellar Bar 7 : im Radisson Blu Hotel (s. S. 156), Tel. 24 48 77 77, tgl. 20–2 Uhr. Die Bar liegt im Keller des Hotels, u. a. auch deswegen, weil die philippinische Kapelle nicht nur gute, sondern auch laute Musik macht, und für Stimmung sorgt.

Kino ▶ Wer gerne Bollywood-Filme inmitten eines indischen Publikums erleben möchte: **Ruwi Cinema** 2 : im Stadtteil Ruwi, aktuelles Programm unter Tel. 24 79 16 41. **As Shatti Plaza** 3 : im Stadtteil Qurum, aktuelles Programm unter Tel. 24 69 35 57.

Muscat und Capital Area

Tipp: Hennaschmuck

Wer sich vor dem Ausgehen mit einem Hennatattoo verschönern möchte:
Daksha's Aroma Salon: im Stadtteil Al Khuwair in der Nähe der Muscat Pharmacy, Tel. 24 56 25 96, Sa–Do 10–19, ab 5 OR für eine Handbemalung.
Weitere Adressen im aktuellen »Time-Out Muscat« (s. S. 176).

Für Freunde klassischer Musik ▶ The Royal Opera House Muscat 4 **:** Muscat besitzt seit 2011 das einzige Opernhaus der Arabischen Halbinsel, ein prächtiges Gebäude an der Sultan Qaboos Rd. (in Höhe des Intercontinental Hotels). Regelmäßig gastieren dort bekannte ausländische Orchester bzw. werden europäische Opern aufgeführt. Informationen zum Programm und Kartenreservierung, Tel. 244 03 33 24, www.rohmuscat.org.om.

Aktiv

Für sportliche Aktivitäten unter freiem Himmel sind die klimatischen Bedingungen zwischen Oktober und April ideal. In den übrigen Monaten wird es heiß, was für Wassersportler durchaus angenehm sein kann.

Birdwatching ▶ Entlang den Küsten von Muscat leben viele einheimische Vögel, zu denen sich je nach Jahreszeit Zugvögel aus der Nordhalbkugel gesellen. Kennenlernen kann man sie mit einem ortskundigen Ornithologen. **Gulf Leisure Tours** 1 **:** Nähe Intercontinental, Tel. 99 81 90 05, Sa–Do 9.30–20.30 Uhr. Ca. 4-stündiger Beobachtungsausflug 30 OR, in ganzer Tag 70 OR.

Golf ▶ Oman ist keine Golfnation, aber es bietet mehrere passable Golfplätze. Wer nicht aus der Übung kommen möchte: **Ghala Valley Golf Club** 2 **:** südl. von Seeb, Tel. 24 59 12 48, tgl. 9–21 Uhr. »Brown« Fee für 18 Loch: 5 OR, für 9 Loch: 3 OR; **Muscat Hills Golf & Country Club** 3 **:** gegenüber dem International Airport in Seeb, Tel. 24 51 40 80, tgl. 7–17 Uhr, internationaler Rasengolfplatz. Greenfee 30 OR für 9 Loch; **Almouj Golf** 10 **:** im Stadtteil The Wave. Die von Greg Norman entworfene Anlage befindet sich direkt an der Küste. Tel. 22 00 59 90, tgl. 7–18 Uhr, Greenfee: 9-Loch 20 OR, www.almoujgolf.com.

Reiten ▶ Qurum Equestrian School 4 **:** Qurum Park, Tel. 99 33 92 22, tgl. 16–20 Uhr. Eine freundliche Reitschule mit Gelegenheit zu Ausritten entlang des Strandes. Preise variieren je nach Zeitdauer.

Kamelreiten ▶ Man muss nicht in die Wahiba-Wüste, man kann auch in unmittelbarer Umgebung von Muscat auf ein Kamel steigen. Ca. 30 km südlich von Seeb erreicht man ein kleines Beduinencamp. Hier warten die Kamele und – für das Foto als Lawrence von Arabien – die entsprechende Ausrüstung für den Ausritt. Behilflich ist **Muscat Diving & Adventure Centre** 5 **:** Tel. 24 48 56 63, Büro in der Nähe des Radisson Blue Hotels im Stadtteil Al Khuwair, tgl. 7–19 Uhr. Im Preis eingeschlossen sind die Fahrt vom Hotel, ein traditionelles Beduinenessen, eine Jeepfahrt in den Dünen *(Dune Bashing,* s. S. 95) und ein langer Kamelausritt. Preis: 55 OR pro Pers.; 140 OR für eine Familie (4 Pers.).

Schlittschuhlaufen ▶ Ice Skating Centre 6 **:** Stadtteil Al Khuwair, Al Khuwair St., Tel. 24 48 94 92, tgl. 9–22 Uhr, Eintritt 3,5 OR. Wer den Kontrast mag, kann bei 40 °C im Schatten in Muscat Schlittschuh laufen.

Schwimmen ▶ Ein Bad im Meer ist an den vielen freien Strandabschnitten der Hauptstadt möglich. Allerdings fehlt jede Infrastruktur. Deshalb empfiehlt es sich, die Abschnitte eines Hotels aufzusuchen.

Sieben Hotels der Capital Area liegen am Strand und bieten ihren Gästen einen direkten Zugang zu diesem. Dies sind (von West nach Ost): The Chedi, The Grand Hyatt, Al Qurum Resort, Intercontinental, Crowne Plaza, Al Bustan, Shangri-La. Alle sieben ermöglichen auch Nichthotelgästen den Zugang zu ihren Sportanlagen, Schwimmbädern und Stränden gegen eine Gebühr. Besuche der Hotelstrände sind besonders an Wochenenden beliebt, weil man sie mit dem allseits sehr beliebten *Friday Brunch* (s. S. 161) kombinieren kann. Unter den Strandhotels in Muscat besitzen The Chedi und

Adressen

Shangri-La die schönsten und größten Gartenanlagen, mit hohem Palmenbestand, jeweils drei großen Schwimmbecken und einem breiten Sandstrand. Eine Klasse einfacher sind die Bademöglichkeiten im Oman Dive Center, Eintritt: 1,5 OR (s. u.).

Squash ▶ Es gibt in Muscat nur zwei Gelegenheiten, Squash zu spielen: **Club Olympus** **3**: im Grand Hyatt, Tel. 24 64 12 34, tgl. 6–22 Uhr, 6 OR/Std. pro Pers; **Falaj Sports Club** **7**: im Al Falaj Hotel, Stadtteil Ruwi, Al Falaj St., Tel. 24 70 23 11, tgl. 7–21.30 Uhr, 2,5 OR/Std. pro Pers.

Tauchen ▶ Besonders beliebte Tauchplätze bei Muscat: **Wrack-Tauchen:** Die Al Munasir wurde von der Royal Navy 2003 versenkt und liegt in 25 m Tiefe auf einem flachen Sandstrand. Beim Abtauchen gewinnt man den Eindruck, das Schiff sei hier gebaut worden. **Bill's Bump:** Der beste Platz für größere Fische. Man taucht in einer geschützten Bucht entlang von Felswänden bis 30 m Tiefe. Wegen der Strömung ist es ein Platz für Rochen. **Turtle City:** Der Name sagt alles. Hier sieht man garantiert Meeresschildkröten im Wasser. **Wall Street:** Das Gebiet hat nichts mit der Börse zu tun. So heißt eine senkrechte Wand bis zu 30 m Tiefe, an der herrliche Korallen wachsen. Tauchkurse und ausrüstungen gibt's im **Oman Dive Center** **8**: Madinat Sultan Qaboos, Tel. 24 82 42 40, Fax 24 82 42 41, www.omandivecenter.info, tgl. 5–18 Uhr. Es ist das bekannteste Tauchcenter des Landes. Es unterhält eine Tauchschule mit Übungsbecken und Verleih von Tauchgeräten am Strand von Bandar Al-Jissah (Tauchkurs: Anmeldung erforderlich). Außer Tauch- und Schnorchelausflügen bietet das Zentrum Bootsausflüge entlang der Küste mit Delfinbeobachtungen an. Tauchgänge ab 30 OR, Tauchgang mit zwei Flaschen 31 OR, Tauchkurse ab 140 OR, Kinderkurse (ab 8 Jahren) *Bubble Maker* 23 OR; **Extra Divers** **4**: im Shangri-La, Tel. 24 77 60 42, mobil 961 90 81. Die Tauchschule bietet Kurse und Tauchausflüge entlang der Küste an. Für Kinder gibt es eine *Bubble Maker*-Einführung für das Schwimmen unter Wasser; **Global Scuba** **6**: Civil Aviation Club, Tel. 99 31 75 18, u. a. Niederlassung im Crowne Plaza Hotel und im Al Nahda Resort (s. S. 186), Tel./Fax 24 69 23 46, www.globalscuba.com. Das Zentrum bietet von Muscat aus Tauchfahrten zu den Daymaniyat Islands (s. S. 193) und zum Wrack der Al Munasir vor der Insel Bandar Khayran; **Dimaniyat Diving Office** **9**: Shatti Al Qurum, Jawaharat As Shatti Complex, Nähe Intercontinental, Tel. 99 31 13 50, www.dimaniyat.com. Wer nur einen Schnorchel mit Maske erwerben möchte, ist hier auch richtig.

Bootsfahrten ▶ Die südliche Küste Muscats gehört zu den schönsten Omans. Hier liegen die beiden Luxushotels **Al Bustan** **1** und **Shangri-La** **4** und viele kleine Fischerorte, z. B. Sidab. Die beiden Hotels und Fischer aus Sidab (www.sidabseatours.com) bieten Fahrten entlang der Küste an. Zum Programm gehören: **Bootsfahrten entlang der Küste:** Sa–Do 15–17 Uhr, 17 OR. **Schnorchelausflüge:** Sa–Do 10–13 Uhr, 18 OR. **Delfinbeobachtungsfahrten** (inkl. Frühstück an Bord): Sa–Do 8–11 Uhr, 17 OR. **Island Hopping:** Ehemalige Fischer aus dem kleinen Fischerort Sidab (s. S. 148) bieten diese Art von Ausflug an. Per Boot fahren sie die Gäste – am liebsten nur paarweise – in eine Bucht der vorgelagerten, unbewohnten Insel Bandar Qairun. Hier setzen sie die Gäste ab und sammeln sie am späten Nachmittag wieder ein. Alles, was man braucht (z. B. Schnorchelausrüstung, Sonnenschirm, Kühlbox, eine große Bastmatte für den Strand, Obst, Trinkwasser und Verpflegung) wird gestellt, nur für den Champagner muss man selbst sorgen! Sidab Sea Tours: Sidab, Tel. 99 46 18 34, 99 31 60 11, www.sidabseatours.com. **Katamaran-Charter:** Wer einen anspruchsvollen Bootsausflug erleben möchte, kann im The Chedi **2** die Yacht Azzura mieten: Für bis zu 10 Personen pro Tag 750 OR, www.oceanblueoman.com.

Wellness ▶ Sich im Wellnessbereich erholen und den Genuss von Massagen erfahren kann man besonders gut in zwei Spas: **The Spa** **2**: im Hotel The Chedi, Tel. 24 52 44 00, tgl. 8–21 Uhr. The Spa befindet sich in einem eigenen Gebäude am Rande der Gartenan-

In der Abendsonne erscheint der Strand von Qurum in einem einmaligen Licht: Wer bekommt da nicht Lust auf einen ausgedehnten Spaziergang

Muscat und Capital Area

lage des Hotels. Schon beim Betreten wird man von angenehmen Düften umweht. The Spa hat sich auf ayurvedische Behandlungskonzepte spezialisiert und bietet auch Paaren eine gemeinsame Behandlung an. Unter den vielen Möglichkeiten sind besonders gefragt: Balinese Massage: 60-Minuten-Massage vom Ohrläppchen bis zum Fußzeh. 25 OR. Spirit of Bali: 2 Std. Wohlbefinden unter pflegenden Händen bei gedämpftem Licht und leiser Musik. 40 OR. Sundari-Facial: 60 Min. Intensive Gesichtspflege mit edlen Produkten. 30 OR; **Chi Spa** 4 : im Shangri-La Barr Al-Jissah Resort and Spa (s. S. 154), Tel. 24 77 68 26, tgl. 9–22 Uhr. Chi ist Shangri-Las Definition eines ganzheitlichen asiatischen Wellnesskonzepts. Den Gast erwarten im Chi Spa ein traumhaftes Ambiente und Behandlungen wie: Frankincense and Rose Wrap: Nach der 45 Min. langen Behandlung duftet der Körper tagelang nach Rose und Weihrauch. 68 OR. Lo-Tsen Rejuvenating Facial: Benannt nach der ewig jungen Prinzessin Lo-Tsen aus dem Roman Shangri-La. Reinigende, wohltuende Behandlung für das Gesicht, Dauer 60 Min. 68 OR. Chi Spa bietet auch Räumlichkeiten für Paar-Behandlungen an, dieses Programm wird jedoch nur von Europäern gebucht. Denn nach den örtlichen Gepflogenheiten gilt in Saunen, Bädern und auch im Ruhebereich eine rigide Geschlechtertrennung.

Termine

In Muscat ist das öffentliche Unterhaltungsangebot nicht zu vergleichen mit dem im benachbarten Dubai. Dennoch: In Oman erscheint regelmäßig das Eventmagazin »Time-Out Muscat«. Es bietet einen Kalender, Übersicht über alle Kultur- und Musikveranstaltungen in Muscat mit Adressen des Veranstaltungsortes sowie Eintrittspreisen. Wer sich das Magazin bereits vor seiner Abreise besorgen möchte: Time-Out, Dubai (VAE), Tel. 09 71 44 44 30 00, Fax 09 71 44 44 30 30, www.timeout.com.

Große Festlichkeiten finden in Muscat jedes Jahr während der **Id-Feiertage** (s. S. 62) und an den beiden Feiertagen des **18.** (Nationalfeiertag) und **19. Nov.** (Geburtstag von Sultan Qaboos) statt. Eine weitere Großveranstaltung ist das dreiwöchige **Muscat Festival,** das jedes Jahr im Jan./Feb. stattfindet (www.muscat-festival. com). Das Motto des Festivals dreht sich stets um *Traditional Art, Culture and Heritage,* aber es treten auch ausländische Künstler auf, z. B. 2009 die deutschen Hochseilakrobaten Weishaupt.

Kamelrennen: Ein Ereignis, das man in Europa nicht erleben kann. Vor den Toren Muscats, in Seeb finden von Oktober bis April an Wochenenden, bevorzugt am Freitag und an öffentlichen Feiertagen große Kamelrennen statt. Rennbeginn ist meistens 7.30 Uhr, aber wer die spannenden Vorbereitungen miterleben will, muss schon um 6 Uhr an der 10 km langen Rennstrecke eintreffen. Der Eintritt ist frei. Kamelrennen haben auf der Arabischen Halbinsel eine lange Tradition und sind eine seriöse Angelegenheit. Wetten sind untersagt. Es geht ausschließlich um Ruhm und Ehre. Wer früher unter den Beduinen das schnellste Tier besaß, hatte zwar wegen des Zuchtpotenzials materielle Vorteile, ihm wurde aber vor allem hohes Ansehen entgegengebracht. Obwohl das Kamel heute ökonomisch so gut wie keine Bedeutung mehr hat, gibt es in Oman mehrere Kamelrennbahnen. Die bedeutendste liegt bei Seeb.

Verkehr

Flüge: Der Flughafen Muscat International Airport liegt in Seeb, 45 km westlich der Altstadt von Muscat. **Flughafenauskunft:** Tel. 24 51 89 77. **Fluggesellschaften:** Emirates: Markaz Mutrah At Tuari St., Tel. 24 79 22 22; Lufthansa: Al Burj St., Ruwi, Tel. 24 79 66 92; Oman Air: gegenüber Haffa House Hotel, Ruwi, Tel. 24 53 11 11; Qatar Airways: Haffa House Hotel, Ruwi, Tel. 24 77 19 00. **Inlandflüge:** Zurzeit fliegt die Oman Air tgl. die Städte Salalah (4 x tgl.) und Khasab (1 x tgl.) an. **Aktueller Flugplan:** www.omanair.com (s. auch S. 89).

Transfer Flughafen/Innenstadt: Vor der Ankunftshalle am Muscat International Airport in Seeb gibt es ein Kiosk der Taxifahrer *(dispat-*

Adressen

cher), an dem die Fahrpreise vom Flughafen zu den namentlich aufgeführten Hotels ausgewiesen werden. An diesem Kiosk bezahlt man die Fahrt und bekommt ein Taxi zum Festpreis zugeteilt. Preise (Dezember 2012): Hotels in Qurum 7 OR, in Mutrah 10 OR, Al Bustan 10 OR, Shangri-La 13 OR; Tel. 24 51 87 81.

Busse: Für den Transport mit öffentlichen Omnibussen ist in Oman die Oman National Transport Company (ONTC) verantwortlich (www.ontcoman.com). **Zentraler Busbahnhof** in Muscat: Ruwi Bus Station, Al Jaame St., Tel. 24 70 85 22. Von hier fahren sowohl die innerstädtischen als auch die Überlandbusse ab. **Innerstädtische Busse:** Innerhalb der Capital Area verkehren Stadtbusse der ONTC tgl. zwischen 6–22 Uhr. Der Fahrpreis beträgt pro Buslinie 200 Baizas. Routen: Route 1 ins Wadi Kabir, Route 23 zum Flughafen Seeb, Route 25 in den Stadtteil Al Khuwair, Route 26 in den Stadtteil Qurum.

Überlandbusse *(Long Distances Coaches)*: Abfahrt tgl. ab Zentralstation:
Nach Buraimi Route 41 (über Sohar) Abfahrt: 6.30 und 13 Uhr, Ankunft Sohar 8.50 und 15.45 Uhr, Buraimi: 11 und 17 Uhr. Abfahrt Buraimi: 7 und 13 Uhr, Sohar: 8.55 und 14.55 Uhr, Ankunft in Ruwi: 11.40 und 17.40 Uhr, Fahrpreis 3,6 OR. Nach Buraimi direkt (via Ibri) Route 54, Abfahrt 8 Uhr, Ankunft: 14.30 Uhr. Nach Nizwa Route 54, Abfahrt 8 Uhr, Ankunft 10.20 Uhr, Rückfahrt von Nizwa 15.40 Uhr, Ankunft in Ruwi 17.55 Uhr, Preis: 1,9 OR.
Nach Sur Route 55 (über Ibra und Mintarib), tgl. Abfahrt 7.30, Ankunft 11.45 Uhr, Abfahrt 14.30, Ankunft 18.45 Uhr; Rückfahrt von Sur tgl. Abfahrt 6, Ankunft 10.45 Uhr, Abfahrt 14.30, Ankunft 19 Uhr, Fahrpreis 4 OR.
Nach Salalah Route 100, tgl. Abfahrt 7, 10 und 19 Uhr, Fahrtzeit 13 Std.; Rückfahrt nach Muscat Abfahrt tgl. 7, 10 und 19 Uhr, Fahrpreis 7,5 OR, Tel. 23 29 27 73.
Nach Dubai Route 201, tgl. Abfahrt 6, 13, 15 Uhr, Fahrtzeit 5,5 Std.; Rückfahrt: Abfahrt tgl. 7.30, 15.30 Uhr, Fahrpreis 5,15 OR.

Taxi: Taxifahren im Oman ist relativ preiswert, insbesondere dann, wenn sich mehrere Personen ein Taxi teilen. Für Taxifahrten vom Flughafen zu den Hotels in Muscat s. S. 91. Preise für Fahrten innerhalb Muscats sind grundsätzlich Verhandlungssache. Die Fahrer sind ausschließlich Omani und es gibt keine Taxameter. Man muss sich mit dem Fahrer vor Fahrtantritt über den Fahrpreis einig werden. In der Regel nennen die Taxifahrer bei Europäern innerhalb der Capital Area einen Preis, den man um die Hälfte herunterhandeln sollte: Innerhalb der Capital Area (z. B. zum Mutrah Souq) zwischen 4 und 5 OR, zum Al Bustan-Hotel 8 OR, nach Bar al Jissah 10 OR, Tour pro Stunde innerhalb der Stadt 10 OR, Warten des Taxis pro Stunde 3 OR, nach Nizwa 50 OR, nach Al Sawadi 40 OR, nach Dubai 100 OR.

Leihwagen: Am Muscat International Airport unterhalten alle internationalen Leihwagenunternehmen Rent-a-Car-Niederlassungen in der Ankunftshalle. Avis: Tel. 24 69 29 40; Budget: Tel. 24 79 47 40; Europcar: Tel. 24 70 01 90; Hertz: Tel. 24 56 62 08; Sixt: Tel. 24 60 07 39; Thrifty: Tel. 24 48 92 48.

Fähre nach Khasab: s. S. 235.

Ausflüge

Wer sich bei Ausflügen in Muscat oder in die nähere Umgebung nicht alleine auf den Weg machen möchte, sollte die Angebote der örtlichen Reiseveranstalter (s. S. 85, Tour Operator) durchstöbern und ihre Preise sorgfältig vergleichen. Alle großen und die meisten der kleinen Tour Operator haben ihren Hauptsitz in Muscat. Sie unterhalten auch in den 4- und 5-Sterne-Hotels in der Regel Niederlassungen. Zum Programm in Muscat gehören: **Stadtrundfahrten** und **Tagesausflüge zu den Festungen im Hajargebirge und nach Nizwa**. Wer größere persönliche Unabhängigkeit bevorzugt, kann eine Tour auch alleine (oder zu zweit bzw. zu viert) buchen. Dieser Form kommt entgegen, dass zum Wagenpark aller Tour Operator immer auch 5–7 sitzige Komfortjeeps gehören, deren Fahrer zugleich Tourguides sind. Zu den empfehlenswerten Veranstaltern zählt:

Orient Tours: Tel. 24 48 50 66, Fax 24 48 34 91, www.orienttours.ae.

In der Ruhe liegt die Kraft: Entspannen am Strand von Barka

Kapitel 2
Küstenregion Batinah und Hinterland

Die Batinah, eine schmale Ebene zwischen der Küste des Golfes von Oman und dem Hajargebirge mit dem Jebel Al Akhdar, war bereits in der Antike eine intensiv besiedelte Region. Heute ist sie zudem die am stärksten industrialisierte. Auf ihren fruchtbaren Böden wird seit Tausenden von Jahren intensiv Ackerbau betrieben. Es fällt sofort ins Auge: Die Batinah ist vollkommen grün. Obst- und Gemüseplantagen wechseln sich ab mit langen Feldern, auf denen Grünfutter für Rinder und Kamele angebaut wird. Dattelpalmen spenden Schatten für bunte Blumenfelder. Die Batinah ist bis heute die Kornkammer Omans.

Die Ebene erstreckt sich ca. 400 km entlang der Küste, aber nur Dreiviertel davon befindet sich auf omanischem Boden, denn zwischen Oman und seiner Exklave Musandam im Nordwesten an der Straße von Hormuz schiebt sich ein 100 km langer Küstenabschnitt, der zum Staatsgebiet der Vereinigten Arabischen Emirate gehört.

Schon in vorislamischer Zeit war dieser Küstenabschnitt am Eingang zum Arabischen Golf ständig einer Bedrohung vom Meer her ausgesetzt. Deshalb wurden hier viele Befestigungsanlagen und Verteidigungsbauwerke errichtet. Dutzende von Festungen – aufwendig erbaut, später zerfallen, heute kunstvoll restauriert – erinnern an eine vergangene Epoche omanischer Wehrarchitektur.

Sohar, die größte Stadt der Batinah, blickt auf eine großartige Vergangenheit zurück. Die weitläufig angelegte Gartenstadt gehörte jahrhundertelang zu den bedeutendsten Häfen der Region.

Auf einen Blick
Küstenregion Batinah und Hinterland

Sehenswert

4 Bayt Na'aman: Wenn Imame im 18. und 19. Jh. nach Muscat reisten, stiegen sie in der befestigten Residenz Bayt Na'aman ab (s. S. 183).

Al Hazm: Als Sultan Bin Saif aus der Yaruba-Dynastie 1708 zum Imam gewählt wurde, verlegte er das politische Zentrum Omans aus der Hauptstadt Rustaq in die von ihm erbaute Festung Al Hazm (s. S. 192).

5 Daymaniyat Islands Nature Reserve: Man darf die naturgeschützte Inselwelt der Daymaniyat Islands zwar nicht betreten, aber die dortige Unterwasserwelt ist ein wahres Paradies für passionierte Schnorchler (s. S. 193).

Fort Sohar: In der Stadt Sindbad des Seefahrer wird in der großen Festung u.a. das Original eines Briefes des Propheten Mohammed ausgestellt (s. S. 200).

Schöne Routen

Barka und Umgebung: Eine ideale Rundfahrt für einen halben Tag führt von der Küstenstraße N 1 aus nach Barka, um die Festung und den Fischmarkt zu besuchen, zur 5 km entfernten Bayt Na'aman und von dort wieder zurück zur N 1 (s. S. 183).

Drei Festungen an einem Tag: Auf einer Rundreise kann man von der Batinah (bzw. von Muscat) aus an einem Tag drei wichtige Festungen des Omans kennenlernen. Sie beginnt in der Batinah, führt zuerst zur Festung Nakhal, von dort zur Festung Al Rustaq und weiter zur Festung Al Hazm. Man benötigt einen Tag, wenn man jede Festung gebührend besichtigen möchte (s. S. 188).

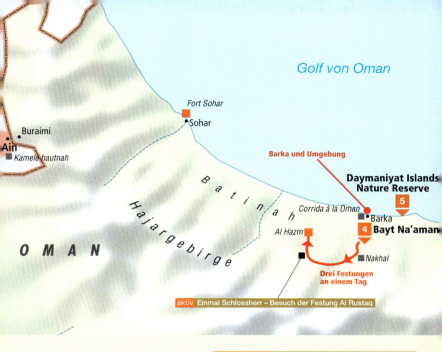

Meine Tipps

Corrida à la Oman: Das Wichtigste zuerst: Bei der omanischen Stierkampfvariante bleibt der Stier unversehrt! Außer Schnauben, Stoßen und Wegrennen passiert nichts, die einheimischen Männer sind jedoch begeisterte Zuschauer dieser unblutigen Kämpfe, die in der Arena in Barka meist an einem Freitagnachmittag stattfinden (s. S. 184).

Kamele hautnah: Von Buraimi aus kann man problemlos einen Abstecher nach Al Ain machen, das zum Emirat Abu Dhabi gehört und somit Teil der Vereinigten Arabischen Emirate ist. Eine der Hauptsehenswürdigkeiten dort ist der einzig ständige Kamelmarkt der Arabischen Halbinsel (s. S. 210).

aktiv unterwegs

Einmal Schlossherr – Besuch der Festung Al Rustaq: Die Festung, die von den zwei wichtigsten Adelsdynastien des Landes errichtet und ausgebaut wurde, ist eine der bedeutendsten des Landes (s. S. 191).

Von Seeb nach As Suwayq

Der bis zu 40 km breite Küstenstreifen westlich von Muscat ist die ökonomisch bedeutendste Region des Sultanats, lockt aber auch mit Stränden, Fischerdörfern und einem Naturreservat. Im Hinterland an den Hängen des Hajargebirges stehen mächtige Festungen und entlang der Wadis erstrecken sich Oasen voller Dattelpalmen.

Der Wohlstand, an dem heute die meisten Einwohner der Batinah partizipieren, ist jüngeren Datums, denn reich waren während der Blütezeit des internationalen Seehandels nur die Händler und Schiffsbesitzer. Die Küstenbewohner lebten in wenigen kleinen Siedlungen, ernährten sich vom Fischfang und verdienten noch etwas Geld als Arbeitskräfte beim Schiffsbau. Einige verkauften auch Trockenfisch in den inneren Oman. Sie wohnten in Barastihütten aus Palmzweigen und suchten bei kriegerischen Handlungen eines der nahe gelegenen Forts auf, in denen immer eine mit Machtbefugnissen ausgestattete Person residierte und die auch von den Imamen bei Reisen aufgesucht wurden. Die Festungen bildeten das Zentrum einer Siedlung. In ihrer Nähe breiteten sich die Souqs und Fischmärkte aus. Die Bewohner hatten ihr bescheidenes Auskommen und litten im Sommer unter dem heißen, feuchtwarmen Klima.

Mit dem Regierungsantritt von Sultan Qaboos hat sich entlang der Küste viel verändert. Wie wenig Einwohner heute noch hauptberuflich vom Fischfang leben, erkennt man, wenn man am frühen Morgen die Orte mit Fischmärkten aufsucht und den wenigen Fischern beim Ausladen ihres Fangs zusieht.

Die Batinah der Enkel hat mit der der Großväter nichts mehr gemein: Die Häuser und Villen sind aus Stein gebaut und allesamt klimatisiert. Davor liegen schöne Gärten, umgeben von perfekter Infrastruktur. Die mehrspurige Küstenautobahn der Nationalstraße 1 durchzieht schnurgerade die Ebene, und von ihr ist jeder Küstenort auf schmalen Verbindungsstraßen zu erreichen. Viele der alten Fischerdörfer existieren nicht mehr, doch einige wenige haben sich bei aller Modernisierung noch etwas von ihrer Ursprünglichkeit bewahrt.

Von Seeb nach Barka
▶ 1, P/Q 7

Karte: S. 187
Wer die Batinah von Muscat aus bereist, passiert zuerst den Flughafen in Seeb, der seit 2008 Muscat International Airport (vorher International Airport Seeb) heißt. **Seeb** 1 liegt am westlichen Ende der Capital Area und bildet zugleich die östlichste Begrenzung der Batinah. Die Hauptverkehrsader der Region ist die **Nationalstraße 1,** deren Kilometerzählung am Palast in Muscat beginnt. Auf ihr erreicht man wenige Kilometer hinter Seeb am Al Sawah R/A die Abzweigung nach Nizwa, dann die beiden großen Shoppingmalls der Capital Area: das **Muscat City Centre** und das **Markaz Al Bahja** (s. S. 167). Nach ca. 20 km passiert die NA 1 die **Royal Stables** (königliche Stallungen) und führt etwas später an einem Palast von Sultan Qaboos, dem **Bayt Al Barakah** (Haus des Segens), vorbei – beide sind für die Öffentlichkeit nicht zugänglich.

30 km hinter Seeb zweigt eine Straße nach Süden zur Ortschaft **Al Felaij** 2 am Fuß des

Hajargebirges ab. Am Rande des Dorfes liegt die schönste **Rennbahn für Kamele,** auf der an beiden Id-Feiertagen und an den beiden Nationalfeiertagen die großen Kamelrennen des Landes stattfinden. Besonders in den Wochen vor den Wettkämpfen trifft man im Umfeld der Rennbahn öfter auf große Ansammlungen von Rennkamelen.

Barka und Umgebung
▶ 1, P 7

Karte: S. 187
Die Strecke bietet von nun an eine bunte Mischung aushistorischen Forts, Wellness, Stierkämpfen und Straußenvögeln.

Barka 3

Die erste kleinere Stadt der Batinah, 40 km westlich von Seeb direkt an der Küste gelegen, ist **Barka**. Man erreicht den Küstenort, indem man am Barka R/A von der Nationalstraße 1 nach Norden abbiegt.

Barka ist ein beliebtes Tagesausflugsziel von Muscat aus oder ein ebenso beliebter Zwischenstopp auf dem Weg nach Sohar. Berühmt ist der Ort für seinen Strand, seine Festungen, seine Straußenfarm, seine Webarbeiten und vor allem für seine Stierkämpfe.

Aus der Regierungszeit von Imam Ahmed bin Said (1744–1783) stammt das **alte Fort.** Es liegt im Zentrum der Stadt, gegenüber dem Fischmarkt – heute durch eine Häuserzeile vom Meer getrennt – und wurde bereits 1984 in traditioneller Lehmziegelbauweise teilweise restauriert. Die rechteckige Festung mit ihren drei Rundtürmen besitzt im Innenhof einen Wohnturm und einen alten Kerker. Mehrere verrostete Kanonen und pyramidal aufgeschichtete Kanonenkugeln unterstreichen die Wehrhaftigkeit; 1747 spielte sie eine bedeutende Rolle bei der Vertreibung der persischen Besatzer aus der Batinah. An der Rückseite des Forts stehen noch zwei Wachtürme, die einst Teil der Stadtmauer waren (So–Do 8.30–14.30 Uhr, Eintritt frei).

Neben der Festung hat Barka noch einen kleinen Souq und einen Fischmarkt zu bieten.

Barka und Umgebung

Besonders der **Fischmarkt,** der jeden Tag (außer Fr) morgens ab 6.30 Uhr beginnt, ist sehenswert, weil man hier nicht nur erstaunlich viele frische Fische findet, sondern auch die im Oman praktizierten, fröhlich-lauten Preisverhandlungen zwischen Käufern und Fischern hautnah miterleben kann. In den vielen kleinen **Webereien** werden im Wesentlichen kleine Teppiche in den Naturfarben Weiß, Orange, Schwarz und Rot hergestellt. Mit staatlichen Aufträgen und Projekten für diese Webschulen versucht die Regierung, die Kleinindustrie des Ortes zu stärken.

Bekannt ist Barka vor allem wegen seiner **Arena für Stierkämpfe.** Sie ist die größte in der Batinah. In den Wintermonaten, nur an Freitagen, nachmittags gegen 16 Uhr, findet in der Arena die omanische Form des Stierkampfes statt (s. S. 184).

Einkaufen

Webteppiche ▶ **in den Seitenstraßen neben dem Fischmarkt** hat sich ein improvisierter ›Ab-Fabrik-Verkauf‹ für Webteppiche etabliert. Die meisten der wackligen Holzstände sind nur in den Wintermonaten besetzt.

Westlich von Barka

Wer in Barka am Ende der westlichen Ausfallstraße ins Landesinnere nach Na'aman abbiegt, passiert rechter Hand einen **alten Ziehbrunnen** (*zajarah*). Er ist einer der letzten traditionellen Brunnen, die vor dem Einsatz der Dieselpumpen in allen Ländern der Arabischen Halbinsel zu finden waren. Über dem tiefen, runden Brunnenschaft steht ein hohes Gerüst. Früher liefen darüber die Seile, mit deren Hilfe ein Zugtier das Wasser in einem ledernen Sack aus dem Brunnen zog. Anschließend wurde es in ein Auffangbecken geleitet. Da aus diesem alten Ziehbrunnen kein Wasser mehr geschöpft wird, ist es nur eine Frage der Zeit, bis auch er entfernt wird (im Frühjahr 2012 stand er noch).

4 Bayt Na'aman

Den kleinen **Ort Na'aman** erreicht man von Barka aus über eine schmale asphaltierte

Von Seeb nach As Suwayq

Corrida à la Oman — Thema

Nicht jede Woche und nur im Winter, aber immer freitags beginnt gegen 16 Uhr ein Schauspiel, das es in dieser Form nur in Oman gibt: Stierkämpfe ganz besonderer Art. Um es gleich vorwegzunehmen: Weder dem Stier noch dem Torero passiert dabei etwas.

Eine kreisrunde Sandfläche von ca. 60 bis 80 m Durchmesser dient als schmucklose Arena. Sie ist umgeben von einer etwa einen Meter hohen Mauer, hinter die einfache Holzbänke aufgestellt wurden. Dies ist der Austragungsort von ungewöhnlichen Stierkämpfen, wie sie in Orten in der nördlichen Küstenebene der Batinah stattfinden. Da es in den Arenen keine Schatten spendenden Überdachungen gibt, werden die Bullenkämpfe nur in den kühleren Wintermonaten ausgetragen.

In Oman ist der Stierkampf kein mythologisch bedeutungsschwerer Zweikampf zwischen Mensch und Stier. Er ist auch kein blutiges Gemetzel zur Unterhaltung der Zuschauer, bei dem der Stier erst von *picadores* malträtiert und schließlich geschwächt vom Torero abgestochen wird. In Oman ist der Kampf ein ritualisiertes, sehr spannendes Kräftemessen unter Bullen mit friedlichem Ausgang.

Im Innern der Arena warten an die 40 Stiere, einer in gebührendem Abstand zum anderen, friedlich in der tief stehenden Sonne. Sie werden von ihren Besitzern an einem Nasenring geführt. Der oberste Schiedsrichter, ein älterer Herr in schneeweißer *dishdasha*, ruft zwei Namen auf, und aus verschiedenen Ecken der Arena führen die Besitzer ihre Tiere in die Mitte. Dabei binden Hilfsschiedsrichter ein weiteres Seil an eines der Hinterbeine der Stiere. Die beiden Gegner stehen sich gegenüber, beäugen sich eine Zeit lang, scharren mit den Vorderhufen und gehen schließlich mit gesenkten Köpfen frontal aufeinander los. Unter Aufbietung aller Kräfte versuchen sie, Kopf gegen Kopf und mit dem ganzen Gewicht ihrer massigen Körper den Gegner wegzudrängen. Dabei bäumen sich manche Tiere dermaßen auf, dass sie nur noch auf den Hinterbeinen stehen. Nach ein paar Minuten des Schiebens, Drängens und Schnaufens weicht einer der beiden Stiere zurück und trabt davon. Er ist der Verlierer. Aber nicht jeder Kampf endet so. Wenn sich die Tiere ineinander verkeilen und kein Ende abzusehen ist, trennen Helfer auf einen Wink des Schiedsrichters die Kontrahenten, indem sie die Tiere mittels der an den Hinterbeinen befestigten Seile zurückziehen oder mithilfe von Tüchern und Stöcken auseinander treiben. Der Schiedsrichter macht seine Entscheidung dann daran fest, wie häufig die beiden Tiere jeweils zurückgewichen sind. Sieger und Verlierer werden nach dem Kräftemessen von ihren Besitzern wieder an den Rand der Arena geführt, wo sie sich in trauter Eintracht ausruhen, als sei nichts passiert. Erst jetzt werden die beiden nächsten Besitzer samt Stieren aufgerufen, und das Schauspiel beginnt von Neuem.

Das schlussendliche Ziel dieser Kämpfe ist es, den stärksten Stier zu ermitteln. Dabei soll aber auf keinen Fall eines der Tiere verletzt werden. Bei omanischen Stierkämpfen geht es ausschließlich um die Ehre und das Prestige des Stierbesitzers, nicht jedoch um Preisgelder – und Wetten sind in Oman sowieso verboten.

Barka und Umgebung

Geschäftiges Treiben: auf dem Tierfuttermarkt von Barka

Straße oder man benutzt 3 km hinter Barka auf der NA 1 eine direkte Abzweigung.

In Na'aman steht **Bayt Na'aman,** die einstige Sommerresidenz der Imame. Seit die Restaurierungsarbeiten 1995 abgeschlossen wurden, kann sie als eine der eindrucksvollsten Verteidigungs- und Wohnanlagen der Batinah wieder besichtigt werden. Die Anlage erscheint zunächst wie eine Festung, bei genauerem Hinsehen erkennt man jedoch, dass es sich um ein befestigtes Wohnhaus handelt, das allerdings wesentliche Elemente einer Festung aufweist. Das im Südwesten eines großen ummauerten Hofes stehende Haus wurde im 18. Jh. von Imam Saif bin Sultan (1728–1738) erbaut. Er bepflanzte nach der Fertigstellung die umgebenden Gärten mit Tausenden von Palmen. Dass Bayt Na'aman ursprünglich nur ein Gästehaus war, das nicht Verteidigungszwecken diente, wurde bei den Renovierungsarbeiten festgestellt.

Ahmed bin Said, der erste Sultan der Al Bu Said-Dynastie sowie Sohn und Nachfolger des Erbauers, erweiterte die Anlage um eine **Befestigungsmauer** und nutzte sie seit 1744 als Residenz, in der er auf seinen Reisen zwischen der damaligen Hauptstadt Rustaq und Muscat Zwischenstopp machte. In dieser Funktion als Reiseresidenz fanden hier auch traditionelle *majlis*-Versammlungen statt. Bayt Na'aman ist also keine militärische Festung, sondern ein Wohnfort, das in erster Linie dem Wohnen diente, aber ausreichend befestigt war, um ein Eindringen Fremder zu verhindern. Die trickreichen und ausgefallenen Verteidigungsmöglichkeiten des Baus (z. B. verdeckte Schießscharten oder Rinnen, um heißes Öl auf die Angreifer zu gießen) kann der Besucher heute bei einem Rundgang besichtigen.

Von Seeb nach As Suwayq

Tipp: Wellness am Fuß des Hajargebirges

Inmitten eines 127 000 m² großen Gartens mit vielen Mangobäumen eröffnete 2007 das Al Nahda Hotel als Oase der Ruhe und echter Alternative zu den Stadthotels in Muscat. Die gesamte Anlage versteht sich als »Deluxe Health Resort« mit 107 Studios und Villas mit je 67 m², 2 Villen sogar mit 107 m², alle mit Balkon oder Terrasse.

Unter hohen Bäumen und zwischen üppigen Blumenbeeten liegen das Schwimmbad und der große **Spabereich** mit über 20 Behandlungszimmern, umfangreichen Massage- und Körperpflegeangeboten, mehreren Spabädern, einem Dampftunnel, einem Meditationszentrum mit Yoga und Entspannungsgarten, einem Fitness- und Aerobicstudio, Tennisplätzen, Sandvolleyballfeld, Kamel- und Pferdeställen.

Im 40 Minuten vom Hotel entfernt gelegenen **Wüstencamp** kann man das Abendessen am offenen Feuer einnehmen, Geschichtenerzählern und arabischer Musik lauschen und in einer landestypischen Barastihütte unter den Sternen übernachten.

Das Hotel ist ein idealer Ort für sportliche Betätigung und Entspannung, die Anlage steht auch Besuchern offen, die nicht hier übernachten, sondern nur tagsüber das Angebot nutzen wollen. Das Resort organisiert Ausflüge nach Rustaq. Dort kann man in den hoteleigenen, mineralreichen heißen Quellen baden und sich anschließend massieren lassen.

Al Nahda Resort & Spa: 35 km vom Flughafen Muscat International Airport in Seeb entfernt; am südlichen Rand von Barka, an der Nationalstraße 13 in Richtung Nakhal, 2 km hinter der Abzweigung von der Nationalstraße 1, Tel. 26 88 37 10, Fax 26 88 31 75, www.alnahdaresort.com. Studio 120 OR, Villa 140 OR (ab 3 Übern. 125 OR), Villa mit zwei Schlafzimmern 146 OR (ab 3 Übern. 128 OR) inkl. Frühstück (Sonderangebote beachten!), Halbpension pro Person zzgl. 16 OR, Spa pro Tag 26 OR für eine Behandlungseinheit, 45 OR für zwei Behandlungseinheiten, Wüstencamp mit Transfer, Abendessen, Übernachtung und Frühstück 165 OR.

Man betritt Bayt Na'aman durch eine schwere Holztür von nur 1 m Höhe. Die Räume, in denen die Imame lebten, sind zum Teil wieder mit altem Mobiliar ausgestattet, in Oman sind das in erster Linie Teppiche und Sitzkissen. Oben im Turm, zu erreichen über eine enge Treppe, befindet sich das Schlafzimmer des Imam. Hier steht ein altes Doppelbett, von dem Ibrahim Al Wasl, seit Jahren ›Schlossherr‹ (Eintrittskartenverkäufer und zugleich Fremdenführer) behauptet, es sei das Originalbett, in dem Sultan Taimur bin Faisal 1908 noch genächtigt habe. Im Turmschlafzimmer gibt es einen Seilaufzug, mit dessen Hilfe die Imame frisches Wasser aus einem Brunnen tief unter der Festung nach oben ziehen konnten. Verteilt auf mehrere Etagen werden in Glasvitrinen Silberschmuck, Gewehre und *khanjars* ausgestellt. An den Wänden der offenen Räume fallen immer wieder die geometrischen Stuckverzierungen auf. Sie sind besonders gut im ersten Stock in der *mihrab,* der Hausmoschee der Imame, zu erkennen (Tel. 24 64 13 00, Sa–Mi 9–16 Uhr, Erw. 0,5 OR, Kinder 0,3 OR; man sollte unbedingt die Führung von Ibrahim in Anspruch nehmen!).

Majan Water Factory und Straußenfarm

Hinter Barka zweigt am Barka R/A von der Küstenautobahn die Nationalstraße 13 Richtung Süden nach Nakhal ab. Wie grün und fruchtbar die Batinah ist, erlebt man auf den nächsten Kilometern. Die Straße führt an Landwirtschaftsbetrieben vorbei, und am Rande neu angelegter Baumschulen stehen Gruppen hoher Palmen.

2 km hinter dem Abzweig passiert man rechter Hand die Wellnessoase des **Al Nahda Hotels.** Die neue Hotelanlage demonstriert, was genügend Wasser bewirken kann; die

Von Seeb nach As Suwayq

Garten mit vielen Schatten spendenden Bäumen und angelegten Wegen zwischen prächtigen Blumenbeeten stehen auch Nichthotelgästen offen (s. S. 186).

Etwa 4 km hinter dem Abzweig von der N 1 liegt rechter Hand die **Majan Water Factory,** einer der größten Abfüller von Mineralwasser. Kurz hinter der Industrieanlage biegt rechts die Straße zu einer **Straußenfarm** (*Barka Ostrich Farm*) ab. Ob Strauße zu den einheimischen Vogelarten gehören, ist umstritten, aber 1993 importierte der Gründer dieser Farm 20 Eier der Riesenvögel. Glücklicherweise überlebten alle 20 Küken das Ausbrüten in Brutkästen. Sie waren bzw. sind die Eltern jener ca. 300 Tiere, die sich heute auf dem Gelände frei bewegen. Das Fleisch der Strauße, das besonders cholesterinarm ist, findet man auf vielen Speisekarten der Capital Area. Inzwischen werden auch Krokodile auf dem Gelände gezüchtet. Die Ostrich-Farm ist kein Zoo, sondern ein agrarindustrielles Unternehmen. Das sieht man einzelnen Tieren an (Tel. 26 88 55 35, tgl. 7.30–12 und 15–18 Uhr, Erw. 0,5 OR, Kinder 0,3 OR).

Nakhal 4 ▶ 1, P 8

Karte: oben

Auf den nächsten Kilometern Richtung Nakhal rücken die steil aufsteigenden Berge des Hajargebirges immer näher heran. Die Oase **Nakhal** liegt direkt am Fuß des Hajargebir-

Von Seeb nach As Suwayq

ges, ca. 30 km von der Küste (120 km von Muscat) entfernt. Sie verdankt ihre Üppigkeit einer mineralhaltigen **Quelle**, die für intensive Landwirtschaft, den Wohlstand der Einwohner und viele Besucher sorgt.

Das Fort

Auf einem Hügel mitten in der Oase thront unübersehbar die mächtige **Festung Nakhal (Husn Al Heen).** Das Fort aus dem 9. Jh. wurde im 16. Jh. erweitert und erhielt 1834 seine heutige Form. Vollkommen restauriert im Jahre 1990, gehört es zu den wenigen Forts, deren Räume wieder möbliert sind oder in denen Exponate ausgestellt werden. So sieht man z. B. Waffen, Küchenutensilien, Möbel und Teppiche aus mehreren Jahrhunderten. Die einzelnen Räume mit ihren jeweiligen Funktionen werden auf Schautafeln (auch in englischer Sprache) erläutert. Besonders eindrucksvoll ist die **Küche,** in der traditionelle Küchengeräte (z. B. Wasserbehälter aus Tierhäuten) zu sehen sind. Eine wohlüberlegte Idee des Baumeisters: Er baute die **Schlafräume** übereinander. Der obere, warme wurde im Winter, der untere, kühlere im Sommer benutzt.

Die Festung Nakhal erstreckt sich in die Höhe. Ganz oben, im höchsten der sechs Wehrtürme, befindet sich das ehemalige **Gefängnis,** der heißeste Raum der insgesamt über 3000 m² großen Anlage. Vom Dach der Festung hat man einen herrlichen **Rundumblick** auf die Oase und das nahe Hajargebirge (Sa–Do 9–16 Uhr, 0,5 OR). Im Coffeeshop am Fuße der Anlage kann man auf Gartenstühlen einen Tee schlürfen und ein Foto von der Gesamtanlage machen (dies ist der beste Platz dafür).

Ain Thuwarah (Nakhal Springs)

Zu Nakhal gehört auch die ca. 3 km hinter dem Fort gelegene Quelle **Ain Thuwarah,** heute ein beliebtes Picknickziel. Von der Festung führt eine schmale geteerte Straße durch Gärten und Dattelpalmenhaine zur Quelle. Sie folgt der alten *aflaj*-Bewässerung und windet sich entlang der halbhohen Lehmmauern, die die Gemüsegärten und Obstbaumfelder abgrenzen. In diesem fruchtbaren Landwirtschaftsgebiet stehen alte zerfallene Lehmhäuser teilweise direkt neben neuen aus massivem Stein oder Beton errichteten Villen; die besonders schönen verbergen sich leider hinter neu errichteten hohen Lehmmauern.

Am Ende der Fahrt erreicht man das Flussbett des breiten Wadi, der vom Jebel Nakhal nach **Thuwarah** führt. Thuwarah ist ein Dorf unter Palmen. Im Wadibett liegen zwar dicke Felsbrocken, aber es fließt immer Wasser von den oberhalb liegenden Quellen; je nach Jahreszeit kann daraus ein reißender Fluss werden. Um die Quellen herum wurden ein kleines Bad, Parkmöglichkeiten und ein Platz für ein schattiges Picknick angelegt. In Al Thuwarah spürt man, welche Bedeutung eine Wasserquelle für die in einer Oase lebenden Menschen hat. Hier herrscht unter der Woche traditioneller Alltag: Frauen holen Trinkwasser, andere waschen weiter unten ihre Wäsche. Ein schattiger Platz am Rande des Wadi ist die ›gute Stube‹ des Dorfes. Hier sitzen am Vormittag ältere Männer, gestützt auf ihre Stöcke, und tauschen Neuigkeiten aus.

Auf dem Weg nach Rustaq ▶ 1, O/P 8

Die Nationalstraße 13 führt von Nakhal nach Osten und gewährt auf der 52 km langen Fahrt nach Rustaq Einblicke in die beeindruckend bizarre Bergwelt des Oman. Gleichzeitig ist man fasziniert von den sehr guten Straßen, die sich heute als Schneisen in die früher unpassierbaren Bergrücken einschneiden oder die Täler zwischen den Bergketten nutzen. Auffällig sind die neuen, kleinen Minifestungen entlang der Straße: Sie haben die Funktion von Bushaltestellen.

Nach 15 km kreuzt das **Wadi Mistal** die Straße und begleitet sie über weite Strecken. Bei Al Awabi, 20 km später, mündet das **Wadi Klarus** ebenfalls in das Tal, in dessen Mitte die Straße verläuft. Am Rustaq R/A, ca. 3 km vor der Stadt, biegt man nach links zum Zentrum ein.

Festung Nakhal: stilvolle Sparsamkeit

Rustaq 5 ▶ 1, O 8

Karte: S. 187

Abgetrennt von der Batinah durch einen Bergrücken, liegt am Fuße des Jebel Akhdar **Rustaq**. Die Stadt (12 000 Einw.) ist die größte und wichtigste dieser Region.

Rustaq liegt an strategisch herausragender Stelle: Von hier aus kann man dank mehrerer Wadis den Zugang zum Gebiet des Jebel Akhdar kontrollieren und Angriffe aus dem Hinterland auf die Städte in der Batinah bzw. ein militärisches Vordringen aus der Batinah ins Hinterland abwehren. Bis hierher und

Von Seeb nach As Suwayq

nicht weiter drangen im 7. Jh. die Invasoren vor, die die Batinah unter persische Herrschaft brachten. Sie bauten als Erste in Rustaq eine militärische Verteidigungsanlage: die Hauptsehenswürdigkeit der Stadt, die **Festung Qala'at Al Qesra**. Fort und Stadt haben eine bewegte Geschichte, die sehr eng mit den beiden Herrscherdynastien verbunden ist.

Geschichte

Nachdem das Gebiet von omanischen Stämmen erobert worden war, verlegte Nasir bin Murshid, der erste Imam aus der Al Yaruba-Dynastie, 1624 seinen Regierungssitz nach Rustaq. Unter seiner Herrschaft wurden wesentliche Teile der Festungsanlage über den alten persischen Mauerfundamenten errichtet. Saif bin Sultan, sein Nachfolger, der von 1649 bis 1688 hier residierte, legte die großen Palmenhaine im Umfeld der Festung an.

Auch in den nächsten Jahrzehnten blieb Rustaq hinter Nizwa das zweite politische und religiöse Zentrum Omans, ungeachtet dessen, dass einzelne Imame ihre Wohnsitze nach Jabrin, Nizwa oder Al Hazm verlegten. 1744 wählten die inneromanischen Stämme mit Ahmed bin Said den ersten Imam der Al Bu Said-Dynastie. Er baute Rustaq als Herrschaftssitz aus und erweiterte die Festung mit Wachtürmen. Als er 1783 hier starb, wurde er noch am selben Tag in der Festung begraben.

Rustaq war noch ein Jahr lang unter Imam Said bin Ahmed Hauptstadt des Oman, aber der neue Imam Hamad bin Ahmed entschied sich 1784 für Muscat als neuen Regierungssitz. Trotz dieser Verlagerung des politischen Zentrums blieb Rustaq weiterhin der Mittelpunkt des ibhaditischen Glaubens und seiner irdischen Hüter. 1868 wählte ein Teil der Stammesführer den aus einer Nebenlinie der Al Bu Said-Dynastie stammenden Azzan bin Qais zum Imam, mit der Absicht, den in Muscat residierenden Sultan Salim bin Thuwaini, der auch der Al Bu Said-Dynastie angehörte, zu stürzen. Dies gelang und Azzan bin Qais führte danach von Muscat aus ein fundamental-religiöses Regime im ganzen Oman. Mit Hilfe der Briten eroberte 1871 Sultan Turki bin Said Muscat zurück und vertrieb die Truppen des Imam aus der Batinah. Aber Rustaq blieb weiterhin das ibhaditische Zentrum der inneromanischen Stämme, dem Einfluss des Sultans in Muscat entzogen.

Erst 100 Jahre später, Mitte der 1950er-Jahre, konnte Sultan Said bin Taimur, der Vater des heute regierenden Sultan Qaboos, seinen Herrschaftsbereich auch über Rustaq hinaus ausdehnen – allerdings wiederum nur mit Unterstützung der Briten.

Stadtbesichtigung

Das interessanteste Besucherziel in Rustaq ist wohl unbestritten die große **Festung Qalaat Al Qesra**, auch **Al Rustaq** genannt. Sie wurde 1995 vollständig restauriert, einschließlich der sie umgebenden Mauern und ihrer Türme (s. S. 191).

Gegenüber dem Fort befindet sich der **alte Souq**. Mehrere Eingänge führen in das Gewirr enger Gassen, in das sich heute ausländische Besucher nur noch äußerst selten verirren, obwohl man hier noch vereinzelt Antiquitäten, zum Teil auch Silberarbeiten sowie anderes Kunsthandwerk entdecken kann. Am Ortseingang sprudelt die heiße, schwefelhaltige **Quelle Ain Al Kasfah**, neben der eine Moschee und eine Badeanlage errichtet wurden.

Als Heimatstadt von Imam Ahmed bin Said, dem ersten Imam der Dynastie, der auch der jetzige Sultan entstammt, genießt Rustaq heute besonderes Ansehen. So schenkte Sultan Qaboos der Stadt vor wenigen Jahren eine neue, große **Moschee,** die in einem sehr schönen Park an der Straße zur Küste steht.

Essen & Trinken

Wer nach 14 Uhr in Rustaq Hunger verspürt, findet alle Restaurants geschlossen. Aber in der Rumania Street Nr. 5 hat das **pakistanische Restaurant** von Hamed bin Nasr bin Zahran Al Bahri für seine Gäste immer geöffnet. Seine Spezialität ist *Chicken Byriani* für 0,5 OR.

aktiv unterwegs

Einmal Schlossherr – Besuch der Festung Al Rustaq

Tour-Infos
Start: am Eingang zur Festung an der Nationalstraße 11
Dauer: Rundgang, ca. 2 Std.
Öffnungszeiten: Sa–Do 9–16, Fr 8–11 Uhr, Eintritt 0,5 OR. Für den Rundgang durch die Festung ist alles Wesentliche gut ausgeschildert. Wer dennoch sachkundig geführt werden möchte: 2 Std. Führung (engl.) 8 OR (Ende 2012 wegen Restaurierung geschl.).

Die **Festung Rustaq** besitzt unter dynastischen Aspekten besonders große Bedeutung. Sie war der Wohnsitz der beiden großen omanischen Dynastien, die das Land veränderten: In Al Rustaq residierte seit 1624 zuerst der erste Herrscher der Al Yaruba-Dynastie, Imam Nasir bin Murshid, und als der letzte Imam der Al Yarubas ohne Nachkomme starb, zog 1744 Ahmed bin Said, der erste Imam der heute noch regierenden Al Bu Said-Dynastie, in Rustaq ein; er wurde 1763 hier begraben. In der über einen Quadratkilometer großen Verteidigungsanlage weht also der Geist der omanischen Geschichte.

Das gesamte Bauwerk ist von einer mächtigen Mauer umgeben. Das **Eingangstor** der Anlage befindet sich an der Ostseite. Wenn man hier eintritt, gelangt man zuerst in einen größeren **Vorhof**, in dem noch drei alte Kanonen stehen. Durch den Vorhof führt die alte heute noch funktionierende *falaj*-Wasserversorgung. Die Festung selbst betritt man vom Vorhof durch zwei hintereinanderliegende schwere Holztore.

Die gesamte Festungsanlage dehnt sich über drei Stockwerke aus. Im Erdgeschoss befinden sich ein größeres **Waffenlager** und **Vorratsräume** für Datteln sowie mehrere **Gefängniszellen.** Über einen engen Treppengang erreicht man den ersten Stock. Auch hier gibt es wieder mehrere Waffen- und Vorratsräume, aber den meisten Raum nimmt die *Majlis,* der Empfangsraum des Imam, ein. Eingerichtet ist die Majlis bis heute ausschließlich mit Sitzkissen. Im ersten Stock befindet sich zudem ein **Ziehbrunnen,** der die Wasserversorgung sicherstellte, falls angreifende Feinde die offene Wasserzufuhr des *Falaj*-Systems von außen unterbrachen. Auf dieser gesicherten Ebene der Festung steht seit dem 17. Jh. die **Al Bayadah-Moschee.** Sie war das Zentrum der ibhaditischen Theologen, deren Koraninterpretationen maßgeblich für das religiöse Leben im Oman waren. In ihr wird heute noch gebetet.

Auch in den zweiten Stock gelangt man nur über eine enge dunkle Treppe. Der Besucher trifft wieder auf **Vorratsräume** und die **Küche.** Außerdem liegen hier insgesamt sechs Wohnräume, durch deren schmale Fenster kühlende Brisen eindringen konnten. Aus den Fensternischen hat man einen faszinierenden Ausblick über die die Festung umgebenden Palmenhaine.

Die Decken der Räume sind mit Holz und Balken verziert. Über den Türen der Treppenaufgänge befinden sich Schächte, aus denen die Bewohner bei Angriffen heißes Öl auf die Eindringlinge schütteten. Das Fort besitzt vier **Türme,** deren Durchmesser zwischen 6 und 12 m betragen. In zwei dieser Türme stehen heute noch die alten Kanonen mit davor aufgeschichteten Kugeln.

Bei einem Rundgang werden die Besucher aber auch mit der Gegenwart konfrontiert. Im Bürgerkrieg der 1950er-Jahre verschanzte sich Talib Bin Ali , der Anführer der Stämme, die sich gegen den regierenden Sultan Said Bin Taimur erhoben hatten, in der Festung. Sultan Taimur konnte nach schweren Kämpfen die Festung 1956 wieder zurückerobern. Noch heute sieht man an den Außenmauern rechter Hand des Eingangs die Einschussspuren der damaligen Gefechte.

Von Seeb nach As Suwayq

Unbedingt besuchen: Festung Rustaq am Fuß des Jebel Akhdar

Al Hazm 6 ▶ 1, O 7

Karte: S. 187

Von Rustaq führt die Nationalstraße 11 zurück in die Batinah. Nur 25 km entfernt von Rustaq in Richtung Küste liegt am Rande eines Palmenhains das Dorf **Al Hazm** mit mehreren verlassenen alten Lehmhäusern. Vereinzelt findet man hier aber auch neue Villen mit schönen Gärten.

Kennzeichen des kleinen Dorfes ist eine weithin sichtbare **Festung,** die 1708 von Sultan bin Saif aus der Al Yaruba-Dynastie erbaut wurde. Sie ist eine der beeindruckendsten Verteidigungsanlagen Omans, weil ihre Architekten sich viele Details für die Abwehr von Angreifern ausdachten. Als der Erbauer der Festung 1711 zum Imam gewählt wurde, verlegte er seine Residenz und damit auch das politische Zentrum von Rustaq nach Al Hazm. Nach seinem Tod im Jahr 1718 wurde er im Westturm des Forts begraben.

Das Fort besitzt einen quadratischen Grundriss von 30 x 30 m. Die es umgebende hohe **Mauer** wird von zwei sich diagonal gegenüberliegenden runden **Verteidigungstürmen** geschützt, die durch einen Tunnelgang miteinander verbunden sind. Bögen und Gewölbe sind bestimmende Elemente der Konstruktion der vielen Räume und Kammern. Die Festung beherbergt heute eine **Waffensammlung,** darunter auch zahlreiche Kanonen aus dem 17. Jh. Zwei **Brunnen** im Inneren des Forts und ein eigenes *aflaj*-System gewährleisteten die Wasserversorgung für die **Baderäume** des Imam und sorgten bei Belagerungen für das Trinkwasser. Eindrucksvoll ist auch das gewaltige **Eingangstor.** Bis heute halten sich Gerüchte, dass es in der Festung zwei unterirdische **Fluchttunnel**

sitzt, ist bereits jetzt Personal für angemeldete Führungen anwesend, auch wenn das schwere Holztor am Parkplatz nicht immer geöffnet ist. Einfach fest klopfen, man hat immer Glück (später: Sa–Do 9–16, Fr 8–11 Uhr, Eintritt 0,5 OR).

Al Hazm liegt nur 25 km von der Küstenautobahn (N 1) entfernt, Die Nationalstraße 11 von Al Hazm trifft an der zwischen Muscat und Soher gelegenen Ortschaft Al Maladdah wieder auf die Nationalstraße 1.

Ras Al Sawadi 7 und Umgebung ▶ 1, O/P 7

Karte: S. 187

Wer in Barka nicht nach Süden abbiegt, um die großen Festungen am Rande der Batinah in Nakhal, Rustaq und Al Hazm zu besuchen, sondern weiter auf der Küstenautobahn nach Westen Richtung Sohar fährt, erreicht 18 km hinter dem Barka R/A eine Abzweigung zur Küste. Sie führt zur **Landspitze Ras Al Sawadi,** die einen sehr schönen Strand vorzuweisen hat. Weil dieser Küstenabschnitt mit seinen vorgelagerten Inseln zu den schönsten Sandstränden der Batinah zählt, sieht ein Plan des Tourismusministeriums vor, entlang der Küste von Ras Al Sawadi in den nächsten Jahren mehrere Ferienhotels entstehen zu lassen. Noch steht hier aber nur ein einziges Hotel, das **Al Sawadi Beach Resort,** das als Sport- und Freizeithotel bei den Bewohnern der Capital Area sehr beliebt ist.

gäbe, wovon der eine von Al Hazm nach Rustaq und der andere zur Küste führen würde. Sie wurden jedoch noch nicht freigelegt.

Der Besuch der Festung Al Hazm ist ein Erlebnis, weil die Anlage viele architektonische Elemente besitzt, die später beim Bau anderer Festungen kopiert wurden. Damit man möglichst viele Details dieser besonderen Bauweise kennenlernt, ist es ratsam, sich einer Führung anzuschließen. Al Hazm gehört zu den Festungsanlagen, die noch dem Ministry of Culture and Heritage (dem Kultusministerium) unterstehen. Erst wenn die Renovierungen auch innen vollständig abgeschlossen sind, wird es in die Verantwortung des Ministry of Tourism (des Tourismusministeriums) entlassen, das dann Besuchszeiten organisiert. So wird bei allen Festungsanlagen verfahren. Da aber Al Hazm große Bedeutung unter den Festungen Omans be-

5 Daymaniyat Islands Nature Reserve

Die **Inselgruppe Juzor Ad Daymaniyat** (auch: Dimaniyat oder Damaniyyat transkribiert) besteht aus neun größeren und vielen kleineren unbewohnten Felseninseln. Sie reihen sich wie eine Perlenkette (arab.: *daymaniyat*) vor der Küste zwischen der Landspitze Ras Al Sawadi und der Küstenstadt Barka aneinander, liegen ca. 20 km von der Küste entfernt (30 Minuten per Boot) und erstrecken sich von West nach Ost auf eine Distanz von 18 km.

Von Seeb nach As Suwayq

Das ganze Gebiet um Daymaniyat Islands steht wegen seiner Unterwasserwelt mit ausgedehnten Korallengärten und seinem großen tropischen Fischreichtum unter strengem Naturschutz. Die neun kleinen Inseln werden von Zugvögeln angeflogen, sind aber auch Heimat vieler einheimischer Vogelarten. Jedes Jahr kommen zwischen 200 und 300 Meeresschildkröten zur Eiablage hierher, das Gewässer um die Inseln wird zudem gelegentlich von Walhaien aufgesucht. Das Meer um die Inselgruppe ist durchschnittlich 20 m tief, an einem Abbruch an der östlichsten Insel geht es sogar 40 m hinunter.

Keine der Inseln darf betreten werden, auch wenn die kleinen Sandstrandbuchten verlockend dazu einladen. Die Boote des Al Sawadi Hotels, die **Schnorchelausflüge** unternehmen, müssen vor den Inseln ankern, Gleiches gilt für die Boote der **Tauchschulen**. Um überhaupt tauchen zu dürfen, bedarf es der Erlaubnis des Ministry of Environment (Umweltministerium), dem die Tauchschule des Hotels gehört.

Vom Al Sawadi Resort führt die asphaltierte Straße in östlicher Richtung zu einer großen Sandbucht an der Landspitze Ras Al Sawadi. Auf ihr erhebt sich in 40 m Höhe eine kleine Festungsruine. In der Bucht bieten Fischer ihre Boote für Rundfahrten vor der Felskulisse der Landspitze und zu den kleinen vorgelagerten **Sawadi-Inseln** an. Die größte der Sawadi-Inseln kann bei Ebbe auch zu Fuß erreicht werden.

Al Musanah 8

Von der Nationalstraße 1 biegt 10 km hinter der Abzweigung nach As Sawadi rechter Hand eine Straße nach **Musanah** ab. Der Ort besitzt eine Festung, die restauriert wurde. Sie aufzusuchen lohnt allerdings nur, wenn man ein ausgesprochener Festungsfan ist und besonders viele Festungen während seines Oman-Aufenthalts besichtigen möchte.

Übernachten

Große Ferienanlage ▶ **Al Sawadi Beach Resort:** nach der Abzweigung von der Nationalstraße 1 ca. 9 km in Richtung Küste, Tel. 26 79 55 45, Fax 26 79 55 35, www.alsawadibeach.com. Al Sawadi ist eine weitläufige Freizeitanlage mit angeschlossenem Hotel. Geboten werden außer einem schönen, breiten Strand viele Möglichkeiten für unterschiedliche Sportarten an Land (z. B. Tennis, Squash, Minigolf) oder zu Wasser (z. B. Wasserski, Windsurfing, Tauchen). Die Anlage gleicht einem großen Garten. Man wohnt in einem zentralen Hoteltrakt in Zimmern im Chaletstil, kann aber auch in mannshohen Zelten in Strandnähe übernachten. Für Kinder gibt es einen eigenen Abschnitt mit Kinderzelten. Man darf auch auf dem Gelände in mitgebrachten Zelten übernachten und hoteleigene Sanitäranlagen benutzen. 100 Zimmer, DZ ab 100 OR (Okt.–April), 70 OR (Mai–Sept.), inkl. Frühstück und Abendessen.

Essen & Trinken

Terrassenrestaurant ▶ **Jabal Sawadi:** im Al Sawadi Beach Resort (s. oben). Hier bekommt der Gast omanische Küche in omanischer Umgebung in einem Restaurant, das einer *majlis* gleicht. Spezialität: *Shuva*, ein Fleischgericht, das lange in einer Marinade eingelegt wurde. Dazu abends Livemusik und Bauchtanz. Mittags Hauptgerichte ab 8 OR, abends meist Buffet ab 10 OR.

Aktiv

Tauchen ▶ **Extra Divers:** im Al Sawadi Beach Resort, Tel. 26 79 55 49. Die Tauchschule am Strand des Hotels bietet diverse Tauchkurse vom Anfängerkurs bis zur PADI Open Water Qualification an. Für Kinder gibt es das PADI-Bubble-Maker-Programm. **Exkursion:** Das Al Sawadi Resort bietet Schnorchelausflüge per Boot zu den vorgelagerten Daymaniyat-Inseln an, die unter Naturschutz stehen (23 OR).

As Suwayq 9 ▶ 1, O 7

Karte: S. 187

Auf dem weiteren Weg nach Sohar lohnt ein Abstecher nach **As Suwayq**, einem kleinen Fischerort mit großer Vergangenheit. Er war

As Suwayq

über Jahrhunderte ein herausragendes landwirtschaftliches Zentrum in der Batinah, denn seine Bewohner legten bereits vor Hunderten von Jahren 32 *aflaj*-Kanäle an, mit denen sie intensiven Wasserbau betrieben. Bis heute werden auf den Feldern Zitrusfrüchte, Mangos und Bananen angebaut. As Suwayq war deshalb eine vermögende Stadt. Da Reichtum Begehrlichkeit weckt, musste sie sich mehrmals militärisch verteidigen.

Die Geschichte ist hier ständig präsent, denn im Zentrum des Orts, nahe am Strand, steht eine 300 Jahre alte, mächtige **Festung**. Sie ist rechteckig angelegt und besitzt einen Innenhof sowie eine sie umgebende Mauer. An jeder ihrer Ecken erheben sich dreistöckige Türme, drei von ihnen sind Rundtürme mit Schießscharten, der vierte ein mit Kanonen bestückter quadratischer Turm.

Der Eingang zur Festung befindet sich auf der dem Meer zugewandten Nordseite. Über viele Stufen erreicht man das Plateau des Innenhofs. Hier steht der tiefe Ziehbrunnen, der die Festung mit Wasser versorgte. Entlang der Mauer, die den Innenhof umgibt, verläuft eine Brüstung, von der man durch die abgerundeten Zinnen hindurch über die ganze Stadt blickt. Leider nagt der Zahn der Zeit am Gebäude: An vielen Stellen der Außenwand bröckelt der Lehmputz in großen Platten ab, und ein Drittel der sie umgebenden Lehmmauer ist an der Ostseite schon seit Jahren eingestürzt; die Mauerreste liegen zu Füßen der Festung (So–Mi 9–14 Uhr, Eintritt frei).

Faszinierende Unterwasserwelt: Ausflüge organisiert das Al Sawadi Beach Resort

Von Seeb nach As Suwayq

Die Dattelpalme – der Baum des Koran

Oman besitzt mehr als 8 Millionen Dattelpalmen, das ergab der letzte Landwirtschafts-Zensus im Jahr 2005. Dattelpalmen sind aus dem Leben der Omanis nicht wegzudenken, die nicht nur ihre Früchte verspeisen, sondern auch die Blättern und Stämme nutzen.

Kein anderer Baum wird derart oft im Koran erwähnt wie die Palme, insgesamt kommt sie dort mehrere Dutzend Mal vor – in Gleichnissen und Bildern. Für die erste Moschee, die Mohammed 630 in Medina errichtete, lieferten Palmen das wesentliche Baumaterial. Ihre Säulen waren aus Palmstämmen, das Dach mit Palmwedeln gedeckt, und die Gläubigen beteten auf Matten aus Palmblättern.

Beliebtheit und Bedeutung der *Phoenix dactylifera* hängen sehr eng mit ihrem vielseitigem Nutzen für die Menschen zusammen. Die Blätter werden zum Flechten von Matten und Körben verwendet und sie dienen als Material für Wände und Dächer. Früher bestanden auch die Dachabdeckungen der Souqs in Oman aus Palmblättern. Die Stämme nutzt man als Bauholz oder verarbeitet ihr Holz zu Kohle, die den Speisen ein besonderes Aroma verleiht. Aus ihren Fasern kann man haltbare Seile drehen, auch ihre Funktion als anmutiger Schattenspender darf natürlich nicht unerwähnt bleiben. Aber das wichtigste Produkt sind die Früchte: die Datteln.

Die Dattel enthält sieben Vitamine, zwölf Mineralien und besteht zu 70 % aus Zucker. Der wiederum setzt sich zur Hälfte aus Fruktose, die langfristige Energiezufuhr sichert, und zur Hälfte aus Glukose zusammen, die dem Körper sehr schnell einen Energieschub verleiht. Deshalb nahm der Prophet an den Abenden im Ramadan zum Fastenbrechen stets Datteln zu sich. Ein weiterer Vorzug der Dattel: Sie enthält zu ca. 10 % Fasern, die vom Magen nicht verarbeitet werden und deshalb verdauungsfördernd wirken, weil sie im Darm Flüssigkeit binden. Frische Datteln sind eine Köstlichkeit, in getrocknetem Zustand schmecken sie auch nach einem Jahr noch vorzüglich, denn ihr hoher Zuckeranteil wirkt als Konservierungsstoff. Für die Beduinen, die früher auf ihren Wüstendurchquerungen wochenlang ausschließlich von Datteln und Kamelmilch lebten, war die Palme deshalb der »Baum des Lebens«.

Um Früchte zu produzieren, bedarf es männlicher und weiblicher Palmen; ›geschlechtsreif‹ werden die Bäume nach 12 bis 14 Jahren, beide werden ca. 80 Jahre alt. In der Blütezeit der Palmen klettert der *baider* (Gärtner) mithilfe eines Hanfseils, das er geschickt um Stamm und Hüfte schlingt, zuerst auf den männlichen Baum, schneidet dort die Zweige mit den Blütenständen ab, erklimmt dann auf gleiche Weise eine weibliche Palme und befestigt die männlichen Blütenstände in ihrer Krone. Damit die Befruchtung sicher ist, wiederholt der *baider* diese ›Bestäubungshilfe‹ mehrmals. Geerntet wird dann ab Juni.

Entgegen allen Vorstellungen gilt: Eine Palme, insbesondere eine Dattelpalme, benötigt relativ viel Wasser. »Ihr Kopf muss in der Sonne stehen«, heißt es unter Arabern, »aber ihre Füße gehören ins Wasser« – Idealbedingungen, die sich in den Oasen Omans finden.

Dattelpalmensamen

Die Dattelpalme

Thema

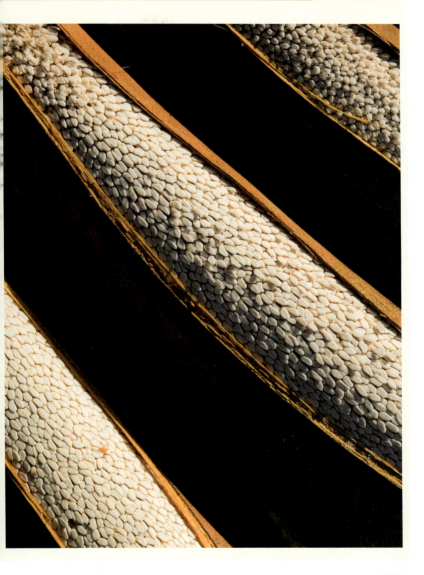

Sohar, Buraimi und Al Ain

Die Hafenstadt Sohar war ein historisches Zentrum des omanischen Fernhandels. Sindbad der Seefahrer ist der bekannteste Sohn der Stadt. Von Sohar kann man einen Abstecher ins Landesinnere zur Oase Buraimi machen und dabei auch Al Ain, dem Teil der Oase, der zu den VAE gehört, einen Besuch abstatten.

Sohar ▶ 1, M 6

Cityplan: S. 202

Bleibt man auf der Küstenautobahn, erreicht man 100 km hinter As Suwayq die bedeutendste Stadt der Batinah, die historische Hafenstadt **Sohar**. Weit außerhalb der Stadt, an der Grenze des *wilayat* Sohar, wird man von einem doppelten Torbogen begrüßt, der sich über beide Fahrbahnen der Nationalstraße 1 spannt.

Sohar ist nicht nur der ökonomisch wichtigste Ort der Region, sondern mit 50 000 Einwohnern auch der größte. Er ist heute weitläufig und großzügig gestaltet, vermag aber an die in den Überlieferungen beschriebene Pracht der Vergangenheit nur teilweise heranzureichen. Daran ändern auch die vielen neuen Villen am Stadtrand oder die Entscheidung, am landesweiten ›Beautyfication Program‹ (›Verschönerungsprogramm‹) teilzunehmen, relativ wenig. Trotzdem zeigen die Verschönerungsmaßnahmen Wirkung: Bougainvilleen und Hibisken säumen die Straßen, Kokospalmen wurden entlang der Corniche gepflanzt, meterhohe Skulpturen von Kaffeekannen, Dhaus und *khanjars* aus Beton wurden in den Verkehrskreisen aufgestellt. Breite Straßen, von Grün gesäumt, verbinden die einzelnen Stadtteile.

Am Stadteingang schmückt eine überdimensionale **Weltkugel** den Verkehrskreisel Sohar R/A. Sie ist eine Referenz an Sindbad, den legendären Sohn der Stadt. Zugleich erinnert sie an die Tradition Sohars als Hafen, dessen Schiffe auf den Meeren der (damals bekannten) Welt präsent waren.

Geschichte

Sohar blickt auf eine lange Geschichte zurück. Bereits 2000 v. Chr. wurde hier Kupfer geschmolzen und nach Mesopotamien exportiert. Als Hafenstadt wird Sohar von Ptolemäus bereits im ersten nachchristlichen Jahrhundert erwähnt, und seit dem 4. Jh. segelten Kaufleute auf omanischen Dhaus von hier bis weit ins chinesische Kanton. Seine Blütezeit als Handelsstadt erlebte Sohar während des abbasidischen Kalifats von Harun al Rashid (786–909), der ein Zeitgenosse Karls des Großen war. Harun al Rashid ist in Europa bekannt, weil er eine Gesandtschaft zu Karl dem Großen schickte, die einen indischen Elefanten als Geschenk mitbrachte. In den Berichten darüber wird Sohar als besonders prachtvoll beschrieben. »Ihre kilometerlange Küste ist stets geschäftig mit Hunderten von Schiffen, die prachtvollen Häuser sind aus Teakholz und Steinen gebaut und es gibt einen Frischwasserkanal«, so beschrieb der arabische Geograf Al Muqadassi die Hafenstadt im 10. Jh. Dies war auch die Zeit, in der die Geschichten um Sindbad, den legendären Seefahrer erzählt wurden.

Sohar heute: Anknüpfen an die Pracht und den Wohlstand alter Tage

Sohar, Buraimi und Al Ain

971 zerstörten die Perser die Stadt vollständig samt ihrer vielen Schiffe. Davon hat sich Sohar nie wieder erholt. Als im 18. Jh. die Perser erneut nach Oman eindrangen, leistete der damalige *wali* von Sohar, Ahmed bin Said, heftigen Widerstand. 1747 gelang es ihm sogar, Oman vollständig von persischer Herrschaft zu befreien. Daraufhin wurde er der erste Sultan der Al Bu Said-Dynastie, der den gesamten Oman beherrschte.

Fort Sohar

Wer am Sohar R/A mit der großen Weltkugel in Richtung Norden abbiegt, gelangt direkt ins Zentrum der Stadt zur **großen Festung** 1. In der Geschichte Sohars spielte dieses Fort, eines der sehenswertesten Omans, eine herausragende Rolle. Seit 1992 erstrahlt es in vollkommenem Weiß, im Gegensatz zum lehmfarbenen Braun der anderen omanischen Festungen. Das Fort von Sohar steht von Palmen umgeben unweit des Strandes inmitten des alten Stadtkerns. Zwei Kanonen flankieren den Eingang zum Gelände. Grabungen ergaben, dass die Festung über Ruinen einer älteren, vermutlich persischen Verteidigungsanlage aus dem 13. Jh. erbaut wurde. Die Portugiesen eroberten die Festung 1507 nach langer Belagerung, verloren sie aber an die Perser und erkämpften sie sich 1616 zurück. Dabei kam es zu großen Zerstörungen, sodass die Portugiesen die Anlage von Grund auf neu errichten mussten.

Im Inneren des Forts erhebt sich ein vierstöckiges Bauwerk aus dem 17. Jh., das heute als **Museum** dient. Dort wird – verteilt über drei Stockwerke – die lange Geschichte der Stadt von ihrer Blütezeit im Mittelalter über die persische Eroberung bis in die Neuzeit dokumentiert. Das wertvollste Exponat des Museums ist ein **Brief des Propheten Mohammed** aus dem Jahr 630, den dieser an die seinerzeit in Sohar herrschende Familie Yulanda schickte. Er erinnert daran, dass Sohar die erste omanische Stadt war, in der der neue Glaube an Allah Fuß fasste.

Ein Spaziergang auf dem Festungsgelände innerhalb der Mauern führt zu Ausgrabungen einer vorislamischen Besiedlung. Von den Festungszinnen genießt man einen Blick auf die Bucht, die prächtigen Häuser der Umgebung und die Moschee von Sohar (Tel. 26 84 47 58, Sa–Mi 8–13, Do/Fr 9–13 Uhr, 0,5 OR (Ende 2012 wegen Renovierung geschl.).

Das Fort ist von einer **Gartenanlage** 2, umgeben, die es abzulaufen lohnt, denn entlang der Wege um die Festung bekommt man einen Eindruck ihrer Ausmaße und kann ihre Wehrhaftigkeit ermessen. Gegenüber der Festung befindet sich das Gebäude des *wali*, das von bewaffneter Polizei bewacht wird. An der östlichen Seite der Festung wurde ein großer Parkplatz angelegt.

Rund um das Fort

Zweimal in der Woche präsentiert sich auf dem Gelände des Fort-Parkplatzes die omanische Variante einer Verbindung von Tradition und Moderne: Hinter dem Parkplatz liegt das Büro der Verkehrspolizei, das zur Erteilung der Fahrerlaubnis eines Pkw auf dem Parkplatz praktische Fahrprüfungen abnimmt. Es fällt dem Besucher auf, dass sehr viele junge omanische Frauen, tugendhaft in eine schwarze *abbaya* gekleidet, vor dem Fahrschulauto auf den polizeilichen Prüfer warten. Sobald dieser den Wagen besteigt, nimmt auch ein männliches Familienmitglied der Kandidatin (meist Vater oder Bruder), auf dem Rücksitz des Fahrschulautos Platz; er ist die ganze Zeit dabei, während sie neben dem fremden männlichen Polizisten das Auto fährt und den Führerschein erwirbt.

Einen Besuch wert ist auch der **Fischmarkt** 3, der vom Fort aus in nördlicher Richtung liegt. Vormittags ab 8 Uhr kann man hier die nächtlichen Fangerfolge der örtlichen Fischer in Augenschein nehmen und ihre geschickten Verkaufsstrategien beobachten.

Der neue Hafen – Sohar Port 4

In Sohar wird Omans Hafen der Zukunft gebaut. Auf einem 21 km² großen Gelände entsteht in Zusammenarbeit mit der Rotterdamer Hafengesellschaft nördlich der Stadt der größte Hafen Omans, der Tiefseehafen **Sohar Port.** Er ist Teil eines gigantischen Industriegebiets, in dem bereits jene Industrien

Sindbad der Seefahrer — Thema

Sindbad (arab.: Sindibad) ist der Held einer orientalischen Erzählung aus der Märchensammlung 1001 Nacht. Darin erzählt Scheherazade ihrem König Nacht für Nacht spannende Geschichten aus fremden Ländern. Etymologisch stammt der Name Sindbad aus dem persischen Sprachraum und bedeutet »Wind des Sind«.

Es lässt sich historisch nicht eindeutig belegen, aber vieles spricht dafür, und alle Omanis glauben fest daran: Sindbad der Seefahrer stammt aus Sohar. Die Geschichte von Sindbad dem Seefahrer spielt im 8. und 9. Jh., in einer Zeit, in der der große Kalif Harun al Rashid (786–809) herrschte. Sie beginnt mit der zufälligen Begegnung zweier Männer gleichen Namens in Bagdad: Sindbad der Lastenträger und Sindbad der Seefahrer. Als der Lastenträger sich eines Tages vor dem prächtigen Haus des Seefahrers nach getaner Arbeit ein wenig ausruht, wird er des großen Reichtums und des schönen Lebens ansichtig, das dieser führt. Laut spricht er daraufhin ein paar Verse zu Allah über die Ungleichheit, die auf Erden herrscht. Da Allahs Wille aber unergründlich sei, wolle er sich im Vertrauen auf ihn mit seinem Schicksal abfinden.

Sindbad der Seefahrer, der in seinem Garten lustwandelt und diese Worte hört, lädt daraufhin den Lastenträger in seinen Palast ein, um ihm seine ungewöhnliche Lebensgeschichte zu erzählen. Er habe ein großes Vermögen von seinem Vater, einem reichen Kaufmann aus Sohar, geerbt, aber das Geld mit seinen Freunden wahllos verprasst. Als er nur noch ganz wenig besaß, fielen ihm die Worte seines Vaters ein, die er ihm auf seinen Lebensweg mitgegeben hatte. Drei Dinge seien drei anderen vorzuziehen: »Der Sterbetag dem Geburtstag, ein lebendiger Hund einem toten Löwen und ein Grab dem festesten Palast«. Sindbad der Seefahrer dachte lange über diese Worte nach, verkaufte dann die wenigen ihm verbliebenen Besitztümer und ging mit dem kleinen Erlös auf Reisen, um fremde Länder und Städte kennenzulernen. Er brach von Sohar mit dem Schiff zu insgesamt sieben langen Reisen auf. Auf ihnen – so berichtet er dem Lastenträger – habe er sehr viel erlebt und sei am Ende auch wieder zu Reichtum gekommen.

Die Abenteuer, die er auf diesen sieben Reisen zu bestehen hatte, sind Gegenstand der Erzählungen von Scheherazade. Weil sie so fantasievoll und spannend sind und am Ende trotz aller zu bestehenden Gefahren und unvorhergesehenen Schwierigkeiten immer gut ausgehen, sind sie in den Küstenstaaten des Arabischen Golfs so bekannt und beliebt wie in unseren Breiten die Märchen der Gebrüder Grimm. Jedes Kind bewundert z. B., wie Sindbad die Affen überlistete, um an ihre Kokosnüsse zu gelangen, oder fürchtet sich vor dem Riesenvogel Ruch, der Sindbads Schiff mit herabfallenden Felsbrocken zerstören wollte.

Auch entdeckten viele Regisseure Sindbads Geschichten als idealen Stoff für Drehbücher. Inzwischen gibt es ein Dutzend Filme über Sindbad den Seefahrer und seine Reisen, zu den bekanntesten zählt derjenige aus dem Jahr 1947 mit Douglas Fairbanks junior und Maureen O'Hara. Der vorerst letzte ist der Zeichentrickfilm »Sindbad – Der Herr der sieben Meere« aus dem Jahr 2003.

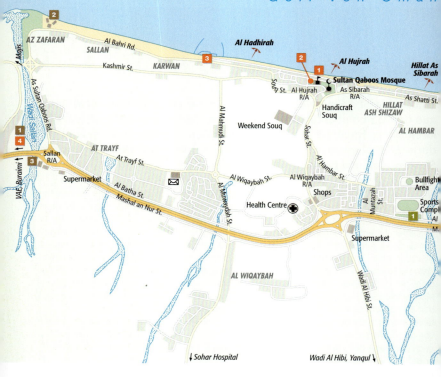

ansässig sind, deren Produkte zum Bau der Hafenanlage selbst benötigt werden: Zement, Aluminium, Stahl und verschiedene Öldestillate. Wenn erst einmal alle Betriebe des Industriegebiets – Hütten, chemische Werke, Raffinerien – ihre Arbeit aufgenommen haben, werden hier über 20 000 Menschen arbeiten. Für Oman ist Sohar Port von hoher Bedeutung, denn der Hafen liegt südlich der Straße von Hormuz und damit jenseits des sicherheitsempfindlichen Aus- und Eingangs zum Arabischen Golf. Sollte es wider Erwarten einmal an dieser Nahtstelle der Ölroute zu ernsthaften Problemen kommen, kann das Öl aus Saudi-Arabien oder den VAE über Oman exportiert werden.

Infos

Sohar Police Station: im Büro des *wali* gegenüber dem Fort, Tel. 26 84 00 99.

Sohar Hospital: Tel. 26 84 00 99. Ein neues Krankenhaus liegt 5 km außerhalb der Stadt Richtung Süden.

Übernachten

Luxus außerhalb der Stadt ▶ Crown Plaza Sohar 1 : im Norden Sohars im Stadtteil Falaj al Qabael, Tel. 26 85 08 50, Fax 26 85 08 00, www.ichotelsgroup.com. Vierstöckiger Neubau am Rande der Stadt inmitten eines Wüstengebietes, mit eindrucksvoller Lobby, schönem Schwimmbad, großer Kegelbahn und einem Billiardzimmer. Große helle Zimmer mit Fenster bis zum Fußboden, modern möbliert, DZ ab 90 OR

Strandhotel ▶ Sohar Beach Hotel 2 : 5 km nördl. des Zentrums, am Strand, Tel. 26 84 11 11, Fax 26 84 37 66, www.soharbeach. com. Das im Stil eines Forts erbaute Hotel liegt inmitten einer weitläufigen Anlage. Die

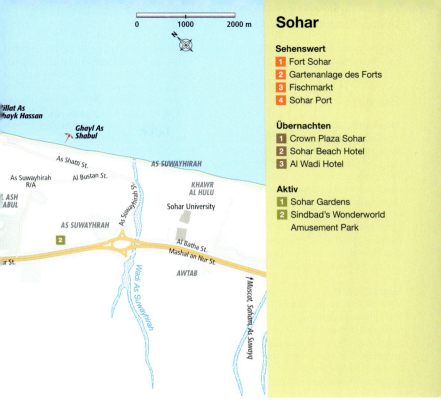

Sohar

Sehenswert
1. Fort Sohar
2. Gartenanlage des Forts
3. Fischmarkt
4. Sohar Port

Übernachten
1. Crown Plaza Sohar
2. Sohar Beach Hotel
3. Al Wadi Hotel

Aktiv
1. Sohar Gardens
2. Sindbad's Wonderworld Amusement Park

geräumigen Zimmer, alle mit Balkon oder Terrasse, verteilen sich auf mehrere, aneinander gereihte Gebäude, die sich um einen großen Swimmingpool gruppieren. Seit 2008 wird das Hotel von der Schweizer Swiss Bel Hotel International geführt. 41 Zimmer, ab 60 OR.

Alles rund ▶ Al Wadi Hotel 3 : an der Nationalstraße 1 nördl. des Zentrums, Tel. 26 84 00 58, Fax 26 84 19 97, www.omanhotels.com. Einstöckiger Rundbau um ein schönes, ebenfalls rundes Schwimmbad mit 79 geräumigen Zimmern und Suiten ausgestattet; angenehme Atmosphäre, freundliche Bedienung, zwei Restaurants. DZ ab 49 OR.

Essen & Trinken

Für jeden Geschmack ▶ Al Sal Pan 3 : im Al Wadi Hotel, tgl. 6–24 Uhr. Serviert wird internationale und arabische Küche, am Abend gibt es Livemusik. Mit Außenterrasse. Meistens Buffet, ab 8 OR.

Aktiv

Lustwandeln unter Palmen ▶ Parkanlage Sohar Gardens 1 : an der südlichen Stadtausfahrt, parallel zur Nationalstraße 1. Ein großer öffentlicher Palmengarten.

Für die Kleinen ▶ Sindbad's Wonderworld Amusement Park 2 : Al Hadeegha Street, neben der Parkanlage. Hier kommen Kinder auf ihre Kosten, wenn sie gerne Karussell, Achterbahn oder Autoscooter fahren (tgl. 16–22 Uhr, Eintritt frei).

Verkehr

Sammeltaxis und Shuttlebusse nach Muscat und zu den umliegenden Orten, aber auch nach Dubai, ab Al Nahda St. (Zentrum). **ONTC-Busse** nach Muscat (Ruwi) 4 x tgl. und

Sohar, Buraimi und Al Ain

Buraimi 3 x tgl. Abfahrt Gail Al Shabool, Penguin Restaurant, Tel. 26 84 17 72.

Buraimi ▶ 1, K 6

Cityplan: S. 207
Von Sohar führt die Nationalstraße 7 weiter in Richtung Nordwesten zur Halbinsel Musandam. Es bietet sich aber auch die Möglichkeit, einen Abstecher zum **Oasengebiet Buraimi** zu machen, dem flächenmäßig größten Oasengebiet im Nordosten der Arabischen Halbinsel. Dafür biegt man am Ausgang von Sohar am Falaj R/A auf die Nationalstraße 7 Richtung Westen und überquert, dem Wadi Jizzi folgend, das Hajargebirge. Nach 100 km ist das Ziel Buraimi erreicht.

Geschichte

Mehr als 200 Quellen und Brunnen inmitten der Sandwüste an den Ausläufern des Hajargebirges ließen am Fuße des Jebel Hafeet ein 200 km^2 großes zusammenhängendes Oasengebiet entstehen, das ursprünglich den Namen Buraimi-Oase trug und auf eine bewegte und kriegerische Vergangenheit zurückblickt. Heute trägt jener Teil der Oase, der zu den VAE gehört, den Namen Al Ain.

Die Geschichte Buraimis reicht zurück bis in die Antike. In der Gegend um das Wadi Jizzi wurde bereits im Altertum Kupfererz gefunden, in kleinen Verhüttungsöfen geschmolzen, über die Oase Buraimi auf dem Landwege nach Umm Al Narr (heute die Stadt Abu Dhabi) gebracht und dort per Schiff via Nizwa ins Zweistromland weitertransportiert. In den Orten Arja und Lasail stießen Archäologen sowohl auf Kupfererzadern als auch auf riesige Schlackenhalden, sodass kein Zweifel mehr besteht, dass hier in der Antike das oft aufgrund seines Kupfers erwähnte Reich Magan lag.

Im 19. Jh. rückte das Oasengebiet ins Zentrum politischer Veränderungen, als saudische Truppen 1866 zur Verbreitung ihres wahabitischen Islams die Oase eroberten. Der omanische Sultan konnte 1869 nach erbitterten Kämpfen die Oase zurückgewinnen. 1952 marschierten die Saudis abermals ein; diesmal unterstützten sie fundamentalistische Aufständische aus Inneroman, die den Sultan in Muscat vertreiben wollten, da dieser nichtislamische englische Ölbohrtrupps ins Land geholt hatte. Mit britischer Hilfe gelang es, die omanischen Ansprüche 1959 militärisch durchzusetzen, und dank des Internationalen Gerichtshofs in Den Haag erkennt Saudi-Arabien seit 1977 die jetzt südlich des Oasengebietes verlaufende Grenze an.

Heute teilen sich Oman und die VAE die ursprünglich neun Dörfer der Buraimi-Oase. Die Grenze zwischen beiden Staaten verläuft entlang der traditionellen Besitzungsmarkierungen der vorstaatlichen Scheichtümer: Sechs Dörfer, historisch im Familienbesitz der Sheikhs von Abu Dhabi, gehören zu den VAE, drei zu Oman. Oman nennt seinen Teil nach wie vor Al Buraimi, während die VAE ihrem Oasengebiet den Namen jenes Dorfes gaben, in dem ihr Staatsgründer, Sheikh Zayed, geboren wurde: Al Ain. Die Grenze zwischen Al Ain und Al Buraimi, d. h. zwischen den VAE und Oman, verläuft heute entlang der Al Falah Street. Der Übergang von Al Ain in das omanische Grenzland ist problemlos und ohne Visum möglich, die Grenzbehörden kontrollieren erst rund 25 km weiter im Landesinneren. Nur die mächtigen Forts aus gestampftem Lehm erinnern noch an die vergangenen kriegerischen Zeiten.

Buraimi heute

Wasserkanäle, Palmenhaine und Souqs im traditionellen Stil bestimmen das Bild des heutigen Ortes Buraimi, doch inzwischen treibt die omanische Regierung die Modernisierung kräftig voran: Die Stadt wächst über ihre Grenzen hinaus, Wirtschaftsunternehmen werden angesiedelt, Schulen eröffnet, Krankenhäuser erweitert. Nur noch wenige Frauen tragen die *burqa,* und der Anteil von Mädchen, die die höhere Schule besuchen, steigt. Zu dieser Entwicklung hat die bereits stärker vorangeschrittene Modernisierung im benachbarten Al Ain wesentlich beigetragen.

Al Ain

Eine Besichtigung wert ist das von Palmen umgebene, in traditioneller Lehmbauweise errichtete **Fort Qasr al Khandaq** 1 mit seinen gewaltigen runden Ecktürmen (an der Hauptstraße unweit der Grenze zu Al Ain und gegenüber dem Souq). Es wurde umfassend restauriert, im großen Innenhof befinden sich mehrere Wohn- und Lagergebäude. Sehenswert ist auch der *Majlis*-**Versammlungsraum.** Die Wasserzufuhr des Forts sichern die beiden **antike Kanäle** Falaj Buraimi und Falaj Saara, die auf ihrem kilometerlangen Lauf vom Gebirge östlich der Oase auch Hunderte von Gärten bewässern. Der **alte Souq** 2 (neben dem Fort) hat sich teilweise seine arabische Atmosphäre bewahrt und lohnt einen Bummel. Neben Waren des täglichen Gebrauchs werden auch Gewürze, Antiquarisches und Silber feilgeboten.

An den Souq schließt sich der älteste Teil Buraimis an, die **historische Oase** 3 mit Dattelpalmenhainen und Gemüsefeldern. Schmale, von alten Lehmmauern gesäumte Wege führen hindurch, man spaziert meist im Schatten. In den Palmengärten wird bereits am frühen Morgen gearbeitet. Die Bewässerungskanäle verlaufen größtenteils unterirdisch, um der Verdunstung entgegenzuwirken, doch sieht man hier und dort einen *falaj* an die Oberfläche kommen, der sein Wasser an die Felder abgibt.

Übernachten

Im benachbarten Al Ain ist das Hotelangebot besser als in Al Buraimi. Überlegen Sie, ob Sie nicht dort Quartier nehmen (s. S. 210).
Oase in der Oase ▶ **Al Buraimi** 1 : Al Sour R/A, Sohar Rd., Al Dahirah, Tel. 25 65 20 10, Fax 25 65 20 11. Abgewohntes Mittelklassehotel mit Pool, großem Garten und 62 Zimmern ab 50 OR.
Preiswert und freundlich ▶ **Al Dahra Hotel** 2 : Main Rd. (unweit der Al-Ain-Grenze), Tel. 25 65 04 92, Fax 25 65 08 81. Einfaches Haus mit ordentlichen Zimmern, DZ 20 OR.

Essen & Trinken

Alles orientalisch ▶ **Al Hamasa** 1 : im Hotel Al Buraimi, Tel. 25 65 20 10, tgl. 7.30–24 Uhr. Arabisch-libanesische Küche steht auf der Karte, Suppe, Salat, Houmus und Fleischspieß 1,5 OR.

Verkehr

ONTC-Busse: 3 x tgl. über Sohar nach Muscat (Ruwi), Fahrzeit 6 Std., einfache Strecke 4 OR, Abfahrt Al Saara Al Jadeda, neben der Bank of Muscat, Tel. 25 65 24 24.

Al Ain ▶ 1, K 6

Cityplan: S. 207
Da der Grenzübergang zu den VAE absolut problemlos ist (ähnlich den Grenzverhältnissen in der EU), sollte man auf jeden Fall Al Ain einen Besuch abstatten. Die zweitgrößte Stadt des Emirats Abu Dhabi ist auch zugleich seine grünste.

Zentrum

Das Zentrum der Stadt erstreckt sich entlang der **Zayed bin Sultan Street,** die Al Ain von West nach Ost durchquert. Auf ihr liegt an einem Kreisverkehr der neue **Clock Tower** 4, der gar kein Uhrturm im klassischen Sinne ist, sondern nur ein schräg stehendes, riesiges, blaues Zifferblatt inmitten einer Grünanlage. Gegenüber der Uhr befinden sich die **Public Gardens** 5, eine der schönsten Parkanlagen der Stadt mit eindrucksvollen Springbrunnen (tgl. ab 16 Uhr geöffnet).

Mittelpunkt des alten Al Ain war die **Oase Al Ain** 6, die heute mitten im Zentrum als wunderschöner, riesiger Palmenpark erhalten ist. Durch ihn führen gepflasterte schmale Gässchen mit Begrenzungsmauern, hinter denen man sehr gut die alten Bewässerungsgräben des *aflaj*-Systems sehen kann. Mitten in der Oase befindet sich die **Ali bin Hamad Al Mutawa Moschee,** ein einstöckiger Lehmbau. Die Oase wird von zwei sehenswerten Bauwerken begrenzt: im Osten vom **Sultan bin Zayed Fort** (das auch Eastern Fort oder Qasr Al Hosn genannt wird) und im Westen vom **Palast von Sheikh Zayed bin Sultan** (Sheikh Zayed Palace Museum).

Buraimi und Al Ain

Sehenswert
1. Fort Qasr al Khandaq
2. Alter Souq Buraimi
3. Historische Oase Buraimi
4. Clock Tower
5. Public Gardens Al Ain
6. Oase Al Ain
7. Al Ain National Museum
8. Sheikh Zayed Palace Museum
9. Kamelmarkt
10. Hili National Archeological Park

Übernachten
1. Al Buraimi
2. Al Dahra Hotel
3. Al Ain Hilton
4. Danat Al Ain Resort
5. Al Ain Rotana
6. Mercure Grand Hotel Jebel Hafeet
7. Al Khayal

Essen & Trinken
1. Al Diwan

Einkaufen
1. Al Jimi Shopping Mall

Aktiv
1. Hili Fun City

Al Ain National Museum [7]

Auf dem Gelände des Eastern Fort befindet sich seit 1971 das **Al Ain National Museum.** Man betritt zuerst die **ethnografische Abteilung,** in der das traditionelle Leben im Emirat museumsdidaktisch sehr eindrucksvoll vorgestellt wird. Hier erhält man einen guten Einblick in den Alltag der Wüstenbewohner und ihre Handwerkskünste. In Szenen mit lebensgroßen Figuren wird insbesondere das Alltagsleben vor dem großen Ölboom veranschaulicht. Ausgestellt werden in gläsernen Vitrinen Werkzeuge, Haushaltsgegenstände, Kinderspielzeug, traditioneller Schmuck, aber auch Waffen, Kleidungsstücke, kupfernes Kaffeegeschirr, Musikinstrumente und Waffen. Auch ausgestopfte Wüstenvögel zählen zur Sammlung.

In der **archäologischen Abteilung** gehören zu den historisch bedeutenden Ausstellungsstücken die 5000 Jahre alten Ausgrabungsfunde von Hili, eine herausragende Sammlung alter Keramiken aus Mleiha, die ins 2. Jh. datiert werden, und ca. 300 hellenistische Silbermünzen, die in Al Ain gefunden wurden. Besonders die Schmuckstücke und Waffen der Grabbeigaben von Hili, aber auch Einzelstücke aus den Gräbern von Umm Al Narr sind sehr eindrucksvoll.

In einer eigenen Abteilung kann man Kurioses bewundern: Staatsgeschenke ausländischer Regierungsgäste an den 2004 verstorbenen Sheikh Zayed bin Sultan (Tel. 03-764 15 95, www.adach.ae, Di–Do, Sa/So 8–19.30, Fr 15–19.30 Uhr, Mo und im Ramadan nachmittags geschl., 3 Dh, Kinder 1 Dh).

Sheikh Zayed Palace Museum [8]

Sheikh Zayed bin Sultan hat zu Lebzeiten sein am westlichen Rand der Oase gelegenes Anwesen wieder vollständig instand gesetzt und darin das **Sheikh Zayed Palace Museum** aufgenommen. Bei der Restaurierung wurde sehr großer Wert auf Authentizität gelegt; so wurden nur Materialien verwendet, die man um 1900 in Al Ain kannte, d. h. nur Lehm, Steine, Palmstämme und importiertes Teakholz.

Man betritt den Palast durch ein mächtiges Holztor, das an jeder Seite von einem mehrstöckigen Rundturm gesichert wird. Besonders eindrucksvoll ist innerhalb der Anlage der **Old Residential Complex,** der 1937 erbaut wurde und sowohl Wohnbereiche als auch einen großen Empfangsraum beherbergt, in dem der Herrscher Staatsgäste und Stammesführer empfing. Sitzkissen und Teppiche waren das damals ausreichende Mobiliar – wo Sheikh Zayed saß, schmücken nun seine zwei alten Gewehre die Wand. Gegenüber dem Gebäude steht das große, braun-schwarze **Beduinenzelt,** in dem er im Sommer gerne in nostalgischer Erinnerung verweilte; es ist ebenfalls mit Teppichen und Kissen ›möbliert‹.

Nicht zu übersehen ist auf dem großen Innenhof ein sehr alter, britischer Landrover, die

Auf dem Jebel Hafeet liegt dem Betrachter die Oase Al Ain zu Füßen

Sohar, Buraimi und Al Ain

erste ›Staatskarosse‹ von Sheikh Zayed (Tel. 751 77 55, Sa/So, Di–Do 8–19.30, Fr 15–19.30 Uhr, Mo geschl., Eintritt frei).

Kamelmarkt 9

Eine der großen Sehenswürdigkeiten Al Ains ist für Europäer der **Kamelmarkt**. Er liegt heute als Teil des großen neuen Central Market außerhalb der Stadt an der N 137 Richtung Mezyadh. Auf dem unübersichtlich großen Areal gibt es mehr als 100 nummerierte und durch Drahtzäune voneinander abgegrenzte Pferche, in denen die Tiere Tag und Nacht nur teilweise überdacht im Freien stehen und auf Käufer warten. Gerne erklären die meist pakistanischen Pfleger, um was für Kamele es sich handelt: z. B. gibt es männliche Tiere, die als Fleischlieferant schon für ca. 1000 Dh den Besitzer wechseln oder weibliche Kamele, die wegen ihrer Milch mindestens das Zehnfache bringen. Immer sind auch viele Jungtiere, oft ganz junge, gerade erst geborene Kamele dabei.

Wenn man auf dem Kamelmarkt zwischen den Verladerampen und den Pferchen umherläuft, wird man von den Pflegern aufgefordert, sich den Kamelen zu nähern, sie zu berühren und die Jungtiere zu streicheln. Es gibt keinen Grund, dem nicht nachzukommen: Die Tiere halten still, aber die Pfleger erwarten ein Trinkgeld (2–5 Dh). Weniger sanft geht es nach dem Verkauf eines Kamels zu. Die Tiere werden nun gnadenlos auf die Ladefläche eines Pick-up oder Lkw geschoben und mit dicken Seilen festgezurrt. Dass das Kamel dabei spuckt und brüllt, stört hier niemanden mehr.

Hili National Archaeological Park 10

Nördlich vom Zentrum liegt der Stadtteil **Al Hili.** Hier befinden sich Ausgrabungsstätten der Eisenzeit und eine der großen Sehenswürdigkeiten von Al Ain: der **Hili National Archaeological Park**. Mittelpunkt der Stätte ist ein ca. 3000 v. Chr. errichtetes Rundgrab, dessen bedeutendste Grabbeigaben im Al Ain National Museum sowie in Abu Dhabi zu besichtigen sind. Das 1974 restaurierte Grab, das dänische Archäologen in den 1960er-Jahren freilegten, hat einen Durchmesser von ca. 10 m und eine Höhe von bis zu 3 m. Es wird der Umm Al Nar-Kultur zugeordnet (3000–2000 v. Chr.). Bei erneuten Ausgrabungen im Jahr 2004 stießen französische Archäologen in Hili auf Geschirr und Keramiken aus Mesopotamien und Indien als Grabbeigaben. Zudem entdeckten sie, dass sich die 5000 Jahre alte Siedlung einst über ca. 10 ha ausgedehnt hatte (Artz Al Bahar St., tgl. 10–13 und 16–23 Uhr, Eintritt 1 Dh).

Infos

Visum in die VAE: nicht erforderlich.
Telefonvorwahl von Al Ain: 00971-3
Währung: 1 Dirham (Dh) = ca. 0,20 €.

Übernachten

Der Klassiker ▶ Al Ain Hilton 3 : Zayed bin Sultan St./Khalid Ibn Sultan St., Tel. 03 768 66 66, Fax 03 768 68 88, www.hilton.com. Der sechsstöckige Komplex aus 202 Zimmern und 50 Villen mit weitem Atrium, ausgedehnten Gärten und großzügiger Poolanlage hat wesentlich dazu beigetragen, dass Al Ain ein beliebtes Ausflugsziel geworden ist. Es gibt einen hoteleigenen, großzügig angelegten 9-Loch-Golfplatz, einen großen Swimmingpool und viele Möglichkeiten zu weiteren sportlichen Aktivitäten. Alle Zimmer sind bequem eingerichtet, der Service ist sehr freundlich. DZ ab 1200 Dh.

Gast im Grünen ▶ Danat Al Ain Resort 4 : Khalid ibn Sultan St., am Südostrand der Stadt, Tel. 03 704 60 00, Fax 03 768 67 66, www.danathotels.com. Sechsstöckige, gestufte Hotelanlage (ehemals Intercontti) aus 220 Zimmern und 22 Villen, alle Zimmer mit Balkon und wunderbarem Blick auf den Garten, zwei große Pools und zahlreiche Sportmöglichkeiten, mehrere Restaurants, eine einladende Gartenanlage. DZ ab 1150 Dh, Fr/Sa 765 Dh (Halbpension obligatorisch).

Ein Glaspalast ▶ Al Ain Rotana 5 : Zayed bin Sultan St., Tel. 03 7 54 51 11, Fax 03 754 54 44, www.rotana.com. Der lichtdurchflutete Glasbau mit 100 Zimmern ist das einzige 5-Sterne-Haus, das sich im Zentrum der Stadt befindet. Die großen, ruhigen Zimmer

Al Ain

sind mit klassischem Komfort ausgestattet. Das Hotel beherbergt mehrere Restaurants, darunter auch ein Trader Vic's, außerdem ein Fitnesscenter und einen sehr schönen Swimmingpool. DZ ab 900 Dh.

Traumhafte Aussicht ▶ Mercure Grand Hotel Jebel Hafeet 6 : auf dem Gipfel des Berges Jebel Hafeet, oberhalb von Al Ain, Tel. 03 783 88 88, Fax 03 783 90 00, www.mercure.com. Allein die Lage mit dem Blick auf das 900 m tiefer gelegene Al Ain, über die Dünen und Wadis der Wüste und das angrenzende Hajargebirge sind es wert, hier zu übernachten. Zudem bietet das Hotel mit 145 Zimmern und 9 Suiten einen großen Swimmingpool, zwei Flutlicht-Tennisplätze sowie zwei sehr angesehene Restaurants. Alle Zimmer sind geräumig, modern eingerichtet und haben einen herrlichen Ausblick. Kinder kommen wegen der langen Wasserrutschen im Poolbereich ebenfalls auf ihre Kosten. DZ 900 Dh.

Ohne Schnickschnack ▶ Al Khayal 7 : Othman Bin Affan St., Tel. 03 766 57 77, Fax 03 766 66 98. Apartment-Hotel, 28 Zimmer mit Balkon. DZ 300 Dh.

Essen & Trinken

Wer einen Tagesausflug nach Al Ain plant, sollte überlegen, ob er nicht mittags ein Hotelrestaurant aufsucht, um sich dort auch im Swimmingpool zu erfrischen.

Erwartungserfüller ▶ Once upon a time 5 : im Hotel Al Ain Rotana, tgl. 12–14 und 19–23 Uhr. Hervorragende libanesische Küche. Buffet 95 Dh, abends Barbecue-Buffet 130 Dh.

Gutes Buffet ▶ Jahili 3 : im Hilton Al Ain, tgl. 6–22 Uhr. Tagesrestaurant (der klassische Coffeeshop) mit sehr gutem Frühstücks- und Mittagsbuffet. Morgens 75 Dh, mittags 110 Dh.

Bester Italiener der Stadt ▶ Luce 4 : im Danat Al Ain Resort, tgl. 12–15.30 und 18–22 Uhr. Der ›Italiener‹ im Danat Al Ain ist mehrfach preisgekrönt – spitze! Hauptgerichte um 46 Dh.

Hoch in den Wolken ▶ Le Belvedere 6 : im Mercure Grand Hotel Jebel Hafeet mit herrlichem Blick auf Al Ain, tgl. 8–23 Uhr. Hauptgericht 42 Dh.

Unter Einheimischen ▶ Al Diwan 1 : Khalifa bin Zayed St. (neben der Junion National Bank), tgl. 12–24 Uhr. Das Lokal serviert vorwiegend internationale Küche. Hauptgerichte um 35 Dh.

Einkaufen

Shoppingmall ▶ Al Jimi Shopping Mall 1 : zwischen Hamdan bin Mohammed St. und Sheikh Mubarak St., Sa–Do 9–23 und Fr 13–23 Uhr.

Aktiv

Vergnügungspark ▶ Hili Fun City 1 : Mohammed Ibn Khalifa Street, Tel. 03-784 55 42, Mo–Do 16–22, www.hilifuncity.ae, Fr und Sa 12–22 Uhr; Mi nur Frauen und Kinder; Tageskarte für Erwachsene 35 Dh (während des Ramadan geschl.). Wer mit Kindern reist, sollte ihnen zuliebe die nahe Hili Fun City aufsuchen, eine arabische Variante der US-amerikanischen Disneyland-Vergnügungsparks, zu der auch ein Eislaufstadion in olympischen Ausmaßen gehört. Der Vergnügungspark verfügt über 32 Sport- und Spielstätten, u. a. kann man Pony reiten, Ruderboot fahren und Schlittschuh laufen; es gibt mehr als ein Dutzend ausgefallene Karussells, viele Picknickplätze, Restaurants und Souvenirshops. Die neuesten Attraktionen: moderne Groß-Karussells nach dem Muster der *Rollercoasters* (gigantische Achterbahnen) oder *Gyrotowers,* bei denen sich eine geschlossenen Kabine langsam an einem hohen Stahlmast hoch schraubt, oben mehrere Runden dreht und dann wieder nach unten saust.

Verkehr

Al Ain ist sehr großflächig angelegt, die Sehenswürdigkeiten liegen weit auseinander. Es empfiehlt sich unbedingt, innerhalb der Stadt **Taxis** zu benutzen, wenn man keinen Leihwagen angemietet hat.

Flughafen: Al Ain International Airport im Westen der Stadt (13 km vom Zentrum). Al Ain wird regelmäßig von Gulf Air, Royal Jordanien und Oman Air angeflogen.

Musandam oder Skandinavien: Die Buchten der omanischen Halbinsel werden oft mit den Fjorden in Norwegen verglichen

Kapitel 3
Musandam und die Straße von Hormuz

Die Halbinsel Musandam ragt als felsige Landspitze weit in die Meerenge von Hormuz. Diese Passage ist die einzige von Schiffen befahrbare Zufahrt zum Arabischen Golf. Für die Straße von Hormuz stand die kleine Insel Hormuz Pate. Heute werden hier 90 % des gesamten arabischen Erdöls weltweit exportiert.

Eine bizarre Landschaft mit Buchten, vorgelagerten Inseln, Lagunen, tief eingeschnittenen Fjorden und steil aufragenden Felsmassiven bis zu 2000 m Höhe bestimmt die 3000 km² große Halbinsel Musandam mit knapp 30 000 Einwohnern.

Den Briten ist es zu verdanken, dass die Halbinsel heute zu Oman gehört. Sie erkannten im 18. Jh. die strategische Bedeutung für ihr Empire und drängten den Sultan, Musandam als Teil von Oman zu erklären. So sicherten sie sich als dessen Verbündete den Zugang zum Golf.

Lange konnten die Siedlungen auf Musandam einschließlich Khasab nur in mehrtägigen Reisen mit dem Schiff erreicht werden. Heute wird Khasab von Muscat in nur 65 Minuten angeflogen, sechs Stunden benötigt die öffentliche Katamaran-Fähre und seit 1997 gibt es nach Khasab eine asphaltierte Straße, die über das VAE-Territorium des Emirats Ras Al Khaimah führt. Khasab selbst besitzt nur wenige Kilometer asphaltierte Straße. Auf Musandam gibt es daher mehr Boote als Autos.

Keine Region in Oman ist so ursprünglich geblieben wie Musandam, was an der zerklüfteten Bergwelt und an der relativ spät begonnenen infrastrukturellen Erschließung liegt.

Auf einen Blick
Musandam und die Straße von Hormuz

Sehenswert

6 **Khasab:** Die über 300 Jahre alte Festung der Hauptstadt von Musandam beherbergt das interessanteste Museum der Region (s. S. 228).

Besuch im Hafen von Khasab: Der kleine iranisch-omanische Grenzverkehr, den man morgens im Hafen von Khasab miterleben kann, gleicht einem Abenteuer aus Sindbads Zeiten. Er könnte auch als Drehbuchstoff für einen neuen Film »Mission impossible« dienen (s. S. 230).

7 **Buchten und Fjorde Musandams:** Weil hinter kleinen Sandbuchten Gebirgswände bis zu 1000 m senkrecht in die Höhe wachsen und die Wasserwege in der zerklüfteten Bergwelt Musandams fjordähnlich sind, wird die nördlichste Region Omans auch das »Norwegen Arabiens« genannt. Eine Tagestour auf einer Dhau bleibt unvergessen (s. S. 236).

Schöne Route

Entlang der Golfküste von Ras al Khaimah nach Khasab: Natürlich kann man von Muscat mit dem Flugzeug Khasab wesentlich schneller erreichen, aber eine Anreise auf dem Landweg hat ihren besonderen Reiz. Besonders auf dem letzten Stück entlang der Westküste zwischen der Grenze der VAE und Khasab ist der Weg bereits Teil des Ziels. Die neue Straße zwischen Meer und Felsklippen ist einzigartig in dieser Region der Arabischen Halbinsel (s. S. 225).

Meine Tipps

Erholung in der Zighy Bay: Zwischen Felsen und Meer hat im Norden Omans das Villendorf Six Senses Hideaway eröffnet, das sich dem Luxus verschrieben hat und seinen Gästen alle Wünsche erfüllt (s. S. 224).

Meeresfossilien in 2000 Metern über NN: Die Gebirgsformationen Musandam entstanden vor Millionen Jahren durch tektonische Verwerfungen, die den Meeresboden aus dem Meer zu Gebirgen anhoben. Das belegen Fossilien entlang der heute frei zugänglichen Berghänge und Schluchten am Jebel Harim (s. S. 245).

aktiv unterwegs

Bayt al Qufl – Musandams Beitrag zur omanischen Architektur: Ausflüge von Khasab zu den Berghängen des Jebel Harim oder zum Khor Nadj gehören zu den schönsten Naturbegegnungen auf der Halbinsel Musandam. Man kann die Tour mit einem Leihwagen mit Vierradantrieb alleine unternehmen, besser ist es jedoch, sich einem örtlichen Tour Operator anzuvertrauen, der die entsprechenden Ortskenntnisse in dieser von Straßenschildern freien Region mitbringt (s. S. 244).

Wege nach Musandam

Musandam und die Straße von Hormuz gehören seit Jahrtausenden zu den neuralgischen Knotenpunkten der Welt. Ein Ausflug in die unwegsame Bergwelt der omanischen Exklave Musandam gehört zu den Höhepunkten eines Oman-Aufenthaltes. Allein schon die Anreise nach Khasab, der Hauptstadt der Halbinsel, ist Teil des Abenteuers.

Bereits im 3. Jt. v. Chr., als die Kulturen Mesopotamiens mit den Zivilisationen im Gebiet des Hindus in Verbindung traten, war die schmale Passage zwischen dem Persischen Golf und dem Meer des Indischen Ozeans Seefahrern und insbesondere den Anrainerstaaten des Golfs als potenzielle Gefahrenzone bewusst. Denn wer die Herrschaft über diese Meerenge besaß, konnte Forderungen an die Durchfahrenden stellen, z. B. bei Schiffen des Königreichs Magan, das Kupfer aus Oman auf dem Landweg, aber auch in Booten aus Schilfrohr durch die Straße von Hormuz nach Mesopotamien transportierte.

War damals Musandam nur stummer Zeuge dieser Bedeutung, so gibt es seit dem 4. Jh. v. Chr. schriftlich überlieferte Ausführungen. 323 v. Chr. segelte eine Flotte Alexander des Großen unter der Leitung des kretischen Admirals Nearchos (360–300 v. Chr.) vom Indus durch die Straße von Hormuz nach Babylon. Es war Alexanders Plan, beide Seiten des Golfes zu erobern und sie mit Europa und Asien zu einem Weltreich zu vereinen. Der plötzliche Tod Alexanders 323 v. Chr. beendete all diese Pläne.

Ein zweites Mal wird Musandam vom römischen Schriftsteller Plinius d. Ä. erwähnt, der die gefährlichen Felsen Musandams und die Bedeutung der Passage von Hormuz in seiner »Historia naturalis«, einer enzyklopädischen Naturkunde, beschreibt.

Bis zum Einzug des Islam in Oman gibt es keine schriftlichen Quellen. Aus dieser Epoche wird eine Kopie des Briefes Mohammeds an die damaligen Herrscher Omans aus dem Jahre 630 in der Festung Khasab ausgestellt.

Zwischen dem 13. und dem 15. Jh. erreichte die nur wenige Kilometer vor der iranischen Küste liegende Insel Hormuz große Bedeutung. Die knapp 50 km^2 große Insel entwickelte sich damals zum begehrten Handelsumschlagplatz für Güter aus Indien und Arabien und stieg sogar zu einer eigenen Seemacht auf. Marco Polo berichtete z. B. von »… der Insel Ormus, auf der eine schöne und große Stadt nahe am Meer steht … und deren Einwohner als Sarrazenen (Araber) sich alle zum Glauben des Propheten Mohammed bekennen.« Und er fährt fort: »Der Hafen wird von Händlern aus allen Teilen Indiens angesteuert, die bringen Gewürze, Medizin, Edelsteine, Perlen und Zähne von Elefanten. All das wird gerne in Ormus gekauft und wieder an andere Händler verkauft.«

Die Bedeutung von Hormuz und seiner strategischen Lage inmitten einer wichtigen Schifffahrtsstraße wurde bald unter den neuen aufstrebenden europäischen Seemächten bekannt. 1515 eroberten die Portugiesen Hormuz und die Halbinsel Musandam. Hier etablierten sie ihre Herrschaft zur Abwehr vor persischen Angriffen bis ins Jahr 1622. In dieser Zeit errichteten sie auch die Festung in Khasab (s. S. 228). Das Fort taucht zum ersten Mal in den Annalen der Geschichte auf, als Ruy Freire da Andrade, der Admiral der portugiesischen Flotte, von hier

Stopover in Dibba

im Jahr 1624 zur Rückeroberung von Hormuz aufbrach. Doch er scheiterte. 1650 wurden die Portugiesen von Imam Sultan bin Saif endgültig aus Oman vertrieben.

Ein Jahrhundert später, im Jahr 1756, erlangte die Straße von Hormuz erneut historische Bedeutung. Imam Ahmed bin Said, der erste Herrscher der heute noch regierenden Al Bu Said-Dynastie, segelte mit einer großen Flotte von Muscat und Sohar durch die Meeresenge bis zum Schatt Al Arab und befreite die arabischen Bewohner der von den Persern belagerten Stadt Basra.

Seit Beginn des 19. Jh. ist die Straße von Hormuz internationales Gewässer und damit nationalen Machtansprüchen theoretisch entzogen. Seitdem ist sie nicht mehr durch große Ereignisse ins Rampenlicht getreten. Sie blieb aber nach Entdeckung des Erdöls am Golf in den 1930er-Jahren weiterhin ein weltbedeutender geostrategischer Knotenpunkt. Oman kommt dabei die Rolle als ›Wächter der Welt‹ zu, der die Durchfahrt durch die Passage für Schiffe aller Nationen zu sichern hat. Deshalb ist in Musandam omanisches Militär präsent und große Teile sind auch heute noch militärisches Sperrgebiet. Erst unter Sultan Qaboos begann die infrastrukturelle Entwicklung, die allerdings bis heute bescheidener ausgefallen ist als in anderen Teilen des Landes.

Wer von Muscat nach Khasab nicht das Flugzeug benutzen will, kann heute über eine Landverbindung die Hauptstadt Khasab an der Spitze der Halbinsel Musandam erreichen. Bei der Anreise auf dem Landweg kann man zwischen mehreren Routen wählen. Aber immer muss die Anreise über Ras Al Khaimah und mit dem Auto bzw. Reisebus erfolgen, denn öffentliche Verkehrsmittel gibt es zurzeit nicht.

Musandam aus der Vogelperspektive

Wer von Muscat aus mit dem Flugzeug anreist, erlebt auf dem Flug nach Khasab bereits die zerklüftete Bergwelt Musandams mit ihren Fjorden und Buchten von oben – deshalb sollte man unbedingt einen Sitzplatz auf der in Flugrichtung linken Seite der Maschine wählen! Aus der Vogelperspektive fällt auch auf, dass es auf der Halbinsel zwischen den Bergketten nur sehr wenige kleine Orte und so gut wie keine Autopisten – geschweige denn Straßen – zwischen ihnen gibt. Die wenigen Strecken auf der Halbinsel hat das Militär angelegt, das im Zentrum der Halbinsel um den Jebel Harim eine größere Militäranlage unterhält. Zwischen den kleinen Siedlungen und den geschützten Meeresbuchten verkehrt man mit dem Boot.

Aus der Luft sieht man auch die vielen großen Tanker, die am Eingang der Straße von Hormuz auf ihre Lotsen warten. Beim Anblick der großen Anzahl dieser Ozeanriesen wird einem die globale Bedeutung dieser Wasserstraße in Erinnerung gerufen (s. S. 218).

Die Direttissima Muscat – Khasab ▶ 1, L 1–M 6

Wer schnell von Muscat nach Khasab anreisen möchte, fährt mit dem Auto auf der Küstenstraße über Sohar und weiter ins Emirat Fujairah an der Nordostküste des Golfes von Oman. In **Fujairah,** auf dem Territorium der VAE, benutzt man dann die Nationalstraße E 88 und später die E 18, um nach **Ras Al Khaimah** an der Westküste des Arabischen Golfes zu gelangen. Von hier führt die E 11 weiter bis zur Grenze in Tibat und von dort weiter nach **Khasab.** Von Ras Al Khaimah sind es 70 km nach Khasab (s. S. 225).

Stopover in Dibba ▶ 1, L 3

Eine große Zahl von Besuchern erkundet auch die Halbinsel Musandam, indem sie über Sohar und Fujairah weiter nach Norden bis in das Hafenstädtchen Dibba fährt. Von Fujairah, der Hauptstadt des gleichnamigen Emirats, und der größten Stadt an diesem nördlichen Küstenabschnitt, erreicht man das zu Füßen des nördlichen Hajargebirges liegende Dibba nach 60 km auf einer asphal-

Wege nach Musandam

Die Straße von Hormuz

Früher waren es Schiffe mit Gewürzen und Tee, die von Indien kommend die Meerenge zwischen Oman und Iran passierten und deren Waren über Land und Mittelmeer schließlich weiter nach Europa gelangten. Heute ist es das Erdöl der Arabischen Halbinsel, das das Nadelöhr der Straße von Hormuz durchquert. Wer sie kontrollieren oder blockieren kann, trägt eine große Verantwortung.

An klaren Tagen kann man von der Spitze der Halbinsel Musandam die ca. 60 km entfernt gegenüberliegende iranische Küste erahnen. Unten in den Wellen des Meeres springen Delphine, und oben in der Luft nutzen kreisende Seevögel die Thermik des Windes. Zeitlos ragen die schroffen Felsformationen in die strahlende Sonne. Sähe man nicht im Dunst des Horizonts die Silhouetten der Öltanker vorüberziehen, man würde in dieser menschenleeren Bergwelt Musandams niemals auf die Idee kommen, dass man sich an der bedeutendsten Wasserstraße der Welt befindet.

Denn um in die offenen Weltmeere zu gelangen, passieren gigantische Tanker mit einem Drittel aller weltweiten Öllieferungen von der Arabischen Halbinsel diesen ›Flaschenhals‹. Die Straße von Hormuz ist damit der Lebensnerv der Industrienationen. Außerdem muss der gesamte Schiffsverkehr der Staaten Bahrain, Irak, Quatar, der VAE und ein großer Teil Saudi-Arabiens die Meerenge durchqueren.

Solange der prowestliche Schah Reza Pahlewi in Persien herrschte, brauchte man sich keine Gedanken um eine sichere Durchfahrt der Öltanker zu machen. Aber seit der Machtübernahme Ayatollah Khomeinis und dem Regierungsantritt des radikalen Mahmud Ahmadinedjad gerät die Sicherheit der Straße von Hormuz immer wieder in die Schlagzeilen der internationalen Presse. So gab es zum Beispiel im Januar 2008 Medienberichte über einen Zusammenstoß zwischen einem US-amerikanischen Kriegsschiff und iranischen Schnellbooten.

Die Straße von Hormuz ist an ihrer schmalsten Stelle von Festlandküste zu Festlandküste zwar ca. 50 km, zwischen der iranischen Insel Larak und der in omanischen Gewässern liegenden Insel As Salamath Wa Bant Ha aber nur noch 23 km breit. Oman und Iran, die beiden Anrainerstaaten der Meerenge, beanspruchen jeweils eine 12 Seemeilen breite Küstenzone. Zudem hat Iran drei Inseln der VAE (Lesser Tunb, Greater Tunb, Abu Moussa), die unmittelbar im Arabischen Golf an die Straße von Hormuz angrenzen und denen hohe strategische Kontrollbedeutung zukommt, 1971 militärisch besetzt.

Nach Artikel 37 des UN-Seerechtsübereinkommens (FRÜ) von 1994 ist die Straße von Hormuz eine internationale Meerenge, in der gemäß Artikel 38 ein internationales Recht auf Durchfahrt besteht. Aber weder Oman noch Iran haben dieses Abkommen ratifiziert. Der Iran hat hingegen seine ihm nach FRÜ zustehenden 12 Seemeilen für die Durchfahrt gesperrt. Die Route aller Schiffe und Öltanker führt daher zurzeit durch das omanische Hoheitsgewässer, das dem Staat somit eine wichtige ›Wächterrolle‹ einbringt.

Der ›Flaschenhals‹ von Oman

Thema

Da die gesamte iranische Marine direkt an der Straße von Hormuz in Bandar Abbas stationiert ist, taucht in regelmäßigen Abständen die Frage auf, ob im Falle einer Eskalation mit den USA Iran die Meerenge und somit den internationalen Tankerverkehr blockieren könnte. Beim Durchspielen der Realisierung dieses Szenarios bleiben jedoch einige Fragen offen.

Könnte zum Beispiel Iran die Straße von Hormuz durch Versenken eigener Schiffe blockieren? Dafür ist die Meerenge zu tief und zu breit. Hunderte von Riesentankern müssten neben- und übereinander versenkt werden, um die Durchfahrt von Schiffen zu verhindern. Wäre eine Verminung der Straße durch Iran denkbar? Auch das scheint unwahrscheinlich, denn der Staat besitzt zum einen nur ältere Seeminen, zum anderen können diese heute recht leicht durch Minenabwehrfahrzeuge geräumt werden. Aber es ist gut möglich, dass allein eine derartige Ankündigung ausreichen würde, um Reedereien davon abzuhalten, ihre Schiffe durch die Straße zu schicken.

Für eine Blockade der Meerenge durch iranisches Militär (analog der US-Blockade Kubas im Oktober 1962, um die Stationierung sowjetischer Raketen auf der Insel zu verhindern) ist die iranische Marine zu schwach. US-Tanker und Flugzeugträger könnten die Durchfahrt der internationalen Wasserstraße leicht erzwingen. Angriffe der iranischen Küstenartillerie, von Flugzeugen aus, mithilfe von Anti-Schiff-Raketen oder von iranischen Kriegsschiffen auf durchfahrende Schiffe würden sofort schwere militärische Gegenschläge zur Folge haben.

Bleiben schließlich noch Einzelangriffe iranischer Piloten in Form von Selbstmordkommandos analog der japanischen Kamikaze im Zweiten Weltkrieg. Einer solchen Gefahr kann man nur begrenzt entgegentreten, aber auch sie würde augenblickliche Gegenangriffe auslösen.

Als Fazit muss man feststellen: Würde Iran die Blockierung der Meerenge von Hormuz oder einen militärischen Erstschlag wagen, wäre die militärische Antwort der USA für ihn selbst verheerend.

So muss schließlich infrage gestellt werden, ob Iran überhaupt ein Interesse an der Sperrung der Straße von Hormuz haben könnte, denn das Land wäre selbst das erste Opfer der daraus resultierenden Konsequenzen: 90 % des Öls, mit denen es alle notwendigen Einfuhren bezahlt, erreicht über diesen ›Flaschenhals‹ seine Abnehmer. Außerdem würde es sich umgehend die gegenüberliegenden Staaten der Arabischen Halbinsel zum Feind machen.

Es drängt sich also die Vermutung auf, dass die USA das Schreckgespenst einer iranischen Blockade der Wasserstraße nutzen, um die Staaten der Arabischen Halbinsel von der Notwendigkeit ihrer militärischen Präsenz am Golf zu ›überzeugen‹. Die eingangs erwähnte Medienmeldung aus dem Januar 2008 über den Angriff von fünf iranischen Schnellbooten auf ein US-Kriegsschiff war Teil dieser Strategie. Die US-Marine hat sie im Februar 2008 dementiert.

Die Situation an der Straße von Hormuz scheint also – wie in den vergangenen über 100 Jahren – ziemlich stabil zu sein. Wenn es jedoch zu einem Krieg zwischen Iran und den USA bzw. einem ihrer arabischen Verbündeten in der Region oder zu dem 2012 von Israel angedrohten Raketenangriff auf die iranischen Atomeinrichtungen kommen würde, blieb die Durchfahrt durch die Meeresenge allerdings nicht unbehelligt.

Wege nach Musandam

Dibba: geteilte Stadt mit fließenden Grenzen

tierten schönen Küstenstraße. **Dibba,** das auf omanischen Karten auch **Dabba** genannt wird, ist die nördlichste Stadt an der Ostküste Omans und ungefähr 400 km von Muscat entfernt. Hier endet der erschlossene Teil der Ostküste, deren letzte 80 km bereits zum Staatsgebiet der VAE gehören.

Dibba ist aufgrund seiner Geschichte heute eine staatspolitisch und verwaltungsmäßig geteilte Stadt. Der kleinere, nördliche **Stadtteil Bidyah** gehört zu **Oman,** die größeren Stadtteile zu VAE, die sich allerdings die Emirate Fujairah und Sharjah teilen. Das südliche Stadtgebiet **Muallab** gehört dem **Emirat Fujairah,** während das Zentrum **Dibba Al Hisn** sich im Besitz des **Emirats Sharjah** befindet. Von dieser Dreiteilung spürt der Besucher allerdings nichts. Lediglich auf Schildern wird man hinter Dibba Al Hisn daran erinnert, dass man sich jetzt auf omanischem Gebiet befindet; Passkontrollen gibt es nicht.

Die Stadt dehnt sich in einer von Bergketten umgebenen, großen Bucht aus. Dank des hier endenden **Wadis Khabb As Shamsi** gilt sie gemessen an der vegetationslosen graubraunen Bergwelt als vergleichsweise grün. Besonders der Teil, der zu Oman gehört, besitzt schöne Sandbuchten, die mit Vorliebe zum Schnorcheln und Schwimmen aufgesucht werden.

Dass insbesondere das omanische Dibba zurzeit einen Aufschwung erlebt, erklärt sich nicht nur aus seiner schönen Lage am Rande der noch unerschlossenen Bergwelt Musandams, sondern in erster Linie durch die neue Straßenverbindung zu den kaufkräftigen Zentren Dubai, Sharjah und Abu Dhabi. Für die Einheimischen und *expatriates* aus diesen Städten, die als Ausflug zum Indischen Ozean bisher immer Fujairah wählten, ist Dibba die neue In-Destination. Denn dank zweier neuer Hotels kann man die Küsten Musandams mit ihren Tauchgründen sowie die Bergwelt der Halbinsel jetzt auch hier durchaus komfortabel und entspannt erleben.

Stopover in Dibba

Dibbas Geschichte

Dibba kann auf eine lange bewegte Geschichte zurückblicken. Seine Bucht besitzt alle Voraussetzungen für einen natürlichen Hafen, was sich bereits im Mittelalter herumgesprochen hatte. Deshalb gehörte Dibba schnell zu den bekannten Hafenstädten an der nordöstlichen Küste Omans.

Der Ort bekannte sich bereits 630 zum Islam, nachdem der Prophet per Brief durch einen Gesandten die Bewohner der Region überzeugt hatte, den neuen Glauben anzunehmen. Doch als Mohammeds Nachfolger Kalif Abu Bakr mit der Übernahme des neuen Glaubens auch die Unterwerfung unter seine Herrschaft forderte, erhoben sich 633 die Stämme Omans und fielen damit einhergehend vom Islam ab. Dibba schloss sich den Aufständischen an.

Ein solches Beispiel durfte nicht Schule machen. Deshalb sandte Abu Bakr eine große Armee aus Mekka und beendete mit dem in die muslimischen Annalen als Schlacht gegen die Abtrünnigen eingegangenen Feldzug den Aufstand vor den Toren Dibbas. Je jünger die schriftlichen Berichte über diese Schlacht sind, desto größer werden die geschätzten Zahlen der in dieser Schlacht zu Tode Gekommenen. Die häufig genannte Zahl von 10 000 Toten scheint für damalige demografische Verhältnisse weit übertrieben.

Dibba versank nach dieser Schlacht in Bedeutungslosigkeit, zumal der historische Makel des Abfalls vom Islam immer wieder gegen die Stadt vorgebracht wurde. Den christlichen Portugiesen konnte dieser ›Makel‹ jedoch nur Recht sein, als sie sich 1510 hier niederließen. Auch nach ihrer Vertreibung 150 Jahre später kam es in Dibba zu keinem Aufschwung. Andere Städte in diesem Küstenabschnitt boten inzwischen größere Standortvorteile.

Auf die Hafenstadt erhoben nach der Entscheidung der Briten im Jahre 1967, sich aus allen Gebieten östlich des Suez zurückzuziehen, Oman, Sharjah und Fujairah gleichermaßen Anspruch. Dank britischer Beratung traten dann 1970 die Emirate Sharjah und Fujairah dem neuen Staat VAE bei und kam es zur friedlichen Dreiteilung Dibbas ohne hinderliche Grenzen.

Dibba heute

Es gibt wenig Sehenswertes in Dibba. Die Stadt besitzt ein **altes, restauriertes Fort** in traditioneller omanischer Bauweise. Es ist aber im Vergleich zu den Festungen der Batinah (s. S. 185) eher klein und unspektakulär – beeindruckt jedoch durch seine Lage. Der **Uhrturm** im Zentrum ist britischem Einfluss zu verdanken. Man kann ihn nicht übersehen. Es gibt auch einen **Souq** und einen täglichen **Fischmarkt.**

Zu den touristischen Attraktionen der (nicht nur, aber in erster Linie) muslimischen Besucher gehört die kleine **Moschee von Bidyah.** Der unauffällige, flache Bau mit vier abgeflachten Kuppeln liegt am Fuße einer zerklüfteten Felsformation und genießt den Ruf, die älteste Moschee der VAE (Stadtteil des Emirats Fujairah!) zu sein. Sie besitzt ein Mihrab mit eingemeißelten Ornamenten. Den Innenraum dominiert die zentrale Säule, die die vier Kuppeln stützt und den Raum in vier quadratische Bereiche teilt. Die Wände umlaufen kalligrafische Ornamentierungen, und Luftschächte sorgen für Kühle.

Dibbas touristischer Reiz liegt aber v. a. in seinen hellen **Sandstrandbuchten** vor der mächtigen Bergkulisse Musandams. Seit 2007 besitzt Dibba zwei neue Hotels für gehobene Ansprüche. Sie liegen beide auf omanischem Territorium im Norden der Stadt direkt am Strand. Deshalb entwickelt sich Dibba nun auch zum beliebten Anziehungspunkt für Besucher aus der Region. Beide Hotels verfügen über gute Restaurants, besitzen Schwimmbäder und bieten Interessierten die Möglichkeit zu sportlichen Aktivitäten (z. B. Tauchen und Schnorcheln) bzw. zu Dhauexkursionen.

Infos

In den beiden Hotels liegen allgemeine **Informationsbroschüren** des Ministry of Tourism aus. Fragen zum **Zustand der Pisten** erteilt: **Dabba Police Station,** im omanischen Teil der Stadt, Main Street, Tel. 26 83 69 90.

Wege nach Musandam

Dabba Hospital: Nördlicher Teil, Seitenstraße der Main Street, Tel. 26 83 67 43.

Übernachten

Luxury in the wilderness ▶ **Six Senses Zighy Bay:** Ca. 20 km nördlich Dibba, Tel. 26 73 55 55, Fax 26 73 55 56 (Reservierung Tel. 009 68 26 73 58 88), www.sixsenses.com, DZ ab 200 OR, s. Tipp S. 224. Besucher aus der VAE benötigen für einen Besuch kein Oman-Visum!

Zimmer mit Aussicht ▶ **Golden Tulip Resort Dibba:** Mina Road, jenseits des Hafens am nördlichen Ende der Bucht, am Strand, Tel. 26 83 66 54, Fax 26 73 66 53, www.goldentulipdibba.com. Das Hotel besteht aus zwei Flügeln, in deren Mitte sich die zentralen Einrichtungen und die Restaurants des Hotels befinden. Aus jedem der 54 Zimmer der zweistöckigen Anlage blickt man aufs Meer bzw. auf das zwischen Strand und Hotel liegende Schwimmbad. Alle Zimmer des 2006 eröffneten Hauses sind modern und freundlich eingerichtet. DZ ab 86 OR.

Essen & Trinken

Zu allen Mahlzeiten ▶ **Khasab Restaurant:** im Golden Tulip Resort Dibba, Tel. 26 83 66 54, Frühstück 7–10.30, Mittagessen 12–15, Abendessen 19–22.30 Uhr. Vielfältige Buffets zum Frühstück, Mittag- und Abendessen; eine Mischung aus arabischer, indischer und europäischer Küche wird hier angeboten. Frühstück 6 OR, Mittagessen 9 OR, Abendessen 10 OR.

Aktiv

Ausflüge ▶ Im **Golden Tulip Resort Dibba** kann man Ausflüge in die Umgebung buchen: mit einer Dhau entlang der omanischen Küste bis nach Ras Al Haffah (ab 15 OR) oder ins Wadi Khabb Asd Shamsi (halbtags 10 OR).

Von Dibba nach Khasab
▶ 1, K/L 2/3–L 1

Von Dibba sind es 130 km bis nach **Khasab**, der Hauptstadt im Norden Musandams. Mit dem Auto ohne Vierradantrieb erreicht der Besucher Ras Al Khaimah über die vierspurig ausgebaute Nationalstraße E 78 auf dem Territorium der VAE. Sie überquert kurvenreich im großen Bogen das Hajargebirge, führt dann als E 18 in weiten Strecken an Wüstenregionen vorbei und erreicht nach ca. 60 km **Ras Al Khaimah.** Von hier führt sie weiter entlang der Westküste Musandams in das 40 km von Ras Al Khaimah entfernte **Tibat.** Hier beginnt Oman. An der Grenzstation wird das omanische Visum kontrolliert und auch das Gepäck durchsucht. Mitgeführter

Von Dibba nach Khasab

Bereits die Briten bauten hier: Uhrturm im Zentrum von Dibba

Alkohol wird beschlagnahmt (s. S. 89). Von Tibat sind es noch 35 km bis Khasab.

Durchs Gebirge

Wer die Anreise von Dibba nach Ras Al Khaimah bereits als Offroad-Abenteuer gestalten will, nimmt die Pistenstrecke durch das Gebirge entlang zweier Wadis, zuerst entlang dem **Wadi Khabb As Shamsi** bis zum »**Omani Checkpoint**« und dann weiter durch das nach Ras Al Khaimah führende **Wadi Bih**. Die Strecke gehört zu den schönsten Offroad-Strecken in Oman, ist aber nach Regenfällen unpassierbar und sollte nur in ortskundiger Begleitung und mit einem vierradgetriebenen Fahrzeug angetreten werden. Ab dem »**Emirati Checkpoint**«, d. h. nach zwei Drittel der Stecke, ist die Route bis Ras Al Khaimah asphaltiert. Für diese insgesamt 85 km muss man 5 Std. Fahrtzeit einkalkulieren, weil Passhöhen von 1000 m zu überwinden sind und an beiden Checkpoints Papiere, Versicherungspolicen und das Gepäck kontrolliert werden.

Es existiert auch eine Pistenverbindung von Dibba an der Ostküste des Golfs des

Wege nach Musandam

Tipp: Erholung in der Zighy Bay

In der Bucht, die heute den Namen Zighy Bay trägt, existierte vor Jahren ein kleines Fischerdorf, dessen jüngere Bewohner mangels Arbeitsplätzen abwanderten. Die Ansiedlung des Six Senses Resort führte hier seit 2008 zu Veränderungen: Die Fischerfamilien wurden in die Hotelstruktur eingebunden. So kauft das Hotel z. B. den Fischern täglich den fangfrischen Fisch für die Hotelrestaurants ab und stellt weitere Familienmitglieder als Personal ein, um ihnen gezielt eine Verdienstgrundlage in ihrer unmittelbaren Umgebung zu ermöglichen.

Das **Six Senses Zighy Bay** (s. S. 222), das bereits mehrere angesehene Preise der Tourismusbranche gewann, bietet die komplette Luxuspalette des 21. Jh.: Abgeschiedenheit von Hektik und Trubel der restlichen Welt. Viel Raum für die Bedürfnisse eines jeden Besuchers, edles, in die Landschaft eingepasstes Design und perfekter individueller Service runden das Bild einer Oase der Erholung ab.

Die gesamte **Architektur** ist an den graubraunen Farben der umliegenden Bergwelt orientiert, benutzt ausschließlich Natursteine der Region und greift Elemente der historischen omanischen Festungsbauweise auf. Das Hotel ist stolz darauf, dass die gesamte Anlage ökologischen Standards entspricht.

Das **Resort** besteht aus 82 Villen, jede mit eigenem Pool und Butlerservice, einem sehr eindrucksvollen Wein-Degustations-Keller mit der größten Auswahl an Weinen im Norden der arabischen Halbinsel, einem Aussichts-Gourmetrestaurant auf einem Berggipfel, einem zentral gelegenen Coffeeshop mit kalorien- und gesundheitsbewusstem Menüangebot. Omanische Wohnkultur prägt auch die Chill-out-Bar, in der die Gäste nach dem Vorbild einer *majlis* auf Teppichen und Kissen auf dem Boden sitzen.

Das **Six-Senses-Spa** bietet ein umfangreiches Wellnessprogramm, allerdings kann man dort auch an modernsten ›Maschinen‹ seinem persönlichen Fitnessprogramm nachgehen. Der 1,6 km lange private weiße **Sandstrand** sorgt für Badefreuden vor atemraubenden Bergketten. Und wenn Sie Lust haben, einmal an einem spektakulären Aussichtspunkt in der Umgebung des Resorts ein Lunch, Picknick oder romantisches Dinner einzunehmen, so wird auch dieser Wunsch prompt erfüllt! Und wie kommt man hin? – Nur per Speedboat oder über eine Piste mit dem Jeep. Die dritte, vom Resort angebotene Anreisevariante ist nur etwas für Schwindelfreie: Man ›fliegt‹ als Ko-Passagier mit einem Paraglider ein. Den Koffer transportiert das Hotelpersonal.

Oman mitten durch die menschenleeren zentralen Bergketten Musandams nach Khasab an der Westküste des Arabischen Golfs, auf der man nicht über Ras Al Khaimah fahren muss. Diese ca. 100 km lange Piste führt ausschließlich durch omanisches Territorium, mitten durch die unerschlossene Bergwelt und ist militärisches Sperrgebiet. Auf ihr passiert man zuerst von Dibba kommend den omanischen »**Checkpoint Rawdah**«, muss steil hinauf zum **Jebel Harim,** dem höchsten Berg der Landspitze Musandams, durchquert dann das **Plateau von As Sayh** und gelangt durch das **Wadi Khasab** in die Hauptstadt der Region.

Heute ist nur ein kleiner Teil Musandams noch militärisches Sperrgebiet, aber diese Strecke gehört dazu. Sie ist nach wie vor vollkommen unausgebaut. Hinzu kommt, dass die Pisten nach Regenfällen häufig von Geröll und Felsbrocken versperrt und so lange nicht passierbar sind, bis Bagger des Militärs die Hindernisse beseitigen. Man braucht eine **Genehmigung,** die eigentlich nur omanischen und VAE-Staatsbürgern erteilt wird. Aber immer wieder hört man von europäischen Besuchern, dass sie dennoch diese Genehmigung als ›einmalige Ausnahme‹ von der Polizei in Dibba (s. S. 222) in Absprache mit dem Militärs erhalten haben. Ohne Zwei-

Von Ras Al Khaimah nach Khasab

Lust auf ein Picknick mit Aussicht: Das Six Senses Zighy Bay machts möglich

fel gehört diese Fahrt zu den Abenteuern, die die Halbinsel Musandam zu bieten hat (für Details vergleiche Off-Road-Oman S. 80).

Von Ras Al Khaimah nach Khasab ▶ 1, K 2–L 1

Die neue Schnellstraße von Ras Al Khaimah entlang der Westküste nach Khasab hat zur Entwicklung Khasabs und zur Erschließung des Nordens der Halbinsel wesentlich beigetragen. Denn bis 1981 war Musandam für Besucher gesperrt, und es gab nur die Landverbindung über Dibba im Norden entlang dem Wadi Khabb As Shamshi zum Checkpoint Rawdhah (s. S. 224). Diese Piste führte durch die unerschlossene Bergwelt Musandams nach Khasab, das man aber mit dem Boot schneller und bequemer erreichen konnte.

Bei der Anreise über **Ras Al Khaimah** fährt man auf der vierspurig ausgebauten E 11 bis zur 38 km entfernten omanischen Grenze. Letzter Ort auf dem Territorium der VAE ist **Shams**. Nur 1 km hinter dem Verkehrskreisel von Shams liegen **Tibat** und die **omanische Grenze**. Danach beginnt eine aufregende, 40 km lange Fahrt entlang einer **Panorama-**

Wege nach Musandam

straße zwischen Felswänden und Meer, vorbei an zahlreichen Sandbuchten. An besonders schönen Punkten sind Parkplätze eingerichtet. Dort sieht man am Horizont Öltanker und Containerschiffe auf ihrem Weg zu den Golfanrainerstaaten.

Bukha

Auf dieser malerischen Küstenstraße erreicht man 16 km hinter der Grenze die Ortschaft **Bukha**, eine kleine grüne Stadt auf Meereshöhe mit einem alten Fort. Während das Fort Khasab (s. S. 228) die Verteidigung auf der nördlichen Seite der Halbinsel übernahm, sicherte das 24 km südlicher gelegene Fort Bukha die westliche Flanke.

Die **Festung Bukha** liegt rechter Hand 700 m hinter dem Verkehrskreisel am Ortseingang direkt an der Küstenstraße. Gebaut hat sie zu Beginn des 17. Jh. Imam Saif bin Sultan, unter dessen Herrschaft Oman Handelsbeziehungen mit Persien, Indien und Ostafrika unterhielt. 1990 wurde die Festung aufwendig restauriert. Der höchste der vier Wachtürme der rechteckigen Anlage ist ein Rundturm, der sich nach oben etwas verjüngt. Diese birnenförmige Architektur sollte ihn standfester gegen Kanonenkugeln machen. Von der obersten Plattform des Turmes konnten Angreifer von Land und von See her gleichermaßen schnell erkannt und die Kanonen auf den darunterliegenden Plattformen rechtzeitig in Schussbereitschaft gebracht werden (Sa–Do 9–16, Fr 8–11 Uhr, Eintritt 0,3 OR). Hat man die Gelegenheit, sich der Festung Bukha vom Meer her zu nä-

Küstenstraße bei Bukha: Steil aufragende Felswände flankieren den Weg

Von Ras Al Khaimah nach Khasab

hern, wird man sich der Mächtigkeit der sich hinter der Festung erhebenden, steil aufsteigenden Berghänge erst richtig bewusst – und der besonderen Leistung, entlang dem schmalen Küstenstreifen eine Straße zu bauen.

Im Südwesten des Forts liegt die alte, ebenfalls aufwendig renovierte **Große Moschee** von Bukha, auf der anderen Seite des Forts ein großer **muslimischer Friedhof**, umgeben von einer Mauer. Oberhalb des Forts erhebt sich (nach ca. 1 km Fahrt) die kleinere **Al-Qala-Festung**, von deren Turm man einen herrlichen Blick hinüber zur Küste hat.

Von Al Jadi nach Qadah

Wenige Kilometer hinter Bukha liegt **Al Jadi** mit einem Friedhof am Ortseingang, der nur an den vielen aufgerichteten Steinen, von denen die meisten keine Inschriften tragen, erkennbar ist. Immer wieder fasziniert die Straßenführung zwischen dem Meer und den steilen Felswänden und immer wieder passiert man Wadis, die aus den Bergen kommend die Küstenstraße und das Meer erreichen.

Nach wenigen Kilometern verlässt die Straße die Küste und führt hinauf in die Berge. Am Fuße der Steigung liegt ein kleines **Restaurant**, vor dem sehr viele Autos wegen des fantastischen Blicks anhalten. Die Passhöhe in 230 m Höhe ist bei **Al Harf** erreicht. Danach geht es hinunter in den Fischerort **Hana**, in dessen Bucht viele Boote mit ausgelegten Netzen ankern.

8 km später erreicht man die Bucht von Qada. Hier lohnt es sich, nach rechts ins **Wadi Qadah** zum **Dorf Qadah** abzubiegen, um die wenigen alten Häuser mit ihren Fensterverzierungen, die zwischen den vielen neuen Villen stehen, aufzusuchen.

Tawi und Mukhi

Von Qada führt eine Straße am Wadi entlang zum 3 km entfernten **Tawi**. Auf der linken Seite der Strecke passiert man zwei alte, aber noch arbeitende Ziegeleien. Hinter dem Regierungsgebäude mit omanischer Fahne trifft man nahe eines Brunnens, der von einer Quelle gespeist wird, auf große Felsabspaltungen. Sie sind Teil einer ehemaligen Höhle, die viele prähistorische Felszeichnungen bewahrt, auf denen Tiere, Krieger und Boote abgebildet sind. Die Zeichnungen sind gut erhalten.

Im benachbarten, ebenfalls in einer Bucht liegenden Fischerdorf **Mukhi** liegen viele Boote am Strand. Wenig später erblickt man linker Hand das Golden-Tulip-Hotel von Khasab. Von hier sind es nur noch ca. 5 km bis zum Zentrum der Hauptstadt. Der Weg führt vorbei an der großen **Strandbucht von Bassa**, dem ausgedehnten Freizeit- und Badestrand von Khasab. Nach der nächsten Kurve hat man den sich weit nach Süden ins **Wadi Khasab** erstreckenden Ort gleichen Namens erreicht.

6 Khasab ▶1, L1

Jahrhundertelang war Khasab, der größte Ort der Halbinsel Musandam, nur auf dem Seeweg zu erreichen. Heute kommen die Besucher auf dem Landweg oder per Flugzeug. Denn die Stadt mit ihrer historischen Festung am Hafen ist der Ausgangspunkt für Ausflüge in die Welt der omanischen Fjorde und Berge der nördlichen Ausläufer des Hajar.

Seit zwei Jahrzehnten zieht in die Hafenstadt Khasab dank der Straßenverbindung nach Ras Al Khaimah und des Modernisierungsprogramms der fernen Regierung in Muscat der Fortschritt ein. Die Hauptstadt der nördlichsten omanischen Provinz ist Ausgangspunkt für abwechslungsreiche, traumhaft schöne Ausflüge zu Wasser und zu Land, in die Bergwelt und zu den Fjorden Musandams.

Wer Khasab besucht, sollte bei einem Stadtbummel unbedingt den Hafen und die Festung aufsuchen. Khasab (18 000 Einwohner) dehnt sich von Norden nach Süden im Tal des **Wadi Khasab** aus. Zwischen die Bucht mit Hafen und Festung und das Zentrum im südlichen Teil der Stadt schieben sich weitläufige Palmenhaine und Gartenanlagen. Seit 2005 gibt es entlang der Main Street in Richtung Süden hinter dem Khanjar R/A ein neues Geschäftszentrum mit Namen Business District. Hier befinden sich drei Banken, ein Geldwechsel, die Post, Geschäfte und Restaurants und die Polizei. Weiter südlich liegen die Schule und das Büro des Wali. Der Militärflughafen befindet sich an der Westseite des Wadi.

Festung Khasab 1

Cityplan: S. 233
Mehr als 400 Jahre lang schützte die **Festung von Khasab** die nördliche Westküste Musandams und das fruchtbare Tal des Wadi Khasab. 1602 begannen die Portugiesen mit der Errichtung der Festung, um ihre militärische Herrschaft über die Straße von Hormuz sicherzustellen. Aber bereits nach der Niederlage der Portugiesen in der Seeschlacht von Hormuz 1624 fiel sie in omanische Hände. Seit 1649, im Jahr der vollständigen Vertreibung der Portugiesen aus Oman, diente das einstige Bollwerk dem örtlichen Wali als Herrschaftssitz. In der zweiten Hälfte des letzten Jahrhunderts wurde die Festung als Gefängnis genutzt, bis sie nach einigen Jahren des Ungenutztseins 1990 mehrfach restauriert wurde und seit 2002 ein Museum beherbergt. Die Festung gehört zu den eindrucksvollsten in ganz Oman und ihre Verwendung als Geschichtsmuseum der Region wertet sie zur bedeutendsten Sehenswürdigkeit von Khasab auf.

Äußeres der Festung

Die Festung Khasab ist umgeben von üppigen Dattelpalmen und an ihrem Eingang befinden sich zur Meerseite hin zwei **Kanonen**. Unter dem alten Sultan verkündeten sie mit lautem Donnerschlag einmal im Jahr das Ende des Fastenmonats Ramadan und den Beginn der Id-Festtage. Das Bauwerk auf quadratischem Grundriss bewehren je ein Turm an jeder Ecke, von denen drei rechteckig und niedriger sind als der nordwestli-

Khasab Fischmarkt: Auch so kann man Fisch zum Markt befördern

Khasab

Tipp: Besuch im Hafen von Khasab

Am Ortseingang von Khasab breitet sich linker Hand hinter der Al-Maha-Tankstelle der **große Hafen** 2 aus. Hier legen auch die wenigen Kreuzfahrtschiffe an, die Khasab anlaufen. Ansonsten herrscht im Hafen Ruhe und Gemächlichkeit. Früh am Morgen treffen die Fischerboote mit ihrer fangfrischen Ladung ein, auf der gegenüberliegenden Seite der Bucht dümpeln die Dhaus und warten auf Touristenausflügler.

Nur am frühen Morgen und am späten Nachmittag wird die Stille des Hafens von aufheulenden Motoren iranischer Schnellboote unterbrochen. Mit diesen Schnellbooten sind es für iranische Händler nur 1–1,5 Std. quer über die Straße von Hormuz, sodass ein reger – aus omanischer Sicht legaler, aus iranischer Sicht illegaler – Handel über das Wasser betrieben wird.

Jeder, der Khasab besucht, kann sich diesem kleinen **iranisch-omanischen Grenzverkehr** eigentlich nicht verschließen. Wenn man morgens um 7 Uhr auf der Terrasse des Golden Tulip sitzt, hört man plötzlich ein immer lauter werdendes Motorengeräusch. Und dann sieht man sie: Dutzende kleiner Schnellboote rasen, meistens in Dreierformationen, in die Bucht von Khasab. Was man aus den Hotelfenstern des Golden Tulip nicht sieht, ist die Fracht der flachen, heranrasenden Boote. Die sieht man erst, wenn man an den Polizeiwachen vorbei den Hafen aufzusucht.

In dessen Westecke legen die iranischen Boote an, und ihre Zweierbesatzung lädt die Fracht sofort nach Ankunft aus: junge Ziegen oder Körbe voll frischer Fische, die direkt in die dort wartenden Kleinlaster aus Ras Al Khaimah umgeladen werden. Besonders in den Tagen vor den beiden Id-Festen ist die Nachfrage nach Ziegen groß und die iranischen Boote übervoll. Beim Ausladen der Ziegen geht es nicht zimperlich zu, Tierschützer sollten lieber wegschauen. Unmittelbar danach reinigt die Besatzung die Boote und begibt sich in den ein oder anderen Import-Export-Laden des nahe gelegenen Souq. Im Laufe des Tages fahren dann beladene Pick-ups ans Kai und dunkelgraue, in wasserdichte Folie eingepackte Pakete und Kartons werden in die Schnellboote geladen und gut vertäut. Dann beginnt das Warten. Erst wenn ein Anruf von den Kollegen auf der iranischen Seite sicherstellt, dass die Luft rein ist, beginnt die Rückfahrt – genauso laut, genauso schnell und wieder in Formation.

Was sich in den Paketen hinter der dunkelgrauen Folie befindet, um auf diese Weise von Oman nach Iran zu gelangen, ist in Khasab kein Geheimnis: In erster Linie werden Tausende US-amerikanischer Zigarettenstangen verschifft, die auf den Schwarzmärkten des Landes besonders in sind und deshalb auch besonders teuer gehandelt werden. Nicht selten aber soll es sich auch um sehr gezielte Bestellungen aus den edlen und teuren Boutiquen des nahen Emirats Dubai handeln.

Was die omanische Seite betrifft, so ist gegen den Import von Ziegen und den Export von Zigaretten nichts einzuwenden. Illegal wird die Abwicklung dieser Geschäfte erst, wenn die Schnellboote iranische Gewässer erreichen und die Waren an den Zollbehörden vorbei ins Land geschmuggelt werden. Deshalb fahren die Schmuggler immer im Konvoi, denn die iranische Küstenwache kann – sofern sie nicht am Schmuggel selbst beteiligt ist – bei einer Kontrolle aus dem dann auseinanderdriftenden Pulk höchstens ein Boot abfangen.

Dass die omanische Regierung dem Treiben der iranischen Schmuggler zusieht, ist einfach zu erklären: In Khasab und Umgebung gibt es wenige Arbeitsplätze, der gewinnbringende Handel mit Iran hat so manchem Bewohner von Khasab zu ansehnlichem Auskommen verholfen. Ältere Fotos belegen, dass der kleine omanisch-iranische Grenzverkehr schon seit Jahrzehnten in dieser Weise abgewickelt wird. Nur die Boote der Iraner sind heute mit stärkeren Außenbordmotoren ausgerüstet.

Festung Khasab

che Rundturm. Auf den Außenmauern zwischen den Türmen verläuft ein **Wehrgang** mit Dutzenden von zinnengesäumten Schießscharten. Diesen Wehrgang kann man heute umlaufen und den Blick aufs Meer, über das Fort und die umgebenden Palmengärten schweifen lassen.

Auch vom hohen **Rundturm** an der Meerseite hat man einen herrlichen Blick auf die See und auf die Stadt Khasab. Besonders eindrucksvoll erschien die Festung in früheren Zeiten, wenn man sich ihr vom Meer kommend per Boot näherte. Die Mächtigkeit der Verteidigungsanlage kam dann – am besten noch unterstützt vom Licht- und Schattenspiel der nachmittäglichen Sonne – in vollem Umfang zur Geltung.

Einst stand die Festung Khasab nahe an der Küste, heute ist sie durch die großen Hafenaufschüttungen 200 m ins Landesinnere gerückt. Deswegen ist dieser Blick vom Meer auf die Festung seit 2007 eingeschränkt.

Innenhof

Durch einen Torbogen, an dessen Tiefe man die Dicke der Festungsmauern erkennen kann, betritt man den Innenhof. Hier steht noch der alte **Ziehbrunnen,** der das Fort mit Süßwasser versorgte. Nahe dem Ziehbrunnen wurden zwei der für Musandam typischen Häuser errichtet, deren Architektur die Temperatur der jeweiligen Jahreszeit reflektiert: Ein **Bayt Al Qufl** (s. S. 244) und ein luftiges **Areesh**, das nur in den Sommermonaten bewohnt wurde. Erläuterungstafeln erklären die unterschiedlichen Formen und Einsatzfunktionen von drei kleinen Fischerbooten. Es versetzt den Besucher in Erstaunen, mit welchem Geschick und mit welch geringem Werkzeug- bzw. Materialfundus die Khasabi ihre Boote zu bauen vermochten. In der Mitte des Innenhofs erhebt sich ein weiterer Rundturm, von dem Archäologen behaupten, er sei bereits im 15. Jh. von Omanis erbaut, aber von den Portugiesen 1602 überbaut worden.

Im Inneren der Festung

Nicht nur der Innenhof, sondern auch alle Räume des Forts dienen heute als Museum.

Tipp: Unbedingt ins Museum gehen

Die alte **Festung von Khasab** ist nach ihrer Renovierung ein Museum, das sich schwerpunktmäßig der **Geschichte Musandams und der Stadt** widmet. Auch wenn man sich auf einen Besuch der Halbinsel Musandam vorbereitet hat, in den einzelnen Räumen und im Innenhof der Festung sind die Ausstellungsstücke museumsdidaktisch so vorbildlich positioniert, dass man in jedem Fall das Museum klüger verlässt, als man es betreten hat!

Die Ausstellungsräume betritt man durch reich verzierte Holztüren. Im Parterre neben dem Eingang liegen linker Hand die **Küche** und ein **Coffee Making Room.** Beide Räume sind mit originalgetreuen Gerätschaften ausgestattet. Anhand von Erläuterungstafeln kann man die aufwendige Zubereitung von arabischem Kaffee – vom Rösten der Bohne bis zum fertigen Getränk – verfolgen und bewundern, wie ideal die alten Geräte dazu geeignet waren.

Die Räume im ersten Stock sind für historisch und ethnologisch Interessierte von hohem Wert. In der im hinteren **Nordturm** untergebrachten **Bibliothek** werden seltene Dokumente zur Geschichte Musandams ausgestellt. Der gegenüberliegende **Südturm** konzentriert sich auf Ausstellungsstücke, anhand derer man die traditionelle Lebenswelt der Bewohner kennenlernen kann. Hier sieht man in verschiedenen Räumen und museumsdidaktisch vorbildlich aufbereitet Kleidungs- und Schmuckstücke, erfährt viel über die traditionelle Medizin, über Heiratsrituale und die Koranunterweisungen in früherer Zeit.

Im **Wali's Wing** (Flügel des Bürgermeisters) erhält man Einblick in die Räume, die in den letzten Jahrhunderten den Sheikhs von Musandam als Verwaltungssitz dienten. Von hier aus regierten sie Musandam und sprachen Recht (hinter dem Hafen, www.omantourisam.gov.com, Sa–Do 9–16, Fr 8–11 Uhr, Eintritt 0,5 OR).

Khasab

Souq von Khasab [3]

Cityplan: S. 233

Der **Souq** liegt im Osten des Stadtteils Harat Al Khamsar und verdient eigentlich den Namen Souq nicht mehr. Denn er besteht heute nur noch aus einer Ansammlung einiger Einzelhandelsgeschäfte, deren Angebot wenig mit dem eines traditionellen Basars gemeinsam hat. Zwischen allem möglichen Ramsch aus Ostasien gibt es v. a. Nützliches für die Alltagsbewältigung vor Ort. Auswärtige Besucher könnten sich aber möglicherweise für die schönen handgefertigten Tongefäße oder die weichen iranischen Seidenstoffe interessieren.

Vergeblich sucht man im Souq nach alten, für Musandam typischen Gegenständen, z. B. nach einer alten *jirz* – eine kleine Axt mit einem ca. 1 m langen holzgeschnitzten Stiel, die ältere Männer auf Musandam an ihrem Gürtel tragen. Die Schneide der Axt schmücken Gravuren und sie ist nur 10 cm lang. Sie diente dank ihres langen Stiels einst als Spazierstock, aber auch als Waffe und als nützliches Werkzeug. Heute ist sie nur noch ein Statussymbol mit der gleichen schmückenden Funktion wie heutzutage der *khanjar* in der Region des Inneroman (s. S. 248). Zwar werden neue, lieblos gefertigte *jirz* als Massenware angeboten, aber wie schön individuell gefertigte Originale sein können, weiß man nach einem Besuch im Museum der Festung (s. S. 228).

Die meisten der Läden im Souq tragen ein Schild »Import-Export«. Sie sind meist nicht geöffnet – die Geschäfte finden hinter verschlossenen Türen statt – und dienen als Lagerhalle, aus denen die Pick-ups die iranischen Schnellbootshändler beliefern.

Sultan Qaboos Mosque [4]

Cityplan: S. 233

Seit 2012 besitzt Khasab eine neue große Moschee mitten im Stadtzentrum. Sie trägt den Namen des regierenden Sultans und ist auch für Nichtmuslime geöffnet.

Infos

Es gibt in Khasab kein staatliches Touristeninformationsbüro. Über **Informationsmaterialien** verfügen in bescheidenem Umfang die **Tour Operator.** Eine kurze Informationsbroschüre über die Forts in Oman (und damit auch über die drei der Halbinsel Musandam) erhält man beim Kauf der Eintrittskarte in der Festung Khasab. Auskünfte über die **Pistenverhältnisse** gibt es bei der **Khasab Police Station:** gegenüber dem neuen Geschäftszentrum, Tel. 26 83 02 99, 26 83 08 24.

Übernachten

Erstes Haus am Platz ▶ Golden Tulip Resort [1] : an der Straße von Ras Al Khaimah, ca. 3 km vor Khasab, Tel. 26 73 07 77, Fax 26 73 08 88, www.goldentulipkhasab.com. Das schönste und beste Hotel in Khasab liegt am Meer und ist fast immer ausgebucht. Die Zimmer sind groß, alle haben Balkon sowie Meerblick, sind modern möbliert, komfortabel ausgestattet. Mehrere Restaurants, ein großes Schwimmbad, Bar, Fitnesscenter und Shuttle-Service in die Stadt ergänzen den hohen Komfort. Außerdem vermittelt das Golden Tulip Tauchausflüge, Exkursionen ins Gebirge und Dhaufahrten. DZ 99 OR.

Nettes Stadthotel ▶ Khasab Hotel [2] : Stadtteil Al Shaabiya östlich des Flughafens, am südl. Stadtrand, Tel. 26 73 02 67, Fax 26 73 02 71, www.khasabhotel.net. Mittelklassehaus des Tour Operators Dolphin Travel & Tourism (s. S. 235) mit großem Pool, Restaurant und 15 Zimmern, ein neuer Komplex mit 40 Zimmern und 6 Apartments wurde daneben errichtet. DZ 38 OR.

Für Familien ▶ Esra Furnished Appartements [3] : im Zentrum am Flughafen, Tel. 26 73 05 62, Fax 26 73 04 64. Besitzer ist Khasab Travel & Tours (s. S. 235). Zweibettapartments mit wenig Komfort, freundliche Hausherren. Apart. 50 OR.

Schlafstätte ▶ Lake Hotel [4] : Main St. am Ortseingang zwischen Hafen und Festung, Tel. 26 73 16 64, Fax 26 73 16 76. An der Hauptstraße gelegenes zweistöckiges Haus der einfachen Klasse mit arabischem Restaurant. 22 Zimmer. DZ 22 OR.

Khasab

Sehenswert
1. Khasab Fort
2. Hafen
3. Old Souq
4. Sultan Qaboos Mosque

Übernachten
1. Golden Tulip Resort
2. Khasab Hotel
3. Esra Furnished Appartements
4. Lake Hotel

Essen & Trinken
1. Bashaer
2. Al Shamaly
3. Yousef Abdallah Yousef

Aktiv
1. Musandam Sea Adventures Tourism

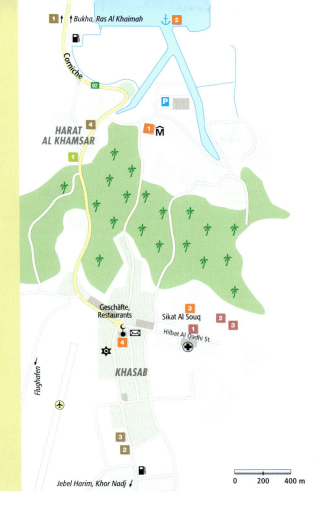

Essen & Trinken

Mit Meerblick ▶ Dibba 1 : im Golden Tulip Resort, Tel. 26 73 07 77. Vielfältige Buffets zum Frühstück, Mittag- und Abendessen; arabische, indische, europäische Küche. Frühstück 7–10.30 (6 OR), Mittagessen 12–15 (ab 10 OR), Abendessen 19–22.30 Uhr (ab 12 OR).

Traditionslokal ▶ Bashaer 1 : Hilbat Al Qadhi, Zentrum, Tel. 26 73 11 64, tgl. 11–2 Uhr. Freundliches Restaurant, zwei große Aquarien, arabische Küche mit indischem Akzent, große Auswahl an frischen Fruchtsäften. Tellergerichte (Huhn, Lamm, Fisch) ab 2 OR. Menü mit Salat, Houmus, Brot 1,5 OR. Pepsi-Cola 0,5 OR.

Einfach und gut ▶ Al Shamaly 2 : Sikkah Al Souq St., nördl. des neuen Souq R/A, Tel. 267 30 77, tgl. 7–4 Uhr. Ursprünglich hieß es Al Shamaliah Grill Restaurant, doch der alte Wirt hat sein Restaurant an den Stadtrand verlegt und den Namen mitgenommen. Außer dem neuen (sehr ähnlichen) Namen Al Shamaly hat sich nichts geändert. Innen immer noch karg und wegen des Neonlichts ungemütlich, aber man kann auch draußen auf dem Platz an Tischen sitzen oder sich die Ge-

Khasab

richte als Take away verpacken lassen. Sehr gute indisch-arabische Küche. Ganzes gegrilltes Hähnchen 1,5 OR, Fischsuppe 0,8 OR, *shawarma* 0,8 OR, Pepsi-Cola 0,5 OR.

Schnell auf die Hand ▶ **Yousef Abdallah Yousef** 3 : Sikkah Al Souq St., neben dem Restaurant Al Shamaliah, tgl. 6–20 Uhr. Die kleine Bäckerei verkauft ofenfrisches Brot und schmackhaftes Gebäck.

Abends & Nachts

In Khasab ist abends nichts los – im deutschen Sinne: Es gibt keine Discos, kein Hofbräuhaus oder etwas, das mit derartigen Vergnügungsstätten vergleichbar wäre. Es gibt in Khasab kein öffentliches Unterhaltungsangebot. Geöffnet haben nur ein paar Läden und die wenigen Restaurants.

Abends kehrt Ruhe ein. Vor den Läden und Restaurants lässt man sich einfach auf den Stühlen nieder. Als Fremder wird man schnell ins Gespräch miteinbezogen, bekommt einen Tee angeboten und beantwortet mit großen sprachlichen Verständigungsschwierigkeiten, soweit es geht, ein paar Fragen. Zwar läuft im Hintergrund ein Fernseher, aber keiner schaut richtig hin. Man schwatzt lieber. Dann kommt ein Bekannter dazu, und man erzählt noch einmal alles von vorne. Einer geht los und holt vom Straßenrestaurant nebenan für jeden ein *shawarma*. Jetzt hat man ein neues Thema: Alles ist teurer geworden. Eine neue Runde Tee wird bestellt. Und so verstreicht die Zeit. Gegen 23 Uhr erheben sich die ersten. Langsam geht es nach Hause, und morgen Abend kommt man wieder – denn es gibt noch viel zu erzählen.

Englische Pubkultur ▶ **Dart's – English Pub** 1 : im Golden Tulip Resort, Tel. 26 73 07 77. Klassisches englisches Pub mit Dartspiel an der Wand. Viel Stimmung. Bier 2,5 OR, Baileys 3,5 OR.

Aktiv

Ausflüge ▶ Sieht man von der Küstenstraße zwischen Tibat und Khasab ab, gibt es außerhalb von Khasab auf der Halbinsel Musandam keine Straßen und keine Straßen- und Ortskennzeichnungen, geschweige denn Schilder mit Richtungsangaben. Wer die Pisten und ihre Abzweigungen nicht kennt, und zudem des Arabischen nicht mächtig ist, wird nicht weit kommen. Deshalb sollte man sich bei Ausflügen von Khasab über Land ins Ge-

Strand von Khasab: ein großer Spielplatz für Kinder

Adressen

birge oder bei Fahrten mit einer Dhau in die Fjorde immer einem **professionellen Tour Operator** anvertrauen. Ihre ortskundigen Mitarbeiter sprechen Englisch, wenige auch Deutsch. Zum Programm aller örtlichen Tour Operator gehören:
Tagesausflüge auf einer Dhau in den 16 km langen Khor Sham, den längsten Fjord der Westküste; **Tagesausflüge zur Bucht von Kumzar** an der nördlichsten Spitze Musandams; **Halbtagestouren** ins Gebirge bis zum **Jebel Harim** und zur **Bucht des Khor Nadj;** Kombinationen von **Gebirgstouren und Dhaufahrten** mit Übernachtungen in Zelten; **mehrtägige Dhaufahrten** rund um die Halbinsel mit Übernachtungen an Bord oder in Zelten an Land. Im Preis sind der Transfer von und zum Hotel, die Verpflegung auf dem Schiff, der Verleih von Flossen, Schnorchel, Tauchermaske und Handtuch enthalten (Preise/Richtwerte: Halbtagestouren 12–20, Tagestouren 25–30, Mehrtagestouren ab 95 OR). Neueste Attraktion: dreitägiger Törn von Khasab nach Khor Sham und über Kumzar zurück nach Khasab, übernachtet wird in Zelten in einsamen Buchten; inklusive Vollpension 120 OR (s. u.).
In Khasab gibt es heute mehrere Tour Operator: **Musandam Sea Adventures Travel & Tourism (MSAT)** **1** : Tel. 26 73 04 24, mobil: 99 53 10 30, Fax 26 73 00 69, www.msaoman.com. Der Besitzer der Agentur, Abdulfatah bin Ahmed Al Shehi, war früher Fischer und leitet heute ein Unternehmen mit 6 Dhaus und deutschsprachigen Tour Guides. Seine Schiffe sind gästefreundlich ausgestattet und der Service ist perfekt. **Khasab Travel & Tours (KTT)** **1** : im Golden Tulip Resort (s. S. 232), Tel. 26 73 04 64, Fax 26 73 03 64, www.khasabtours.com. Dieser Tour Operator ist der älteste und größte vor Ort. **Dolphin Travel & Tourism:** am Hafen, Tel. 26 73 08 13, mobil 99 56 66 72.
Tauchen und Schnorcheln ▶ Musandam besitzt eine vielfältige Unterwasserwelt mit großem Fischreichtum, denn die wilde Gebirgslandschaft setzt sich unterhalb des Wasserspiegels fort. Schnorchelmöglichkeiten bestehen während der Pausen bei Dhauausflügen. An das Golden Tulip Resort in Khasab ist eine Tauchbasis angeschlossen, die Tauchtouren mit einer Dhau einschließlich Übernachtungen auf dem Boot anbietet.

Tipp: Friseur

Im Zentrum von Khasab gibt es Dutzende von Frisörsalons für Männer. Es ist ein Erlebnis, sich hier die Haare waschen und schneiden zu lassen, bei dem man zudem noch fürstlich behandelt wird: Der Kopf wird beim Waschen intensiv massiert, dann mit Essenzen liebevoll bestrichen und abermals gewaschen, beim Schneiden erfährt man von dem seit Jahren hier arbeitenden indischen Personal sehr viel über Khasab und seine Veränderungen und am Ende verlässt man den Salon von einer Duftwolke umgeben (Haare schneiden 1 OR, Rasieren 0,5 OR).

Verkehr

Flüge: Oman Air: an der Straße zum Flughafen, Tel. 26 73 15 92, www.omanair.com. Oman Air fliegt tgl. von Khasab nach Muscat; einfacher Flug 48 OR.
In Khasab gibt es keinen öffentlichen Bus und keine Taxis. Mobilität muss privat organisiert werden, sei es mit dem Shuttlebus der Hotels oder mit einem Tour Operator. Vorbeifahrende Pkw nehmen aber gerne ›trampende‹ Besucher mit. Üblich ist bei einer solchen Mitnahme 1 OR als ›Benzingeld‹.
Katamaran: Seit 2010 verkehren zwischen Muscat und Khasab zwei super schnelle Katamaran-Fährschiffe (›Hormuz‹ und ›Shinas‹) der National Ferries Company (NFC). Sie nehmen bis zu 200 Passagiere an Bord, fahren jeweils um 15 Uhr in Muscat und Khasab ab (Mai–Sept. Mi–Fr, Okt.–April tgl. außer Di) und benötigen für den 480 km langen Seeweg um die Straße von Hormuz dank ihrer Geschwindigkeit von 56 Knoten (mehr als 100 km/h) nur knapp 6 Stunden. Buchungen und Informationen: NFC generell, Tel. 24 47 21 23; NFC Muscat: Tel. 24 71 33 66; NFC Khasab Tel. 26 73 18 02
Zur **Anreise nach Khasab:** s. S. 216–227.

Ausflüge von Khasab

An der nördlichen Spitze der Arabischen Halbinsel ragen gewaltige Felsmassive bis zu einer Höhe von 2000 m steil aus dem Meer auf. Zwischen ihnen erstreckt sich das tiefblaue Wasser des Arabischen Golfes. In der Ferne durchqueren Öltanker die Straße von Hormuz.

7 Buchten und Fjorde Musandams ▶ 1, L 1

Karte: S. 241

Die Bergwelt Musandams und das Meer bilden ein verzweigtes Gewirr von fjordähnlichen Buchten, die mit bis zu 16 km Länge tief in die steilen Bergflanken hineinreichen. In ihren wenigen kleinen Buchten leben seit Jahrhunderten Fischerfamilien ohne jede Straßenverbindung zur Zivilisation, nur auf ihre Fischerboote angewiesen.

Fahrten mit einer **Dhau** sind die Klassiker im Programm der Ausflugsangebote. Mehrere örtliche Tour Operator (s. S. 235) haben das Interesse von Besuchern an der faszinierenden Welt der arabischen Fjorde. Ehemalige Fischer bauten ihre Dhaus zu Ausflugsbooten um, mit denen sie Besucher durch diese eindrucksvolle Welt der orientalischen Fjorde schippern. Sie sind die kundigsten unter den Anbietern der Tagesausflugsboote. Einer von ihnen ist Abdulfatah bin Ahmed. Wie sein Vater war auch er Fischer, aber seit zehn Jahren ist er Tour Operator. Inzwischen hat er expandiert und deutsche Mitarbeiterinnen eingestellt, die während der Fahrt das schwierige Alltagsleben in den Dörfern entlang des Khor Sham erklären.

Zur Umgestaltung zum Touristenschiff gehören mehrere Teppiche, die über die Planken der Dhau ausgebreitet werden, gemütliche Kissen, eine Toilette, Schatten spendende Segel, diverse Kühltruhen für Getränke und Verpflegung und ein großer Korb mit Schnorchelausrüstungen in allen Größen inklusive Handtüchern. Das wichtigste bei der Umrüstung einer Fischerdhau zu einer Ausflugs-Dhau ist der neue starke Dieselmotor. Gesteuert werden die Dhaus von omanischem Personal, das während des Tages immer wieder Tee und Obst reicht.

Einfahrt ins Khor Sham 1

Der ›Fjord‹ **Khor Sham** (in älteren Transkriptionen auch als **Khor Shimm** oder als **Khor Sheem** bezeichnet) reicht 16 km weit in die bis zu 900 m hohen, manchmal steil abfallenden Felsmassive der Halbinsel und ist der längste Fjord Musandams. Vergleiche mit der Landschaft Norwegens werden in der gesamten Reiseliteratur und von den örtlichen Reiseleitern gerne als Metapher übernommen. Wer unter den omanischen Kapitänen der Dhaus Englisch spricht, benutzt gerne den Begriff ›Norway of Arabia‹.

Doch der Vergleich bleibt unvollständig. Weder sind die arabischen Fjorde so tief wie die norwegischen, noch wachsen Kiefern oder Fichten auf ihren Berghöhen. Musandam ist eine zerklüftete Welt aus Wasser, Felsen, Geröll und Hitze. Dank ständig scheinender Sonne schillert das Wasser zwischen hellblau und türkisgrün und besitzt immer angenehm warme Badetemperaturen. Auch fehlt das Grün der üppigen nordeuropäischen Vegetation. Stattdessen dominieren die roten, braunen und grauen Farbtöne der kargen Felslandschaft, die im Licht der untergehenden Sonne rot und golden leuchten.

Buchten und Fjorde Musandams

Bereits hinter der Hafenausfahrt passiert man die ersten Buchten mit weißem Sand und wenn man Glück hat, sieht man Falken auf den nahen Felsen sitzen. Nach 2 km erreicht man die enge Einfahrt ins Khor Sham, der längsten Einbuchtung an der Westküste. Karge Felslandschaften zu beiden Seiten, deren bizarre Formen und Schichtungen erfahrenen Geologen von ihrer Entstehung berichten können, faszinieren auch Laien.

Nadifi 2

Nach einer halben Stunde erreicht man das erste Dorf mit Namen **Nadifi**. Hier leben etwa 10 Familien, d. h. ca. 100 Einwohner, die sich allerdings verbeten haben, dass die Touristen zu nahe an ihr Dorf heranfahren. Die Einwohner leben vom Fischfang. Nadifi ist ausschließlich von der See aus zu erreichen und liegt am Fuße steil abfallender Felswände. Am Strand hüpfen Dutzende von Booten auf den Wellen. Sie dienen den Männern des Dorfes zum Fangen von Fischen, die sie in Khasab verkaufen. Vom Erlös erwerben sie Waren für ihren Alltag und kehren nach Nadifi zurück. Einmal in der Woche kommt das ›Wasserschiff‹ und füllt den großen Tank am Strand kostenlos mit Süßwasser auf.

Die schulpflichtigen Kinder von Nadifi werden samstagsmorgens mit dem Schulschiff abgeholt und nach Khasab zur Schule gebracht. Dort leben sie bei Verwandten und werden bis Mittwochmittag unterrichtet. Am Mittwochnachmittag bringt sie das Schulschiff zu ihren Familien zurück. Der Schulbesuch ist kostenlos und die Fahrt mit dem Schulboot wird ebenfalls von der omanischen Regierung kostenlos organisiert.

Dörfer wie Nadifi gibt es Dutzende auf Musandam. Sie sind typische **Winterdörfer.** In den drückend heißen Sommermonaten, wenn die Temperaturen die 50-°C-Marke erreichen, ziehen die Bewohner nach Khasab in ihre luftigen Sommerhäuser.

Damit sie und ihre Kinder aber überhaupt in den Dörfern der Halbinsel Musandam bleiben, werden sie finanziell von der Regierung des Sultans unterstützt, z. B. indem er den Familienoberhäuptern jene modernen Glasfiberboote mit starken Außenbordmotoren zur Verfügung stellt, die sie heute für einen erfolgreichen Fischfang benötigen.

Qanaha 3

Das nächste Dorf im Khor ist **Qanaha**, ebenfalls ein kleines Fischerdorf mit nur sechs Familien, aber nur halb so groß wie Nadifi. Da man hier erst gegen Mittag vorbeifährt, sieht man die neuen Fischerboote aufgereiht am Strand liegen. Daneben dümpeln noch die alten Battilboote, die die Fischer früher, als sie sich noch keine Motoren leisten konnten, benutzten. Eine Battil war mit Rudern ausgestattet, sodass die Fischer mehrere Stunden benötigten, um bis zum Fischmarkt von Khasab und wieder heimwärts zu gelangen.

An den neuen Strommasten, die von den Bergen hinunter nach Qanaha reichen, erkennt man, dass das Dorf bereits mit Elektrizität versorgt wird. Die Masten für die Stromleitungen wurden vom Militär mit Hubschraubern in die unzugänglichen Berghänge gesetzt. Dass Tradition und Moderne in diesen Dörfern dicht nebeneinander existieren, sieht man an den Häusern von Qanaha. Rechter Hand der heutigen, neuen, in strahlendem Weiß gekalkten Wohnhäuser aus Beton stehen noch die alten, verlassenen aus Naturstein.

Maqlab 4

An der Südseite des Khor passiert man auf der weiteren Fahrt das Dorf **Maqlab**. In der Größe ist es vergleichbar mit Qanaha. Auch Maqlab liegt in einer nur vom Meer her zugänglichen Bucht, hinter der sich die Felswände Hunderte von Metern steil auftürmen. Auf der anderen Seite dieses Bergrückens beginnt das **Khor Al Habalayn,** das sich zum Golf von Oman hin öffnet. Maqlab bietet damit die kürzeste Entfernung auf dem Festland zwischen dem Arabischen Golf und dem Golf von Oman und damit dem Indischen Ozean. Hier könnte eines Tages der ›Panamakanal des Oman‹ entstehen.

Wegen dieser Lage ist Maqlab auch der Ausgangspunkt einer besonderen **Bergwanderung.** Von Maqlab kann man den **Jebel**

Ausflüge von Khasab

Maqlab hinaufwandern und auf der anderen Seite hinunter zum Khor Habalayn absteigen. Bei dieser Wanderung sollte man sich unbedingt von einem **Führer** begleiten lassen. Vom Gipfel des Jebel Maqlab hat man einen herrlichen Blick in die einsame, traumhaft schöne ›Fjordwelt‹.

Telegraph Island 5

Wenig später erreicht man in der Mitte des Khor die kleine Insel **Jazirat Al Maqlab,** die unter dem Namen »Telegraph Island« bekannt wurde. Die Dhau umrundet diese Insel, auf der noch die Ruinen einer ehemaligen Telegrafenstation aus dem 19. Jh. stehen. Die Bebauungsgeschichte dieser Insel konnte nur im Herrschaftsbereich einer Großmacht stattfinden. Man schrieb das Jahr 1864. Das britische Empire war auf dem Höhepunkt seiner Machtausdehnung, und wenige Jahre zuvor hatte Samuel Morse den ersten Telegrafen konstruiert. 1858 wurde das erste Seekabel zwischen Europa und den USA verlegt. Also warum sollte man nicht auch zwischen Bombay und London telegrafieren können? Eine Leitung von London bis zum damals britischen Basra gab es bereits. Also musste ›nur‹ noch von Bombay nach Basra ein Überseekabel gelegt werden. Die kleine Insel zwischen den Fjorden Musandams liegt genau an der Stelle, die sowohl vom Indischen Ozean als auch vom Arabischen Golf gleichermaßen weit entfernt und vom Wasser her leicht zugänglich ist. Also wurde sie als Festlandstation für diese Seeleitung auserwählt.

Auf der Insel stehen heute noch die Ruinen des zweistöckigen **Telegrafenhauses** mit dem zerfallenen Wohngebäude. Mehrere Jahre hat es gedauert, die Station aufzubauen und die Kabel zu verlegen; Teile davon liegen heute noch verrottet auf dem Grund der Bucht. Nach nur fünf Jahren musste die Telegrafenstation aufgegeben werden, denn die hier stationierten britischen Soldaten litten besonders unter dem Klima und der Einsamkeit, die bei nicht wenigen zu Wahnvorstellungen führten. Die Armee beorderte daraufhin alle Mann zurück und gab die Telegrafenstation auf.

Die Fahrt führt weiter gen Osten. Je weiter die Dhau ins Innere des Khor vordringt, desto glatter wird das Meer. Jetzt kann man besonders gut beobachten, wie **Kormorane** nach Beute abtauchen. Wenn die Dhau nahe an der felsigen Küste entlangkreuzt, bemerkt man auf großen Felsplateaus immer wieder herrenlose Fischernetze scheinbar wie vergessen herumliegen. Sie wurden nicht achtlos weggeworfen, sondern gehören den Dorfbewohnern, die sie nach dem Fang einfach bis zum nächsten Einsatz hier deponieren.

Seebi 6

Am östlichen Ende des Khor Sham erstreckt sich der Ort **Seebi** am Fuß des 938 m hohen

Buchten und Fjorde Musandams

Bootstour auf Omanisch: Mit der Dhau die Fjordwelt Musandams entdecken

Jebel Seebi. Seine Hänge stürzen hier senkrecht ins Meer. Auch Seebi gehört zu jenen Dörfern, die nur vom Meer her zu erreichen sind, aber heute über Elektrizität verfügen. In der großen Bucht von Seebi liegt **Seebi Island,** eine karge Felsinsel, in deren Umgebung die Dhaus gerne ihren zweiten Badestopp einlegen. Die Bucht ist nicht sehr tief, und das Wasser leuchtet aufgrund der hellen Kalkfelsen auf dem Meeresgrund türkis. Das ganze Jahr über sind die Wassertemperaturen hier sehr angenehm.

Sham [7]

In der Bucht von Seebi kehren die Boote um. Auf der Heimfahrt sind die nördlichen Küsten des Khor genauso steil, schroff und beeindruckend hoch. Am Ende der Fahrt erreicht man das Dorf **Sham,** nach dem der Khor benannt wurde. Hinter der Bucht von Sham erhebt sich der **Jebel Sham.** Er ist mit seinen 889 m der zweithöchste Berg am Khor. Sham ist ein relativ großer Ort am ›Fjord‹, verfügt über Elektrizität und besitzt eine eigene Moschee.

Am Beispiel des Dorfes Sham kann man den Erwerbsalltag der wenigen hier lebenden Familien gut erklären. Fischfang wird über den eigenen Bedarf hinaus in den Wintermonaten praktiziert, um die Fische in Khasab zu verkaufen. Das zeigen Boote und Netze, die am Strand liegen. In der Bucht

Ausflüge von Khasab

von Sham dümpeln aber auch einige Dhaus. Mit ihnen fahren die Familien am Freitag zur Moschee nach Khasab. In den Sommermonaten verlassen sie mit den Dhaus das Dorf und ziehen nach Khasab, denn dort besitzen sie ein luftiges *areesh* (Sommerhaus) und Dattelplantagen, die zwischen Juni und August geerntet werden müssen. Außerdem ist in diesen Monaten bei Wassertemperaturen im Khor von über 30 °C das Fischen wenig ertragreich, wenn nicht erfolglos. Auf ihren Dhaus transportieren die Familien die Datteln nach Hause bzw. zu den Dörfern im Khor, um sie zu verkaufen. Erst im September kehren die Familien wieder nach Sham zurück.

Für Touristen sind Ausflüge auf einer Dhau im Khor Al Shams ein besonderes Erlebnis. Denn fast immer begleiten **Delfine** die Dhaus auf ihrer Fahrt im Khor. Sie schwimmen meist paarweise neben den Booten her, um im Minutentakt wie nach einer einstudierten Choreografie in eleganten Sprüngen aus dem Wasser zu schnellen und sofort wieder abzutauchen. Manchmal begleiten sie die Dhau eine Viertelstunde lang und der Kapitän versucht durch Pfeifen und rhythmisches Klatschen mit ihnen zu kommunizieren.

Insgesamt dauert eine solche Tagesexkursion 6–8 Std. Gegen 16.30 Uhr fährt man im Licht der untergehenden Sonne wieder in den Hafen von Khasab ein.

Tipp: Geführte Mountainbike-Touren

Seit 2011 bietet einer der örtlichen Tour Operator in Khasab Mountainbike-Touren hinauf zum As Sayh-Plateau und zum Jebel Harim und weiter über kurvenreiche Pisten hinunter zum Khor Nadj an. Mit dem Fahrrad ist man den aufregenden Gebirgsformationen und ihren Details besonders nahe. Die Gruppe wird von einem Tourguide und einem Geländefahrzeug mit Reparaturset, Erste-Hilfe-Equipment und Trinkwasser begleitet. Am Mittag gibt es ein Picknick. Anmeldung bei Musandam Sea Adventures Tourism (s. S. 235).

Ausflüge ins Gebirge
▶ 1, L 1/2

Karte: S. 241

Von Khasab bricht man in nördlicher Richtung mit einer Dhau in die faszinierende Welt der Fjorde auf. In südlicher Richtung öffnet sich bereits hinter den letzten Häusern der Stadt eine zerklüftete, massive Bergwelt von ebensolcher Faszination. Da die asphaltierten Straßen am Ortsausgang von Khasab enden, ist man auf einen Wagen mit Vierradantrieb angewiesen.

Der Ausflug in die spektakuläre Bergwelt beginnt im Süden von Khasab an einer großen **Tankstelle**. Sie ist für viele der Treffpunkt, weil man wegen unvorhergesehener Ereignisse nur mit einem vollständig gefüllten Tank (und einem Führer) die Fahrt antreten sollte. Die Piste führt zuerst zu einem aufgeschütteten Damm, der sich quer durch das **Wadi Khasab** zieht. Er soll bei heftigen Regenfällen das Wasser außerhalb der Stadt sammeln, um Khasab vor Überflutungen, wie sie bis in die 1980er-Jahre häufig vorkamen, zu schützen. Dann geht es steil und kurvenreich hinauf zu den Ausläufern des **Jebel Harim.** Dabei passiert man immer wieder aufregende Felsformationen mit gewaltigen Abbrüchen und großen Geröllansammlungen. Entlang der Piste gilt es, besonders enge Serpentinen zu überwinden, wobei man sich nach jeder Kurve bei einem Blick ins Tal darüber wundert, welche Höhe man inzwischen erreicht hat.

In diesem Abschnitt der Fahrt fallen die **terrassierten Anbauflächen** auf, die die Bewohner in den kargen Felshängen angelegt haben. Um die wenigen Ackerflächen errichteten sie aus Sammelsteinen halbhohe Mauern, sodass hintereinanderliegende Becken entstanden. Da das Regenwasser meist flutartig die Berghänge hinunterstürzt, füllt sich durch diese Kaskadenanlage Feld für Feld, zuerst das obere, zum Schluss das unterste. Gemüse und v. a. Zwiebeln werden auf diesen Terrassenäckern angebaut. Diese traditionelle Anbauweise ermöglicht frische Ergänzungen zur täglichen Fischmahlzeit, obwohl es im Souq von Khasab Nahrungsmittel

Musandam

aus dem nahen Ras Al Kaimah in unbegrenzter Auswahl zu kaufen gibt.

As-Sayh-Plateau und Jebel Harim

Seit 1990 kann man von Khasab aus bis zum Jebel Harim und zur Ar-Rawdah-Ebene mit einem Geländewagen fahren. Damit lernt man auf komplikationslose Weise zumindest den nördlichen Teil dieser Strecke mit all seinen Aussichtspunkten kennen.

Überall entlang der Piste stehen große Tanks, die für die Bewohner regelmäßig mit Trinkwasser gefüllt werden. Überrascht wird

Ein Hauch von Abenteuer: Ausflug in die unwegsame Bergwelt Musandams

Ausflüge von Khasab

aktiv unterwegs

Bayt al Qufl – Musandams Beitrag zur omanischen Architektur

Tour-Infos
Start: mit einem Allrad-Fahrzeug von Khasab hinauf aufs As-Sayh-Plateau unterhalb des Jebel Harim
Länge: hin und zurück ca. 30 km
Dauer: ca. 3 Std.

Die Fahrt hinauf in die Bergwelt des Jebel Harim lohnt nicht nur wegen des beeindruckenden Panoramas, sondern hier oben trifft man auch auf eine kulturelle Einmaligkeit. Denn zu den Zielen aller Ausflüge am Jebel Harim gehört auch die Fahrt zu einem Bayt Al Qufl.

Dazu muss man auf dem As-Sayh-Plateau nach Osten abbiegen, zum **Khor Nadj** und weiter in die Ebene **Sal Al Ala** fahren. Kurz hinter der Abzweigung von der Piste nach Sal Al Ala steht ein verlassenes **Bayt Al Qufl** [11], ein Haus aus großen unbehauenen Natursteinen. Dieses architektonische Unikat findet man nur in Oman und dort nur in der schwer zugänglichen Bergregion Musandams. Ihren Namen ›Haus mit einem Schloss‹ erhielten diese Häuser wegen ihrer komplizierten Verriegelung. Im Innenhof der Festung von Khasab steht ein Modell dieser besonderen Hausform, und Schautafel erklären ihre Funktion und Bauweise (s. S. 231).

Am **Jebel Harim** bewegt man sich nur mit allradgetriebenen Fahrzeugen. Denn es gibt keine asphaltierten Straßen, nur Pisten auf denen oft herabgefallene Felsbrocken liegen oder nach starken Wolkenbrüchen Erdrutsche den Weg versperren. Mit einem Jeep sind solche Hindernisse zu umfahren.

Man übersieht die Häuser leicht, denn die relativ dicken Mauern der rechteckigen Häuser ragen nur ca. 1 m aus dem Boden heraus, weil das eigentliche Haus tief eingegraben wurde. Die Dächer bestehen aus Holzbalken, die mit Flechtwerk und Lehm zusammengehalten werden. Meist besitzen sie nur einen einzigen großen Raum, in dem mehrere runde Speicherbehälter stehen. Eine niedrige Tür mit Doppelschloss, das nur mit speziellen Kenntnissen über seine Entriegelung zu öffnen ist, ermöglicht den engen Zugang. Es gibt nur noch wenige dieser weit verstreut liegenden Häuser am Jebel Harim. Die meisten liegen abseits der Pisten an schwer zugänglichen Hängen. Nur das in der Ebene von Sal Al Ala ist relativ leicht zu erreichen.

Das Bayt Al Qufl diente der Lagerung von Getreide, Wasser und Früchten, während seine Besitzer in der Region als Wanderhirten umherzogen oder sich längere Zeit in der Hauptstadt Khasab aufhielten. Das komplizierte Schloss sollte dabei verhindern, dass die Vorräte in Abwesenheit der Hausherren gestohlen wurden. Zugleich boten die Häuser den Besitzern aber durch ihre Bauweise die Möglichkeit, sich eine Weile in ihnen aufzuhalten, weil das Raumklima im Sommer relativ kühl, im Winter relativ warm ist. Sie wurden deshalb von den Hirten zum Schlafen genutzt. Solange Musandam als ›vergessene Region‹ abgeschnitten von den Entwicklungen im Kernland Omans war, wurden die Bayt Al Qufl genutzt. Erst als in Musandam Beton als Baumaterial eingeführt und in den 1980er-Jahren auch beim Hausbau eingesetzt wurde, verloren sie ihre Funktion.

Man gelangt durch eine schmale Tür ins Innere und ist überrascht über die Größe der Vorratsbehältnisse. Wie gelangten diese großen Tongefäße durch die kleine Tür. Die Antwort: Zuerst wurde der Boden ausgehoben, dann wurden die großen Vorratsgefäße aufgestellt, und erst danach errichtete man das Haus darüber. Am Ende wurde die enge Tür mit dem Geheimschloss eingesetzt.

Ausflüge ins Gebirge

man am Ende der Steigung: Vollkommen unerwartet erstreckt sich hier in 1100 m Höhe eine große Ebene, das **As-Sayh-Plateau** 8. Auf dieser großen, grünen Wiesenfläche mit wenigen Mandelbäumen und Dattelpalmen weiden viele Ziegen. Um diese praktizierte Weidewirtschaft am Fuße des sich im Osten erhebenden Jebel Harim genauer in Augenschein nehmen zu können, lohnt eine kurze Pause.

Bis zum 2087 m hohen **Jebel Harim** 9 sind es von hier noch 15 km. Zuerst durchquert man die Ebene von As Sayh, danach geht es wieder bergauf. Nach wenigen Kilometern sieht man in der Ferne die **Sendemasten der Militäranlage** auf dem Gipfel des Jebel Harim. Nach vielen Serpentinen und längeren Steigungen erreicht die Piste in 1600 m Höhe die militärische Anlage. Hier beginnt der Sperrbezirk, der den Gipfel einschließt. Höher hinauf darf man nicht – aber die Naturkulisse ist bereits hier atemraubend. Nirgendwo sonst auf der Strecke hat man einen solch weitschweifigen Panoramablick über die Bergwelt Musandams mit ihren schroffen Felsformationen und tief eingeschnittenen Waditälern.

Auf der Anhöhe unterhalb des Sperrbezirks findet man an einzelnen Felsen **prähistorische Zeichnungen** und nach kurzer Weiterfahrt um die nächste Kurve eine steil aufsteigende **Felswand,** in der viele **Fossilien** eingeschlossen sind.

Ar Rawdah

Richtung Süden führt die Piste am Sperrbezirk vorbei hinunter zum 25 km entfernten **Checkpoint Rawdah** bzw. in die sich zuvor östlich davon erstreckende **Ebene von Rawdah** 10 (Ar Rawdah Bowl).

Wenn man sich für die Weiterfahrt in die ca. 60 km von Khasab entfernt gelegene Rawdah-Ebene entscheidet, muss man mindestens noch einen halben Tag einkalkulieren und ggf. auf eine Übernachtung im (selbst mitgebrachten) Zelt vorbereitet sein. Die Ar Rawdah Bowl ist ein langes, breites, flaches Becken von mehreren Quadratkilometern Größe, das von steilen Bergen umgeben ist.

Auf den Grünflächen der Ebene wächst die größte Ansammlung von **Akazienbäumen** in ganz Oman. Im **Dorf Rawdah** leben heute noch zehn Familien. Eindrucksvoll ist der Friedhof von Rawdah mit seinen für muslimische Begräbnisstätten ungewöhnlichen Grabsteinen.

Birkat Al Khaldiyah

Wenn man am As-Sayl-Plateau nicht zum Khor Nadj abbiegt, sondern die Piste Richtung Sal Al Ala weiterfährt, öffnet sich das Tal des gleichnamigen Wadis zu einer breiten grünen Ebene, umgeben von Bergen. Dank des ausreichenden jährlichen Niederschlags stößt man in der ›Schüssel‹ von **Sal Al Ala** 12 (Sal Al Ala Bowl) auf blühende Wiesen mit Akazien- und Mandelbäumen – wie auch schon im Becken von Ar Rawdah. Am hinteren Ende der Ebene von Sal al Ala ist der Akazienbestand besonders dicht. Von den örtlichen Reiseagenturen wird dieser Landschaftspark auch **Birkat Al Khaldiyah** bezeichnet.

Für die Fahrt zurück nach Khasab muss man die gleiche Piste benutzen, auf der man zuvor von Khasab zum As-Sayh-Plateau gefahren ist.

Khor Nadj 13

Von der Piste nach Sal Al Ala zweigt nach 4 km eine Piste nach Norden ab. Sie führt vorbei an einem Hubschrauberlandeplatz und einer Schießanlage des omanischen Militärs. Danach erklimmt sie eine Anhöhe von ca. 700 m. Von hier oben hat man den besten Blick auf das Meer und die Bucht des **Khor Nadj**. Auf einer Serpentinenpiste kann man bis hinunter zum breiten **Strand** fahren. Khor Nadj ist der einzige Fjord auf der Halbinsel, dessen Ufer man mit dem Auto erreichen kann. Der Strand des Khor wird deshalb auch gerne als Zeltplatz aufgesucht.

Von der Seeseite ist die Bucht ein beliebtes Ausflugsziel für Boote aus Dibba (s. S. 217), die von der Ostseite Musandams kommend das ca. 15 km lange Khor Habalayn durchfahren, um an dessen südwestlichem Ende Khor Nadj zu erreichen.

Birkat Al Mauz: alte Oasenstadt zu Füßen des Jebel Akhdar

Kapitel 4
Nizwa und das Landesinnere

Al Dhakiliyah (die Innere) heißt die Provinz, die sich an der Südseite des Jebel Akhdar (Grüner Berg) – einem Teil des Hajargebirges – erstreckt. Der Bergrücken des Jebel Akhdar schiebt sich als 600 km lange Barriere zwischen die Küstenebene der Batinah und das Hinterland des Inneromans mit seinen ausgedehnten Wüsten. Zum Gebirge gehört auch der 3009 m hohe Jebel Shams (Berg der Sonne), der höchste Berg Omans. Die Hauptstadt Nizwa und die nahen Festungen von Bahla und Jabrin bilden das Zentrum der Provinz Al Dhakiliyah.

Nur an zwei Stellen überqueren heute Autostraßen aus der Küstenebene kommend das Hajargebirge. Beide verlaufen in Trockenflusstälern, die als Wadis seit Tausenden von Jahren das Hajargebirge an diesen Stellen durchschneiden. Für Oman ist die Überquerung aus der Batinah nach Nizwa besonders bedeutend, denn die Stadt war jahrhundertelang das politische Zentrum und die religiöse Hochburg des ibhaditischen Islam. Dank des Jebel Akhdar ist die Region schwer zugänglich und war somit früher kaum militärisch zu erobern.

Zwischen 1920 und 1959 erreichte die Region noch einmal den Status eines selbstständigen Imamats, das jedoch endete, nachdem sich der letzte Imam Ghalib bin Ali im sogenannten Jebel-Akhdar-Aufstand erfolglos gegen den Sultan militärisch erhob und danach ins Exil floh.

Al Dhakilliyah ist die Region der Festungen: Nizwa verfügt über die mächtigste, in Jabrin steht die schönste und im benachbarten Bahla die älteste und größte.

Auf einen Blick
Nizwa und das Landesinnere

Sehenswert

8 Nizwa: Die Geschichte der Stadt reicht zurück bis in die Anfänge des Islam im 7. Jh. Highlights eines Besuches sind der ausufernde Souq sowie die gewaltige Festung (s. S. 254).

9 Al Misfah Al Abriyeen: Das schönste Dorf Omans ist ein Bergdorf mit historische Stadtmauer. Die eindrucksvollen Häuser aus Naturstein und Lehm klammern sich waghalsig an die Felshänge. Al Misfah gilt als ›Lieblingsdorf‹ von Sultan Qaboos (s. S. 267).

10 Hisn Tamah: Für die UNESCO zählt die größte Lehmfestung Omans in der Oase Bahla zu den großen Bauwerken des Welterbes (s. S. 272).

11 Jabrin: Die befestigte Sommerresidenz eines Imam aus dem 17. Jh. ist die schönste unter allen Verteidigungsanlagen im Sultanat (s. S. 273).

Schöne Route

Hinauf auf das Sayq-Plateau: Die Straße von Birkat Al Mawz hinauf zum 1200 m höher gelegenen Sayq-Plateau ist eine Meisterleistung der Ingenieurskunst und eine einzige, 30 km lange Aussichtsplattform. Rosenfelder und Granatäpfel – in der schroffen Bergwelt des Hajar in 2000 m Höhe überrascht der Anbau von duftenden Blumen und köstlichem Obst (s. S. 263).

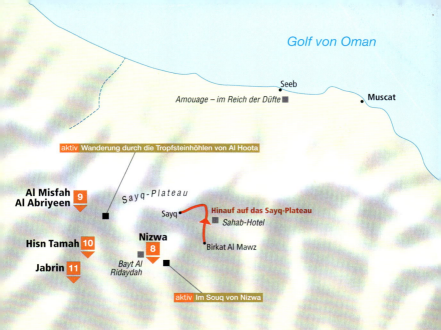

Meine Tipps

Amouage – im Reich der Düfte: Der Name klingt bereits verführerisch, und wenn man die Parfumfabrik gleichen Namens bei Seeb besucht, kennt man danach die betörendsten Düfte des Oman (s. S. 251, 252).

Residenz eines widerständigen Sheiks: Das Bayt Al Ridaydah am westlichen Stadtrand von Nizwa ist eine Mischung aus Wohnhaus und Festung, errichtet zum Schutze des Wadi Muaydin, eines wichtigen Zugangs zum Jebel Akhdar (s. S. 263).

Hotel in den Bergen: Das wunderschöne Sahab-Hotel am Rande des gleichnamigen ›Grünen Berges‹ ist Ausgangspunkt für Ausflüge in die Bergwelt und ihre traditionellen Dörfer (s. S. 265).

aktiv unterwegs

Im Souq von Nizwa: Am Fuße der historischen Festung von Nizwa liegt ein weitläufiger Souq, der aus mehreren selbstständigen, atmosphärischen Einzelsouqs besteht, darunter ein Gewürzmarkt, ein Handwerkermarkt und ein Tiermarkt (s. S. 259).

Wanderung durch die Tropfsteinhöhlen von Al Hoota: Tropfsteinhöhlen besitzen immer abenteuerliche Atmosphäre. Die nahe des Dorfes Al Hoota sind erst seit wenigen Jahren für Besucher zugänglich und bieten ein besonderes Naturerlebnis (s. S. 266).

Von Seeb nach Nizwa

Der Inneroman (Al Dakhiliyah) gehört landschaftlich zu den schönsten Regionen des Sultanats. Die Oasenstadt Nizwa war jahrhundertelang die Hauptstadt Omans. Hier steht das mächtigste Fort des Landes, und der Souq bietet die größte Auswahl an Silberschmuck.

Von der Batinah über die Berge nach Nizwa

Die ehemalige Hauptstadt Nizwa ist in weniger als zwei Stunden von der heutigen Hauptstadt Muscat aus zu erreichen. Bis 1976, als die Verbindung über den Suma'il-Pass noch eine holprige Piste war, benötigten Reisende für die 140 km lange Strecke mehrere Tage, wenn sie nicht einen geländegängigen Jeep besaßen. Auch auf der ersten asphaltierten Straße musste man noch mit einem halben Tag Anreise rechnen, weil sie aufgrund der sich in den Wadis sammelnden Sturzfluten in den Wintermonaten immer wieder beschädigt wurde. Erst im 21. Jh. hat sich dank der Verbreiterung der neuen Straßenführung die Fahrzeit wesentlich verkürzt.

In der Stadt **Seeb** am westlichen Ende der Capital Area beginnt am Sawah Tower R/A

Amouage: Jeder Flacon wird mehrmals auf seine Qualität geprüft

Der Duft des Oman

Amouage – kostbarstes Parfum der Welt — Thema

Wer die Lobby des modernen Designerhotels The Chedi betritt, riecht sofort den Duft von Weihrauch. Weißer Rauch verbreitet sich in der Mitte der sonnendurchfluteten Halle aus tönernen, alten Brennern. Man ist in Oman, dem Land der Düfte, angekommen.

Menschenansammlungen in Oman sind für empfindliche Nasen ein Erlebnis, kein Problem. Denn selbst die Kleidung vieler Omanis wird parfümiert. So beträufeln omanische Männer eine eigens dafür angebrachte Quaste am Halsausschnitt ihrer *dishdasha* mit Parfums, manchmal sogar mehrmals am Tag. Auch wird die Kleidung nach dem Waschen und Bügeln einer speziellen Duftbehandlung unterzogen, indem sie über einem Räuchergestell mit aufsteigendem Weihrauch ›imprägniert‹ wird. Über Tausende von Jahren hat sich in Oman eine reiche Kultur der Wohlgerüche entwickelt. Nirgendwo sonst auf der Welt wird so viel Weihrauch auf so unterschiedliche Arten verwendet. In dieser Duftkultur sind viele arabische Parfums entstanden, denn gleichzeitig verfügt das Land mehr als reichlich über die begehrten Grundsubstanzen wie Weihrauch, Myrrhe und Rosenwasser.

So wird in Oman seit drei Jahrzehnten auch ein Duft komponiert, der das Sultanat weit über die Arabische Halbinsel hinaus bekannt machen sollte. Auf Wunsch von Sultan Qaboos und im Auftrag eines omanischen Unternehmens kreierte Guy Robert 1971 das kostbarste Parfum der Welt: Amouage.

Guy Robert vertritt in dritter Generation eine Familie von Parfumherstellern aus dem französischen Grasse. Man ließ ihm völlig freie Hand, alle erdenklichen Stoffe aus einem reichen Erfahrungsschatz ohne Rücksicht auf finanzielle Mittel zu verwenden. Inspiriert von einer Geruchsvision wählte er über 120 der anspruchsvollsten und seltensten natürlichen Öle und Essenzen aus allen vier Himmelsrichtungen. So schuf er die Krönung und gab ihr den Namen Amouage. So lautet auch der Name der omanischen Firma, die im Dezember 1983 eigens zur Herstellung des Parfums gegründet wurde. Ihr Stammsitz befindet sich in Omans Hauptstadt Muscat.

Der verheißungsvolle Name Amouage erregt Aufmerksamkeit und ist stimmig gewählt. Das Wort kommt aus dem Arabischen und bedeutet »Welle«: Es erweckt die Vorstellung wogender Gefühle, während zugleich das französische »amour« mitklingt.

Neben vielen anderen Inhaltsstoffen enthält Amouage die Essenzen von vier omanischen Rosenarten, außerdem Jasmin, Lilie, Aprikose, Zitrone, Apfel, Sandelholz, Myrrhe und Weihrauch. Letzerer verleiht dem Parfum eine besondere Haltbarkeit, sodass der Geruch länger auf der Haut haftet.

Natürlich erwartet man bei einem so edlen Produkt eine entsprechend wertvolle Verpackung. Für den Männerduft kam diese in Gestalt eines *khanjars* daher, die Ausfertigung für Damen in der Form einer Moscheekuppel. Die Flakons bestanden aus Silber, waren mit 24-karätigem Gold überzogen und nachfüllbar. Seit 2005 gibt es das faszinierende Parfum auch in weniger aufwendigen (dafür preisgünstigeren) Flakons und in mehreren Duftvariationen.

Über Geld soll hier nicht geredet werden. Denn Düfte transportieren Botschaften – und deshalb ist Amouage seinen Preis wert.

Von Seeb nach Nizwa

> ## Tipp: Teepause
> Kultur verlangt nach Pausen. Stundenlange Besuche im Fort und im Souq müssen schließlich auch körperlich verkraftet werden. Entspannen lässt es sich bei einem schmackhaften Tee mit Pfefferminze im schönen **Areesh-Café im Innenhof des Forts Nizwa**. Es hat die Form eines typischen omanischen Sommerhauses, das mit Palmwedeln gedeckt ist (s. S. 260).

die vierspurige Nationalstraße 15 nach Nizwa (hinter diesem Verkehrskreisel stehen auch die Sammeltaxis nach Nizwa).

Sultan Qaboos Universität
▶ 1, Q 7

Von der Fernstraße aus sieht man nach dem Sawah Tower R/A als Erstes das große, sehr gepflegte Gebäude der **Sultan Qaboos Universität,** an der sich nur omanische Studierende immatrikulieren dürfen. Wer an der SQU studieren möchte, muss gute Schulnoten mitbringen. In der Universität lernen zwar sowohl Männer als auch Frauen, aber die Vorlesungen hören sie getrennt. Jeder Hörsaal hat zwei Eingänge: Der für Studentinnen führt nach oben, der für die jungen Männer nach unten. Da Mädchen im Oman häufig die besseren Abschlüsse erreichen, würden Frauen die große Mehrheit der Studierenden stellen. Deshalb gibt es eine Quote für Männer: 50 % aller Studienplätze sind für sie reserviert. Damit dürfte die SQU wohl die einzige Universität der Welt sein, an der es eine Männerquote gibt.

Parfumfabrik ▶ 1, Q 7

Nach 1 km erreicht man die Abzweigung zur bedeutendsten **Parfumfabrik** Omans. Hier wird **Amouage,** eines der wohlriechendsten und teuersten Parfums der Welt, hergestellt (s. S. 251). Ein Besuch der Fabrik ist ohne Anmeldung möglich. Man kann im eleganten Showroom das gesamte Angebot von Amouage kennenlernen und in einer eigenen Verkaufsabteilung die Parfums, aber auch alle anderen Produkte des Hauses (von Seifen und Lotionen über Cremes und Duftkerzen) erwerben. Wer sich, von den Wohlgerüchen verführt, mit dem Gedanken trägt, hier einzukaufen, sollte nicht darauf spekulieren, dass die Produkte im Duty Free Shop in Muscat billiger sind. Eine kleine Führung mit Blick in die Produktionsstätte beweist, wie sehr man bei Amouage Wert auf Qualität legt. Jeder gefüllte Flacon wird mehrmals geprüft, per Hand verarbeitet und verpackt. Fragen Sie nach kleinen Pröbchen-Flakons! (www.amouage.com, Tel. 24 53 48 00, So–Do 8.30–17 Uhr).

Am Fuße des Hajargebirges
▶ 1, Q 8

Auf der weiteren Strecke erhebt sich die **Bergwelt des Hajar** wie ein unüberwindlich scheinendes Hindernis. Zur linken beeindrucken drei hohe **Sandsteinmonolithe,** die im Licht der untergehenden Sonne an die Felsformationen der Dolomiten erinnern. Zu beiden Seiten der Straße sieht man nun immer häufiger alte **Wehrtürme**.

Der erste größere Ort am Eingang zum Wadi Suma'il ist **Fanja,** eine alte Oase. Ihr historischer Kern mit alten Lehmhäusern und engen Gassen im Schatten vieler Palmen, umgeben von einer Lehmmauer und flankiert von alten Wachttürmen, liegt an den westlichen Hängen des Ortes. Von der hohen Betonbrücke, über die die Fernstraße nach Nizwa führt, und auf der weiteren Fahrt sieht man den historischen Ort mit seinen Wehrtürmen einschließlich der ihn umgebenden Mauer aus beeindruckender Perspektive.

In **Bidbid,** kurz hinter Fanja, steht ein restauriertes omanisches Fort, und auf der anschließenden Strecke finden sich noch weitere Festungen entlang der Berghöhen – Zeugnisse der hohen strategischen Bedeutung der Passstraße. Nach 10 km zweigt die Nationalstraße 23 nach Sur (s. S. 284) ab.

Suma'il-Pass und -Schlucht
▶ 1, P 8

Etwa 60 km von Seeb entfernt beginnt der **Suma'il-Pass.** Der Ort gleichen Namens ist

Von der Batinah über die Berge nach Nizwa

Wadi Suma'il: Er teilt das Hajargebirge in West und Ost

bekannt für seine Datteln. Die Straße zum Pass folgt dem Wadi, und rechts und links der Straße ragen die Berge entlang der **Suma'il-Schlucht** in die Höhe. Die Schlucht war bis ins 20. Jh. umkämpfter Korridor zwischen dem Landesinneren und der Küste. Die britischen Ingenieure, die 1972 mit dem Bau der ersten asphaltierten Straße über den Suma'il-Pass begannen, nannten den Durchgang *The Suma'il Gap* (die Suma'il-Lücke). Diese ›Lücke‹ teilt das Hajargebirge geologisch und tektonisch in zwei unterschiedlich entstandene Gebirgszüge: in einen westlichen Hajar, den **Hajar Al Gharbi** aus Sedimentgestein, und einen östlichen Hajar, den **Hajar Al Sharqi**, dessen Felsformationen hauptsächlich vulkanischen Ursprungs sind.

Mehrere kleine Wadis münden in die Schlucht. Um die Palmenhaine der Ortschaften entlang des Wadi vor Sturmfluten zu schützen, versuchen die Bewohner, das Flussbett zwischen hohen Betonmauern zu kanalisieren. Die breite, flache Ebene hinter der nächsten Anhöhe, durch die sich die vier-

Von Seeb nach Nizwa

spurige Autobahn und mehrere Hochspannungsleitungen ziehen, endet in Manal. Ab hier drängen sich die Berge wieder dicht an die Straße bis zur Passhöhe, auf der sich ein Rasthaus befindet.

Izki ▶ 1, P 9

In **Izki**, einer Oase, an der die NA 15 vorbeiführt, hat man die höchste Stelle des Passes bereits passiert. Izki ist auch eine alte Stadt, die schon in vorislamischer Zeit aufgrund ihrer Lage große Bedeutung hatte und damals den Namen Jarnan trug. Hier und in den benachbarten Dörfern beeindrucken aber vor allem die wesentlich später erbauten Häuser aus Lehm und Naturstein. Besonders in der ›Altstadt‹ von Izki kann man viele der schönen alten, aber nicht mehr bewohnten Lehmhäuser bestaunen.

Sowohl vor als auch hinter Izki kann man auf die alte Nationalstraße nach Birkhat Al Mawz und Nizwa abbiegen oder weiter auf der NA 15 über Nizwa bis Jabrin fahren. Wer in Nizwa im Hotel Golden Tulip übernachtet, sollte die alte Nationalstraße benutzen.

Reisende, die die besonders schöne Region an der Südseite des Jebel Akhdar kennenlernen möchten, sollten bereits von Birkat Al Mawz aus direkt hinauf zum **Plateau von Sayq** fahren. Dort kann man auch übernachten (s. S. 265).

Schneller erreicht man Nizwa auf der Schnellstraße. Von ihr führt am Firq R/A eine direkte Verbindung zum Zentrum von Nizwa.

8 Nizwa ▶ 1, O 9

Cityplan: S. 256

Die Stadt **Nizwa** liegt am Rande zweier Wadis, des Wadi Abyadh und des Wadi Kalbouh. Wegen ihres Wasserreichtums war sie immer eine wohlhabende Stadt, von Menschen angelegte *aflaj*-Bewässerungskanäle führen in alle Bereiche des Ortes. Der wichtigste Kanal ist der **Falaj Daris**. Er verläuft mehrere Kilometer unter der Erde und besitzt zwei Wasserläufe, die den größten Teil Nizwas mit Wasser versorgen. Dieser Fülle von Wasser verdankt Nizwa, dass sich seine schönen grünen Palmenhaine über mehr als 8 km erstrecken.

Im Regierungsbezirk Nizwa leben heute ca. 100 000 Menschen, verteilt auf die Stadt selbst und Dutzende kleine Oasen in ihrer Umgebung.

Geschichte

In keiner anderen Stadt Omans ist die Vergangenheit so präsent wie in Nizwa. Die Geschichte der Stadt reicht zurück bis in die Entstehungszeit des Islam. Im Jahr 630 n. Chr. suchte Amir bin Al As, ein hoher Gesandter des Propheten Mohammed aus

Nizwa

der Großfamilie der Quraish, aus der auch der Prophet selbst stammte, die Oase Nizwa auf, um die Bewohner zu islamisieren. Zu dieser Zeit war sie Hauptsitz der Yulanda-Dynastie. Zuvor hatte der Gesandte schon in Sohar Station gemacht und die Söhne des Herrschers Yalandai, Yaifar und Abad bekehrt. Die Bemühungen des Propheten wurden von den inneromanischen Bewohnern in den folgenden Jahren belohnt, während die Küstenbewohner erst später den neuen Glauben annahmen.

Um 630 wurden auch die ersten beiden Moscheen im Gebiet des Oman, die **Shawadhna-Moschee** und die **Sa'al-Moschee**, in Nizwa errichtet. Sie erhielten im 9. Jh. unter Imam Salt bin Malik ihre heutige Gebäudeform und wurden unter Imam Nasr bin Murshid im 17. Jh. erweitert.

Mitte des 8. Jh., im Jahr 751, wurde gemäß der omanischen Interpretation des Islam Yulanda ibn Masud als erster ibhaditischer Imam gewählt. Er residierte in Nizwa, das von nun an über mehrere Jahrhunderte Regierungssitz der Imame blieb. Nach der ibhaditischen Tradition wurde in all diesen Jahren jeweils der fähigste Mann durch Wahl zum religiösen Führer bestimmt. Wie die Inthronisationen in Nizwa abliefen, wissen wir aus der Überlieferung eines Chronisten über die Wahl

Nizwa: moderne Stadt mit vielen Palmenhainen und einem beeindruckenden Fort

Nizwa

Sehenswert
1. Sultan-Qaboos-Moschee
2. Fort Nizwa

Übernachten
1. Golden Tulip Nizwa
2. Falaj Daris
3. Al-Diyar
4. Majan Guesthouse
5. Safari Hotel

Essen & Trinken
1. Bin Ateeq
2. Spicy Village

Einkaufen
1. West Souq
2. East Souq
3. Obst- und Gemüsesouq
4. Handwerkersouq
5. Tiermarkt

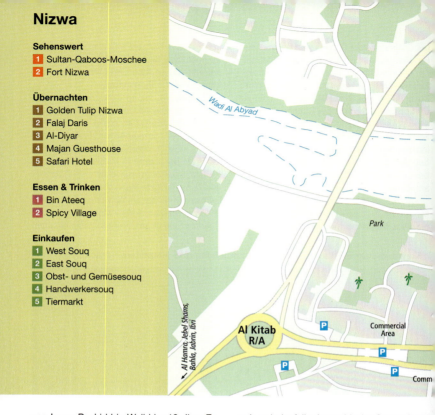

von Imam Rashid bin Walid im 10. Jh.: »Zunächst treffen sich die lokalen Sheikhs im Hause des von ihnen auserwählten Führers und legen die Prinzipien seiner Machtausübung fest. Dann versammelt sich eine riesige Menschenmenge aus allen umliegenden Dörfern, und die Sheikhs rufen vor ihr den neuen Imam als solchen aus. Anschließend ratifizieren die versammelten Sheikhs und Stammesangehörigen die Wahl und bewegen sich nacheinander allein oder zu zweit auf den Auserwählten zu, um ihm ihre Untergebenheit zu garantieren.« Im 12. Jh. wurde der Regierungssitz nach Bahla, 35 km westlich, verlegt, was jedoch die wirtschaftliche Bedeutung Nizwas nicht schmälerte.

Obwohl es im Landesinneren gelegen und von der Entwicklung in der Küstenregion abgeschnitten war, muss Nizwa damals eine sehr beeindruckende Stadt gewesen sein. So sah es jedenfalls der arabische Geograf und Weltreisende Abdallah Mohammed ibn Battuta (1304–1368), der auf seinen vielen Reisen um das Jahr 1332 auch Oman und die Straße von Hormuz besuchte. Er schrieb über Nizwa Folgendes: »Die Stadt liegt am Fuße eines Berges, sie ist von Gärten und Flüssen umgeben. Sie hat wunderbare Basare, und ihre Moscheen sind groß, sauber und vorbildlich. Es ist dort Brauch, dass die Menschen ihre Mahlzeiten im Moscheehof essen. Sie sind von einer stolzen und tapferen Rasse, und die Stämme stehen ständig im Krieg miteinander.«

Nizwa war die Stadt der Imame. Zu Beginn des 17. Jh. lebte Nasir bin Murshid, der erste Imam der Yaruba-Dynastie, in Nizwa, verlegte aber später seine Residenz nach Rustaq. Sein Nachfolger, Sultan bin Saif I., ließ in zwölfjähriger Bauzeit ein gewaltiges Fort er-

bauen. Auch Saif bin Sultan II. wurde 1718 in Nizwa zum Imam gewählt, obwohl er von Rustaq aus regierte. Im letzten Jahrhundert wurde Nizwa noch einmal Hauptsitz des inneromanischen Imams und durch den Vertrag von Seeb im Jahr 1920 als solcher offiziell bestätigt. Erst Ende der 1950er-Jahre gelang es Sultan Said bin Taimur mit Unterstützung der Briten, Nizwa zu erobern.

Nizwa heute

Als die asphaltierte Landstraße von Muscat über den Suma'il Pass 1976 Nizwa erreichte, zog mit ihr endgültig auch hier die Neuzeit ein. Besucher erleben Nizwa als moderne Stadt, umgeben von vielen Palmenhainen und im Zentrum dominiert von einem mächtigen Fort und dem unübersehbaren Minarett der **Sultan-Qaboos-Moschee** 1. Aufgrund der guten Wasserversorgung ist die Stadt ein Zentrum des Obst- und Gemüseanbaus; die bedeutendsten Vieh- und Gemüsemärkte der Region finden ebenfalls hier statt. Nizwa ist auch berühmt für seine in Handarbeit gefertigten Kunstgegenstände wie Schmuck, Kaffeekannen und die traditionellen Krummdolche, die *khanjars*.

Heute ist allerdings ein Teil der Atmosphäre, die ausländische Besucher immer noch fasziniert, durch die – für die einheimischen Bewohner sicherlich nützlichen – aufwendigen Renovierungsarbeiten im Souq verloren gegangen. Die alten, engen Souqgassen, wie man sie noch auf Bildern aus vergangenen Tagen sehen kann, gibt es nicht mehr. An ihrer Stelle ist ein neuer, zweckdienlicherer Souq erbaut worden, in dessen Läden und Ladennischen aber ein Teil der alten Basaratmosphäre zurückgekehrt ist (s. S. 259).

Von Seeb nach Nizwa

Schaf erstanden: auf dem Tiermarkt von Nizwa

Hinter dem Fort in südlicher Richtung liegt das **alte Nizwa** mit seinen Häusern in **traditioneller Lehmbauweise.** Viele sind verfallen, einige restauriert und bewohnt. Sie drängen sich entlang der engen Gassen aneinander, durch die sich anstelle der früheren Lasttiere heute vereinzelt die Pick-ups der Bewohner zwängen. Hinter dem noch erhaltenen, aber vom Verfall bedrohten **alten Stadttor** mit seinem eindrucksvollen Rundbogen aus Lehm stößt man jenseits der Stadtmauer auf üppige Palmenhaine und Gartenanlagen.

Fort Nizwa 2

Touristischer Anziehungspunkt der Stadt ist das im Zentrum gelegene **Fort,** das von Grund auf renoviert wurde. Schon von Weitem ist man beeindruckt von den gewaltigen Mauern und dem mächtigen, alles überragenden Rundturm, den es in dieser Form nirgendwo sonst in Oman gibt. Mit einem Durchmesser von 36 m und einer Höhe von 28 m gilt er als bedeutendes Bollwerk omanischer Verteidigungsarchitektur und ziert die hiesigen Briefmarken. Sultan bin Saif I., der als zweiter Imam der Yaruba-Dynastie von 1649–1688 Oman regierte, ließ die gesamte Festungsanlage in nur zwölf Jahren erbauen.

Innerhalb der Festung gibt es zwei Bereiche: Die **Residenz,** in der die Imame lebten und von der aus sie regierten (engl.: *castle*, arab.: *hisn*) und die **Festung in Form des mächtigen Rundturms** (engl.: *fort*, arab.: *qala*). Beide Bereiche sind zwar von ihrer Funktion her getrennt, bilden aber zusammen eine Einheit als hoch entwickelte Verteidigungsarchitektur.

Nizwa

aktiv unterwegs

Im Souq von Nizwa

Tour-Infos

Start: am Fuße der Festung Nizwa [2]
Länge: Rundgang ca. 1 km
Dauer: je nach Verweildauer und Intensität des Feilschens (s. S. 97)
Wichtige Hinweise: Legen Sie beim Durchstreifen des Souqs eine Teepause in der Teestube (s. u.) ein.

Sich im Souq von Nizwa zurechtzufinden, ist gar nicht so einfach, denn kein anderer Basar Omans besitzt seine Größe. Er besteht aus einem Ensemble mehrerer selbstständiger Einzelsouqs, die sich östlich des Forts erstrecken.

Einer dieser Märkte ist der modernisierte **West Souq** [1], den man direkt nach Verlassen des Forts erreicht. Er ist von außen nicht als Souq erkennbar und wirkt wie ein massiver überdachter Anbau des Forts, aber ein kleines Hinweisschild, auf dem »handycraft« steht, lenkt die Besucher zum Eingang. Dieser Souq, der vor seiner Renovierung aus einer Ansammlung offener Verkaufsstände bestand, bietet heute ein breites Angebot an *khanjars,* altem **Silberschmuck** und **Antiquitäten**. Sein Warenangebot ist zwar in erster Linie auf Touristen ausgerichtet, aber kein anderer Souq Omans, auch nicht der von Mutrah, kann ein derart großes Sortiment an Silberwaren vorweisen. Wenn überhaupt irgendwo, so trifft man hier noch auf das eine oder andere ältere Stück.

Hinter dem Ausgang, an der Straßenauffahrt zur Festung, liegt zwischen West Souq und East Souq unter einem Schatten spendenden Baum eine kleine **Teestube**, die als Oase inmitten des bunten Treibens zum Verschnaufen einlädt (Tee: 100 Baizas).

Jenseits der Straße liegt der **East Souq** [2], der viel von seiner Ursprünglichkeit bewahrt hat. Hier werden vor allem **Gewürze** und einfache **Alltagsgegenstände** angeboten. Viele seiner alten Lehmquartiere stehen leer, einzelne sind vom Einsturz bedroht, andere hingegen wurden wieder neu hergestellt. Es herrscht reges Treiben, weil die Omanis hier ihre Alltagseinkäufe tätigen.

An diesen Souq schließt sich der große **Obst- und Gemüsesouq** [3] an. Klimatisiert und gekachelt, ähnelt er unseren Markthallen, bietet aber eine weit größere Vielfalt und Üppigkeit an Obst- und Gemüsesorten. Zwischen East Souq und Gemüsemarkt liegt ein kleiner **Handwerkersouq** [4], in dem Silberarbeiten angefertigt und verkauft werden.

Hinter der Obst- und Gemüsehalle, am Rande eines Palmenhains, findet jeden Freitagvormittag (und täglich eine Woche lang vor den beiden Id-Feiertagen) ein **Tiermarkt** [5] statt, auf dem lebende Kleintiere (z. B. Hühner, Ziegen, Schafe und in Ausnahmefällen auch Kamele) zum späteren Schlachten angeboten werden. Dieser Tiersouq ist einer der letzten seiner Art, denn auch Omani kaufen heute ihr Fleisch abgepackt und tiefgekühlt im Supermarkt.

Man betritt Fort Nizwa durch ein schweres Holztor. Hier fallen die zwei **Kanonen** auf, die das Fort flankieren. Beide sind nichtomanischen Ursprungs: Die linke ist eine schwedische Finbaker aus dem 18. Jh., die rechte eine portugiesische Bronzekanone aus dem 16. Jh.

Unmittelbar hinter dem ersten Tor, direkt beim Eintrittskartenverkauf erläutert in einem kleinen Raum ein **Video** zur Vorbereitung des Besuchs die Geschichte Nizwas und seiner Festung. Der Raum ist als *majlis* gestaltet, mit alten Teppichen auf dem Boden und Waffen an den Wänden. Ein Dutzend Fotografien versetzt den Besucher in die Vergangenheit und unterstreicht die historische Bedeutung des Orts für das Sultanat.

Von Seeb nach Nizwa

Hinter dem nächsten Tor erreicht man den großräumigen **Innenhof** mit Vorratsräumen, Unterkünften für Wachen und einem Brunnen. Hier müssen Besucher sich entscheiden, ob sie zuerst den rechteckigen Castle-Bereich besichtigen oder den runden Festungsturm besteigen möchten.

Über eine enge, verwinkelte Treppe besteigt man den **Festungsturm.** Vor dem Aufstieg zum Turm ist ein Blick auf die Zeichnung am Turmeingang lohnend – sie zeigt die Verteidigungsstrategien, die anzuwenden waren, falls Angreifer die Türen innerhalb des Turms durchbrachen. Insgesamt gibt es sechs schwere Türen, zwischen denen immer Treppenstufen liegen. Hatten die Angreifer eine Tür durchbrochen, erwartete sie heißes Öl, das sich von oben aus Schwarten hinter der Tür über sie ergoss.

Nach sechs Türen und insgesamt 65 Treppenstufen erreicht man die **offene Plattform** im Inneren des Turms. Auf ihr standen ursprünglich 24 Kanonen, heute sind nur noch ein paar davon erhalten. Die Schießscharten des Turms waren vom Erbauer so angelegt, dass die gesamte Umgebung im Falle eines Angriffs beschossen werden konnte und kein toter Winkel eine Verteidigung behinderte.

10 m über der inneren Plattform der Kanonen verläuft entlang der Turmmauer ein **Wehrgang,** von dem aus mit Gewehren geschossen wurde. Heute hat man von den Zinnen des Wehrgangs, den man über 37 steile, steinerne Treppenstufen vom Innenhof aus erreicht, den besten **Blick über die Stadt** und auf die Kuppel der Sultan-Qaboos-Moschee, deren goldene Bänderbemalung am Nachmittag besonders intensiv erstrahlt.

Verlässt man den Turm und kehrt durch den Treppengang zurück in den Castle-Bereich der Anlage, lohnt im Innenhof ein Besuch des ehemaligen **Gefängnisses.** Seine Räume werden zusammen mit anderen heute als **Ausstellungshalle** genutzt, in der Besucher anschaulich anhand ausgesuchter Exponate etwas über die Geschichte Nizwas, die Baugeschichte des Forts sowie den Alltag und die Lebensbedingungen in früheren Jahrhunderten erfahren können.

Wer eine Pause einlegen will, kann dies in einem aus Palmzweigen errichteten **Areesh-Café** tun. Im Innenhof der Festungsanlage gibt es auch eine sogenannte **Heritage Gallery**, in der – wie im benachbarten Souq – handgefertigte Produkte wie Körbe und Stickereien, aber auch Silberschmuck angeboten werden. An manchen Tagen, insbesondere in den Wintermonaten, kann man in dafür eigens eingerichteten kleinen Läden Handwerkern, Silberschmieden und Halwa-Herstellern bei der Arbeit zusehen (Sa–Do 9–16, Fr 8–11 Uhr, 0,5 OR).

Souq [1] – [5]

Als wichtigster Ort Inneromans verfügt Nizwa seit Jahrhunderten über einen berühmten **Souq.** Er ist heute immer noch für seine Warenvielfalt bekannt und wahrt seine Funktion als Ort sozialer Begegnung. Allerdings hat er sich neuzeitlichen Verhältnissen angepasst. Geblieben ist das traditionelle Sortimentsprinzip, nach dem in unterschiedlichen Teilen des Souq in Dutzenden von Läden und Ladennischen die gleichen Waren nebeneinander in gleicher Qualität und fast immer zum gleichen Preis angeboten werden (s. S. 259).

Infos

Es gibt keine Touristeninformation. Beim Besuch des Forts erhält man eine Broschüre mit viel Werbung und einigen Informationen.
Nizwa besitzt eine eigene, sehr informative Website: **www.nizwa.net.**
Post: Ausgang des East Souq, Sa–Mi 8–14 Uhr, Do 8–11 Uhr. Mit Ausstellung alter omanischer Briefmarken.
Polizei: an der Straße nach Bahla, Notruf Tel. 25 42 50 99.
Nizwa Hospital: an der Straße nach Bahla, neben der Polizei, Tel. 25 44 91 55.

Übernachten

Alles gehobenen Hotels liegen außerhalb des historischen Zentrums, sodass man immer auf eine Transportmöglichkeit (z. B. Taxi ab OR) angewiesen ist.
Palastkopie ▶ **Golden Tulip Nizwa** [1]**:** an der Verbindungsstraße von Nizwa nach Bir-

Nizwa

qat al Mawz, 18 km vom Zentrum entfernt, Tel. 25 43 16 16, Fax 25 43 16 19, www.goldentulipnizwa.com. Das graue mächtige Haus im Stil einer omanischen Festung wartet auf mit einem weitläufigen Entree und 120 geräumigen Zimmern, in denen man deutsche TV-Kanäle empfangen kann. Mit zwei Restaurants, Bar und Swimmingpool. Das Haus ist das beste der Stadt. DZ 75 OR.

Historisches Gästehaus ▶ **Falaj Daris** 2 : Main Rd., 5 km bis zum Zentrum, Tel. 25 41 05 00, Fax 25 41 05 37, www.falajdarishotel.com. Eines der traditionsreichsten Häuser der Stadt, erweitert und renoviert: flache, schöne, einstöckige Anlage mit zwei Innenhöfen jeweils mit Swimmingpool, um die sich die modern eingerichteten Zimmer gruppieren, alle mit großem Bad. In den Innenhöfen viel Grün und Bäume, die abends stimmungsvoll beleuchtet werden. DZ ab 68 OR.

Stadtnaher Komfort ▶ **Al-Diyar** 3 : Main Rd., 3 km südöstlich des Forts, Tel. 25 41 24 02, Fax 25 41 24 05, www.aldiyarhotel.com. 3-Sterne-Kategorie, 50 Zimmer in dreistöckigem Gebäudekomplex, sauber, Innenhof mit Pool, Internetcafé. DZ ab 35 OR (inkl. Frühstück).

Quadratisch, praktisch ▶ **Majan Guesthouse** 4 : Muscat Rd. (zwischen Al Firq R/A und Al Hashar R/A), Tel. 25 43 19 10, Fax 25 43 19 11, www.majangh.com. Modernes, komfortables Gästehaus im orientalisch opulenten Stil, mit gutem Service. DZ 32 OR.

Fern von Afrika ▶ **Safari Hotel** 5 : unweit Al Firq R/A, 8 km vom Zentrum entfernt, Tel. 25 43 21 50, Fax 25 43 21 51, safarinizwa.hotel@yahoo.com. Großes dreistöckiges weißes Haus, mit Fitnessstudio, Billardraum, schwülstig möblierte Lobby, 65 mittelgroße Zimmer. DZ 35 OR.

Essen & Trinken

Viel und gut ▶ **Al Fanar** 2 : im Falaj-Daris-Hotel, Tel. 25 41 05 00, tgl. 8–22 Uhr. Freundliches Restaurant für Frühstück, Mittag- und Abendessen, auf Buffets spezialisiert. Abends kann man das üppige Speisenangebot an Gartentischen rund um den Pool einnehmen. Frühstück 5 OR, Buffet 12 OR.

Bestes Restaurant der Stadt ▶ **Birkat Al Mawz** 1 : im Golden Tulip Hotel, Tel. 25 43 16 16, tgl. 12–15 und 19–24 Uhr. Elegantes Hotelrestaurant mit internationaler Küche, Spezialität Tandoori-Gerichte, freundliche Bedienung, Alkohol-Ausschank. Menü ab 8,5 OR.

Total omanisch ▶ **Bin Ateeq** 1 : in der Nähe des Nizwa Souq am Wadi, Tel. 25 41 04 66, tgl. 9.30–24 Uhr, www.binateeqoman.com. Traditionelle omanische Küche in arabischem Ambiente, Bereiche mit Teppichen und Kissen für 2–6 Personen, man isst auf dem Boden sitzend. Abendessen ab 5 OR.

Orientalische Qualität ▶ **Bahjat Al Sham** 3 : im Al-Diyar Hotel, Tel. 25 41 24 02, 8–22 Uhr. Großer Speisesaal, orientalisch-libanesische Küche. Menü ab 4 OR.

Gut und günstig ▶ **Spicy Village** 2 : Muscat Rd., an der nördl. Stadteinfahrt am R/A vor dem Souq, Tel. 25 43 16 94, Sa–Do 11.30–15 und 19–22, Fr 18–23 Uhr. Arabische und asiatische Kost. Gerichte ab 1,7 OR.

Einkaufen

Souq ▶ Der **Souq** 1 – 5 von Nizwa ist das Zentrum aller touristischen Einkaufswünsche. Hier findet man in zahlreichen kleinen Läden Silberschmuck, *khanjars* und arabische Antiquitäten zuhauf. Unter den vielen Anbietern sind im West Souq **Nasser bin Saif** (in der hinteren rechten Ecke) und im East Souq **Hilal Hamed Saud al Furqani** besonders zu empfehlen.

Abends & Nachts

Orientalisch durch die Nacht ▶ **Tanuf** 1 : im Golden Tulip Hotel, tgl. ab 21 Uhr. Arabischer Nachtclub mit libanesischer Musik und Bauchtanz.

Verkehr

Zentraler ONTC-Busbahnhof, Commercial Complex neben dem Fort, Tel. 25 49 05 03. Tgl. 6–8 x nach Muscat (Ruwi), tgl. 3 x nach Salalah.

Taxis nach Nizwa: Die Taxis von Muscat nach Nizwa stehen hinter dem Verkehrskreisel am Sawah Tower R/A.

Ausflüge von Nizwa

Nizwa ist der ideale Ausgangspunkt für Tagesausflüge. In der Umgebung erheben sich die Festungen von Bahla und Jabrin, in den Bergdörfern Al Hamra und Al Misfah erlebt man noch große Ursprünglichkeit, und die bezaubernde Bergwelt des Jebel Akhdar mit seinen Tälern und Schluchten sucht ihresgleichen.

Zu den nachfolgend beschriebenen vier Tagesausflügen kann man auf eigene Faust mit einem Leihwagen oder organisiert mit einem Tour Operator aufbrechen. Reisende mögen daran denken, dass sie sich insbesondere in den Dörfern in einer sehr traditionellen Region bewegen. Gerade weil die Bevölkerung Besuchern immer freundlich begegnet, sollte man ihr (zum Beispiel in der Auswahl seiner Kleidung und in seinem Verhalten) den gebührenden Respekt entgegenbringen.

Bei der Zeitplanung einer Tour gilt es zu berücksichtigen, dass man auf Pisten nur mit sehr geringer Geschwindigkeit fahren und sich mangels Straßenschildern auch verfahren kann. Außerdem verdienen es viele Sehenswürdigkeiten nicht, dass man in Eile an ihnen vorbeihetzt. Bei manchen Reisegruppen lässt sich zuweilen das Drängen der Reiseleiter auf Einhaltung des von ihnen (oder ihrer Organisation) vorgegebenen Zeitplans beobachten. Auf Omanis wirkt dieser Umgang mit Zeit angesichts ihrer bedeutenden Kulturwerke befremdlich.

Jebel Akhdar und die Rosenfelder von Sayq

Karte: S. 272

Der sich nördlich von Nizwa erhebende Bergrücken des Hajargebirges trägt den Namen **Jebel Akhdar** – Grüner Berg. Der Name geht einerseits auf die kupferbedingte grünliche Farbe einzelner Bergabschnitte zurück, spielt aber vor allem auf die Tatsache an, dass die Terrassenfelder dank der vermehrten Niederschläge an dieser Hanglage ausgesprochen ertragreich und deshalb fast immer grün sind.

Auf den fruchtbaren Feldern des **Sayq-Plateaus,** auf dem allerdings in den Wintermonaten nachts die Temperatur auf 0 °C absinken kann, stehen Pfirsich-, Aprikosen- und Mandelbäume, blühen ab März Millionen von Rosen und werden im August und September Granatäpfel geerntet. Darüber hinaus genießt man einen wunderschönen Ausblick aus 2000 m Höhe in steil abfallende Wadis.

An den Hängen des Jebel Akhdar und auf dem Sayq-Plateau leben etwa 6000 Menschen. Seit der Fertigstellung der 36 km langen Straße von Birkat Al Mawz zieht es in den Sommermonaten (Juni–August) bevorzugt europäische *expatriates* und omanische Besucher hierher, die in der Sommerfrische bei Tagestemperaturen zwischen 20 und 24 °C den 45 °C in Muscat und der Batinah entfliehen möchten. Das bringt wirtschaftlichen Aufschwung für die örtlichen Bewohner. Infrastrukturell hat die Regierung bereits viel getan: Es gibt vier Schulen, ein Krankenhaus, ein Sozialzentrum, eine Tankstelle und ein Postamt. Telefon und Strom sind selbstverständlich und wer (noch) keinen Wasseranschluss hat, der muss nur wenige Schritte bis zum nächsten Wassertank laufen, der kostenlos vom *wilayat* mit Trinkwasser gefüllt wird. Auf dem Sayq-Plateau gibt es zurzeit zwei Hotels!

Jebel Akhdar und die Rosenfelder von Sayq

Tipp: Sheikhresidenz Bayt Al Ridaydah

Bayt Al Ridaydah liegt am westlichen Stadtrand von **Birkat Al Mawz**. Das zweistöckige Gebäude aus Lehmziegeln und unbehauenen Natursteinen ist heute teilweise weiß getüncht. Imam Sultan bin Saif I. aus Nizwa ließ es 1650 als **Sommerresidenz** erbauen, der zweite Stock und die beiden das Haus überragenden Rundtürme wurden später hinzugefügt. Es ist weniger die Architektur dieses Festungshauses als vielmehr sein zeitgeschichtlicher Bezug, der einen Besuch lohnend macht. Das Haus war bis 1959 die Residenz von Sheikh Suleiman bin Himyar, der mit seinem Stamm der Bani Riyan an der Seite von Imam Ghalib bin Ali den Aufstand gegen Sultan Saif bin Taimur, den Vater des heute regierenden Sultan Qaboos, unterstützte. Der Sheikh empfing hier regelmäßig Stammesälteste. Nach dem Sieg des Sultans mithilfe britischer Truppen im Jahr 1959 verließ der Sheikh das Haus und das Land; er verbrachte den Rest seines Lebens im Exil in Saudi-Arabien.

Bayt Al Ridaydah weist alle klassischen Merkmale eines Hauses wohlhabender Omanis auf: Die Räume gruppieren sich um einen Innenhof, den man von den Galerien der Stockwerke einsehen kann, und im obersten Teil befinden sich die besonders aufwendig dekorierten *Majlis*-Räume des Hausherrn. Die Bewässerung ist durch einen *falaj* und einen Brunnen sichergestellt. Doch die spielerischen Elemente der Sommerresidenz wurden in späteren Jahren durch massive fensterlose Schutzmauern mit Schießscharten ergänzt. Auch besitzt das Haus zur Verteidigung die bereits erwähnten runden Ecktürme, die mit Kanonen bestückt sind (So–Do 8.30–14.30 Uhr, 0,5 OR (seit November 2012 vorübergehend geschl.).

Birkat Al Mawz ▶ 1, P 9

Von Nizwa steuert man zunächst **Birkat Al Mawz** 1 an. Den 25 km von Nizwa entfernten Ort erreicht am schnellsten auf der alten Landstraße, vorbei am Golden Tulip Hotel. Birkat Al Mawz ist eine alte Oasenstadt mit vielen Gärten. Ihre Bewässerung stellt ein *falaj* sicher, der nach langem, unterirdischem Verlauf am Bayt Al Ridaydah an die Oberfläche tritt. Fahren Sie durch den Ort: Alte Lehmhäuser stehen neben Neubauten, Palmenhaine und Obstplantagen wechseln einander ab. Ein Spaziergang durch die Palmenhaine ist dank schmaler Wege möglich.

Unterwegs zum Sayq-Plateau

Von Birkat Al Mawz führt die ausgeschilderte, asphaltierte Straße hinauf zum Sayq-Plateau. Nach 4 km zweigt von ihr eine Piste ins Wadi Muaydin ab, an deren Ende man nach 5 km das Dorf gleichen Namens erreicht. Von hier können Wanderer das 600 m höhere Plateau erklimmen. Nur 2 km hinter dieser Abzweigung ist für Besucher ohne Allradfahrzeug die Reise zu Ende, denn hier befindet sich ein Checkpoint der Polizei. Sie lässt wegen der jetzt folgenden sehr steilen und engen Serpentinenstrecke nur Autos mit Vierradantrieb passieren. Dass dies der eigenen Sicherheit dient, versteht man spätestens nach der nächsten Kurve.

Von nun an geht es in Serpentinen steil bergauf. Man braucht mindestens eine halbe Stunde, bis man auf 2000 m Höhe das Plateau erreicht hat. Hier liegt am Rande einer Klippe oberhalb eines Wadi das 2012 eröffnete schöne **Sahab-Hotel** 2. In den nächsten Jahren sollen weitere Hotels auf dem Plateau eröffnet werden. Bereits während der Anreise hinauf auf das Plateau ist die **Aussicht** nach jeder Kurve grandios, von oben ist sie dann schlichtweg spektakulär.

Plateau von Sayq ▶ 1, P 9

Das **Plateau von Sayq** 3 dehnt sich relativ weit aus und zählt zusammen mit der Batinah zu den fruchtbarsten Regionen Omans. Die Bewohner der von Terrassenfeldern umgebenen kleinen Dörfer führen ein bescheidenes, aber kein armes Leben dank einer

wunderschönen Natur, in der wie im Schlaraffenland schmackhafte Früchte wachsen und viele Blumen, vor allem betörend duftende **Rosen,** blühen. Aus dem ätherischen Öl ihrer Blütenblätter gewinnen die Einheimischen in kleinen Familienbetrieben das begehrte, wohlriechende Rosenwasser (arab. *attar*), das eine hohe Qualität besitzt, weil die Bewohner schon seit Jahrhunderten bestimmte Rosensorten (vor allem die Damaszenerrose) züchten.

Hauptattraktionen des Sayq-Plateaus sind das landwirtschaftliche Paradies, das man in über 2000 m Höhe nicht vermutet und sich während der Anreise auch nicht vorstellen kann, sowie die grandiose Aussicht. Von ihr kann man nicht genug bekommen.

An der westlichen Seite des unteren Plateaus (*lower side plateau*) liegen mehrere Dörfer, darunter auch der Ort **Sayq,** nach dem das Plateau benannt ist. Er besitzt eine einfache, zu besichtigende ›Rose Water Destillation Plant‹. Auf dem Weg nach Sayq passiert man die Reste eines britischen Kampfflugzeuges aus dem Krieg von 1956–1959 und das Grab seines Piloten. Am Ende des Plateaus liegt **Wadi Bani Habib,** ein Dorf im Tal mit eindrucksvollen Lehmhäusern. Der Ort **Ash Shirayjah** besitzt besonders schöne Rosenfelder und mehrere kleinere Familienbetriebe, die Rosenwasser herstellen (und verkaufen). Während der Rosenblüte im April, duftet das ganze Plateau. Eindrucksvoll sind auch im September und Oktober die Obstbäume mit großen roten Granatäpfel (engl. pomegranate).

Zwischen **Al Ayn** und **Al Fayyadiyah** gibt es einen Aussichtspunkt, dem die Bewohner den Namen ›**Lady Diana Viewpoint**‹ gegeben haben. Zwar war die verstorbene britische Princess of Wales nie hier oben, man erzählt sich jedoch, sie sei irgendwann einmal mit einem Hubschrauber über das Plateau geflogen, und die Schönheit der Aussicht von diesem Punkt ins Wadi Muaydin besitzt durchaus aristokratische Dimensionen. Die Fahrt zurück nach Nizwa erfolgt auf derselben Straße über Birkat Al Mawz.

Fruchtbarkeit auf 2000 m Höhe: die Terrassenfelder von Sayq

Übernachten

Hoch oben ▶ **Jabal Akhdar Hotel:** auf dem Sayq-Plateau, Tel. 25 42 90 09, www.jabalakhdharhotel.com.om. Ältestes Hotel auf dem Plateau mit einladender Lobby, über der sich eine mit Motiven der Region bemalte Glaskuppel erhebt. 24 DZ und 2 Suiten, alle mit Heizung, Klimaanlage und TV. DZ ab 55 OR.

Schöne Aussicht ▶ **Sahab-Hotel:** auf dem Sayq-Plateau, Tel. 25 42 92 88, Fax 25 42 93 66, www.sahab-hotel.com. Ibrahim Nabhan Al Nabhani aus Sayq, der 18 Jahre lang bei der omanischen Marine diente, hat dieses Boutique Hotel mit einem sehr schönen Schwimmbad und einem beheizten Jacuzzi an der schönsten Stelle seiner Heimat errichtet. Kleine Bungalows mit großen, perfekt eingerichteten Zimmern gruppieren sich um einen Zentralbau mit einer Gartenanlage voller Fossilien. Ein Haus mit vielen liebevollen Details, einer exzellenten Küche und einem sehr guten Service. DZ (HP) ab 80 OR.

Aktiv

Wanderungen ▶ Das Sahab-Hotel bietet **geführte Wanderungen** auf das Sayq-Plateau und in die umliegenden Wadis an.

Jebel Shams und Bergdörfer

Karte: S. 272

Dieser Tagesausflug führt in den sich nordwestlich von Nizwa erstreckenden Teil des Hajargebirges, von der wasserreichen Stadt Tanuf über die Tropfsteinhöhlen von Al Hoota zu den Bergdörfern Al Hamra und Al Misfah und weiter zum Gipfel des Jebel Shams.

Man verlässt Nizwa am Kitab R/A im Norden der Stadt auf der Nationalstraße 21, die über Ibri bis ins 300 km entfernte Buraimi an der Grenze zu den VAE führt. Ausgeschildert ist der Beginn der Straße mit einem Schild: »To Bahla«. Auf dieser Straße biegt man nach 18 km ins Wadi Tanuf ab.

Ausflüge von Nizwa

aktiv unterwegs

Wanderung durch die Tropfsteinhöhlen von Al Hoota

Tour-Infos
Start: im Besucherzentrum am Ende der Zufahrtsstraße
Länge: Fußweg durch die unterirdische Karsthöhle ca. 1 km
Dauer: ca. 2 Std.,
Hinweise: Tel./Fax 24 49 82 58 oder 92 40 44 44, www.alhootacave.com, Höhlen tgl. außer Mo 9–13 und 14–17, Cafeteria und Museum 9–18 Uhr. Mehr als 250 Stufen sind auf dem Fußweg zu überwinden, an manchen Stellen ist Vorsicht wegen nasser und rutschiger Wege geboten. Zudem erreicht die Luftfeuchtigkeit in den Höhlen bis zu 90 %. Verpflegung ist in den Höhlen nicht gestattet. Mobiltelefone funktionieren nicht. (Im Nov. 2012 wurde die Höhle wegen eines Regenwassereinbruchs vorübergehend geschl.).

Tropfsteinhöhlen gibt es in vielen Regionen der Erde, aber besonders faszinierend und bisher einzig zugänglich in der Golfregion sind die von Al Hoota. Ein Besuch gehört zu den herausragenden Naturerlebnissen in Oman.

Die **Tropfsteinhöhlen von Al Hoota** 5, (▶ 1, O 9) liegen an den südlichen Hängen des Jebel Shams. Wer von Nizwa direkt die Höhlen von Al Hoota ansteuern möchte, bleibt auf der Nationalstraße 21 und biegt erst 34 km hinter Nizwa am Al Hamra R/A nach rechts ins ausgeschilderte **Al Hamra** ab. Bis zur Ortschaft Al Hamra sind es von hier 20 km. Auf halber Strecke vor Al Hamra zweigt eine ausgeschilderte Straße zu den östlich liegenden Tropfsteinhöhlen von Al Hoota (Al Hoota Cave) ab.

Benannt wurden die Höhlen nach dem Dorf **Al Hoota,** in dessen Nähe sich in 1040 m Höhe ihr Eingang befindet. Der untere Eingang liegt in 810 m Höhe bei dem Dorf **Al Fallah.** Vom großen Besucherzentrum mit Terrasse, Souvenirladen und Restaurant wird man in einem komfortablen **Zug mit Panoramaverglasung** zum Haupteingang der Höhle gefahren. Diesen ersten und bisher einzigen Zug in Oman sowie seine Gleisanlagen haben österreichische Ingenieure nach dem Vorbild ihrer Bergbahnen gebaut.

Durch die Höhle wandert man in Begleitung eines Führers, der einen auf Stegen und über Treppen an mächtigen Stalagmiten (Kalksäulen, die vom Boden nach oben wachsen) und Stalaktiten (Kalksäulen, die von der Decke nach unten herabhängen) vorbei zu beeindruckenden Domen und **Kalksteinformationen** geleitet. Die gesamte Tropfsteinhöhle ist stimmungsvoll ausgeleuchtet. An besonders eindrucksvollen Kalksteinformationen gibt es Informationstafeln, die ihre Entstehung und die dazu benötigten Zeiträume erläutern. Während des gesamten Rundgangs steigt man 200 Höhenmeter hinab.

Einer der interessantesten Plätze in der Höhle ist ein **unterirdischer See** mit einer natürlichen Ventilation. Sie ermöglicht es, dass in diesem See ohne Tageslicht **transparente Fische** leben, die sich von jenen organischen Stoffen ernähren, die mit dem Regenwasser in die Höhle gelangen. Damit jeder dieses Naturwunder sehen kann, werden die im See schwimmenden transparenten Fische mittels Digitalkameras gefilmt und auf Bildschirmen vorgestellt.

Seit Sommer 2008 gibt es im zweiten Stock des Besucherzentrums ein **Natural History Museum,** in dem man viel über die Höhlen und ihre Entstehung vor Millionen von Jahren erfährt.

Weil die feuchte Atemluft der Besucher die Kalksteinformationen in der Höhle belastet, werden max. 750 Besucher pro Tag eingelassen. Deshalb ist eine Reservierung erforderlich.

Jebel Shams und Bergdörfer

Tanuf ▶ 1, O 9

Tanuf 4 ist eine alte Stadt. Ihr Name begegnet den meisten Besuchern Omans auf den Etiketten der Plastikflaschen ihres Trinkwassers, denn hier befindet sich die größte Mineralwasser-Abfüllanlage Omans. Tanuf war die Heimat von Sheikh Suleiman bin Himyar, dem Führer des Stammes der Bani Riyan, der sich an der Seite des Imam Ghalib bin Ali zwischen 1954 und 1959 gegen die Herrschaft des Vaters von Sultan Qaboos erhob. Während des Bürgerkriegs zerstörte der Sultan die Stadt mithilfe der britischen Luftwaffe vollständig, die Bewohner konnten in die Berge fliehen. Nach ihrer Rückkehr gingen sie nicht mehr in ihre zerstörten Lehmhäuser zurück, sondern bauten sich in unmittelbarer Nähe neue. Noch heute sieht man Reste der inzwischen weiter verfallenen Lehmhäuser des alten Tanuf, das nur 3 km entfernt vom neuen Ort liegt.

Das **Wadi Tanuf** und seine **Bewässerungskanäle** sichern die landwirtschaftlichen Erträge der Bewohner. Eine eigene Bergquelle speist die Mineralwasser-Abfüllanlage.

Al Hamra ▶ 1, O 9

Vom Besucherzentrum der Tropfsteinhöhle kann man direkt nach **Al Hamra** 6 fahren. Der Ort ist eine ausgedehnte Oasensiedlung inmitten einer Talsenke. Auch hier ist die Gegenwart eingezogen, aber Al Hamra besitzt noch einen gut erhaltenen historischen Ortsteil. Das Dorf Al Hamra (die Rote) hat seinen Namen von dem rötlich schimmernden Lehm der Umgebung erhalten. Der ältere Teil der Ortschaft erstreckt sich an einem Berghang inmitten eines Meeres hoher Palmen. Man erreicht ihn, wenn man auf der Hauptstraße von Al Hoota kommend am ersten R/A geradeaus fährt und am zweiten nach links abbiegt.

Das **alte Al Hamra** besteht überwiegend aus **Lehmhäusern**, die heute noch bewohnt und von ihren Bewohnern in sehr gutem Zustand erhalten werden. Sie ragen bis zu drei Stockwerke hoch und besitzen nur relativ kleine Fensteröffnungen. Die ältesten dieser schönen Lehmhäuser wurden vor mehr als 300 Jahren errichtet. Gut erhalten ist auch eine stattliche Zahl der großen, hölzernen, kunstvoll geschnitzten **Eingangstüren.** Inmitten der alten Lehmhäuser hat das kleine private Museum Bayt Al Jabal eröffnet, dessen Besitzer Jaber und Ali es nur auf Nachfrage öffnen. Tel. 99 60 87 11 oder 92 69 29 93. Sie stellen im Haus ihres Großvaters Kunsthandwerk, alte Waffen, Silberschmuck und omanische Truhen aus.

9 Al Misfah Al Abriyeen
▼ ▶ 1, O 9

Hinter dem Souq von Al Hamra führt rechter Hand die neue, asphaltierte Straße in steilen Serpentinen in die Berge hinauf. Nach 9 km erreicht man **Al Misfah.** Damit man es nicht mit anderen Orten gleichen Namens verwechselt, trägt das Dorf die offizielle Namensergänzung ›al Abriyeen‹; sie verweist auf den Stamm der Al Abri, zu dem die Bewohner des Dorfes gehören.

Mit dem Bau der Straße wurde am Ortseingang auch ein großer **Parkplatz** angelegt. Hier muss man sein Auto abstellen und besucht Al Misfah ab jetzt zu Fuß. Hinter einer hohen Steinmauer, die man durch ein enges Tor passiert, drängen sich entlang schmaler, steiler Gässchen die Häuser. Sie wurden ausschließlich aus Natursteinen errichtet. Etwa vier Dutzend dieser zum Teil jahrhundertealten, zwei- bis dreistöckigen Häuser krallen sich, dicht aneinander und übereinander gebaut, an den abfallenden Berghang. Ihre Architektur weist traditionelle islamische Bauelemente wie Bogengänge und Erker, große Vorrats- und Kühlräume sowie eine *majlis* für den Hausherrn im obersten Stock auf. An einem Haus, dem **Bayt As Door,** benennt eine Inschrift das Jahr seiner Erbauung nach islamischer Zeitrechnung: 128 AH, das entspricht dem Jahr 746 des gregorianischen Kalenders.

Der Name Al Misfah bedeutet ›Wasser aus einer Quelle ziehen‹ und nimmt Bezug auf die zahlreichen Quellen des Ortes. Ursprünglich besaß jedes Haus eine eigene Quelle, und noch heute verfügt das Dorf über ein beeindruckendes *aflaj*-**System,** das man am besten am Waschplatz unterhalb der Häuser be-

Ausflüge von Nizwa

Aflaj-System – Omans historische Wasserversorgung

Als die Bewohner anderer arabischer Staaten noch auf sporadische Regenfälle und das Sammeln des Wassers in Zisternen angewiesen waren, besaß Oman bereits ein landesweites Kanalsystem, das die Menschen ganzjährig mit Wasser versorgte. Deshalb hat die UNESCO die omanischen *aflaj* (Singular: *falaj*) 2006 in die Liste des Welterbes aufgenommen.

Omans *aflaj*-Bewässerungssystem verwandelt nicht nur weite Teile des Landes in tropische Gärten, sondern es regelt gleichzeitig den Wasserverbrauch. Dies ist besonders in einem Land mit wenig Niederschlägen von immens großer Bedeutung. Seit mehreren Jahrtausenden existiert das weitläufige Netz einzelner Wasserkanäle, das zum Teil unterirdisch verläuft. Die Kanäle sind so angelegt, dass das Wasser in natürlichem Gefälle ohne mechanische Unterstützung oder Pumpen bis zu den oft kilometerweit entfernten Oasen gelangt.

Von den über 4000 *aflaj* in Oman werden heute noch immer zwei Drittel genutzt. *Falaj* heißt wörtlich übersetzt: »gerecht verteilen« und es gibt feste Regeln, nach denen das Wasser aus den Kanälen vom *wakil* verteilt wird. Als *wakil* – »Wächter des Wassers« – setzt der Dorfälteste heute noch immer einen allseits geachteten Mann aus einer geachteten Familie ein, die in dieser Funktion hohes Ansehen genießt. Er trägt dafür Sorge, dass jeder an Wasser erhält, was er oder sie benötigt. Dies ist ebenso Teil der omanischen Tradition wie die Ingenieursleistungen der Erbauer der unterirdischen Tunnel, der Aquädukte und Kanäle. Man unterscheidet in Oman prinzipiell drei unterschiedliche Typen von *aflaj*:

Die *aflaj ainiyat* werden direkt von einer Quelle in den Bergen gespeist und leiten das Wasser in offenen Kanälen zum Teil über Brücken zu den Dörfern und auf die Felder.

Die *aflaj ghayliyat* erhalten ihr Wasser aus einem *wadi* (nur zeitweise Wasser führender Fluss) und bringen es ebenfalls in offenen Kanälen von bis zu 2 km Länge zu den Tälern.

Die *aflaj addiyat* sind die kunstvollsten und faszinierendsten. Sie werden vom Grundwasser unterirdischer Brunnen gespeist, welches sie durch unter der Erde verlaufende, tiefe Tunnel mit minimalem Gefälle über zu 12 km lange Strecken ans Tageslicht lenken. Von dort wird das Wasser über Kanäle in die Dörfer geleitet. Der Bau eines *aflaj addiyat* erfordert sowohl Fachwissen als auch höchstes Geschick. Durch eine Reihe von senkrechten Schächten wird bis zum Grundwasserspiegel gegraben. Auf dieser Höhe wird ein sanft abfallender horizontaler Stollen angelegt, der so geführt wird, dass er an einer Stelle aus dem Fels austritt, wo man das Wasser durch Kanäle auf dem kürzesten Weg in die Oase leiten kann.

Der Rat der Dorfältesten ist zuständig für die Pflege der Kanäle, wobei es heute mehr darum geht, die bestehenden zu erhalten als neue anzulegen. Jedes Dorf, das einem *aflaj*-Verbund angehört, wählt einen *wakil* (Beauftragten), der die Beschlüsse der Dorfältesten durchsetzt, das Bewässerungssystem technisch betreut und für die Verteilung des Wassers verantwortlich ist. Er öffnet und schließt

Kanalsystem zur Wasserversorgung

Thema

die *aflaj*-Kanäle nach einem genau festgelegten Plan. In der Oasenstadt Rustaq leitet er nach einer öffentlich sichtbaren Sonnenuhr das Wasser alle sechs Stunden in die entsprechenden Kanäle um. Erreicht das Wasser die Oase, erfolgt die weitere Verteilung nach einer genau bestimmten Reihenfolge: Mensch, Tier, Feld. An erster Stelle kommt die Trinkwasserversorgung der Bevölkerung, die auch das Wasser für die rituellen Waschungen in der Moschee einschließt. Dann wird das Wasser zu den Viehtränken geleitet und schließlich fließt es in Gärten und Felder.

Für die im Juli 2006 von der UNESCO zum Welterbe erklärten *aflaj* wurden unter den vielen im ganzen Land insgesamt fünf historisch besonders bedeutende exemplarisch ausgewählt. Sie alle liegen an den Hängen des Hajargebirges. Dabei handelt es sich um den Falaj Daris bei Nizwa, den Falaj Qhatmin bei Birkat Al Mawz, den Falaj Malqi bei Izki, den Falaj Maisyr bei Rustaq und den Falaj Jaylah im östlichen Teil des Hajar. Ein besonders schönes, anschauliches Modell eines *aflaj* steht im Museum of the Frankincense Land in Salalah (s. S. 317).

Der *falaj*-Kanal: ein ›Weg‹ zum Wasser- und Warentransport

Aflai-System

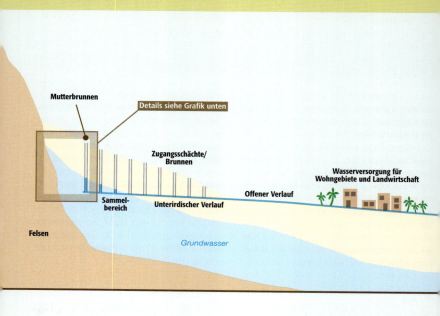

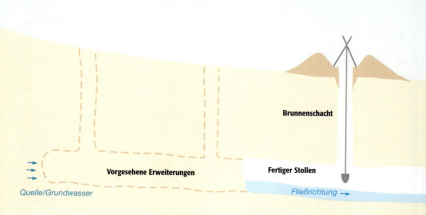

wundern kann. Al Misfah erregte landesweites Interesse, als bekannt wurde, dass es zu den Lieblingsdörfern des Sultans gehört. In die Medien geriet Al Misfah auch, als die Bewohner 1992 bei Reparaturen am Dach des über 1000 Jahre alten Hauses Bayt As Door in Kupfertöpfen jahrhundertealte Silbermünzen entdeckten. Bis 2006 konnte man Al Misfah nur mit Geländewagen erreichen. Aber seit eine asphaltierte Straße dorthin führt, strömen in das schöne, ursprüngliche kleine Bergdorf Scharen von Besuchern.

Am Beispiel von Al Misfah wird ein Dilemma der Entwicklungspolitik und zugleich

Bahla, Hisn, Tamah und Jabrin

ein generelles Problem für Omanbesucher deutlich: Straßen in schwer zugängliche Regionen wie die nach Al Misfah werden von der Regierung gebaut, um den Bewohnern der Region die Chance zum wirtschaftlichen Aufschwung zu bieten. Wie aber kann Al Misfah seine Ursprünglichkeit und seine traditionelle Lebensweise bewahren, wenn im Zuge des Straßenbaus täglich Touristen in Scharen über das Dorf und seine Menschen herfallen, durch die engen Gassen laufen und ungebeten fotografieren? Hier ist v. a. Respekt und Fingerspitzengefühl vonseiten der Besucher gefragt.

Heute leben im alten Al Misfah nur noch wenige Familien, die anderen haben die Lehmhäuser verlassen und sind in neue Villen am Ortsrand gezogen. Innerhalb des alten Dorfes dominiert Ursprünglichkeit. Durch die steilen Gassen transportieren Esel Material und Menschen zu den terrassierten Feldern an den Berghängen. Damit Al Misfah kein Freilichtmuseum wird, haben zwei Söhne des Dorfes, Abdulrahman und Naif Al Abri, in einem der alten Lehmhäuser ein kleines, sehr schönes Hotel eingerichtet.

Übernachten
Übernachten in omanischem Bergdorf ▶
Misfah Guesthouse: Tel. 99 33 48 91, Juli/Aug. geschl. Vier saubere Zimmer, Gemeinschaftsdusche und -WC, die Schwester der Besitzer kocht vorzüglich. DZ mit Halbpension 30 OR.

Jebel Shams ▶ 1, O 8

Von Al Hamra aus gelangt man auf kurvenreicher Strecke zum höchsten Berg Omans, dem 3009 m hohen **Jebel Shams** 7 (Berg der Sonne). Die Fahrt führt entlang des Wadi Ghul und an mehreren kleinen Bergdörfern vorbei, deren Steinhäuser wie Schwalbennester an den Bergen kleben und deren Bewohner entlang der Straße selbst gewebte Decken und Teppiche zum Kauf anbieten. Die dazu benötigte Schaf- und Ziegenwolle spinnen sie selbst, die Webarbeiten an einfachen Webstühlen übernehmen die Männer. Vorherrschend sind die Farben Braun, Schwarz, Orange und Rot. Oberhalb der Ortschaft Ghul stehen die Ruinen einer alten Festung aus vorislamischer Zeit.

Bis zum **Gipfelplateau** des Jebel Shams kann man bis zur endgültigen Fertigstellung der asphaltierten Straße eigentlich nur mit Allradantrieb fahren. Denn ein ca. 6 km langes Zwischenstück ist nach wie vor nur unbefestigte Piste. Wenige mutige Pkw-Fahrer versuchen es trotzdem. Das Gipfelplateau wird wegen seiner Kühle in den Sommermonaten gern zum Picknicken aufgesucht, denn es bietet einen **grandiosen Ausblick auf die omanische Bergwelt**: Die Felsen fallen teilweise 1000 m steil ab, der Blick schweift über Bergdörfer, Wadi-Oasen und vereinzelte Terrassenfelder. ›Grand Canyon‹ wird in Anspielung auf die grandiosen Felsformationen im US-amerikanischen Colorado das Gipfelplateau des Jebel Shams mit seinen 1000 m steil abfallenden Felswänden genannt. Auch hier oben werden selbstgewebte Teppiche und Fossilienfunde von einheimischen Frauen angeboten.

Die Rückfahrt nach Nizwa erfolgt auf der Route der Hinfahrt, über Al Hamra zur NA 21, auf die man wieder am Al Hamra R/A stößt.

Bahla, Hisn Tamah und Jabrin ▶ 1, O 9

Karte: S. 272

Unter den vielen Festungen des Oman nehmen die in Bahla und Jabrin eine Sonderstellung ein. In Bahla steht Hisn Tamah, die größte und eindrucksvollste, aus ungebrannten Lehmziegeln erbaute Verteidigungsanlage. Das benachbarte, später erbaute Wehrschloss Jabrin zeichnet sich durch seine besonders schöne Innenarchitektur aus. Beide wurden bereits in den 1980er-Jahren in die UNESCO-Welterbeliste aufgenommen.

Bahla 8

Von Nizwa führt die Nationalstraße 21 direkt nach **Bahla.** Zunächst passiert man den westlichen Vorort **Al Guftain** mit vielen neuen weißen Villen in omanischem Architekturstil. Nach 18 km erreicht die Straße das Wadi Ta-

Ausflüge von Nizwa

nuf, dessen Grün sich von den braungrauen hohen Gebirgszügen abhebt. Auch die Abzweigung zu den Al-Hoota-Caves und nach Al Hamra lässt man rechter Hand liegen und erreicht nach 38 km die Oasenstadt Bahla.

Inmitten der zerklüfteten Bergwelt ist die Oase ein paradiesischer Garten. Bahla besitzt Wasser und fruchtbare Böden im Überfluss, üppige Palmenhaine und große Obst- und Gemüsegärten gedeihen prächtig. Darüber hinaus gibt es hier Tonerde – deshalb wurde der Ort zu einem Zentrum omanischer Töpferei. Allerdings haben nur wenige der alten **Töpferwerkstätten** überlebt, und ihre Produktionsweise hat sich verändert. Die fußgetriebene Töpferscheibe wurde weitgehend durch eine elektrische ersetzt und der holzbefeuerte Brennofen gegen einen Gasbrenner ausgetauscht. Doch die alten Formen der ockerfarbenen Krüge, Schalen und Weihrauchbrenner blieben unverändert.

Bahla war das Zentrum des Stammes der Banu Nebhan, die diese Region Omans vom 12. bis 16. Jh. beherrschten. Seine größte Blüte erlebte es unter Imam Makhzum bin Al Fallah, der den Ort 1406 zur Hauptstadt Omans machte. Er ließ auch den westlichen Teil der Festung Hisn Tamah erbauen. Unter seiner Herrschaft trieben die Omanis einen ausgedehnten Seehandel, der von der Golfregion bis nach Ostafrika und Indien reichte. Die Produkte, mit denen gehandelt wurde, waren edel und teuer, wie z.B. Weihrauch und Gewürze, Elfenbein und Silber, Seidenstoffe und Porzellan.

Das **alte Bahla** mit seinen verfallenen braunen Lehmhäusern erstreckt sich rechter Hand zu Füßen der Festung. Zwischen seinen Lehmruinen kann man umhergehen. Auch von der alten Moschee ist nur noch wenig erhalten.

Das **neue Bahla** mit seinen neuen, weißen Wohnhäusern hat sich hinter der Festung ausgebreitet und dehnt sich auch auf der anderen Seite der Straße zwischen großflächigen Palmengärten aus. Hier befinden sich Geschäfte und Restaurants sowie die Werkstätten der Töpfer, in denen unbemalte und unlasierte Keramikwaren hergestellt werden.

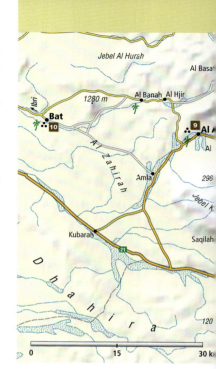

Einst war Bahla von einer bis zu 4 m hohen Mauer aus Lehm umgeben, die nicht nur die Festungsanlage, sondern auch die Oase in einer Gesamtlänge von 13 km schützend umschloss. Heute ist diese Lehmmauer an mehreren Stellen unterbrochen, insbesondere dort, wo die Nationalstraße 21 von Nizwa nach Ibri quer durch die Oase führt.

10 Hisn Tamah

Vom Reichtum vergangener Zeiten kündet auch die **Lehmfestung von Bahla, Hisn Tamah** genannt. Nach der Vertreibung der Portugiesen wurde sie nochmals erweitert und erhielt im 17. Jh. ihre heutigen Ausmaße. Auf wen der Name Hisn Tamah zurückgeht, lässt sich bis heute nicht genau erklären.

Von Nizwa kommend steht die Festung unübersehbar auf einer Anhöhe direkt an der Nationalstraße 21. Die mächtige Anlage aus Lehm mit 15 Toren und 132 Wachttürmen ist stark verwittert. Sie ist unter den Hunderten

Ausflüge von Nizwa

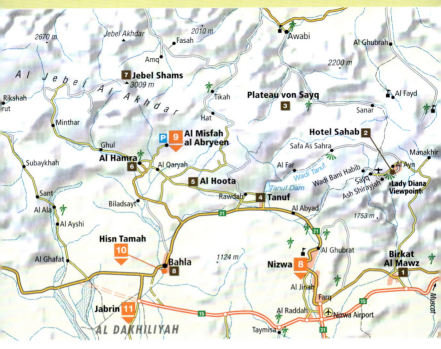

von Festungsanlagen des Oman die eindrucksvollste und wurde von der UNESCO als Welterbe eingestuft. Jahrzehntelang dauerten die Restaurierungsarbeiten, bis Ende 2012 konnte man die Festung nur von außen besichtigen.

An der Südseite führt bis heute ein Arbeitsweg hinter die Festung. Hier konnte man marokkanischen und tunesischen *expatriates* bei der mühseligen Restaurierungsarbeit zusehen. Hier wurden auch die **Lehmziegel** hergestellt und unter der Sonne getrocknet, dann mit Seilzügen per Hand nach oben gezogen und auf der eingerüsteten Mauer Stück für Stück eingesetzt. Wie diese Arbeiten von Jahr zu Jahr fortschritten, konnte man an den jeweils bereits fertiggestellten Mauern und Festungstürmen deutlich erkennen. Ende 2012 waren die äußeren Restaurierungen abgeschlossen. Zum ersten Mal sah man die Festung ohne die vielen sie umgebenden Baugerüste.

Lehmbauten müssen ständig ausgebessert werden. Insbesondere nach starken Winterregen. Das geschah in Bahla bis ins 18. Jh. Dann verlegten neue Dynastien jedoch ihre Regierungspaläste an andere Orte, und so verlor Bahla an Bedeutung. Aus der einst eindrucksvollen Festungsanlage wurde ein zerklüftetes Lehmmassiv, dem man die Mächtigkeit früherer Zeiten allerdings auch bereits vor der Restaurierung ansehen konnte.

Das ganze Ausmaß der Festung mit ihren hohen Mauern und vielen Innenanlagen kann man nur aus einer gewissen Distanz erkennen. Ideal eignet sich dafür ein Hügel an der Straße Richtung Jabrin, auf dem hohe stählerne Antennenmasten stehen.

11 Jabrin

Folgt man von Bahla der Nationalstraße in Richtung Westen, die über Ibri zur Grenze nach Al Buraimi führt, zweigt linker Hand

Einfach atemraubend: spektakuläre Aussicht auf die umliegende Bergwelt des 3009 m hohen Jebel Shams

Ausflüge von Nizwa

6 km hinter Bahla eine Straße nach Jabrin ab. Auf diese Straße stößt auch die neue vierspurige Schnellstraße, die von Muscat kommend um Nizwa im Süden herum führt und später bis Ibri ausgebaut werden soll.

Am Eingang zum Wadi Qurayat überragt die **Palastfestung Jabrin** unübersehbar den dichten Palmenbestand. Ein altes Dorf oder eine alte Oasensiedlung Jabrin gibt es nicht mehr, dafür aber viele neue Wohnhäuser an der Einfahrtsstraße. Die vielen Palmen wurden im Laufe der Restaurierung der Festung neu angepflanzt.

Jabrin wurde nicht als Verteidigungsanlage zum Schutz einer größeren Siedlung, sondern von Imam Bil'Arub bin Sultan aus der Yaruba-Dynastie 1670 als ländliche Sommerresidenz errichtet. Bil'Arub war der Sohn von Imam Sultan bin Saif, der die Portugiesen aus Oman vertrieben und die Festung Nizwa erbaut hatte. Bil'Arub begann bereits als junger Mann mit dem Bau seines Wüstenschlosses, und als ihm 1688 das Amt des Imam angetragen wurde, verlegte er den Regierungssitz kurzerhand in seine schön gestaltete Sommerbehausung.

Dass sich Bil'Arub mehr für die Künste und Wissenschaften interessierte und ausländische Gäste nach Jabrin zum Gedankenaustausch einlud, stieß auf das Unbehagen der Sheikhs, die deshalb seinen Bruder Saif bin Sultan zum neuen Imam wählten. Dieser versuchte, seinen Bruder abzusetzen. Daraufhin befestigte Bil'Arub Jabrin mit Mauern und Wehrtürmen, um so den Angriffen seines Bruders trotzen zu können. Während der monatelangen Belagerung verstarb Bil'Arub im Jahr 1692, und Saif bin Sultan verlegte den Regierungssitz sofort nach Rustaq. Zwischen 1715 und 1728 wurde das Bauwerk vermutlich von Imam Mohammed bin Nasir Al Ghafiri erweitert, danach war es dem Verfall preisgegeben. 1980 begann ein italienisches Expertenteam, den Palast und die Festung zu restaurieren.

Der Eindruck des Festungscharakters entsteht besonders dadurch, dass die miteinander verbundenen Hauseinheiten, die sich um einen Innenhof gruppieren, von zwei diagonal versetzten Rundtürmen abgeschirmt werden. Eines der Häuser beherbergt die Küche, den Lagerraum für Datteln und darüber die Schlafräume. Die anderen Räume nutzte der Imam zu Repräsentationszwecken und als Wohnbereich.

Der Palast zeugt von dem hohen handwerklichen Können der damaligen Baumeister und vermittelt einen guten Eindruck von der Wohnkultur im Südarabien des 17./18. Jh.: Prachtvoll bemalte Holzdecken, ausgemalte Treppenaufgänge mit geschnitzten Treppengeländern, Stuckdecken, maurische Bögen und kalligrafische Wanddekorationen gehören zur Innenausstattung. Fenster mit Steingittern an der sonnigen Südseite und solche mit Holzgittern zum Öffnen an der schattigen Nordseite sorgen für Windzug und damit für angenehme Temperaturen während des heißen Sommers.

Im obersten Geschoss befindet sich die **Moschee** des Herrschers, die ebenfalls sehr prachtvoll gestaltet ist. Hier sind es nicht farbenfrohe Blüten und Blätter, sondern Koransuren von ausnehmend eindrucksvoller kalligrafischer Gestaltung. Dank des großen Sammeleifers ist es den fleissigen Restauratoren gelungen, die Räume wieder mit zeitgenössischem Mobiliar auszustatten und somit dem Palast einen Teil seiner für die damalige Zeit zauberhaften Ausstrahlung zurückzugeben. Aufgrund seiner Innenarchitektur ist Jabrin in Oman einzigartig und verdient den Stempel ›schönste Festung des Landes‹. Deshalb steht sie auch auf der UNESCO-Liste des Welterbes.

Am Eingang erläutert in einem Informationsraum ein Video die Geschichte Jabrins (Sa–Do 9–16, Fr 8–11 Uhr, 0,5 OR).

Übernachten

Dem Welterbe ganz nahe ▶ **Jibreen Hotel:** an der N 21 Richtung Ibri, 25 km von Nizwa entfernt, Tel. 25 36 33 40, Fax 25 36 31 28, www.jibrenhotel.com. Recht neues Haus mit 34 großen Doppelzimmern, schweres Mobiliar, sehr sauber und freundlich, ideal gelegen für den Besuch von Bahla und Jabrin. DZ ab 28 OR.

Bienenkorbgräber von Al Ayn und Bat

Alte Handwerkskunst: Töpfern in Bahla

Essen & Trinken
Zu Gast bei Nofretete ▶ **Nile Restaurant:** Im Hotel Jibreen, Tel. 25 36 33 40, tgl. 6.30 –10, 12–15 und 18–22 Uhr. Sehr gutes Frühstück und beste arabische Küche inmitten vieler ägyptischer Dekorationen, sauber.

Aktiv
Wanderungen ▶ Die Regionen des Jebel Akhdar und Jebel Shams eignen sich sehr gut für Höhenwanderungen *(Rim Walks)* entlang der Wadi-Täler, allerdings stets in Begleitung eines erfahrenen Führers! Verlässliche Tour Guides vermitteln alle Hotels.

Bienenkorbgräber von Al Ayn und Bat ▶ 1, N 8

Karte: S. 272
Wer die Geschichte Omans bis in die **Bronzezeit** zurückverfolgen möchte, muss die noch erhaltenen Spuren der ersten großen omanischen Siedlungsräume aufsuchen, die sich an der Südseite des westlichen Hajargebirges, ca. 100 km westlich von Nizwa, in der Nähe der Stadt Ibri befinden. Es handelt es sich um Grabstätten aus dem 3. Jt. v. Chr., von denen mehrere gut erhaltene oberhalb der Dörfer **Al Ayn** 9 und **Bat** 10 liegen.

Die runden Grabbauten aus unbehauenen Steinen ohne Mörtel waren ursprünglich bis auf 8 m Höhe geschichtet. Heute sind sie nur noch bis zu 2,50 m hoch, und die im Laufe der Jahrtausende herabgefallenen Steinplatten liegen um sie herum am Boden. Wegen ihrer Form und weil sie unten offen sind, haben Archäologen sie schon sehr früh mit Bienenkörben verglichen, weswegen sich der Name einbürgerte. Diese **Bienenkorbgräber** (engl. *beehive tombs*) wurden bereits im Jahre 1988 von der UNESCO in die Liste der schützenswerten Welterbedenkmäler aufgenommen.

Ausflüge von Nizwa

Bei den beiden Nekropolen in **Al Ayn** und **Bat** handelt es sich um eine Ansammlung mehrerer Bienenkorbgräber, die sich auf Hügeln oberhalb der Täler erheben. Beim Anblick der geschichteten Steine aus der Nähe erkennt man die hohe Handwerkskunst. Bat und Al Ayn liegen etwa 30 km voneinander entfernt. Das westlich gelegene Bat ist die bekanntere, weil zuerst entdeckte, Anlage; außerdem stehen in Bat mehr Gräber als in Al Ayn. Die Bienenkorbgräber von Al Ayn dagegen sind besser erhalten und von ihrer Positionierung eindrucksvoller als die Gräber von Bat, denn 18 von ihnen stehen hier nebeneinander in einer Reihe auf dem Kamm einer Hügelkette vor der Kulisse des sich dahinter 1000 m hoch erhebenden Jebel Misht. Beide Anlagen sind jeweils von einem Maschendrahtzaun umgeben und nicht zugänglich, können aber aus der Nähe besichtigt werden.

Geschichte

Die Funde in Bat und Al Ayn sind Zeugnisse der größten zusammenhängenden Siedlungsgebiete aus dem 3. Jt. v. Chr. in ganz Oman. Die Bienenkörbe waren eine Bestattungsform der Hafitperiode (ca. 3500–5700 v. Chr.), die der Umm Al Narr-Kultur (s. S. 48) vorausging. 1500 Jahre lang blühten diese Siedlungsgebiete am Südrand des Hajargebirges, dann verloren sich plötzlich ihre Spuren. Für Archäologen stellte sich in der Folge die Frage: Warum siedelten damals Menschen ausgerechnet in dieser Region, und weshalb verschwanden sie dann wieder so abrupt?

Palast Jabrin: wunderbares Beispiel für Wohnkultur im Südarabien

Bienenkorbgräber von Al Ayn und Bat

Die Antwort fand man 1974, als kanadische Geologen bei ihren Bohrungen nach Erdöl und ihrer Suche nach neuen Bodenschätzen hier auf Spuren von **Kupferabbau** und Kupferverarbeitung stießen. Später entdeckten Forscher des deutschen Bergbaumuseums Bochum in der Nähe des gefundenen Kupfers aufgehäufte Schlackenhalden, die zeitlich der Periode der Umm Al Narr-Kultur zuzuordnen sind.

Jahrzehntelang fragten sich die Historiker, woher die Hochkulturen im Zweistromland bereits im 3. Jt. v. Chr. den für sie wichtigen Rohstoff Kupfer bezogen. Sumerische Keilschriften berichteten zwar von Schiffen, welche das Kupfer aus einem Land Magan herbeibrachten, aber man wusste nicht, wo dieses sagenumwobene Magan lag. Da die chemische Zusammensetzung des Kupfers vom Jebel Akhdar mit dem in Mesopotamien verarbeiteten Kupfer übereinstimmt, muss es einen Zusammenhang zwischen beiden Regionen gegeben haben: Oman entspricht dem legendären Magan. Aber wie kam das Kupfer damals aus Oman nach Mesopotamien? Der Weg von den Kupferabbaugebieten am Jebel Akhdar zur Küste des Golfes führte durch das Wadi Hawasinah. In den Häfen an der omanischen Küste wurde das Kupfer weiter auf dem Seeweg nach Mesopotamien transportiert. Solange der Kupferhandel blühte, lohnte sich beschwerlicher Abbau in der Region. Mit dem Untergang des Sumererreiches 2000 v. Chr. verlor Kupfer in Mesopotamien an Bedeutung und die Siedlungen verwaisten.

Heute ist die Region in erster Linie wegen der **Erdölfunde** bekannt. 1963 entdeckte man das erste Erdölfeld Omans bei Fahud im *wilayat* Ibri, und seit 1966 fließt das in Fahud geförderte Erdöl in einer Pipeline zum Erdölterminal Mina Al Fahal in Muscat. Fahud liefert ein Drittel des gesamten omanischen Erdöls.

Verkehr

Anfahrt: Nach **Al Ayn** und **Bat** fährt man von Nizwa aus auf der Nationalstraße 21, zuerst nach Bahla und dann weiter entlang den auslaufenden Südhängen des Hajargebirges Richtung Westen. Von der NA 21 biegt 88 km hinter Nizwa (53 km vor Ibri) eine ausgeschilderte Straße nach Norden ins 11 km entfernte Amla ab. Nach weiteren 10 km erreicht man Al Ayn; die Gräber liegen ca. 1 km hinter der Ortsabbiegung nach Al Ayn (ausgeschildert), an der Straße ins Wadi Damm.

Den Ort Bat mit seinen Bienenkorbgräbern erreicht man auf der gleichen Straße. Bereits ca. 6 km hinter Amla biegt eine schmale Piste nach Westen zum Ort Al Ablah ab. 2 km hinter Al Ablah liegen die Gräber linker Hand vor der majestätischen Kulisse des Jebel Misht.

Bei der Rückfahrt muss man sowohl von Bat als auch von Al Ayn aus zurück zur Nationalstraße 21 fahren, um wieder nach Nizwa zu gelangen.

Dhaus im Hafen von Sur: Damals wie heute hat der Schiffsbau eine zentrale Bedeutung für die Stadt

Kapitel 5
Omans Osten

Der Osten Omans, A'Sharqiyah genannt, wird landschaftlich geprägt durch den östlichen Teil des Hajargebirges und die große Sandwüste Ramlat Al Wahiba. Er zieht sich an der Küste zum Indischen Ozean weit nach Süden hinunter bis zur Insel Masirah.

In diesem Teil des Sultanats erwarten den Besucher dramatische Bergschluchten und tief eingeschnittene Wadis, Sandwüsten mit unterschiedlichsten Dünenformationen, unberührte Küsten, Meeresschildkröten, Delfine und Zugvögel, aber auch viele historische Spuren.

Die klassische Route in den Osten Omans führt auf der N 23 von Muscat ins Landesinnere über Ibra und Al Mintarib ins 320 km entfernte Sur. Von dieser Hauptverbindung zweigen Straßen in die Wahiba-Wüste (mit 10 000 km² die zweitgrößte Wüste der Arabischen Halbinsel) und ins Wadi Bani Khalid ab.

Die Hafenstadt Sur mit ihrer Schiffbautradition lässt das Herz nautisch Interessierter höher schlagen, während Strand- und Tierfreunde auf der Küstenstrecke zwischen Ras Al Hadd und Asilah mit schönen Sandbuchten und Schildkrötenbrutplätzen auf ihre Kosten kommen.

Der östliche Hajar, der sich zwischen Muscat und Sur parallel zur Küste erstreckt, erreicht nicht die Höhen des westlichen Hajar, und sein Küstenstreifen ist weder breit noch fruchtbar, aber es gibt sehr schönen Wadis, die in den Golf führen und an deren Ausgängen kleine Fischerdörfer liegen. Entlang der Küste wird Sur mit Muscat seit 2009 durch eine vierspurige, beleuchtete Autobahn verbunden.

Auf einen Blick
Omans Osten

Sehenswert

12 Ramlat Al Wahiba/Wahiba Sands: Sand so weit das Auge reicht – die bis zu 150 m hohen, rotbraunen Sanddünen der Wahibawüste sind ein Highlight der Region. Man kann sie organisiert in mehreren Tagen durchqueren oder sich für einen Tagesausflug mit Übernachtung in einem Wüstencamp entscheiden (s. S. 285).

Festung Sunaysilha: Den schönsten Blick über die Stadt Sur genießt man von der auf einem Plateau sich erhebenden Festung Sunaysilha, dem **mächtigsten Bauwerk** der Stadt (s. S. 294).

13 Ras Al Jinz: Tausende von Meeresschildkröten kommen jedes Jahr an die Sandstrände am Indischen Ozean. Unter Führung omanischer Turtle Guides kann man nachts in der Bucht von Ras Al Jinz die Schildkröten bei der Eiablage beobachten (s. S. 303).

Schöne Routen

Am indischen Ozean: Eine der schönsten Strecken im Osten Omans ist die Küstenstraße entlang des Indischen Ozeans zwischen Ras Al Jinz und Asilah. Die Straße verläuft über weite Strecken direkt parallel zur Küste, führt um flache Buchten mit langen Sandstränden herum und überquert Klippen, von denen der Blick über die menschenleere Umgebung schweift (s. S. 305).

Von Sur nach Muscat: Eine neue Straße von Sur nach Quriyat und weiter nach Muscat ermöglicht es heute, die ganze südöstliche Küste per Pkw kennenzulernen, Abstecher in sehr schöne Wadis eingeschlossen (s. S. 308).

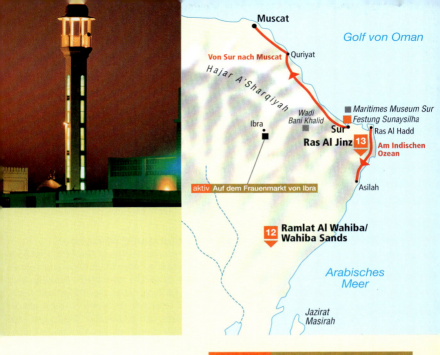

Meine Tipps

Wandern durch das Wadi Bani Khalid: Auch wenn angelegte Wanderwege einen Teil seiner Ursprünglichkeit mindern: Das tief in den Felsen eingegrabene Flussbett Bani Khalid ist eines der schönsten Wadis in Oman (s. S. 290).

Maritimes Museum Sur: Dieses in der Stadt kaum bekannte Museum gehört zwar nicht zu den großen öffentlichen Museen Omans, ist aber das schönste in Sur. Es informiert anschaulich und interessant über die örtliche Schifffahrtsgeschichte (s. S. 292).

aktiv unterwegs

Auf dem Frauenmarkt von Ibra: Wenn möglich, sollte man seine Reise in den Osten so einrichten, dass man an einem Mittwochvormittag in Ibra vorbeifährt. Dann findet nämlich dort der Frauenmarkt statt – ein Markt von Frauen für Frauen (s. S. 286).

Von Muscat nach Sur durch das Landesinnere

Die Fahrt durch die Region A'Sharqiyah erschließt landschaftlich neue Eindrücke. Sie führt vorbei an dramatischen Bergschluchten, passiert die große Sandwüste Ramlat Al Wahiba, streift das grüne, wasserreiche Wadi Bani Khalid und ermöglicht einen Besuch bei den Meeresschildkröten in Ras Al Hadd.

Man verlässt Muscat auf der Nationalstraße 15 in Richtung Nizwa. Nach 60 km biegt vor dem Suma'il Pass hinter der Ortschaft Bidbid die NA 23, in östliche Richtung nach Sur ab. Die Route benutzen auch die öffentlichen Buslinien der ONTC.

Ibra ▶ 1, R 9

Als ersten größeren Ort auf der NA 23 erreicht man nach ca. 100 km **Ibra.** Diese alte Handelsstadt, die in ihrem Emblem die Bezeichnung ›Gateway to the Eastern Region‹ (Tor zum Osten) trägt. Ibra ist nach Sur die zweitgrößte Stadt von A'Sharqiyah, 20 000 Menschen leben hier. Sie ist das Zentrum der nördlichen Sharqiyahregion: Hier gibt es ein großes Krankenhaus, haben mehrere Banken ihre Niederlassungen, die Royal Oman Police ist mit einer großen Station vertreten, und es gibt verschiedene Bildungsinstitutionen.

Ibra blickt auf eine bewegte Geschichte zurück, weil sich die beiden hier lebenden Stämme der Al Maskari und der Al Harithi bitter bekämpften. Im 18. Jh. verließen Familien der Al Harithi Ibra und gründeten das 20 km entfernt gelegene Al Mudayrib. Familien beider Stämme wanderten auch nach Sansibar aus. Nach dem Regierungsantritt von Sultan Qaboos wurde die jahrhundertelange Dauerfehde beigelegt, für die überkommenen Stammesrivalitäten gab es keinen Raum auf dem Weg zu einem modernen Oman.

Festung und Moschee

An mehreren Stellen der Stadt trifft man noch auf Reste der **alten Stadtmauer** und mehrere Wachtürme. Die quadratische **Festung** (auch Ibra Castle genannt), um 1800 erbaut, wurde 1997 vollständig restauriert. Sie hatte, wie die meisten der omanischen Festungen, die Funktion, Feinde von einem wichtigen Durchgangstal fernzuhalten, und ist deshalb besonders massiv gebaut. Der mit Schießscharten ausgestattete Rundgang besticht durch die Dicke seiner Mauern. Im Innern der Festung steht eine **alte Moschee**, die noch heute freitags von vielen Bewohnern der Stadt zum Gebet aufgesucht wird (Festung Sa–Do 9–11, Fr 8–11 Uhr, 0,5 OR).

Frauensouq

Hauptattraktion von Ibra ist der **Frauensouq** (s. S. 286). Inzwischen hat sich der relativ übersichtliche Markt, der von einem großen, schattigen Dach bedeckt wird und an das einstöckige Krankenhaus angrenzt, zu einem lang gezogenen allgemeinen Straßensouq ausgeweitet. Fast 1 km lang reiht sich auf dem Bürgersteig Stand an Stand. Das Angebot reicht von neuen Teppichen über Haushaltwaren, Kleider und Spielsachen bis zu Handwerksgeräten; der Übergang zum Frauensouq ist fließend.

Essen & Trinken

Arabische Küche ▶ Wer nach dem Besuch des Souq zu Mittag essen möchte: Gegenüber vom Souq gibt es ein Dutzend Straßenrestaurants, die alle nahezu die gleichen Gerichte der arabischen Küche anbieten: Houmus, Kebab, *shawarma* (Tellergericht ab 2 OR).

Al Mudayrib ▶ 1, R 10

Nur 20 km östlich von Ibra liegt die Oase **Al Mudayrib.** Der Ort zählt zu den schönsten Oasenansiedlungen der A'Sharqiyah und besitzt noch viele alte, zweistöckige Lehmhäuser. Im Zentrum steht die um 1800 erbaute **Lehmfestung Al Khanayirah,** die in ihrer Kompaktheit ihresgleichen sucht. Das Ensemble mit den vielen erhaltenen Lehmhäusern und den dicht stehenden Palmen entlang des Tals lässt einen faszinierenden Gesamteindruck entstehen. Beeindruckend sind auch das historische **Stadttor** im Norden und die **Holztüren** der Lehmhäuser, die zum Teil afrikanische Motive tragen. Die auffälligsten unter ihnen stammen aus Sansibar, sie wurden einst auf Dhaus nach Sur verschifft und von dort mit Lasttieren in die Oase Mudayrib gebracht. Ein *falaj* verläuft quer durch das gesamte Dorf.

Essen & Trinken

Raststätte ▶ **Travellers Oasis:** direkt an der N 23 in der Ortschaft Bidiya, Tel. 25 58 32 35, tgl. 9–22.30 Uhr. Hier werden sehr gute und preiswerte Tellergerichte serviert, ab 2 OR, Cola, 0,5 OR.

Al Mintarib ▶ 1, R 10

Auf den nächsten Kilometern der Nationalstraße 23 sieht man die ersten rotbraunen Ausläufer der Wahibawüste. Besonders schöne Dünen erheben sich hinter den Palmenhainen von **Al Qabil.**

20 km hinter Mudayrib erreicht man die Oase **Al Mintarib.** Sie liegt südlich der Nationalstraße und bereits die 2 km lange Zufahrt ist häufig von Sand bedeckt. Die Straße führt direkt zur **Festung** von Mintarib. Diese

Wahiba Sands

liegt mitten in der Stadt und wurde 1991 vollständig restauriert. Man betritt sie durch einen niedrigen Torbogen und sieht vom quadratischen Innenhof hinauf zu den Wehrgängen, die oberhalb einer Mauerplattform die Festung umlaufen (So–Do 8.30–14.30 Uhr, 0,5 OR).

Gegenüber dem Fort stehen Hinweisschilder, die zu den Wüstencamps führen. Sie liegen von Al Mintarib ca. 20 km entfernt inmitten der großartigen Dünenwelt der Wahiba Sands.

12 Wahiba Sands ▶ 1, R 10

Südlich von Mintarib beginnt die mehr als 10 000 km² große **Sandwüste Ramlat Al Wahiba.** Sie ist bis zu 100 km breit und erstreckt sich von hier mehr als 200 km in Richtung Süden. Ihre rotbraunen Sanddünen erreichen Höhen von bis zu 150 m. In der europäischen Literatur ist sie durch die Berichte von Forschungsreisenden als **Wahiba Sands** bekannt geworden, und in offiziellen omanischen Schriften wird sie **A'Sharqiyah Sands** genannt. Hat man erst einmal die Ortschaften am Rande der Wahiba hinter sich gelassen und die ersten Kilometer auf einer Piste zwischen den Dünen zurückgelegt, spürt man die lebensfeindliche Abgeschiedenheit der Wüste: Hier gibt es nur Sand, nichts als Sand, Sonne und Hitze, keine Vegetation – es sei denn, man erlebt einen der wenigen Regentage. Dann sprießen vereinzelt Gräser aus dem Sandboden, die aber schon nach wenigen Tagen wieder vertrocknen.

Nur wenige Touristen entscheiden sich für eine organisierte Durchquerung im Allrad-Geländewagen auf den vorgespurten Pisten. Die Mehrzahl der Besucher begnügt sich mit einem Tagesausflug in die Dünen und einer Übernachtung in der Wüste. Für diesen Zweck gibt es heute in den Wahiba Sands sogenannte **Wüstencamps,** die auf Besucher vorbereitet sind. Sie werden von Beduinen betrieben und die meisten bieten nur so viel Komfort, dass ein Gefühl von Abenteuer aufkommt.

Von Muscat nach Sur durch das Landesinnere

aktiv unterwegs

Auf dem Frauenmarkt von Ibra

Tour-Infos
Start: an der Straße vor dem Eingang des Ibra-Hospitals
Dauer: bis zu 3 Std.
Wichtige Hinweise: Handeln im Frauensouq ist so gut wie aussichtslos. Die Frauen sind sehr davon überzeugt, dass der von ihnen genannte Preis auch gezahlt werden muss. Der Markt findet nur Mi zwischen 7 und 13 Uhr statt.

Auf diesem Markt bieten ausschließlich Frauen Waren für Frauen an. Deshalb ist der Frauenmarkt von **Ibra** ein besonderer Straßenmarkt. Er findet seit mehr als 20 Jahren nur einmal in der Woche vor dem städtischen Hospital statt. Obwohl er sich heute über mehrere Straßen ausdehnt, ist der **Vorhof des Krankenhauses** sein Zentrum. Hier sollten auch die touristischen Besucherinnen mit ihrem Einkaufsbummel beginnen.

Angeboten wird heute alles nur Erdenkliche: Frische **landwirtschaftliche Produkte und Secondhand-Ware, selbst gemachte Parfums** und **Kinderwagen, bunte Stoffe** und sogar auch **Kleintiere.** Eine Spezialität der Marktfrauen sind selbst gehäkelte **Spitzenborten.** Mittlerweile hat sich ihr Angebot aber auch um Fabrikware aus Indien und China erweitert. Die Waren werden auf dem Boden ausgebreitet, die Verkäuferinnen hocken inmitten ihres Sortiments und halten gerne ein Schwätzchen mit ihren Kolleginnen.

Die Wege auf dem Markt sind eng. Beim Rundgang durch die schmalen Zwischenräume ist größte Vorsicht geboten, damit man nicht aus Versehen auf die ausgelegten Waren tritt. Eine Struktur des Warenangebots wie in anderen Souqs gibt es in Ibra nicht. Obst wird neben Kleidern, Salben neben Schmuck angeboten. Die Frauen eines Dorfes wollen eben nebeneinandersitzen, ungeachtet ihrer mitgebrachten unterschiedlichen Waren. Wer nach etwas Besonderem sucht, muss deshalb langsam durch alle Reihen schlendern, denn nur so hat man am Ende eine Gesamtübersicht über das Angebot und findet dann auch das Passende.

Sowohl unter den Anbieterinnen als auch unter den kaufinteressierten einheimischen Frauen dominieren *abaya*-Trägerinnen. Vereinzelt sieht man unter den Anbieterinnen auch bunt gekleidete Frauen afrikanischer Abstammung. Sie sprechen meist auch etwas Englisch und lassen sich gerne mit touristischen Besucherinnen auf ein Gespräch ein. Zögern Sie nicht und fragen Sie beim Kauf ruhig auch mit allem Respekt nach Alltäglichem von Frau zu Frau. Sie werden erstaunt sein, was Sie alles über die Situation omanischer Frauen erfahren werden.

Doch wieso besitzt Ibra überhaupt einen derartigen Frauensouq? Das beruht auf einer besonderen Vorgeschichte. Zur Behebung der desolaten medizinischen Versorgung in der Provinz A'Sharqiyah begann Sultan Qaboos in Ibra bereits Ende der 1970er-Jahre mit dem Bau eines zentralen Krankenhauses mit über 100 Betten. Um die Kindersterblichkeit zu senken, bot das Ibra Hospital in einer eigenen Abteilung für alle schwangeren Frauen der Umgebung kostenlose gynäkologische Untersuchungen an. Viele Frauen aus der Region machten davon Gebrauch. Um aber das Geld für ihre Reisekosten zu verdienen, brachten sie aus ihren Dörfern selbst gefertigte Borten, Tücher und sonstige Waren mit, die sie im Vorhof des Krankenhauses zum Verkauf anboten.

Eine Zeit lang lief dieser Basar der Frauen aus den umliegenden Dörfern mit Duldung des Krankenhauses, aber als immer mehr Frauen kamen, auch solche, die nicht zur Untersuchung wollten, verbot das Krankenhaus den Handel auf seinem Gelände. Weil der

Wahiba Sands

Souq aber inzwischen so beliebt war und sich weit über den Krankenhausvorhof hinaus ausgedehnt hatte, nahm sich die Stadtverwaltung des Souqs an. Die Stadtverwaltung sorgt seit Langem für die Einhaltung der von den Marktfrauen gewünschten Regeln. Nur auf wenigen Schildern in den angrenzenden Straßen werden Besucher daran erinnert: »*Souq al arbah is devoted entirely to women*« (»Der Mittwochsmarkt ist nur für Frauen bestimmt«).

Früher war für Männer der Zutritt absolut tabu, heute sehen es einige Händlerinnen vor allem bei Touristen nicht mehr ganz so streng. Als Mann europäischen Aussehens wird man, wenn man sich von der Straße aus für bestimmte Angebote interessiert, mitunter auch von den verschleierten Verkäuferinnen mit Gesten aufgefordert, an die jeweiligen Auslagen heranzutreten und das eine oder andere Stück zu erwerben. Dieser Einladung kann man ruhig folgen. Aber als Mann sollte man sich besonders dezent zwischen den Frauen bewegen.

Um das Warenangebot inspizieren zu können, sollte man sich in den engen Passagen vor den am Boden hockenden Frauen ebenfalls in die Hocke begeben. Diese ungewohnte Position und die relative Nähe zu den Händlerinnen erleichtert nicht unbedingt eine sachliche Prüfung dessen, was man zu kaufen beabsichtigt. Erleichtert wird aber jeder Kauf durch die Freundlichkeit der Händlerinnen.

Die Mehrzahl der touristischen Besucher reist mit dem Pkw zum Markt an. Deshalb gibt es ca. 500 m vor dem Hospital ein großes unbebautes, aber nicht asphaltiertes Gelände, auf dem jeder seinen Wagen so abstellt, wie es ihm gerade passt. Am Ende stehen hunderte von Autos kreuz und quer nebeneinander, und es ist schwer nach dem Besuch seinen Wagen wiederzufinden.

Inzwischen gehört diese Sandwüste mit ihrem einzigartigen Ökosystem zu den besterforschten Wüsten der Welt. Seit 1986 untersuchen Geologen, Biologen und Ethnologen der Royal Geographic Society ihre Beschaffenheit, ihre Tier- und Pflanzenwelt und die Verwandtschaftsbeziehungen der ca. 100 Beduinenfamilien, die noch immer in den Wahiba Sands leben.

Ein Teil dieser **Beduinen** ist sesshaft geworden. Sie verdienen ihr Geld als ›Berufsbeduinen‹ in den Wüstencamps, wo sie an Feiertagen ihre traditionelle Kleidung einschließlich des *khanjar* tragen und sich um die Kamele im Camp kümmern, auf denen die Touristen ausreiten. Ihre *burqa* tragende Frauen bereiten die Mahlzeiten für die Gäste zu und richten das Lager her.

Übernachten

Inzwischen gibt es in den Wahiba Sands mehrere Wüstencamps, die eng mit großen Tour Operators zusammenarbeiten bzw. diesen gehören.

Luxus im Sand ▶ Desert Nights Camp: zwischen hohen Dünen, ca. 20 Min. von Al Wasil inmitten der Wahiba. Tel. 92 81 83 88, Fax 24 73 58 53, www.desertnightscamp.com. Das edelste unter allen Beduinenlagern, umfassender eindrucksvoller Komfort. Alle Zimmer mit Dusche, WC, TV und A/C. Einladendes Restaurant. DZ ab 140 OR.

Originalgetreue Kopie ▶ Nomadic Desert Camp: 20 km südl. des Ortes Al Wasil, Tel. 99 33 62 73, www.nomadicdesertcamp.com. Sehr ursprünglich beduinisch, Barastihütten mit relativem Komfort: Matratzen, bezogen mit frischen Laken, Teppiche auf dem Boden, Petroleumlampen (kein Strom), eigene Toilette, das Camp wird hervorragend geführt. Hütte (für 2 Pers.) ab 65 OR.

Dünenwohndorf ▶ Al Raha Tourist Camp: 20 km südl. von Mintarib, Tel. 99 34 38 51 oder 99 55 11 55, Fax 25 58 31 20, www.alrahaoman.com. Das relativ große Camp liegt mitten in der Wahiba. Ursprünglich bestand es aus vier Zelten und acht kleinen Barastihütten aus Palmwedeln, heute gibt es 77 DZ und 15 Suiten in Luxuszelten. Ein großer Teil

Ramlat Al Wahiba: ein einzigartiges Ökosystem

Von Muscat nach Sur durch das Landesinnere

der Wohnanlage sind feste Wohnblocks, die durch Palmwedel wie *areesh*-Häuser aussehen. DZ pro Nacht inkl. Anreise und Vollpension: 65 OR.

Feudale Gastlichkeit ▶ 1000 Nights Camp: ca. 40 km von Mintarib entfernt, Tel. 99 44 81 58, www.1000nightscamp.com. Selbstanreise ist nur mit ortskundigem Fahrer möglich. 15 Beduinenzelte, ausgestattet mit jeweils 2 Betten, Tisch und Stühlen sowie einem Bad; neues großes Schwimmbad, Restaurant in einem Gemeinschaftszelt. Hervorragend geführtes Camp, 2012 gewann es den omanischen Ministry of Tourism Award. Zelt (für 2 Pers.) 67 OR.

Beduinische Ursprünglichkeit ▶ Arabian Oryx Camp: direkt hinter dem Desert Nights Camp, Tel. 94 23 95 82, Fax 25 58 60 44, www.oryx-campl.com. Sehr ursprüngliches Beduinenlager aus 24 Zelten mit großer Gemeinschafts-*majlis* und Gemeinschaftsduschen. Hamdan Al Hajry, ein erfahrener Beduine, dem das Camp gehört, organisiert seit mehr als 10 Jahren für seine Gäste Wahiba-Durchquerungen. HP 30 OR.

Aktiv

Durchquerung der Wahiba-Wüste ▶ Spezialanbieter vor Ort organisieren mehrtägige Wüstendurchquerungen auf Kamelen. Fünf Tage folgt man alten Karawanenrouten; Lasttiere tragen die Zelte und die notwendigen Lebensmittel. Die Karawane durch die Wahiba Sands beginnt in den Wüstencamps. Die Durchquerung endet an der Küste des Indischen Ozeans, von hier geht es dann per Landcruiser zurück. Richtpreis bei 4 Teilnehmern pro Pers. 480 OR, bei 8 Teilnehmern pro Pers. 400 OR.

Einwöchige Aufenthalte in den Wahiba Sands werden von mehreren Tour Operators angeboten. **Nomadic Adventures & Tours:** Bidiyah, Tel. 99 33 62 73, Fax 25 58 62 41, www.nomadicdesertcamp.com. Das örtliche Familienunternehmen organisiert seit 1986 geführte Kameltouren durch die Wahiba Sands. Inzwischen hat Mohammed bin Rashib das Geschäft von seinem Vater übernommen. Er kooperiert für seine Touren mit dem deutschen Veranstalter **Profi Team Reisen:** Sonnenstraße 3, 85609 Aschheim, Tel. 089 90 45 51, Fax 089 90 33 98 0, www.profiteam.de.

Wadi Bani Khalid ▶ 1, S 9

Die NA 23 führt von Mintarib weiter in östlicher Richtung. Bei starkem Wind bedeckt gelegentlich Sand die Fahrbahn. Wer eines der schönsten Wadis des Landes aufsuchen möchte, muss 14 km hinter Mintarib die Abzweigung ins abgelegene **Wadi Bani Khalid** nehmen.

Das Wadi, das aus dem Hajargebirge austritt, liegt hinter einem Pass und ist über eine asphaltierte Straße nach ca. 25 km zu erreichen. Sehenswert sind sowohl die Schichtungen des Felsmassivs entlang der Strecke bis zum Pass als auch die kleinen Ansiedlungen inmitten von Palmenhainen, die natürlichen Wasserbecken und flachen Bäche, deren Ränder von Schilf gesäumt werden. Auch die angenehme Kühle mitten im Sommer rechtfertigt den Abstecher.

Die als Pools bezeichneten Becken beziehen ihr Wasser von unterirdischen Quellen und Bächen, die im Laufe der Zeit **Höhlen** und verzweigte **Kanalsysteme** in den Fels eingruben. Eine befestigte, teilweise betonierte Piste führt ins Wadi hinein. Sie schlängelt sich mal entlang den steilen Wadi-Hängen, mal verläuft sie mitten im trockenen Flussbett und erreicht am Ende des Wadi ein Restaurant. Hier stehen auch Palmen und Schattenspender.

Wer weiter ins Wadi vordringen möchte, folgt am hinteren Ende der Pools dem *falaj* über ansteigendes, steiniges Gelände bis zu einer Metallleiter, die zum Höhleneingang führt. Mit einer Taschenlampe kann man den Eingangsbereich der Höhle erkunden. Je weiter man in die Höhle vordringt, desto lauter werden die Fließgeräusche des unterirdischen Bachs, der durch die Höhle mäandriert, und desto schwüler wird die Luft. In den Pools kann man sich nach dem Besuch der Höhle wieder erfrischen.

Von Al Kamil zum Indischen Ozean

Wadi Bani Khalid: In den Wasserbecken kann man ein erfrischendes Bad nehmen

Von Al Kamil zum Indischen Ozean
▶ 1, S/T 10–T 11

Zurück aus dem Wadi Bani Khalid erreicht man auf der NA 23 nach knapp 50 km **Al Kamil**. Die kleine Ortschaft besteht aus alten Lehmhäusern und ist umgeben von einer alten Stadtmauer. Die NA 23 macht in Al Kamil in großem Linksbogen eine Kurve nach Norden in Richtung Sur (ca. 60 km).

Wer die 50 km entfernte Küste des Indischen Ozeans mit dem Fischerdorf **Al Ashkharah** aufsuchen möchte, muss in Al Kamil auf der neuen Nationalstraße 35 weiter geradeaus fahren. Zwischen Al Ashkharah im Süden und Ras Al Hadd im Norden ist die Küstenstrecke landschaftlich besonders schön. Hier reichen die nördlichen Ausläufer der Wahiba Sands bis ans Meer und bilden mit den auslaufenden Bergrücken des **Jebel Qahwan** und des **Jebel Khamif,** den beiden östlichen Gebirgszügen des Hajar Al Sharqi, herrliche Buchten, in denen man ebenfalls gut dem Badevergnügen fröhnen kann (s. S. 305).

Sur und der Ja'alan

In der Hafenstadt Sur dreht sich fast alles um die Seefahrt und den Schiffbau – vor allem die Dhauwerften sind einen Besuch wert. Ein Ausflug in das Gebiet des Ja'alan, entlang der Küste des Indischen Ozeans, bietet ein einzigartiges Naturerlebnis: die Beobachtung von Schildkröten am Strand von Ras Al Jinz.

Sur ▶ 1, T 9

Cityplan: S. 295
Erreicht man **Sur** auf der Nationalstraße 23, so nähert man sich der Stadt von Süden kommend und sieht von einer Anhöhe die weiße Stadt in ihrer ganzen Ausdehnung am Rande einer großen Bucht liegen. Fast alle Häuser sind weiß getüncht und gruppieren sich in einem Halbkreis um die Bucht, die im hellen Sonnenlicht tiefblau erscheint.

Hafenstadt und Schiffbauzentrum

Sur hat eine lange Geschichte als Hafen- und Seefahrerstadt, die Handel mit Arabien, Ostafrika und Indien betrieb. Viele der damals begehrten Güter passierten die Stadt, die zudem das Zentrum des Schiffbaus für große, ozeangängige Dhaus war. Nahezu die gesamte männliche Bevölkerung von Sur fuhr zur See. »Während der Segelsaison blieben in Sur nur Frauen und Kinder zurück«, notierte ein britischer Handelsagent 1890. Bis zu 150 große Dhaus lagen damals im Hafen – jede davon mit bis zu 30 Mann Besatzung.

Das hat sich in den letzten Jahren grundlegend geändert. 1970 waren noch 86 Dhaus, 1977 ganze drei als Handelsschiffe in Sur registriert. Auch im örtlichen Fischereigewerbe ersetzen inzwischen zunehmend die pflegeleichten Glasfiberboote die hölzernen Dhaus. Dennoch besitzt Sur bis heute die größten Dhauwerften am Golf.

Fort Bilad Sur [1]

Noch außerhalb der Stadt erhebt sich linker Hand die **Festung Bilad Sur.** Ihre historische Aufgabe war es, bereits früh Angreifer aus dem Hinterland abzuwehren, während die zweite stadtnahe Festung Al Sunaysila die eigentliche Schutzaufgabe übernahm und den Bewohnern der Stadt im Angriffsfall eine Bleibe bot. Jahrhundertelang beschützte Fort Bilad Sur die Hafenstadt von der Landseite her. Die Festung ist von Dattelpalmen umgeben und besitzt einen doppelt gemauerten Verteidigungsturm. Im weiten Innenhof liegen die bisher noch nicht restaurierten Wohngebäude (So–Do 8.30–14.30 Uhr, Eintritt frei).

Maritime Museum [2]

An der Einfahrtstraße nach Sur liegt rechter Hand das erste Hotel am Platz, das Sur Plaza. Wenige hundert Meter südlich befindet sich auf der gleichen Straßenseite die große Sportanlage des Al Urubah Sports Club. Hier, gegenüber der Shell-Tankstelle, steht auf dem Gelände des Sportclubs hinter einer hohen Mauer ein kleines, aber sehenswertes Museum.

Von außen weist kein Schild auf ein Museum hin. Das unscheinbare, weiß-grüne Gebäude neben der Sporthalle trägt den Namen **Maritime Museum** und ist an einem kleinen, hölzernen Steuerrad an der Außenwand und einem alten 1 m hohen Poller links des Eingangs zu erkennen. Vom Namen her vermutet man ein Museum für Schifffahrt, doch die

Die Kunst des Schiffbaus

Mit einer Dhau nach China

Die Tradition des omanischen Schiffbauhandwerks erlangte in Sur im Jahr 1980 noch einmal weltweite Bedeutung. Der Ire Timothy Severin hatte die Idee, eine Dhau nachzubauen, und ganz Sur unterstützte ihn. 30 ausgesuchte Zimmerleute bauten in 165 Tagen eine 14 m lange Dhau, ausschließlich aus Materialien, die Seefahrern vor 1000 Jahren zur Verfügung standen. Mit dieser Dhau segelten sie bis nach China.

Timothy Severin und seine 30 Zimmerleute entschieden sich bewusst für traditionelle Materialien. Dazu gehörte, dass sie auf jegliches Metall – also auch auf Nägel – verzichteten, weil die alten Dhaus der Überlieferung nach in der Lage sein mussten, an einer sagenumwobenen Insel mit einem rätselhaften Magnetberg vorbeizusegeln. Nur weil Sindbad – so die Erzählung von Scheherazade in der 14. von 1001 Nacht – auf einem Schiff reiste, das keinerlei Metall enthielt, konnte er die Insel gefahrlos passieren. Denn der Magnetberg zog alle Nägel aus den vorbeisegelnden Schiffen, sodass sie auseinanderbrachen und im Meer versanken.

Es war eine fantastische Leistung, eine solche Dhau mit einfachen Werkzeugen wie Säge, Axt, Drillbohrer und Hobel aus traditionellen Materialien, ausschließlich in Handarbeit und nur mithilfe überlieferter Schiffsbaukenntnisse zu fertigen. In Sur war man zu Recht stolz darauf. Während der Arbeiten brach im Februar 1980 auf der Werft kurz vor der Fertigstellung ein Feuer aus – doch die Dhau wurde kaum beschädigt, und die Arbeiten konnten fortgesetzt werden.

Das Schiff wurde am Strand von Sur gebaut, erhielt den Namen Sohar, der Heimatstadt Sindbads, und begann seine Reise in Muscat. Damit vereinte es symbolisch die Seefahrertraditionen der drei wichtigsten Hafenstädte Omans.

War der Bau der Sohar schon eine erstaunliche Leistung, so war es nicht minder großartig, mit dieser Dhau 6000 Seemeilen bis ins ferne China zu segeln. Timothy Severin und 20 omanische Seeleute begannen ihre Reise auf der 14 m langen Sohar am 23. November 1981 in Muscat und segelten unter Ausnutzung des Nordostmonsuns und später des Südwestmonsuns entlang der historischen Handelsroute nach Südindien. Sie umfuhren Sri Lanka und Sumatra und landeten nach sechseinhalb Monaten im südchinesischen Kanton.

Das Holz der Dhau stammte von der indischen Malabaküste. Palmfasern statt Nägel hielten die Planken zusammen, und mit den mit omanischen Ölen präparierten Palmfasern wurden auch alle Lecks abgedichtet. Als Navigationsinstrument diente ein Kamal, ein einfaches Breitenmessgerät, das die arabischen Seefahrer seit dem Mittelalter benutzten. Die Reise brachte Severin und seiner omanischen Mannschaft einen UNESCO-Preis ein; ihr Buch »The Sindbad Voyage« wurde millionenfach aufgelegt. Der gleichnamige Film wird an jedem Nationalfeiertag vom omanischen Fernsehen ausgestrahlt.

Heute thront die Sohar inmitten des Al Bustan R/A, einem Verkehrskreisel in Muscat. Indem sie den Beweis lieferte, dass omanische Seefahrer bereits vor 1000 Jahren bis nach China segeln konnten, schrieb sie Geschichte.

Sur

Sehenswert
1. Fort Bilad Sur
2. Maritime Museum
3. Festung Sunaysilha
4. Fischereihafen
5. Zentraler Markt/Fischmarkt
6. Strand
7. Dhauwerften
8. Ghanjah Fatah Al Khair
9. Ayjah-Festung

Übernachten
1. Sur Plaza Hotel
2. Sur Beach Hotel
3. AP Ayjah Plaza Hotel
4. Sur Hotel

Essen & Trinken
1. Spicy Village
2. Sur Sea Restaurant

Besucher erwartet weit mehr, nämlich darüber hinaus auch ein **Museum der Stadtgeschichte Surs.**

In mehreren Räumen werden **alte Navigationsgeräte** wie Sextanten oder Fernrohre zusammen mit einer Ahnengalerie der berühmtesten Kapitäne der Stadt ausgestellt. Andere Fotos zeigen den Bau von Dhaus einschließlich des harten Mannschaftslebens an Bord und der haarsträubenden Verhältnisse in den Kombüsen unter Deck.

Doch im Zentrum steht immer die Geschichte der Stadt Sur. Anhand **alter Karten** kann man die langsame Ausdehnung der Stadt im Laufe der Jahrhunderte verfolgen. Alte Fotos zeigen die Häuser in Sur um 1900, und **Modelle von Barastihütten** gewähren Einblicke in die Lebensverhältnisse zu Zeiten, in denen man in Oman noch kein Erdöl oder Erdgas förderte. Ein Raum konzentriert sich auf die **Kleidung,** die die Suris früher trugen, und den **Schmuck,** den die Frauen der Stadt bei Festlichkeiten anlegten. Die Zeitgeschichte wird in den vielen **alten Fotos** festgehalten, leider sind die meisten nur in arabischer Sprache beschriftet. Eine der spannendsten alten Aufnahmen trägt den Titel »Dignitaires de Sur« und zeigt etwa 30 Würdenträger der Stadt um die Jahrhundertwende. Louise Begui Billecocq, die Frau des französischen Konsuls in Muscat, hat das Foto am 22. Juli 1905 gemacht. Weitere Fotos des Konsuls und seiner Frau in ihrem Wohnhaus belegen, wie bescheiden damals europäische Diplomaten im fernen Oman wohnten.

Aus dem Gästebuch des Museums wird deutlich, dass nur sehr wenige Besucher und zwar vorwiegend ausländische das Haus aufsuchen. Deshalb ist es meistens verschlossen. Den Schlüssel besitzt der Sportwart des Clubs, Mr. Abdullah Al Araimi; er ist nur telefonisch zu erreichen (Tel. 99 38 71 55) und öffnet gerne die Räume. Eine Museumsaufsicht gibt es nicht, Führungen werden nicht angeboten, der Eintritt ist frei. Nur ein Eintrag im Gästebuch ist Pflicht, sagt Herr Rabia.

Festung Sunaysilha 3

Die **Festung Sunaysilha** erhebt sich unübersehbar zur Linken der Einfahrtstraße auf einer Anhöhe. Sie wurde vor über 300 Jahren gebaut und seit der Jahrhundertwende als militärische Einrichtung genutzt. Deshalb ist sie bis heute weiträumig durch Zäune und Mauern abgegrenzt. Man fährt mit dem Pkw am R/A gegenüber dem Al Urubah Sports Club bis zur äußeren Toreinfahrt, löst seine Eintrittskarte und fährt auf einer Piste weiter die Anhöhe hinauf zur Festungsanlage. Bereits auf dem Plateau, auf dem die quadratische Festung errichtet wurde, blickt man über die ganze Stadt Sur, die Bucht und die Lagune.

Alle Räume der Anlage sind restauriert und die Decken wurden in ihrer ursprünglichen Form aus Holzbalken und Palmwedeln neu eingezogen. Sehr gut bestückt präsentiert sich die **Waffenkammer.** Von den vier Rundtürmen sind zwei zugänglich: Im **Ostturm** kann man zwei Kanonen besichtigen, der **Westturm,** der höchste der gesamten Anlage, lässt sich mithilfe einer steilen Leiter besteigen und wartet als Belohnung für diese Anstrengung mit dem **schönsten Ausblick vom Festland über die Stadt** auf. Von der Nordseite der Festung hat man einen direk-

ten Blick auf die neue Sunaysilha-Moschee (So–Do 7.30–14.30 Uhr, 0,5 OR).

Zentrum

Den Alltag der Menschen im heutigen Sur erlebt man am besten im **Zentrum.** In diesem Teil Surs reihen sich Wohnhäuser und Geschäfte aneinander, alle weiß getüncht und nicht höher als drei Stockwerke. Es herrscht ein reges Treiben in den Straßen, die Bewohner erledigen ihre Geschäfte, und immer wieder kommt es zu Staus und Streitigkeiten über die wenigen Parkplätze.

Abends nach dem Gebet füllt sich der große Platz vor dem **Sur Hotel.** Hier gibt es mehrere kleine **Restaurants und Coffeeshops** mit einfachen Tischen und Stühlen, die Tee, *shawarma* und andere kleine Gerichte anbieten. Aber es ist nicht in erster Linie das preiswerte, schmackhafte Essen, sondern das Verweilen mitten unter den Suris, was die Atmosphäre ausmacht. Beim Beobachten der vorbeigehenden Omanis und *expatriates* aus vielen Nationen spürt man, wie bunt und friedlich Oman ist. Von Tischnachbarn wird man oft in unkomplizierter Weise angesprochen und in eine freundliche, einfache Konversation einbezogen.

Sur As Sahil und Hafen

Das alte Sur, der Stadtteil **Sur As Sahil,** liegt auf einer Halbinsel, die von Westen in die große **Lagune Khor Al Batah** reicht. Hier gibt es nur Wohnhäuser, dicht an dicht gebaut und überragt vom Minarett einer Moschee. Zwischen engen Gassen im Schachbrettmuster angelegt, die man mit dem Auto nur mit großer Vorsicht befahren kann, spielen Kinder. Erst zum Ufer der Lagune hin öffnet sich dieser alte Teil der Stadt; die Gassen werden breiter und die Häuser geräumiger. Die natürliche Bucht, die sich weit ins Landesinnere ausdehnt, aber nur durch eine schmale Einfahrt zu erreichen ist, bietet die

Sur und der Ja'alan

idealen Voraussetzungen für einen natürlichen Hafen. Am Übergang zur Halbinsel befindet sich heute an der Meerseite der **Fischereihafen** 4. Hier liegen tagsüber viele Fischerboote am Strand.

Um die Halbinsel führt eine Straße, an der zwei Sehenswürdigkeiten der Stadt liegen: die **Werften** der Dhaus und die große **Ghanjah Fatah Al Khair** (s. S. 297). Die Straße umrundet die Halbinsel vollständig, passiert dabei den **zentralen Markt** 5 und endet am Beginn der Halbinsel. Von dieser Straße kann man jederzeit abbiegen und ins Zentrum zurückfahren.

Strand 6

Der **Strand** von Sur erstreckt sich als breiter, flacher, dunkler Sandstrand vor der Corniche. Er besitzt keine Infrastruktur für Badeinteressierte und ist tagsüber immer leer. Erst am späten Nachmittag, wenn die Sonne lange Schatten zu werfen beginnt, wandelt er sich in ein Dutzend Fußballfelder, auf denen schnell provisorische Tore aufgebaut werden. Man gewinnt den Eindruck, als versammele sich hier die gesamte männliche Jugend der Stadt. Allerdings wird das Fußballspiel beim ersten Ruf des Muezzin zum Abendgebet unterbrochen.

Sur wird von den Gezeiten des Indischen Ozeans beeinflusst. Bei Ebbe verlieren Strand und Hafen weitgehend ihre Funktion und einen Teil ihres malerischen Ambientes. Die Dhaus neigen sich zur Seite und ruhen in Schräglage auf dem Sand. Felsen treten an die Oberfläche und der Plastikunrat in der Lagune kommt zum Vorschein.

Die Werften der Dhaus 7

Die **Dhauwerften** gehören zum Sehenswertesten in Sur. Am östlichen Stadtrand, am Ufer der Lagune vor der 2009 neu gebauten Brücke zum Stadtteil Al Ayjah, befinden sich mehrere Werften nebeneinander.

Sur besaß im 17. und 18. Jh. die größten Werften an der omanischen Küste. Hier wurden insbesondere jene großen Dhaus gebaut, die in der arabischen Golfregion **Ghanjah** heißen. 1861 zählte man hier noch mehr als 100 dieser großen Schiffe, aber nach der Teilung Omans in die zwei Sultanate Sansibar und Muscat brauchte man sie nur noch begrenzt für den inneromanischen Warentransport. Hinzu kam, dass die Briten inzwischen den Handel von Sklaven verboten hatten und ein großer Teil der Flotte der Stadt Sur durch Unwetter zerstört wurde. Großbritannien setzte zudem nach der Erfindung der Dampfmaschine für den Handel mit Indien und den Hafenstädten am Golf die neuen Dampfschiffe der British India Steamer Navigation Company ein. Damit war der Niedergang des Schiffbaus in Sur besiegelt, und die Stadt verlor an Bedeutung und Wohlstand.

Über all die Jahre gab es jedoch weiterhin eine bescheidene Nachfrage nach hölzernen Schiffen. So konnte sich ein kleiner Teil dieser traditionsreichen Schiffsbauwerften erhalten und damit die handwerkliche Kunst des Dhaubaus über Generationen sichern. Doch seit ein paar Jahren sind es andere Schiffe, die Sur zu neuem wirtschaftlichem Aufschwung verhelfen, denn in unmittelbarer Nähe der Stadt legen heute an der Reede vor Qalhat (s. S. 308) Tankschiffe an, die das in der Provinz A'Sharqiyah geförderte Gas exportieren.

Man sieht keine Werften mit Hallen und Kränen, sondern gearbeitet wird auf dem breiten Sandstrand am westlichen Rand der Lagune. Hier werden die hölzernen Dhaus Planke für Planke von Hand gebaut. Große Berge von importiertem Teakholz (für Kiel und Rumpf) und einheimischen Akazienbrettern (für die Spanten) häufen sich auf den jeweiligen Strandabschnitten der Werften. Hier werden heute nur noch wenige der traditionsreichen arabischen Schiffe nach mündlicher Überlieferung mit einfachen Werkzeugen und in Handarbeit gezimmert. Teilweise lösen motorgetriebene Werkzeuge (z.B. elektrische Bohrmaschinen) die traditionellen Werkzeuge (Drillbohrer) ab.

Große Ghanjahs werden zwar nicht mehr gebaut, dafür aber doch relativ viele kleinere Dhaus mit einer Länge von 10–12 m vom Typ **Sambuq**. Ihr Verkaufspreis beträgt zwischen 10 000 und 20 000 OR, und sie werden spä-

Tipp: Fatah Al Khair – Eine Dhau kehrt zurück

Sie ist eine der letzten großen in Sur gebauten Ghanjah-Dhaus und ca. 80 Jahre alt: die Fatah al Khair. Über 20 m lang und mit einer Verdrängung von 300 Tonnen befuhr sie als Passagier- und Frachtschiff jahrzehntelang den Indischen Ozean.

Die Geschichte der Fatah Al Khair kennt in Sur jeder. Das große Schiff wurde um 1910 hier gebaut. Dass es heute wieder hier steht, verdankt es einer Bürgeraktion. Die großen in Sur gebauten Ghanjahs wurden nicht mehr gebraucht, und so brachte man die meisten gegen einen geringen Verkaufspreis ins Ausland. Auch die Fatah Al Khair wechselte 1971 für 5000 OR den Besitzer. Ihr neuer Heimathafen war das jemenitische Aden – hier lag sie, ohne genutzt zu werden, in einem Seitenkai des Hafens. 1993 entdeckte ein omanischer Händler das Schiff und gründete eine Bürgerinitiative, um es zurück nach Sur zu holen. Im Sommer 1993, nachdem die Bürger der Stadt den Kaufpreis in einer Gemeinschaftsaktion zusammengetragen hatten, brachte es Kapitän Mohammed bin Hammed ibn Najim Al Ghaliani, einer der berühmten, alten Kapitäne der Stadt Sur, zurück in seine Heimatstadt. Es wurde von Grund auf restauriert und an der Stelle, an der es heute steht, aufgedockt. Direkt daneben wird ein Museum an die Tradition der omanischen Schifffahrt und des Dhaubaus in Sur erinnern. Es soll 2010 eröffnet werden.

Besichtigung der Fatah Al Khair: tgl. 9–18 Uhr, Eintritt frei.

Im **Maritime Museum** (s. S. 292) kann man die aufwendigen Restaurierungsarbeiten an der Fatah Al Khair nach ihrer Ankunft in Sur anhand von Fotos genau verfolgen.

Schmuckelemente für Dhaus: immer noch handgefertigt

Sur und der Ja'alan

Nächtliches Sur: Die Minarette der Moschee strecken sich in den Abendhimmel

ter im küstennahen Verkehr bis hinauf nach Dubai eingesetzt.

Erst wenn die Schiffswände eine Höhe erreicht haben, die ein Arbeiten vom Boden aus nicht mehr zulässt, werden zu beiden Seiten des Rumpfs Holzgerüste aufgebaut, um die Arbeiten in Höhe des Decks abschließen zu können. Einen schriftlichen Bauplan gibt es nicht, den haben die Zimmerleute im Kopf, denn eine Dhau entsteht aus der Summe der langen Erfahrungen der Arbeiter und ihrer hohen handwerklichen Fähigkeiten. Besucher können den (meist pakistanischen oder indischen) Handwerkern bei ihrer Arbeit zusehen und zwischen den beeindruckenden Dhaus umherlaufen.

Eine der letzten großen Dhaus, die **Ghanjah Fatah Al Khair** 8, steht heute am Rande der Lagune in einem Freiluftmuseum aufgedockt an Land (s. Tipp S. 297).

Mitten im Gelände der Dhauwerft hat der findige Zimmermann Yuma Hasoon Yuma Al Araimi, der eine große Dhau für Sultan Qaboos gebaut hat, vor mehreren Jahren eine **Werkstatt für Spielzeug-Dhaus** und **Modellstücke** eröffnet. Er ist einer der wenigen älteren omanischen Dhauzimmerleute in Sur, dessen Söhne ebenfalls wieder diese Hand-

Sur

schnellsten mit einer kleinen Fähre, die neben der Dhauwerft ablegte, zu erreichen. Seit 2009 verbindet eine neue Brücke die Stadtteile. Auch führt eine asphaltierte Straße im weiten Bogen um den Creek herum nach Al Ayjah. Der von einigen verfallenen Wachtürmen umgebene Stadtteil besitzt noch kleine, enge Gassen mit flachen, alten Häusern aus dem vorigen Jahrhundert mit mächtigen Holztüren. Im Zentrum steht die 150 Jahre alte **Ayjah-Festung** 9. Am Hafen von Al Ayjah, in dem alte Dhaus dümpeln, steht ein hoher **Leuchtturm.** Von seiner neuen Aussichtsplattform hat man den schönsten Blick über das blaue Meer hinüber auf die weißen Häuser von Sur und vielen schlanken Minaretts der Stadt.

Infos

Geldwechsel: Western Union-Oman UAE-Exchange, gegenüber dem Sur Hotel, Sa–Do 9–12 und 16–19 Uhr.
Internetcafé: im Parterre des Sur Beach Hotel (s. unten), 30 Min. kosten 1 OR.

Übernachten

Die Nummer eins im Ort ▶ **Sur Plaza Hotel** 1 **:** von der NA 23 Abzweig am 2. R/A nach rechts, nächste Straße wieder rechts, dann an der Toyota-Niederlassung auf der schmalen Parallelstraße ca. 200 m zurückfahren, Tel. 25 54 37 77, Fax 25 54 26 26, www.omanhotels.com. Das Hotel ist das erste Haus am Platz und entspricht einem gediegenen Mittelklassehotel. Der Service ist – wie in fast allen Hotels außerhalb der hauptstädtischen 5-Sterne-Kategorie – minimalistisch. Die relativ großzügig bemessenen 108 Gästezimmer sind freundlich eingerichtet. Ein Swimmingpool und ein Fitnesscenter sowie ein Restaurant mit Außenterrasse am Pool, die Captain's Bar mit europäischer Livemusik sowie die Al Shabaka Bar mit indischen oder arabischen Livebands runden das Angebot ab. Das Haus ist Anlaufstelle für europäische *expatriates* der nahen Großbaustellen. DZ ab 55 OR.

Strandhotel ▶ **Sur Beach Hotel** 2 **:** am nordwestlichen Stadteingang, Tel. 25 54 20

werkskunst erlernt haben. An den Wänden seiner Werkstatt hängen eindrucksvolle Fotos aus alten Tagen des Schiffsbaus.

Im Dezember 2007 zerstörte ein Feuer einen großen Teil der Dhauwerftanlagen von Sur. Schon nach kurzer Zeit wurde die Arbeit in den Werften jedoch wieder aufgenommen. 2010 liefen in Sur wieder drei große Dhaus vom Stapel.

Al Ayjah

Der östliche Teil Surs liegt auf einer Halbinsel jenseits des Creek und trägt den Namen **Al Ayjah.** Er war seit Jahrhunderten am

Sur und der Ja'alan

31, Fax 25 54 22 28, www.surhotelsoman.com. Älteres Strandhotel mit Pool und einem viel besuchten Restaurant. 40 große, gediegen eingerichtete Zimmer, Internetcafé. DZ 42 OR.

An der Lagune ▶ Al Ayjah Plaza Hotel 3 : am Eingang von Al Ayjah direkt hinter der Brücke, Tel. 255 44 33, Fax 255 44 31. 43 Zimmer, alle mit Seeblick und Balkon in fünfstöckigem Hochhaus, gediegen ind sauber. DZ 40 OR.

Mitten im Zentrum ▶ Sur Hotel 4 : Zentrum, Tel. 25 54 00 90, Fax 25 54 37 98. Das fünfstöckige, rosafarbene Haus am Eingang der Altstadt wurde 2006 renoviert. Die 31, mittelgroßen, sauberen Zimmer sind einfach möbliert, alle mit A/C und TV ausgestattet. DZ 25 OR inkl. Frühstück.

Essen & Trinken

Im Stadtzentrum am Platz vor dem Sur Hotel liegen mehrere **Straßenrestaurants** mit preisgünstigen Angeboten. *Shawarma* 0,5 OR, kleine Gerichte 1 OR.

Gediegen und gut ▶ Oyster's Restaurant 1 : im Sur Plaza Hotel, Tel. 25 54 37 77. Die Küche des Hotels ist international ausgerichtet, bevorzugt serviert werden dabei italienische Gerichte. Abend- und Mittagessen à la carte, Alkoholausschank sowie Frühstücksbuffet. Hauptgerichte ab 4 OR, Frühstück 5 OR.

Blick auf's Meer ▶ Rasagh 2 : im ersten Stock des Sur Beach Hotels, tgl. 6.30–24 Uhr, Die Gäste genießen den Blick aufs Meer dank heller großer Fensterfront, die Küche ist internationale ausgerichtet. Tellergerichte ab 2,8 OR.

Indian Cooking ▶ Spicy Village 1 : gegenüber dem Fischmarkt, Tel. 93 20 29 50, tgl. 8–15.30 und 18.30–24 Uhr, indisches Familienrestaurant. Scharfe Küche, Tandoori Chicken ab 2 OR, Tee 0,1 OR

Unter Einheimischen ▶ Sur Sea Restaurant 2 : hinter dem Sur Hotel, tgl. durchgehend geöffnet, vorzüglich zubereitete Fischgerichte, aber auch arabische und indische Speisen stehen auf der Karte. Gebratener Fisch ab 1,5 OR, Tee 0,1 OR.

Einkaufen

Souvenirs und Spielzeug ▶ Yuma Hasoon Yuma Al Araimi Boat Factory 7 : in der Dhauwerft. Modell-Dhaus als Souvenir, tgl. 9–13 und 16–18 Uhr.

Abends & Nachts

Wo der DJ auflegt ▶ Cheers 2 : im Sur Beach Hotel, Bar, im Winter Do mit DJ, tgl. ab 18 Uhr.

Bis tief in die Nacht ▶ Captain's Bar 1 : im Sur Plaza Hotel. Mischung zwischen Pub und Nachtclub, tgl. ab 20 Uhr, Mi u. Do Livemusik.

Von Sur nach Ras Al Hadd

Verkehr

Bus: Vom zentralen Busbahnhof im Zentrum der Stadt neben dem Sur Hotel fahren Linienbusse der ONTC 3 x am Tag (6, 12 und 14 Uhr) nach Muscat. Die Fahrzeit beträgt 5 Std., der Fahrpreis 5 OR.

Von Sur nach Ras Al Hadd ▸ 1, T 9–U 9

Karte: S. 304

Von Sur aus kann man diese Strecke entlang der Küste des Indischen Ozeans entweder als Tagestour unternehmen oder anschließend den Rückweg nach Muscat antreten. Wer allerdings Schildkröten beobachten möchte, muss in Ras Al Hadd oder am Strand von Ras Al Jinz eine Nachtschicht einlegen.

Man verlässt Sur in östlicher Richtung, umfährt in großem Bogen die Lagune der Stadt bis zum gegenüberliegenden Stadtteil Al Ayjah und fährt weiter entlang der Ostküste. Die Straße führt durch karges Bergland, passiert die im Norden liegende große Lagune **Khor Al Jirama** und erreicht knapp 50 km östlich von Sur die nordöstlichste

Schildkröten: eine der ältesten Spezies des Globus

Sur und der Ja'alan

Die Schildkröten von Ras Al Hadd

Thema

Oman war mehrmals Gastgeber von Treffen der Umweltminister der IOSEA-Staaten (Indian Ocean and South-East Asia). Ziel dieser Treffen, an denen Vertreter von 30 Staaten teilnahmen, war immer auch die Verbesserung der Rahmenbedingungen zum Schutz der Meeresschildkröten.

Oman kam unter ihnen eine besondere Rolle zu, weil seine Küsten am häufigsten von Meeresschildkröten aufgesucht werden. Das Sultanat hat acht Naturreservate zum Schutz lebender Tiere ausgewiesen. Bei zweien davon handelt es sich um Schutzgebiete für Meeresschildkröten: Im Ras Al Hadd Turtle Reserve steht die Grüne Meeresschildkröte (Greenback Turtle) unter Schutz, bei den Daymaniyat-Inseln (s. S. 193) sind es die Karrettschildkröten. Trotz umfangreicher Forschungen weiß man noch immer nicht genau, wieso Generationen von Schildkröten zur Eiablage an den Ort, wo sie selbst geschlüpft sind, zurückkehren und wie sie den Weg dahin finden. Viele andere Erkenntnisse gelten unter den Forschern jedoch als gesichert. Schildkröten gehören evolutionswissenschaftlich zu den ältesten Tieren des Globus und haben sich seit 100 Mio. Jahren nicht mehr wesentlich verändert.

Von den existierenden sieben Meeresschildkrötenarten bevorzugen fünf die Küsten Omans und suchen sich für ihre Eiablage 275 Buchten und drei Dutzend Sandstrände entlang der Küsten des Indischen Ozeans aus. Die Weibchen der Greenback-Spezies legen alle zwei bis vier Jahre, bevorzugt zwischen Juni und November, bis zu dreimal pro Saison jedes Mal ca. 100 Eier ab, die durch die Wärmewirkung der Sonne im Sand ausgebrütet werden. Allerdings erreichen von 10 000 geschlüpften Schildkrötenbabys nur drei bis vier das Erwachsenenalter. Die Schildkrötenjungen einer Eiablage schlüpfen nach sieben bis acht Wochen alle in etwa zur gleichen Zeit. Aber keines krabbelt aus dem Sand und marschiert einfach alleine los, sondern alle laufen gemeinsam – vom Mondlicht geleitet, wie eine Theorie es wissen will – über den Strand zum Meer.

Die Wärme des Sandes während der sieben bis acht Wochen ihrer Inkubation beeinflusst das Geschlecht. Ist der Sand zwischen 26 und 28 °C warm, schlüpfen mehr Männchen, bei 30 bis 34 °C mehr Weibchen in einem Gelege.

Schildkröten bevorzugen Seegras als Nahrung und werden erst nach 30 Jahren geschlechtsreif. Die Schildkröten vor der Küste Omans schwimmen bis nach Somalia und Indien und legen dabei Distanzen von mehr als 3000 km zurück. Eine ausgewachsene Greenback-Schildkröte wiegt zwischen 140 und 180 kg, die Ausmaße ihres Panzers erreichen bis zu 1 m Länge.

Durch weltweite Vereinbarungen, Schildkröten unter Naturschutz zu stellen und die Jagd auf die Tiere zu verbieten, konnte das Aussterben der meisten Arten bisher verhindert werden. Die Verschmutzung der Weltmeere macht den Tieren aber weiterhin zu schaffen; so sterben viele am ›Genuss‹ von Plastiktüten, die sie mit den auf ihrem Speiseplan stehenden Quallen verwechseln. Illegalerweise landen die Schildkröten auch immer noch als Delikatesse in vielen Suppenkochtöpfen.

Landspitze der Arabischen Halbinsel, den **Ras Al Hadd**.

Ras Al Hadd ▶ 1, U 9

Karte: S. 302

Ras Al Hadd 1 ist auch der Name einer kleine Regionalstadt. Sie besitzt einen Hafen und ihre Bewohner leben vom Fischfang. Das bekannteste Gebäude der Stadt ist die alte **Festung.** Sie hat einen rechteckigen Grundriss und wird von zwei runden, zweistöckigen Verteidigungstürmen an der Nordseite besonders geschützt. Eine architektonische Besonderheit ist, dass nur einer der Türme an der Südseite bis zur Mauerhöhe viereckig, oberhalb der Mauer jedoch rund gebaut wurde; auf ihm weht weithin sichtbar die omanische Flagge (So–Do 8.30–14.30 Uhr, Eintritt frei).

Westlich der Stadt erstreckt sich die Lagune **Khor Hajar,** in der sich auch der Hafen befindet. Bei Ebbe liegt die Mehrzahl der Schiffe in Schräglage auf sandigen Grund. Um die Lagune herum führt eine Straße. Ras Al Hadd besitzt wenig Vegetation, und immer weht ein frischer Wind am nordöstlichen Kap der Arabischen Halbinsel, insbesondere angenehmerweise im Sommer.

13 Ras Al Jinz ▶ 1, U 10

Karte: S. 304

Südlich von Ras Al Hadd führt nach 9 km eine Abzweigung von der Küstenstraße nach Osten zum Meer – direkt ins 6 km entfernte **Ras Al Jinz Turtle Beach Reserve.** An dieser Straße liegt linker Hand auch das **Al Naseen Camp.** Tagsüber kann man den Strand von Ras Al Jinz zum Baden (nur zwischen 8 und 13.30 Uhr) aufsuchen oder um im Sand die Kriechspuren der nach ihrer Eiablage ins Meer zurückgekehrten Schildkröten zu sehen.

Oberhalb der Straße westlich von Ras Al Jinz haben Archäologen Fundstücke der **Umm Al Narr-Kultur** 2 entdeckt, darunter Keramikfunde, die den Handel mit Indien bereits im Jahre 2000 v. Chr. belegen. Dieser Teil Omans war demnach ebenfalls sehr früh besiedelt.

Ein absolutes Highlight ist es, zu beobachten, wie die Meeresschildkröten bei ihrer Eiablage an den Strand kommen oder die Schildkrötenbabys nach dem Schlüpfen ins Meer kriechen. Der 30 km lange Strandabschnitt zwischen **Ras Al Hadd** und **Ar Ruways** entlang der Indischen Ozeanküste ist unter Naturschutz gestellt. Seit Jahrhunderten kommen die Schildkröten an diese Küste und legen in den unterschiedlich großen Buchten ihre Eier ab. Dieser Küstenabschnitt ist der von Schildkröten am meisten aufgesuchte im gesamten Indischen Ozean.

Verhalten der Schildkröten

Alle Meeresschildkröten kommen nur nachts an den Strand, um ihre Eier im Schutz der Dunkelheit abzulegen. Dabei robben sie relativ weit den Strand hinauf, um sicher zu sein, dass ihr Gelege nicht von der Flut zerstört wird. Die Suche nach einem geeigneten Platz, die Eiablage sowie das Zuschaufeln des Geleges und die Rückkehr ins Meer nehmen etwa 2 Stunden in Anspruch. Aus den Eiern schlüpfen dann sieben bis acht Wochen später Schildkrötenbabys so groß wie Streichholzschachteln. Den Weg ins Meer treten die Jungen meist ab 4 Uhr morgens an; nach 6 Uhr sind keine mehr zu sehen.

Die Schildkröten von Ras Al Hadd legen ihre Eier während des ganzen Jahres. In den Wintermonaten sind es nur wenige, aber in den späten Sommermonaten zwischen August und Oktober kommen aufgrund günstiger Strömung bis zu hundert Schildkröten pro Nacht an den Strandabschnitt von Raz Al Jinz. Je nach Jahreszeit variiert dementsprechend die Zahl der später schlüpfenden Schildkrötenbabys.

Öffentlicher Zugang

Nur ein Strandabschnitt südlich von Ras Al Hadd in der **Bucht von Ras Al Jinz** darf zur Begegnung mit den Schildkröten in Begleitung eines ausgebildeten ortskundigen Na-

Ja'alan

turschützers betreten werden. Direkt am Zugang zum Ras Al Jinz Turtle Beach wurde 2009 (mit finanzieller Unterstützung der Oman Liquid Natur Gas) ein architektonisches beeindruckendes Wissenschaftszentrum eröffnet, das den Namen **Ras Al Jinz Scientific and Visitors Centre (RAJSV)** trägt und in dem man auch übernachten kann. Es ist für die Organisation des Turtle Beach zuständig. Pro Nacht bietet es zwei organisierte Strandbesuche an: Das Night Turtle Watching und 21 Uhr und das Dawn Turtle Watching um 4 Uhr morgens. Besucher müssen sich jeweils mindestens 30 Minuten vorher einfinden, um an den Verhaltensbelehrungen teilzunehmen. Das RAJSV verfügt über einen großen Parkplatz, ein schönes Restaurant, eine Aufenthaltslobby und eine umfassende Bibliothek zur Schildkröten-Literatur.

Sowohl Schilder am Strand als auch die die Besucher begleitenden Ranger weisen ausdrücklich darauf hin, dass Fotoapparate und Taschenlampen nicht an den Strand mitgenommen werden dürfen, weil sich die Schildkröten dadurch gestört fühlen könnten. Auch bei Annäherung an eins der Tiere sollte man sehr behutsam sein. Die Ranger empfehlen, dass man sich im Sand kriechend fortbewegt.

Infos

Genehmigung für die Schildkrötenbeobachtung am Ras Al Jinz: Directorate General of Nature Protectorates in Muscat, Tel. 24 69 25 74, Fax 24 60 22 83 oder vor Ort im **RAJSV,** Tel. 96 55 06 06, Fax 95 30 02 34, www.rasaljinz-turtlereserve.com, Eintritt 5 OR. Übernachtungsmöglichkeiten in der Nähe.

Übernachten

Gästehaus der Wissenschaft ▶ **Ras Al Jinz Turtle Reserve:** s. o., 12 DZ im 1. Stock des Forschungszentrums. In erster Linie sind die schönen Zimmer auswärtigen Forschern vorbehalten. Da diese aber nur wenige Tage im Jahr hier verbringen, stehen sie auch zahlenden Gästen zur Verfügung. Große Doppelbetten, TV, Internet-Anschluss, zweckdienlich möbiliert. Seit 2012 kann man auf dem Gelände darüber hinaus in zwölf luxuriösen Zeltunterkünften übernachten. Sa–Mi 70 OR, Do–Fr, 80 OR (inklusive Frühstück).
Am Strand ▶ **Ras Al Hadd Beach Hotel:** Ras Al Hadd, Tel. 25 56 91 11, Fax 25 56 90 03, www.surhotelsoman.com. Ein alleinstehendes viereckiges Betongebäude am Eingang zur Lagune, oberhalb eines öffentlichen Sandstrandes (der nicht mit dem Schildkrötenstrand verwechselt werden darf). Innen ist das Hotel mit neuem Anbau sehr freundlich und wohnlich. Die 60 Zimmer sind einfach eingerichtet, verfügen über eine Klimaanlage und TV. Zum Hotel gehören noch ein Restaurant und eine kleine Bar. Bis zum Strand von Ras Al Jinz sind es 17 km. DZ 42 OR inkl. Frühstück.
Zeltstätte ▶ **Al Naseem Camp** – **Turtle Beach:** unweit der Küstenstraße von Ras Al Hadd nach Al Ashkharah, am Beginn der Abzweigung nach Ras Al Jinz; von hier sind es nur noch ungefähr 4 km zum Schildkrötenstrand. Freistehende, zeltartige Hütten für zwei Personen aus Palmwedeln mit relativem Komfort. Nette, große *majlis* mit Restaurant, zentral gelegene Gemeinschaftsduschen und -toiletten. Buchung: Desert Discovery Oman, Tel. 24 49 32 32, Fax 24 49 01 44, www.desert-discovery.com. Hütte 18 OR.

Von Ras Al Jinz nach Al Ashkharah ▶ 1,U 10–T 11

Karte: S. 304

Von Ras Al Jinz fährt man zurück zur Küstenstraße und dann in Richtung Süden. Die Straße verläuft auf den nächsten Kilometern im Landesinneren parallel zur Küste, wird aber von dieser durch Gebirgshänge getrennt. Anschließend führt die Straße kilometerlang an der Steilküste entlang, dann erreicht sie breite Sandstrände auf der einen Seite und die Wüstenausläufer der Wahiba auf der anderen. Bei **Ar Ruways** endet das Schildkrötenschutzgebiet.

Auch auf den nächsten 10 km verläuft die Straße parallel zur Küste, bevor sie in **Asi-**

Sur und der Ja'alan

lah **3** nach Westen ins Landesinnere abbiegt. Asilah ist einer der wenigen Orte entlang der Küste des Indischen Ozeans, der über eine **Tankstelle** verfügt.

Wenn man die Küstenstraße weiter nach Süden fährt, erreicht man nach 10 km den Fischerort **Al Ashkharah** **4**. Er ist der letzte größere Ort im Osten der Wahibawüste und besitzt ein Appartmenthotel. Die flachen Sandstrände südlich des Ortes ziehen an Wochenenden viele Familien mit Zelten an. Wegen der relativ hohen Wellen des Indischen Ozeans kommen sogar Surfer aus dem entfernten Dubai hierher. Allerdings hinterlassen viele Besucher ihren Müll an den schönen Stränden.

Übernachten

Nicht nur für Jugendliche ▶ **Al Ashkharah Areen Youth Hotel Appartments:** Al Ashkharah, direkt an der Straße gegenüber dem Strand am Südende des Dorfes, Tel. 25 56 62 66, Fax 25 56 61 79, admin@ashkharah-youth-hostel.com. Keine Jugendherberge im herkömmlichen Sinne, sondern eher ein Appartmenthotel. Saisonal beliebt unter jungen Surfern. Abgewohnt, renovierungsbedürftig, aber die einzige Bleibe weit und breit. DZ ab 30 OR.

Ins Landesinnere Richtung Sur oder Muscat ▶ 1, T 11

Karte: S. 304

Bereits in **Asilah** beginnt die Fahrt von der Küste zurück nach Sur oder Muscat. Zuerst erreicht man auf der NA 35 nach 30 km den Ort **Jaalan Bani Bu Ali** **5**, wenig später den Nachbarort **Jaalan Bani Bu Hassan** **6**. Die Bewohner der Orte waren sich nicht immer wohlgesonnen, wobei die Ortschaft Jaalan Bani Bu Ali (Stadt der Söhne Ali) im 19. Jh. von den Truppen des Sultans mit Hilfe britischer Soldaten völlig zerstört wurde.

Beide Orte am Rande der Wahiba Wüste haben einiges gemeinsam: Sie sind beide jeweils Sitz des *wali* der nach ihnen benannten *wilayate* und verfügen deshalb über eine gute Infrastruktur, sie besitzen jeweils eine große Festung und eine Freitagsmoschee, und in beiden Orten wird freitagvormittags Markt gehalten. Beide Orte haben in weiten Bereichen ihre Ursprünglichkeit erhalten. Beim Fahren durch die Straßen sieht man viele alte,

Ins Landesinnere zurück nach Sur oder Muscat

zum Teil restaurierte Lehmhäuser, mehr landwirtschaftliche Fahrzeuge und Ziegen als Autos, und im Schatten der Bäume vor den Straßencafés sitzen schon am Vormittag freundliche ältere Männer, die Besucher auffordern, sich dazuzugesellen.

Folgt man der Nationalstraße 35 weiter, gelangt man nach Al Kamil und zur NA 23. Auf ihr fährt man entweder 60 km gen Norden zur Küste nach Sur oder entlang der Südhänge des Hajargebirges 250 km zurück zur Hauptstadt Muscat.

Viele restaurierte Lehmhäuser prägen das Ortsbild von Bani Bu Hassan

Von Sur nach Muscat entlang der Küste

Nur wenige Besucher wollen auf einer Reise in den Osten Omans auf demselben Weg nach Muscat zurückkehren, auf dem sie gekommen sind. Deshalb wählen die meisten die neue autobahnähnlichen Panoramastraße entlang der Küste.

Bis 2009 gehörte die pistenähnliche Strecke zwischen Sur und Quriyat, über die man die schönen Wadis von Tiwi und As Shab erreichen konnte, zu den großen Off-Road-Abenteuern entlang der Küste; ab Quriyat, ca. 90 km vor Muscat, war die Straße dann asphaltiert. Heute ist die ›Straßenlücke‹ zwischen Sur und Quriyat durch eine vierspurige, beleuchtete (!) Autobahn geschlossen; sie wurde von chinesischen Ingenieuren und Arbeitern in fünfjähriger Bauzeit fertiggestellt. Von dieser **Panorama-Straße,** für deren Benutzung nach Fertigstellung bis Muscat eine Maut an Kassierer-Häuschen erhoben wird, führen ausgeschilderte Abzweigungen nach Qalhat und in die Wadis. Die Landschaft ist karg und nahezu vegetationslos. Flache Hügel gehen in steil aufsteigende Bergketten über und werden durchschnitten von Wadis, die sich zu fruchtbaren Oasen öffnen. Immer sieht man von der Panoramastraße die Küste und die Wellen des Meeres. Manchmal verirren sich auch Kamele in die Nähe der Fahrbahn.

Weniger durch die Panorama-Autobahn selbst als vielmehr durch ihre hohen klotzigen Betonbrücken an den Eingängen zu den Wadis hat diese Küstenlandschaft einen wesentlichen Teil ihrer Ursprünglichkeit verloren. Ein weiteres kommt hinzu: Der Jahrhundertzyklon Gono, der im Sommer 2007 Oman heimsuchte, richtete auch in diesem Küstenabschnitt großen Schaden an. Gonu fegte, vom Indischen Ozean kommend, mit bis zu 200 km/h mit sehr starken Regenfällen über Oman hinweg. Dabei zerstörte er die Oasen in den Wadis entlang der Küste derart, dass seine verheerenden Folgen bis heute noch teilweise sichtbar sind und es Jahre dauern wird, bis die letzten Spuren dieser gewaltigen Zerstörungen durch die von den Bergen herabstürzenden Wassermassen beseitigt sein werden. Besonders im Wadi Tiwi bemüht sich die Regierung durch aufwendige Befestigungsarbeiten um den Bau einer betonverstärkten, schmalen Zugangsstraße, die Bewohner zu unterstützen und damit zugleich wieder Besuchern die Schönheit dieses Wadis zugänglich zu machen. 2010 unterbrach der wesentlich schwächere Zyklon Fatee die Arbeiten nur unwesentlich.

Man verlässt Sur im Westen der Stadt auf der neuen asphaltierten zweispurigen Nationalstraße 17 in Richtung Qalhat. Nach 10 km erreicht man **Industrieanlagen** der National Liquid Gas Company (NLG) mit einem weit ins Meer reichenden Pier als Anlegestelle für große Gastanker. Unmittelbar danach beginnt die neue vierspurige Autobahn.

Qalhat ▶ 1, T 9

Nach 15 km muss man die Panoramastraße verlassen, um die Ruinen des ehemaligen bedeutenden Handelszentrums **Qalhat** zu besuchen. Das heutige Qalhat ist ein kleines Fischerdorf, dessen Männer in den nahe gelegenen Industrieanlagen der NLG ihr Geld verdienen. Doch einst war es eine wichtige Handelsstadt mit einem Hafen, von dem aus die Dhaus der Händler bis nach Indien fuhren. Um 1330 besuchte der Seefahrer und Geschichtsschreiber Ibn Battuta die Stadt und schrieb: »Qalhat … besitzt einen großen Markt und eine der schönsten Moscheen der Welt. ... Die Moschee wurde von einer Frau mit Namen Bibi Miryam gebaut. Die Bewohner sind Händler und sie bringen viele Güter aus Indien ins Land. Immer wenn ein Schiff anlegt, kommen alle Bewohner und begrüßen es freundlich.«

Den Niedergang Qalhats leitete Ende des 14. Jh. ein Erdbeben ein, bei dem der größte Teil der Stadt zerstört wurde. Man baute sie wieder auf, doch 1568 wurde sie von den Portugiesen erneut zerstört, obwohl sie vorher kapituliert hatte. Von dem Glanz vergangener Zeiten zeugen auf einer Anhöhe noch mehrere Ruinenfelder, darunter das **Mausoleum der Bibi Miryam.** Sie war die Frau von Bahauddin Ayez, des Königs von Hormuz, und stammte in direkter Linie von Ali, dem vierten Kalifen, ab. Obwohl das Mausoleum bisher noch nicht restauriert wurde, ist das es noch immer von beeindruckender Schönheit.

Die alten Stadtmauerreste von Qalhat kann man sehr gut von einer Haltebucht der Panorama-Autobahn bewundern. Um das Mausoleum zu besuchen, muss man von der ausgeschilderten Abzweigung ca. 2 km durch das neue Qalhat zurück Richtung Sur fahren.

Entlang der Panoramastraße Richtung Muscat liegt ca. 20 km hinter Qalhat die Kleinstadt **Tiwi,** an deren Ende das **Wadi Tiwi** ins Meer mündet. Bis 2009 war Tiwi nur über eine Pistenverbindung von Sur aus zu erreichen. Hinter der Abzweigung von der Panoramastraße führt jetzt eine Piste zur Küste mit einem weißen Kieselstrand und zu einem einsam stehenden weißen Fischerhaus am Eingang des Khor. Den überquert man auf einer Landaufschüttung und erreicht unter der gigantischen Autobahnbrücke hindurchfahrend den Eingang zum Wadi Tiwi.

Wadi Tiwi ▶ 1, S 9

Lässt man die die Landschaft verschandelnden Betonpfeiler der Autobahn hinter sich und fährt ins **Wadi Tiwi** hinein, er grünes Paradies voller Palmen u Süßwasserbecken in der schm schlucht, die am Eingang in einem breiten Sandstrand ins Meer mündet. Man muss auf einer steinigen, am besten mit Vierradantrieb befahrbaren Piste weit in das Wadi hineinfahren, um die Schönheit dieses Tals mit Palmen und Seen kennenzulernen. Eine schmale asphaltierte Straße führt 4 km weit bis zum Ort **Harat Bidah.** Die nachfolgende Piste, die mehrere Ansiedlungen passiert, endet nach insgesamt 34 km in **Maybam,** wo mehrstöckige Häuser sich an die Felswand oberhalb eines großen Palmenhaines schmiegen. Den Ortseingang bewacht ein mächtiger Rundturm. Überall in dem fruchtbaren Tal wachsen am Rande breiter, flacher Wasseransammlungen Bananenstauden, Mango- und Feigenbäume. Auf Oleanderbüschen sitzen Schmetterlinge, das Zwitschern der Vögel kommt von den steilen Felshängen des Wadi als Echo zurück.

Je weiter man ins Wadi hineinfährt, um so grüner wird es und um so faszinierender wird die Bauweise der vielen *falaj*-Kanäle entlang der steilen Felsschlucht. Das Wadi Tiwi war bis zum Bau der Autobahn ein schwer zugängliches Paradies, das wegen der relativ aufwendigen Anreise meist nur an Wochenenden von omanischen Familien als Ausflugsziel (mit Pick-up-Gepäck) aufgesucht wurde. Heute gibt es keinen Tag, an dem man nicht Dutzenden von Autos im Wadi begegnet.

Wadi As Shab ▶ 1, S 9

Nur 3 km weiter liegt die Mündung des **Wadi As Shab.** Dieses Wadi ist wegen seiner steilen Felswände und seiner üppigen Vegetation eines der schönsten Wadis Omans und eignet sich vorzüglich für Wanderungen. Um vom Wadi Tiwi zum Wadi Shab zu gelangen, sollte man nicht auf die Panorama-Autobahn zurückkehren, sondern auf der alten streckenweise asphaltierten Straße durch das Städtchen Tiwi (mit einer Bank, einer Post, ei-

Sur nach Muscat entlang der Küste

Wadi As Shab – eines der schönsten Wadis Omans

ner neuen Moschee und einer großen Schule mit omanischer Flagge) zum Ortsausgang fahren. Am Ortsende wird die Straße sehr steil, passiert einen kleinen Hafen mit Sandstrand und führt direkt zum Eingang des Wadi Shab. Die Autos müssen auf dem Parkplatz an der Lagune unter der Autobahnbrücke abgestellt werden.

Wadi Shab mündet in eine natürliche, langgezogene offene Meeresbucht (Khor), die von der Panorama-Autobahn überquert wird. Um ins Wadi vorzudringen, muss man diesen Khor überqueren, weil sich der Weg auf der anderen (westlichen) Seite des Wadi befindet.

Deshalb haben Bewohner des Dorfes am Eingang zum Wadi einen unregelmäßigen Fährdienst mit einem kleinen Boot eingerichtet (Preis pro Überfahrt und Person: 0,1 OR).

Nach einer halben Stunde Fußmarsch erreicht man den schönsten Abschnitt des Wadis mit Wasserfällen und kleinen Seen. Hier gibt es auch kleine Siedlungen mit Obstplantagen. Das Wasser fließt das ganze Jahr von den Bergen herab und bietet herrliche Bademöglichkeiten. Ein weiteres Ziel erreicht man 15 Minuten später: Die **Pools,** große Wasserbecken, in denen man herrlich schwimmen kann, und **The Cave,** eine Tropfsteinhöhle, deren Zugang man nur schwimmend erreicht. Im Wadi Shab fanden 2012 die Red Bull Cliff Diving World Series statt, ein spektuläres Sportereignis, das weltweit im TV übertragen wurde. Die Springer absolvierten aus 27 m Höhe Sprünge in die Wadi-Pools.

Wadi As Shab wurde noch stärker als das Wadi Tiwi von dem Jahrhundertsturm des Jahres 2007 heimgesucht. Die Natur erholt sich jedoch schnell von den Verwüstungen, wenn auch noch Narben zu sehen sind.

White Beach ▶ 1, S 9

Nur 4 km westlich des Wadi As Shab erreicht die Autobahn, die entlang der Küste verläuft, die Bucht, die als einzige an diesem Küstenabschnitt einen Strand mit schönem weißen Sand besitzt, den **White Beach.** Hier kann man herrlich baden oder schnorcheln, wenn man willens ist, auf Umkleidekabinen und Süßwasserduschen zu verzichten. In der schönen Sandbucht ist man aber selten allein – besonders an Wochenenden wird sie gerne von Familien aufgesucht.

Sink Hole ▶ 1, S 9

Ein klassischer touristischer Flop ist der **Hawlyat Najim Park am Fischerdorf Bamah,** direkt an der Küste, dessen bescheidene Attraktion ein sogenanntes **Sink Hole** (Senkloch) ist. Das Sink Hole von Bamah ist ein etwa 20 m tiefer, kreisrunder Einbruch der Karstoberfläche in die vom 100 m entfernten Meer unterirdisch Wasser eintritt. Eine 1 m dicke hohe Mauer schützt unachtsame Besucher vor dem Hineinfallen, und Treppen aus Beton führen die 20 m hinunter zum Wasser. Man kann den natürlichen Einbruch der Erdoberfläche und das Wasser am Boden des Sink Hole aber nur sehen, wenn man dicht an die Mauer herantritt.

Die flache karge Karstebene um den Einbruch wurde mit einem Zaun abgegrenzt. Durch das Gelände der Freizeitanlage führen gepflasterte Wege. Pavillons mit Bänken bieten Picknick-Interessierten ein schattiges Plätzchen in dieser ansonsten wenig einladenden Umgebung (Eintritt frei).

Hinter dem Sink Hole führt eine Küstenpiste ins Fischerdorf Dhabab, um von hier als asphaltierte Straße landeinwärts im großen Bogen zur Hafenstadt Quriyat abzubiegen. Schneller ist es auf der Panorama-Autobahn zurückzukehren, um das 40 km entfernte Quriyat zu erreichen. Die neuen Maut-Häuschen signalisieren das Ende der Panorama-Autobahn (die in den nächsten Jahren weiter bis Muscat geführt werden soll und dann mautpflichtig werden wird). Auf einer asphaltierten Straße legt man die letzten Meter bis Quriyat zurück.

Quriyat ▶ 1, R 8

Auch **Quriyat** war einst eine bedeutende Hafenstadt, die sich aber von der Zerstörung durch die Portugiesen im 17. Jh. nicht mehr erholte. Heute leben seine Bewohner von der Fischerei, ihre Boote liegen am Sandstrand. Von der ehemaligen Bedeutung Quriyats künden ein verfallener Wachturm auf einer kleinen vorgelagerten Insel und eine Festung, von deren Dach man einen **fantastischen Blick** über den Ort genießen kann.

Die **Festung** von Quriyat fällt kleiner aus als die meisten anderen Festungen in Oman. Sie wurde von den Portugiesen 1510 erbaut, um ihre Eroberungen entlang der Küste zwischen Muscat und Sur zu sichern. Im 17. Jh. fiel sie nach der Vertreibung der Portugiesen in omanische Hände, später nutzte der *wali* das Fort als Regierungssitz. Seit 1990 ist es restauriert der Öffentlichkeit zugänglich.

In der Nähe des Forts wird seit Jahrzehnten **Halwa** hergestellt, jene süße dunkelbraune Masse, die man mit Kardamom, Pistazien und diversen Gewürze verfeinert (s. S. 323) und hier in kleinen Geschäften in Plastikschalen verkauft.

Von Quriyat sind es noch 90 km bis Muscat. Die Straße ist mehrspurig ausgebaut und durchquert hohe Bergketten, bis sie entlang des Wadi Al Kabir Muscat erreicht.

Für Besucher aus der Arabischen Welt ein Traum: Nieselregen und Nebel im ›Leeren Viertel‹ von Oman

Kapitel 6
Region Dhofar

Zwischen der Hauptstadt Muscat und dem legendären Land des Weihrauchs, der omanischen Provinz Dhofar, liegen mehr als 1000 km, die nur aus den sandigen Ausläufern der Wüste Rub al Khali (›Leeres Viertel‹) sowie kargem, von Gebirgen durchbrochenem Land bestehen. Wegen seiner historisch-kulturellen Verbindungen zum jemenitischen Wadi Hadramaut und seiner geografischen Lage im Gebiet auslaufender Monsunwinde unterscheidet sich Dhofar wesentlich von den anderen Teilen Omans.

In der Antike war die Provinz das Zentrum des Weihrauchs. Das Harz des hier besonders gut gedeihenden, knorrigen, kleinwüchsigen Baums *Boswellia sacra* war damals der begehrteste Räucherduft und so wertvoll wie Gold. Historische Städte und antike Häfen sind heute die stummen Zeugen des damaligen Reichtums. Dies gilt vor allem für die Hauptstadt Salalah, die dem Weihrauch ein äußerst besuchenswertes Museum widmet und der zentrale Ausgangspunkt für touristische Erkundungen der Region ist.

Später war Dhofar lange Zeit der vergessene Teil Omans, zumal die Region bis 1975 in einen Krieg mit Jemen verwickelt war. Inzwischen besitzt der ca. 200 000 Einwohner zählende Landesteil asphaltierte Straßen, Elektrizität und in Salalah einen modernen Containerhafen. Von Mitte Juni bis Mitte September, in der sogenannten *khareef season,* bringt der Südwestmonsun *khareef* Regen und verwandelt Dhofar in ein grünes Paradies mit breiten Flüssen, saftigen Weiden und Äckern. Viele Reisende halten diese Zeit für die schönste.

Auf einen Blick
Region Dhofar

Sehenswert

14 Salalah: Die Stadt am Meer ist nicht nur Ausgangspunkt für Ausflüge ins Umland, sondern hat auch selber einiges zu bieten, darunter vor allem das Museum of the Frankincense Land (Weihrauchmuseum), einen Weihrauchsouq und eine spannende archäologische Ausgrabungsstätte (s. S. 316).

Hiobs Grab: Wer immer hier begraben ist, hat sich für seine letzte Ruhestätte einen der schönsten Plätze in der Region ausgesucht. Von hier hat man einen traumhaften Blick auf Salalah und die Küste (s. S. 334).

15 Taqah: Im Zentrum der Fischersiedlung Taqah steht ein kleines Fort, das liebevoll restauriert und originalgetreu eingerichtet wurde. Es ist bei Weitem nicht so groß wie die klassischen Festungsanlagen im Norden Omans, gewährt aber interessante Einblicke in die omanische Alltagskultur des 18. Jh. (s. S. 338).

Schöne Routen

Spaziergang in den Tropen: Die Gartenanlagen und Plantagen zwischen dem Stadtkern Salalahs und der Küste sind zum Teil offene Felder mit dicht gedrängten tropischen Bäumen und exotischen Büschen. Auf den schmalen Wegen kann man spazieren gehen (s. S. 323).

Mughsayl und die Zig-Zag-Road: Nach Westen lohnt ein Tagesausflug mit Badeaufenthalt bei den Wasserfontänen von Mughsayl. Von dort geht es zur jemenitischen Grenze auf einer neuen Serpentinenstraße weiter, die wegen ihres kurvenreichen Verlaufs ihresgleichen sucht und im Volksmund Zig-Zag-Road genannt wird (s. S. 346).

Meine Tipps

Khareef Season in Salalah: Wenn es im Sommer auf der Arabischen Halbinsel brütend heiß ist, erwartet die Besucher in der Region Dhofar leichter, warmer Nieselregen. Dann ist die Umgebung von Salalah mit ihren Wasserfällen und ihrem üppigen Grün eine besondere Attraktion (s. S. 328).

Lokale Küche: Eines der wenigen Lokale in Salalah, in dem man die omanische Küche kennenlernen kann, ist Bin Ateeq. Hier kochen zwar Inder, aber die Rezepte und Zutaten sind omanisch (s. S. 330).

Zu den Oryxantilopen in Jaalun: Mitten in der Kieswüste Jiddat Al Harasis liegt das Schutzgebiet für Oryxantilopen. Hier können Besucher die grazilen Tiere in geschützter Wildbahn beobachten (s. S. 332).

aktiv unterwegs

Durch den Weihrauchsouq:
Nicht alles, aber vieles dreht sich in diesem Markt in Salalah um den Weihrauch. Weil die Verkäuferinnen ihre Ware gerne vorführen, schwebt über den engen Gassen des Souq eine Duftwolke (s. S. 324).

Auf den Ausgrabungsfeldern von Sumhuram: 40 km östlich von Salalah reicht der Meeresarm Khor Ruri mehrere hundert Meter weit ins Land. Hier begannen 1956 die ersten Ausgrabungen des antiken Weihrauchhafens Sumhuram, der von der UNESCO als Weltkulturerbe eingestuft wurde (s. S. 340).

14 Salalah ▶ 3, G 24

Die große Hafenstadt an der Küste des Indischen Ozeans kann auf eine bewegte Geschichte zurückblicken, die bis heute mit dem Duft von Weihrauch verbunden ist. Salalah besitzt eines der schönsten Museen Omans und viele herrliche Sandstrände, und ist der ideale Ausgangspunkt für Ausflüge zu historischen Orten.

Salalah, die Hauptstadt der Provinz Dhofar, war im Mittelalter ein wichtiger Handelshafen, verkümmerte später zu einem Hafenstädtchen wie viele andere entlang der Südküste und ist heute eine moderne, lebhafte Stadt. Weite Teile der Stadt sind das ganze Jahr über grün, hier herrscht immer Sommer. Hohe Kokospalmen säumen die Straßenränder, und in vielen Ortsteilen befinden sich Kokospalmenplantagen.

Die Mehrzahl der Besucher betritt die Provinz Dhofar in der Ankunftshalle des **Flughafens** von Salalah. Vom Flughafen führt die breite, von Palmen gesäumte Matar Street direkt in die Stadt, vorbei am **Burj Al Nahda**, einem Verkehrskreisel, in dessen Mitte der Nachbau eines großen omanischen Wachturms steht. Auf der Weiterfahrt ins Zentrum passiert man Ministerien und Villen sowie lebhafte Geschäftsstraßen und indisch geprägte Straßenviertel. Zwischen der Stadt und dem Meer erstrecken sich Plantagen und Gärten. Vor diesen wird an Ständen Obst verkauft. Hinter den Gärten und Plantagen verläuft parallel zum Strand die **Sultan Qaboos Street.** An ihr liegen mehrere Sehenswürdigkeiten, die Besucher bei einer Stadtbesichtigung aufsuchen sollten.

Salalah hat sich besonders in den letzten Jahren rasant verändert. 1945 wurde es von dem britischen Forschungsreisenden Wilfred Thesiger in seinem Buch »Die Brunnen der Wüste« wie folgt beschrieben: »Salalah ist eine kleine Stadt, kaum größer als ein Dorf. Es liegt am Rande des Meeres und besitzt keinen Hafen. ... Der Palast des Sultans, strahlend weiß in der grellen Sonne, war das auffallendste Gebäude. Er überragte den kleinen Souq, eine Anzahl flachgedeckter Lehmhütten und ein Labyrinth aus Binsenmatten, Zäunen und engen Gassen. Der Markt bestand aus einem Dutzend Buden, war aber der größte Umschlagplatz zwischen Sur und Hadramaut, also im Umkreis von 1280 Kilometern.« Heute ist Salalah eine moderne Stadt, die sich mehrere Kilometer weit über die ganze Bucht erstreckt und mehr als 150 000 Einwohner zählt.

Im Südosten

Cityplan: S. 318

Crowne Plaza 2

Zwei Jahrzehnte lang war das erste und einzige westliche Hotel Salalahs das Holiday Inn. Im Jahr 2000 wurde es umgebaut, erweitert und verschönert und als **Crowne Plaza** wiedereröffnet. Das Hotel liegt in einer Nebenstraße der Sultan Qaboos Street, am östlichen Ende des Strandes direkt am Meer, südlich von einem Palmenhain gegenüber den königlichen Stallungen. Mit seinen ausgedehnten Gartenanlagen, Schwimmbädern und seinem schönen Strand ist es Treffpunkt von Reisegruppen und westlichen *expatriates* aus Muscat sowie von Omanis, die west-

Im Südosten

lich orientierte Erholung und Entspannung bevorzugen. Im Crowne Plaza bieten auch mehrere **Tour Operator** ihre Dienste an. Von hier aus kann man am besten mit einer Stadtbesichtigung beginnen.

Gleich neben dem Crowne Plaza Hotel in westlicher Richtung liegt die große, von einem Drahtzaun umgebene **archäologische Ausgrabungsstätte Al Baleed** (s. S. 318). Direkt an ihrem Eingang steht das 2007 eröffnete **Museum of the Frankincense Land.** Die zu einem archäologischen Park umgestaltete Ausgrabungsstätte und das Museum bilden eine Einheit. Wer mit dem Auto unterwegs ist, muss es auf dem großen **Parkplatz** innerhalb des Geländes abstellen, weil auf der Sultan Qaboos Street Parkverbot besteht (Eintritt pro Pkw 2 OR).

Museum of the Frankincense Land [1]

Das Museum gibt einen ausführlichen Einblick in die Geschichte Omans und präsentiert das Sultanat als historische Seefahrer- und Handelsnation. Dies gelingt mithilfe wertvoller Fotografien, alter Zeichnungen, historischer Dokumente, beeindruckender Ausgrabungsfunde und anschaulicher Modelle.

Zunächst betritt man eine weitläufige Vorhalle, in der auf einer großen Tafel zum grundlegenden Verständnis die **geostrategische Lage** Omans als Schlüsselfaktor für die Beziehung seiner Bewohner zum Meer vorgestellt wird. Diese Lage ist ein wesentlicher Grund dafür, dass aus der Bevölkerung begnadete Schiffsbauer hervorgingen, die in verschiedenen Regionen des Landes unterschiedliche Schiffstypen bevorzugten. **Modelle der Schiffe** sind hier zu besichtigen sowie Geräte der frühen arabischen Navigation, u. a. eine alte Kamal – ein Stück Holz, mit dem die Seefahrer anhand der Sterne Entfernungen bestimmen konnten und das Vasco da Gama den Seeweg nach Indien finden ließ.

Das Museum ist in zwei Haupträume untergliedert: in eine **History Hall** für die allgemeine Landesgeschichte und eine **Maritime Hall** für die Geschichte der omanischen Seefahrt. In keinem anderen Museum Omans erfährt man derart viel über das Land und seine Bewohner. Den sehr informativen Rundgang sollte man in der History Hall beginnen.

Diese ist in sechs Abteilungen untergliedert, die sich sechs unterschiedlichen Themen widmen: 1. der **Geografie** (hier kann man u. a. etwas über die Entstehung von Sand und seinen Farbtönungen erfahren); 2. der **Geschichte** (hier werden u. a. eine Reihe archäologischer Funde von Sumhuram ausgestellt); 3. dem **Weihrauch** (informiert sehr anschaulich über die verschiedenen Weihrauchsorten); 4. der **Islamisierung Omans** (es werden alte Manuskripte und Koranausgaben mit unterschiedlichen Kalligrafiestilen gezeigt); 5. **historisch-politischen Dokumenten** (gewährt Einblicke in offizielle Briefwechsel mit anderen Staaten) und 6. der **jüngeren Landesgeschichte** (hier wird u. a. die Regentschaft von Sultan Qaboos in Fotos und Tondokumenten aufbereitet).

Eine der Qualitäten des Museums liegt in seinen anschaulichen **Modellen.** So gibt es ein sehr klares Modell des omanischen Bewässerungssystems *falaj* (Plural: *aflaj*). Es zeigt, wie das Wasser von der Hauptquelle durch Rinnensysteme bis zu den Feldern geleitet wird. Wer dieses Modell gesehen hat, versteht, warum die *aflaj* als Kulturleistung in die Liste des Welterbes der UNESCO aufgenommen wurden. Interessant ist auch ein Reliefmodell Omans, in dem man die Bedeutung der Wadis bei der Überquerung des Hajargebirges erkennen kann. Deutlich sieht man darauf, dass der Jebel Qara hinter der Bucht von Salalah als Sperre für den sommerlichen Monsun dient. Ein weiteres Modell stellt die unterschiedlichen Weihrauchrouten zum Mittelmeer nach Indien und Mesopotamien vor. Auch eine große Nachbildung der Sultan-Qaboos-Moschee und eine der Festung von Bahla werden hier präsentiert.

Spielten schon in der Halle der Geschichte Schiffe eine große Rolle, so sind sie in der **Maritime Hall** der einzige Schwerpunkt. Hier ist z. B. das Heck mit Kommandostand einer **Ghanjah** originalgetreu aufgebaut; sie war früher das größte unter den im Oman gebau-

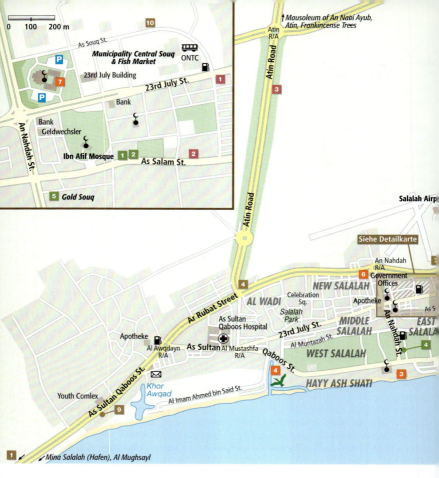

ten Schiffen. Man kann in das Schiff hineingehen, sein Steuerrad und andere Geräte bedienen und lernt eine arabische Schiffstoilette kennen. Ausgestellt werden Dhaus in all ihren Formen, auf alten Landkarten sieht man, wohin omanische Schiffe auf den Weltmeeren segelten. Dass omanische Schiffe nicht nur dem friedlichen Handel dienten, zeigt das alte, überdimensional große Gemälde von der Eroberung Basras im Jahre 1775 durch die omanische Kriegsdhau Al Rahman.

Weitere Abteilungen der Maritime Hall widmen sich dem Meer, seinen Bewohnern sowie diversen Geräte, mit denen Fischer früher ihrem Beruf nachgingen.

Vor dem Eingang zum Museum wurde ein Dutzend kleiner **Weihrauchbäume** angepflanzt. Sie stehen in einer Anlage, deren Beschaffenheit der des Wadi Dhawkah (s. S. 335) gleicht. Das Museum verfügt zudem über einen **Souvenirladen** und eine **Caféteria** (Sa–Mi 8–14 und 16–20, Do–Fr 16–20 Uhr, 2 OR am Parkplatz pro Pkw, ohne Auto Eintritt frei, fotografieren nicht erlaubt!).

Al Baleed Archeological Park

Das Frankincense Land Museum steht am östlichen Rand der großen **archäologischen Ausgrabungsstätte Al Baleed**. Al Baleed

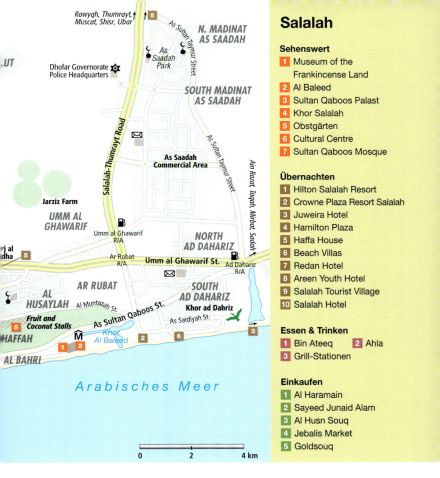

war eine der blühenden omanischen Hafenstädte, die im Mittelalter von der Südküste der Arabischen Halbinsel aus den Südostasienhandel betrieben.

1995 begann ein Archäologenteam der Universität Aachen im Auftrag der UNESCO mit den Ausgrabungen im Gebiet der untergegangenen Hafenstadt im Süden Salalahs. Von Anfang an wurde das Konzept eines Archäologieparks verfolgt, durch den Besucher wandern können und in dem aufgrund seiner Ausdehnung später weiter ausgegraben werden kann. So sind heute große Teile des Parks ein mit Rasen begrüntes, hügeliges Gelände, unter dem noch weitere Bereiche des antiken Al Baleed schlummern. Bisher konzentrierten sich die Ausgrabungen auf dem 65 ha großen Gelände zuerst auf Großprojekte wie die Zitadelle, die Freitagsmoschee und die Stadtmauer. Das deutsche Archäologenteam legte zudem die Reste mehrerer Lagerhäuser und gepflasterter Straßen frei. Sie fanden Münzen aus der Sung-Dynastie, die im 11. Jh. China regierte, und in der Moschee stießen sie auf Münzen des türkischen Sultans Murad (1547–1585).

Die freigelegten Ruinen sind mit Erklärungstafeln versehen und gewähren bereits heute erste Einblicke in das Leben dieser mittelalterlichen Stadt. Es gehört zum Konzept

Salalah

Tipp: Omanische Boote

Im Frankincense Museum sind viele Modelle der regional unterschiedlichen omanischen Bootstypen ausgestellt. Man sieht z. B. eine **Baqqarah,** ein Bootstyp, der von den Fischern der Batinah bevorzugt wurde und von Ruderern bewegt werden musste. Auch die Rekonstruktion einer **Mangan** – eines Handelsschiffes aus dem 2. Jt. v. Chr., dessen Überreste bei Ras Al Jinz gefunden wurden, gehört zu den Exponaten. Eine **Houri** ist ein Kahn, der aus dem Holz des Mangobaumes gefertigt wird und zum Entladen großer Fischerboote und Handelsschiffe benutzt wurde. **Zerooqa** nennt man die Fischerboote aus Musandam, während die **Shasha** in Sohar, der Stadt Sindbads, beheimatet ist. Das Highlight der Sammlung ist ein **Modell der As Sultanah.** Sie war das erste omanische Segelschiff, das 1839 von Muscat über Sansibar den Atlantik überquerte und nach viermonatiger Fahrt am 30. April 1840 in New York anlegte.

des Parks, dass die Besucher später, wenn es mit den Ausgrabungen weitergeht, den Archäologen bei ihrer Arbeit über die Schulter schauen und so hautnah miterleben können, wie das untergegangene Al Baleed neu ersteht.

Durch die weiträumige Ausgrabungsanlage von Al Baleed führen befestigte Wege mit Bänken. In vielen Bereichen, in denen bisher noch nicht gegraben werden konnte, bedecken Grünanlagen die Oberfläche. Nach Einbruch der Dunkelheit werden die Wege beleuchtet und die Ruinen angestrahlt. Man kann in der Anlage zu Fuß gehen oder sich bequem mit einem Golf Car hindurchfahren lassen.

Am hinteren Ende der Anlage befindet sich der **Freizeitbereich.** Hier gibt es eine Lagune, die man mit Booten befahren kann, einen Spielplatz unter Palmen mit Kinderspielgeräten und eine große Liegewiese (Sa–Mi 8–14 und 16–20, Do–Fr 16–20 Uhr, 2 OR am Parkplatz pro Pkw, ohne Auto Eintritt frei).

Al Bahri

Cityplan: S. 318

Westlich von Al Baleed gelangt man auf der Sultan Qaboos Street in einen Teil Salalahs, der durch eine große Ansammlung hoher Kokospalmen und schöner Wohnhäuser direkt am Meer besticht. In diesem Stadtteil namens **Al Bahri** biegt von der Sultan Qaboos Street die Al Bahri Street ab, die direkt an der Küste parallel zum Strand verläuft und deshalb **Corniche** genannt wird. An dieser Corniche, vor der sich der herrliche Strand erstreckt, wohnten früher die wohlhabenderen Leute. Die Häuser, die im Laufe der Jahre aufgrund des nahen Meeres Patina angesetzt haben, sind aufwendig gebaut, meist nur zwei Stockwerke hoch und von unaufdringlicher Eleganz. Inzwischen ist das Viertel ›out‹, obwohl es in der Nähe des Sultanspalastes liegt. Mehrere Häuser werden nicht mehr renoviert, manche verfallen sogar. Aber Leben herrscht immer noch an der Corniche, insbesondere am frühen Abend. Dazu trägt vor allem der breite Sandstrand bei. Familien sitzen vor ihren Häusern und schauen aufs Meer, andere veranstalten am Strand ein Picknick und fliegende Händler bieten Halwa zum Verzehr an.

Altstadt

Cityplan: S. 318

Die eigentliche **Altstadt** von Salalah befindet sich nördlich des Stadtteils Al Bahri hinter den Gärten und Plantagen mitten im südlichen Zentrum der Stadt. Hier, zwischen der **As Salam Street** und der **Al Muntazah Street,** stehen nur noch wenige der alten zweistöckigen Dhofari-Häuser aus Lehm, Kalkstein und Korallenquadern, erkennbar an ihren gebänderten weiß-grauen Farbanstrichen und den schönen dunkelbraunen Holzfenstern. Sie sind leider dem Verfall preisgegeben, einige sind inzwischen so zusammengefallen, dass an eine Restaurierung nicht mehr zu denken ist. Bisher wurden nur zwei dieser alten Fassaden wieder hergericht;

Altstadt

Tipp: Wohnen im Crowne Plaza Resort

Wer bei seinem Besuch in Salalah ganz auf Geschichte, Weihrauch und Archäologie eingestellt ist, für den ist das Crowne Plaza 2 die ideale Unterkunft. Es ist das traditionsreichste Hotel der Stadt und dank großzügigem Umbau und kontinuierlicher Renovierung auch nach 30 Jahren noch immer ein vorzügliches Haus. Das Gebäude liegt an einem schönen Sandstrand, direkt neben dem historischen Weihrauchhafen Al Baleed, umgeben von Bananen- und Kokosnussplantagen sowie einer weitläufigen Garten- und Poolanlage mit altem Baumbestand.

Hier werden Tradition und moderner Komfort aufs Beste kombiniert. Ein riesiges Glasfenster und arabisch geprägte Deckenkonstruktionen in der großen Lobby vermitteln bereits beim Betreten eine Atmosphäre der Großzügigkeit. 153 komfortabel eingerichtete Zimmer und Suiten in zwei vierstöckigen Gebäudekomplexen und 19 3-Zimmer-Familienvillen erwarten die Besucher. Zum Hotel gehören ein sehr gutes Strandrestaurant und ein umfangreiches Sport- und Wassersportangebot inklusive eines 9-Loch-Golfplatzes. Fünf der Zimmer haben einen barrierefreien Zugang und sind behindertenfreundlich eingerichtet.

Die Nähe zur archäologischen Stätte Al Baleed und zum Frankincense Land Museum sind ein unschätzbares Plus: So kann man vom Hotel bequem und – wenn man will – auch mehrmals am Tag den historischen Hafen sowie die Dokumentationsstätte seiner Geschichte aufsuchen.

Crowne Plaza Resort Salalah: Im Stadtteil Al Dahariz, Abzweig Sultan Qaboos St. direkt am Strand, Tel. 23 23 80 00, Fax 23 23 51 37, www.cpsalalah.com. DZ ab 110 OR. Das hoteleigene Restaurant Dolphin mit herrlicher Strandlage ist ebenfalls zu empfehlen (s. S. 330).

Crowne Plaza: Wohnen im Zentrum der Weihrauchkultur

Salalah

Indisch geprägte Straßenzüge formen das moderne Gesicht von Salalah

innen sind die Häuser jedoch vollkommen modernisiert.

Souq, Palast und Khor

Cityplan: S. 318

An der Sultan Qaboos Street trifft man ab Höhe der An Noor Street an der Südseite auf eine Ansammlung von Geschäften, die sich zum **Al Husn Souq** 3 verdichten. In den kleinen engen Gassen gibt es viele Ladenstände, in denen omanische Kleidung und Düfte aller Art, darunter auch Weihrauch, angeboten werden (s. S. 324).

Hinter dem Souq erstrecken sich entlang der Sultan Qaboos Street der **Palast** 3 des Herrschers und die königlichen Verwaltungsgebäude. Die Anlage ist von einer hohen Mauer umgeben und für Besucher nicht zugänglich. Im Sommer residiert Sultan Qaboos in diesem restaurierten Palast seines Vaters, der seine Geburtsstätte ist.

Hinter dem Palast liegt in westlicher Richtung **Khor Salalah** 4, die Lagune der Stadt. Sie ist ein 16 ha großes Paradies für Vögel und steht unter Naturschutz – der Meeresarm wird von einem Maschendrahtzaun umgeben. Von der vorbeiführenden Sultan Qaboos Street kann man die Vogelscharen sehen, die in der Lagune leben: Reiher, Möwen, Enten und Kormorane, auch Flamingos und Pelikane. An den Ufern wächst Schilf, weiter draußen auch Mangroven.

Wandern in Tropischen Gärten

Cityplan: S. 318

Wer tropische Vegetation in voller Üppigkeit erleben und Papaya- oder Mangobäume bestaunen will, dem bietet sich in Salalah die Gelegenheit dazu. Die **Gärten Salalahs** 5 sind Grünzonen im Süden der Stadt. Sie erstrecken sich zwischen der Al Muntazah Street und der Sultan Qaboos Street und werden durchzogen von betonierten Wassergräben, die den traditionellen *aflaj* nachempfunden sind. Einerseits sind die Gärten als Plantagen angelegt, andererseits lässt sich deutlich eine sogenannte Drei-Stockwerke-Wirtschaft erkennen: Unten, zur ebenen Erde, wächst Gemüse, dazwischen tragen in halber Höhe die Mango- und Papayabäume und vor allem die Bananenstauden viele Früchte, und an den hohen Kokospalmen kann man die großen, grünen Kokosnüsse hängen sehen.

Durch die Gärten führen schattige Wege für die Arbeitskräfte und Erntehelfer, die man durchaus als **Spazierwege** benutzen kann. Am Rande der Gärten werden die frisch geernteten Früchte in mit Palmwedeln gedeckten Kioskständen zum Verkauf angeboten. Aufgeschichtet zu Pyramiden stapeln sich auf den Theken Mangos, Bananen und Papayas. Wohlschmeckend ist der **Saft der grünen Kokosnuss,** die vor den Augen des Kunden mit einer Machete geöffnet wird. Der Saft ist ein idealer Durstlöscher und zudem heilsam bei Magen-Darm-Problemen. Hier präsentiert sich Salalah als eine weitläufige wohlhabende Gartenstadt mit angenehmem Klima.

Gerade dieser ausgedehnte Teil der Stadt zwischen Zentrum und Küste ist wegen seines hohen Palmenbestands eine begehrte Wohnlage. Der vorbeifahrende Besucher erkennt dies an den prächtigen Villen am Rande der Gartenanlagen entlang der Sultan Qaboos und der Al Muntazah Street.

Cultural Centre 6

Cityplan: S. 318
Am nördlichen Stadtrand liegt das **Cultural Centre** (Abzweig am Al Nahdah R/A nach Süden in die Al Nahdah St., erster Abzweig rechts nach Westen, zweites großes, öffentliches Gebäude, an der omanischen Fahne

Tipp: Halwa – Versuchung des Orients

›Alles, was süß ist‹ – so kann man den arabischen Namen der beliebtesten Süßspeise Omans (und vieler anderer arabischer Länder) übersetzen. **Halwa** wird in jedem omanischen Haus zum arabischen Kaffee angeboten, es wird überall im Land hergestellt. In Salalah gibt es eine ganze Straße, an der sich ein Halwageschäft an das andere drängt – die 23rd July Street. In den Geschäften kann man auch bei der Herstellung von Halwa zusehen.

Seit Generationen wird Halwa in immer gleicher Weise zubereitet: Zunächst bringt man Wasser, Zucker und Eier in einem großen Kupferkessel durch ein Holzfeuer zum Kochen. Dann beginnt die eigentliche Arbeit des ständigen Rührens, das je nach Qualität zwischen zweieinhalb und vier Stunden dauert. Weitere Zutaten, die nach und nach untergerührt werden, sind gemahlene Sesamsaat, feingemahlenes Weizenmehl, Ghee (reines ausgelassenes Butterfett), Kardamom, Safran, Kreuzkümmel, Rosenwasser, gemahlene Mandeln und Walnüsse. Durch das ständige Rühren entsteht am Ende eine honigfarbene Masse, die man in ihrer Konsistenz mit Wackelpudding vergleichen kann.

Halwa wird in flachen Töpfen mit Mandelscheiben verziert zum Verkauf angeboten. Zum Verzehr wird es in unterschiedlich große Stücke geschnitten und mit arabischem Kaffee gereicht. Im Laden kostet ein Kilogramm ab 10 OR.

zu erkennen). Hier ist heute die größte **Bibliothek** der Stadt untergebracht. Vor der Eröffnung des Frankincense Land Museums in Al Baleed befand sich hier ein kleines Museum zur Geschichte Dhofars. Aus dem alten Museum wurden in der Eingangshalle nur ein gutes Dutzend alter, großer, Schwarz-Weiß-Fotografien von Wilfred Thesiger zurückgelassen. Sie vermitteln einen Eindruck von den Strapazen seiner Durchquerung der Rub al

Salalah

aktiv unterwegs

Durch den Weihrauchsouq

Tour-Infos
Start: Salalah, am Eingang zum Souq, Sultan Qaboos Road
Länge: ca 1,5 km entlang den Ladengassen
Dauer: je nach Verweildauer in den Läden
Öffnungszeiten: Sa–Do 9–12.30 Uhr, 16.30 –22 Uhr, Fr 9–11.30 Uhr.
Wichtige Hinweise: Versuchen Sie in jedem Fall, im Souq beim Kauf zu handeln.

Jeder Souq hat eine besondere Atmosphäre, setzt seine eigenen Akzente. Der **Souq** 3 in der Hafenstadt Salalah ist zudem einer der traditionsreichsten Omans. Denn seit Jahrhunderten werden hier Waren angeboten, die omanische Seefahrer aus fernen Ländern mitbrachten. Und ebenso lange deckten sich dieselben Händler hier vor ihren neuen Handelsfahrten mit Weihrauch aus den nahe gelegenen Bergen des Dhofar ein. Diese Vielfalt des Warenangebots wird bis heute von der einheimischen Bevölkerung geschätzt. Entsprechend groß ist der Andrang in den engen Ladengassen.

Von der **Sultan Qaboos Road** kommend braucht man sich nur dem Strom der mit Körben und Taschen ausgerüsteten Einheimischen anzuschließen. Für touristische Besucher ist bei aller Vielfalt des Angebots aber vor allem das Produkt Weihrauch von hoher Attraktivität. Der Rundgang konzentriert sich deshalb meist auf dieses einst so kostbare Duftharz. Weihrauch gibt es in allen Ecken des Souqs. Deshalb ist es egal, ob man zuerst die rechte Seite der Ladengassen durchstreift oder die linke, die am **Sultanspalast** endet.

Die Weihrauch-Ladennischen sind die Domäne omanischer Frauen, gekleidet in schwarze *abbayas* und meist bis auf die Augenschlitze verschleiert. In Englisch und vereinzelt sogar auf Deutsch bieten sie ihre Weihrauchpäckchen an. Die Regale hinter ihnen sind voll von den aus Lehm gebrannten und teilweise knallbunt bemalten Verbrennungsgefäßen, den *incense burners*. Um Besucher als Kunden zu gewinnen, legen sie auch das ein oder andere Stückchen Weihrauch zusammen mit Duftessenzen in die Glut. Heller Rauch und der vertraute Geruch steigen auf. Da die gleiche Verkaufsstrategie von nahezu allen Frauen betrieben wird, schwebt durch die Gassen des Souq ein ständiger Duft von Weihrauch. Bleiben Sie ruhig vor einem Stand stehen und riechen Sie an den Sorten. Gehen Sie aber gern weiter, wenn Sie unschlüssig sind. Verabschieden Sie sich jedoch immer mit einem »*Shukran*« (Danke) und einem »*Ma'a salama*« (Auf Wiedersehen).

Je mehr man mit den Händlerinnen ins Gespräch kommt, um so schneller lernt man, dass der **Preis** des Weihrauchs von seiner Herkunft und seiner Qualität abhängt. Sie bestimmen Verbrennungsdauer und Duftintensität. Weihrauch aus Somalia ist beispielsweise billiger als der aus Oman, große Harztropfen und -stücke sind teurer als kleine, heller Weihrauch ist teurer als brauner. Klarer Weihrauch ohne viel Einschüsse ist qualitativ hochwertig, weil er seine ätherischen Öle voll entfalten kann. Der grünlich-klare ›Hojari frankincense‹ ist der teuerste – er wird nur selten angeboten.

Handeln Sie immer um den Preis, denn in jedem Souq ist der Preis Verhandlungssache. Man kann davon ausgehen, dass man für 1 kg braunen Weihrauch 9 OR, 1 kg hellen, klaren Weihrauch 18 OR und 1 kg grünlichen Weihrauch 30 OR bezahlen muss. Gerne bieten die Händlerinnen ganze Sets (ca. 100 g Weihrauch, Kohle und ein Weihrauchbrenner) für 3–5 OR an.

Man bummelt von Stand zu Stand, tauscht dabei ein paar freundliche Worte mit den Verkäufern und Verkäuferinnen, wird immer si-

Spaziergang durch den Weihrauchsouq

cherer in Verhandlungsgesprächen, lässt sich durchaus auch einmal zu einem Tee einladen. Wer Weihrauch im Souq gekauft hat, sollte auch einen *manjar* erwerben, jenes Gefäß, in dem er verbrannt wird, um den wohlriechenden Rauch zu erzeugen. Am besten sind dafür die viereckigen oder runden **Gefäße aus Terrakotta** geeignet, die ebenfalls in den meisten Ladennischen im Souq angeboten werden. Ursprünglich wurden diese Gefäße unbemalt benutzt, später bebänderte man sie mit zwei roten und schwarzen Farbstrichen. Heute werden die *manjars* als wahre Kunstwerke gestaltet, z. B. mit Blumenmustern bemalt oder mit aufwendigen Bildern geschmückt.

Weihrauch und Weihrauchbrenner werden in kleinen Geschäften im ganzen Souq angeboten, aber keineswegs nur von Touristen gekauft. Wer genau hinschaut, bemerkt, dass omanische Männer besonders wählerisch beim Aussuchen und besonders hartnäckig beim Aushandeln des Preises sind.

Weihrauch ist ein ideales landestypisches Souvenir. Selbst wenn man beim Rundgang schon ein oder zwei Päckchen gekauft hat, kann man bei der nächsten Händlerin ein drittes kaufen. Zu Hause wird man sich freuen.

In aufwendig gestalteten Gefäßen wird der Weihrauch verbrannt

Salalah

Khali-Wüste im Jahr 1944 und erläutern in angefügten Texten die Route (Sa–Mi 8–14 Uhr, Eintritt frei).

Sultan Qaboos Mosque 7

Cityplan: S. 318
2011 eröffnete an der Al Nahdah St./Ecke 23rd July die eindrucksvolle Sultan Qaboos Moschee in klassischer Medina-Architektur. Auch nicht muslimische Besucher haben Zugang (tgl. außer Fr 9–11, Eintritt frei).

Infos

Touristeninformation: In Salalah gibt es eine Niederlassung des Tourismusministeriums (Markaz Al Muhafdhah St., südliche Parallelstraße der Ar Rubat St., westlich des Al Nahdah R/A, Sa–Mi 9–14 Uhr), in der Besucher Infomaterial erhalten. Am Flughafen befindet sich in der Ankunftshalle auch ein kleiner, allerdings häufig geschlossener Schalter mit Prospekten und örtlichem Werbematerial.

Internetcafés: In Salalah gibt es relativ wenige Internetcafés. Das Beste: **Al Salal Arabia-Internetcafé:** As Salam St., Ecke A'Du-

Palmen am Meer: ein Hauch von Karibik am Strand von Salalah

Adressen

rah St., tgl. 9–22 Uhr, 60 Min. 1 OR. In den Businesscenters der Hotels ist die Benutzung des Internets teurer.
Sultan Qaboos Hospital: As Salam St., Ecke Sultan Qaboos St., Tel. 232 11 15 55, Notdienst Tel. 23 21 15 55.
Royal Oman Police: 23 July St./Ecke Al Nahdah St., Tel. 23 29 00 99.
Notruf: 99 99.

Übernachten

Europäer bevorzugen in Salalah Strand-, arabische Besucher eher Stadthotels oder Apartmentanlagen. Zurzeit gibt es nur fünf Strandhotels, davon drei der 5-Sterne-Kategorie; das 2011 eröffnete **Salalah Marriott Resort** liegt im ca. 80 km entfernten Mirbat (s. S. 345). Während des *khareefs* (15. Juni–15. Sept.) erhöhen sich die Hotelpreise um bis zu 100 %.

Vertrauter Komfort ▶ Hilton Salalah Resort 1 : Strandhotel im Stadtteil Minah Salalah, ca. 10 km vom Zentrum entfernt. Hoteleigener kostenloser Shuttle-Service zum Souq und zum Flughafen), Tel. 23 21 12 34, Fax 23 21 00 84, www.salalah.hilton.com. Man betritt die stilvolle, schicke Lobby mit zwei großen Glasvitrinen an den Wänden, die je 12 edle *khanjars* ins richtige Licht rücken. Die 147 vorteilhaft geschnittenen, großen Zimmer und Suiten, davon die meisten mit Meerblick, verteilen sich auf zwei Flügel und sind in meerblauen und sonnengelben Farben gehalten. Zum Hotel gehören eine oasenartig angelegte Pool- und Gartenlandschaft, Spa, Sauna und Fitnesscenter, Tennisplätze, Beachvolleyballfeld, PADI Tauchschule. Das Hilton besitzt das beste Fischrestaurant der Stadt sowie das edle Gourmetrestaurant Al Maha mit arabisch-mediterraner Küche. DZ 100 OR.

Bestes Strandhotel ▶ Crowne Plaza Resort Salalah 2 : im Stadtteil Al Dahariz, Abzweig Sultan Qaboos St., direkt am Strand, Tel. 23 23 53 33, Fax 23 23 51 37, www.crowneplaza.com/salalah, s. Tipp S. 319. DZ 110 OR, s. S. 321.

Endlose Strände ▶ Marriot Salalah Resort: in Mirbat, s. S. 345.

Im Osten Salalahs ▶ Juweira Hotel 3 : Neues 5-Sterne-Boutique-Hotel am Strand des 10 km östlich gelegenen, neuen Stadtteils Salalah Beach. Teil einer gepflegten grünen Wohnanlage. Große Zimmer (ab 45 qm). Geschmackvolle Einrichtung. Belebendes Ambiente dank örtlicher Dekorationen, mit mehreren Restaurants und eigenem Spa. DZ ab 90 OR.

Groß und prächtig ▶ Hamilton Plaza 4 : Ar Robat St., nahe Atin Rd., Tel. 23 21 10 25, Fax 23 21 11 87. Großes, echsstöckiges Geschäftshaus mit viel Marmor und eindrucks-

Salalah

Tipp: *Khareef Season* in Salalah

Der Sommer ist heiß auf der Arabischen Halbinsel. Doch wenn in Riyadh, Dubai oder Muscat das Thermometer 50 °C erreicht, die Böden ausgetrocknet und staubig sind und die Bevölkerung unter der glühenden Sonne jede überflüssige Bewegung vermeidet, wandelt sich die Region Dhofar in ein grünes Paradies. Von Mitte Juni bis Mitte September fällt hier an manchen Tagen stundenweise Nieselregen, begleitet von feuchtem Nebel. Das ist die *Khareef Season*, in der der sommerliche Südwestmonsun, *khareef* genannt, sich an den Hängen des Qaragebirges auf einem ca. 100 km breiten Abschnitt um Salalah abregnet.

In diesen Monaten verwandeln sich die Wadis in breite Flüsse, überall stürzen Wasserfälle die Berghänge hinab, und das ganze Land wird von Grün überzogen. Vor allem die Ausflüge in den Osten Salalahs zu den Quellen Ain Razat, Hamran und Ain Tabroot (s. S. 338) sind in der *khareef*-Zeit reizvoller als in den übrigen Monaten, in denen die Wadis ausgetrocknet und die Wasserfälle nicht zu sehen sind. Große Kamelherden grasen auf Weiden und aus dem braunen Wüstenboden wird eine riesige Ackerlandschaft: Gemüse, Obst, vor allem Bananen und Kokospalmen, so weit das Auge reicht.

Dieses klimatische Wunder zieht jedes Jahr vor allem Besucher aus den Ländern der Arabischen Halbinsel mit Wüstenklima an. Nicht selten sieht man saudische Männer, die sich in ihren weißen *dishdashas* bewusst in den warmen Regen stellen, weil sie so etwas zuhause nie erleben können.

In Salalah sind die *khareef*-Monate Hauptsaison, die Stadt lockt in dieser Zeit auch mit einem vierwöchigen Kulturfest, dem Khareef Festival (s. S. 331). Deshalb belegen saudische Familien seit Jahren für mehrere Wochen Suiten in den 5-Sterne-Hotels. Für ausländische Besucher bedeutet dies, dass viele Hotels frühzeitig ausgebucht sind. Auch zu bedenken gilt: Die Hotelpreise erhöhen sich in dieser begehrten Reisesaison um bis zu 100 %!

Unter klimatischen Gesichtspunkten ist der Besuch zu dieser Jahreszeit sehr zu empfehlen, die Planung einer Omanreise nach Hitzewerten sähe dann wie folgt aus: Die sommerliche Hitze in Muscat erträgt man in den klimatisierten Räumen der Hotels und Museen, die Festungen auf den Höhen des Hajargebirges liegen sowieso in kühleren Breiten, und im Weihrauchland Dhofar erholt man sich in der *Khareef Season* am Strand bei angenehmen 25 °C.

---

voller Empfangshalle. Das Hotel beginnt im dritten Stock, mit Pool und Fitnesscenter. Alle 180 Zimmer sind groß, mehr als die Hälfte sind Apartments *(family room)* mit zwei Schlafzimmern, Lounge und Küche. Zum Hotel gehört das Dachrestaurant Lou Lou im sechsten Stock. Eine geradezu ideale Bleibe für Familien. DZ ab 45 OR.

Verwohnt ▶ Haffa House [5] : Ar Robat St., am Burj Nahdah R/A, Tel. 23 29 54 44, Fax 23 29 48 73. Stadtnahes Hochhaushotel mit 71 großen Zimmern, Pool. Das Haffa House wird vom omanischen Tourismusministerium als 4-Sterne-Hotel eingestuft. Dies war es vielleicht einmal, heute ist es ein abgewohntes Haus. DZ 35 OR.

Privat am Strand ▶ Beach Villas [6] : im Stadtteil Al Dahariz, am östlichen Stadtrand, Tel. 23 23 59 99, Fax 23 23 55 99, www.beach-villas-salalah.com. Das Hotel besteht aus 6 großen, schönen, blauweißen Villen mit gemeinsamem Pool und einer Frühstücksterrasse am Meer (Buffet). Die Zimmer besitzen Apartmentcharakter, sind unterschiedlich groß, aber alle freundlich eingerichtet. Wegen seiner ruhigen Lage am breiten, menschenleeren Sandstrand wird es von kleinen Gruppen europäischer Offroadtouristen bevorzugt. In Gesprächen mit diesen Gästen erfährt man viel übers Reisen im Oman. Der indische Manager ist sehr freundlich und hilfsbereit. DZ ab 33 OR inkl. Frühstück.

Adressen

Im Sommer: Muscat 50 °C, Salalah 25 °C – *Khareef Season* **und Zeit für Urlaub**

Mitten in Salalah ▶ **Redan Hotel 7 :** As Salam St., Tel. 23 29 22 66, Fax 23 29 04 91, Redan@omatel.net.om. Ein nettes Stadthotel mit 27 Zimmern in zentraler Lage. DZ ab 30 OR.

Mehr als eine Jugendherberge ▶ **Areen Youth Hostel Apartment 8 :** außerhalb in Richtung Norden an der Straße nach Thumrayt, 10 Min. Autofahrt vom Zentrum, Tel. 23 23 48 10, Fax 23 23 48 55, www.salalah-youthhostel.com. Eine von zwei Jugendherbergen in Oman. Die lang gezogene, zweistöckige Anlage besitzt einen großen Parkplatz. Eigentlich keine Jugendherberge, sondern ein Familienhotel mit 8 Zimmern und 40 Suiten. DZ ab 28 OR, Suite ab 35 OR.

Nur zur Not ▶ **Salalah Tourist Village 9 :** außerhalb der Stadt, hinter dem Al Awqdayn R/A, an der Straße zum Hafen, Tel. 23 21 14 20, Fax 23 21 12 67, house@omantelnet.com. Ansammlung von rechteckigen, zweistöckigen Zementbungalows, Chalets ge-

Salalah

nannt, mit jeweils 2–4 Zimmern sowie Küche und Bad. DZ 22 OR, Apartment (3 Zimmer) 38 OR, Chalet 125 OR.
Klassisches zweckdienliches Stadthotel ▶ Salalah Hotel 10 : As Souq St., gegenüber der ONTC Bus Station, Tel. 23 29 56 26, Fax 23 29 21 45. Das hohe, neue Gebäude beherbergt 24 Zimmer, die in Größe und Einrichtung dem Zweck dienen. DZ 25 OR (inkl. Frühstück).

Essen & Trinken

Am Meer ▶ Dolphin Restaurant 2 : im Crowne Plaza Resort (s. S. 327), Tel. 23 23 80 00, tgl. 19–23 Uhr. Gartenrestaurant unter Palmen mit Blick auf den Strand. Großes, internationales Buffet, das jeden Abend mit anderen Schwerpunkten aufwartet, z. B. montags Fisch, mittwochs BBQ, freitags arabische Küche. Buffet: 15 OR.
Fein und edel ▶ Al Maha 1 : im Hilton Salalah Resort (s. S. 327), Tel. 23 21 12 34, tgl. 6.30–11 und 18.30–22 Uhr. Elegante Räumlichkeiten, aufwendiges Dekor. Terrasse am Pool und Blick zum Strand. Frühstück 6 OR, Internationales Buffet 14 OR.
Captain's Dinner ▶ Palm Grove 1 : im Hilton Salalah Resort (s. S. 327), Tel. 23 21 12 34, tgl. 12–15 und 19–24 Uhr. Strandrestaurant im Stil eines Schiffsdecks unter Palmen mit Blick auf den Indischen Ozean und umweht von leichter Seebrise. Internationale und arabische Küche. Suppe 3 OR, Menü ab 7 OR.
Salalah von oben ▶ Lou Lou 7 : im Hamilton Plaza Hotel (s. S. 327), Tel. 23 21 10 75, tgl. 12–15 und 20–24 Uhr. Dachrestaurant mit schönem Blick über die Stadt und zum Hafen. Besonders stimmungsvoll am Abend, wenn in Salalah die Lichter angehen. Internationale Küche mit arabischem Schwerpunkt. Freundlicher Service, indisches Management. Vorspeisen ab 2 OR, Menü ab 7 OR.
Oman à la carte ▶ Bin Ateeq 1 : 23 July St., Tel. 23 29 23 80, tgl. 11.30–23 Uhr. Alle Reiseleiter empfehlen es – und zu Recht. Denn in diesem omanischen Restaurant wird landestypische Küche in einem schönen Haus serviert. Man speist in kleinen, abgetrennten Räumen und sitzt auf Kissen; am Eingang wird man mit arabischem Kaffee empfangen. Auch wenn alle Angestellten in diesem omanischen Restaurant Inder sind und es namensgleiche Restaurants in Nizwa und Muscat gibt, hier wird die beste omanische Küche geboten. Vorspeisen ab 1,5 OR, Menü ab 4 OR.
24 Stunden satt ▶ Ahla 2 : As Salam St., Tel. 23 29 40 40, tgl. rund um die Uhr. Das Ahla bietet Tag und Nacht zwei Möglichkeiten, gut und preiswert zu speisen: im großen Innenraum mit Bedienung (Menü ab 1,5 OR), und im »to go«-Restaurant, hier gibt es die besten *shawarmas* von Salalah für 0,4 OR.
Omanisch, urig, schmackhaft ▶ Grill-Stationen 3 : an der Atin Rd. (vgl. Ausflug in den Norden, S. 334). Hinter dem Atin R/A haben sich rechter Hand ein Dutzend einheimischer Grill-Stationen auf freiem Gelände niedergelassen. Man sucht sich das frische Grillgut (Fleisch, Gemüse) aus, das über glühend heißem Kies schmackhaft zubereitet wird, gespeist wird in gemütlichen Barasti-Hütten oder im Freien, und man trifft vor allem viele Omanis. Tgl. ab 17 Uhr, sehr preiswert, ab 3 OR.

Einkaufen

Salalah ist eine Stadt der Düfte. Das spürt man nicht nur im Souq zwischen den vielen Weihrauchverkäuferinnen, die vor ihren Ständen kleine Weihrauchharzbröckchen verbrennen, sondern auch in der Innenstadt setzt man auf Düfte.
Parfums und Schmuck ▶ Die Haupteinkaufsstraße Salalahs ist die **As Salam Street.** Entlang dieser Straße haben sich heute edle **Geschäfte für Parfums** und Wohlgerüche angesiedelt, die durch ihre hell erleuchteten Schaufenster mit attraktiven Parfumflakons ins Auge fallen. Eine große Auswahl von Parfums findet man z. B. bei **Al Haramain** 1 oder bei **Sayeed Junaid Alam** 2 , die neben ihren vielen Parfums auch wohlriechende arabische Hölzer anbieten. Dazwischen befinden sich Geschäfte für Uhren und Schmuck. Hier sollte man als Besucher be-

Adressen

obachten, wenn in schwarze *abbayas* gehüllte Frauen – immer zu mehreren – die Parfumläden betreten, um die unterschiedlichen Duftnoten auszuprobieren. Vor dem Laden wartet dann die ganze Zeit über in schweren Limousinen ein männliches Familienmitglied.

Souq ▶ Im **Al Husn Souq** 3 gibt es das größte Angebot an **Weihrauch** in ganz Oman. Zwar werden Weihrauch-Geschenkpackungen auch in Läden und im Museum angeboten, aber wer sich mit dem Gedanken trägt, Weihrauch zu kaufen, sollte dies im Souq tun. Bei den Händlerinnen im Souq den Weihrauch zu erwerben, ist ein Erlebnis. Aber auf die größte Auswahl trifft man bei **Malameh Arabia/Arabian Gallery** (am Ende des Souq, Tel. 23 28 86 52, Sa–Do 9–13 und 16–22, Fr 16–22 Uhr). Dieses große Geschäft bietet 10 unterschiedliche Sorten an, in Säcken gestapelt bis unter die Decke, aber auch Duftessenzen wie Sandelholz und Myrrhe. **Jebalis Market** 4 : an dem großen Parkplatz Ecke Sultan Qaboos St./Al Khandaque St. Ein besonderer Markt ist der Freiluftbasar der Jebalis. Einmal in der Woche, meist montags von 8–12 Uhr, kommen Jebalis, die Bewohner des Jebel Qamar, herunter nach Salalah und bieten ihre mitgebrachten Waren, z. B. alte Gewehre, *khanjars,* Ketten und Schlösser, Handwerkserzeugnisse, gelegentlich auch Familienschmuck an. Zum Khareef Festival findet der Jebalis-Markt durchschnittlich 3 x die Woche statt.

Gold, Silber und Antiquitäten ▶ Salalah verfügt über keinen klassischen Goldsouq à la Dubai. Aber in der As Salam St. (Ecke Al Nahdah St.) gibt es hinter einem hohem Torbogen eine kleine Gasse, in der sich zu beiden Seiten viele Gold-, Silber- und Antiquitätenläden aneinanderreihen. Sie gilt in öffentlichen Stadtplänen als »Gold-Souq« 5 (tgl. 10–13 und 16.30–22 Uhr). Goldschmuck (nicht Gold!) ist in Salalah, wie auf der gesamten Arabischen Halbinsel, preiswerter als in Europa, denn die Ringe und Armreifen werden von indischen Goldschmieden mit niedrigeren Lohnkosten hergestellt.

Obstmarkt ▶ Wer gerne pflückfrisches Obst mag, sollte die Stände entlang der **Al Muntazah St.** aufsuchen, die die in den angrenzenden **Gärten** 5 frisch gepflückten Bananen, Mangos, Pfirsiche und Kokosnüsse anbieten.

Abends & Nachts

Tanz ▶ **Al Luban Nightclub** 2 : ebenfalls im Crowne Plaza Resort (s. S. 321), Tel. 23 23 80 00, tgl. 19–24 Uhr. Restaurant mit Abendunterhaltung, Tanzmöglichkeit.

Pub ▶ **Mayfair Pub** 1 : im Hilton Salalah Resort (s. S. 327), Tel. 23 21 12 34, tgl. ab 17 Uhr. Pub mit gutem Bier.

Aktiv

Tauchen ▶ **Sub Aqua Dive Center** 1 : im Hilton Salalah Resort (s. S. 327), Tel. 99 10 67 76, www.subaqua-divecenter.com. Die Tauchschule bietet Kurse in allen Schwierigkeitsgraden an und organisiert Tauchausflüge mit zwei Booten. Für Kinder: *Bubble Maker* – Einführung ins Schwimmen unter Wasser. **Extra Divers Salalah** 2 : im Crowne Plaza Resort (s. S. 327), Tel. 23 23 80 00, www.dive salalah.com. Tauchkurse sowie -ausflüge zu den nahen Riffs, Spezialprogramm *Drive and Dive:* mit Geländewagen durch die Wüste zu Tauchgebieten und Übernachtung in Zelten. Die Tauchschulen sind von Mai bis November wegen der gefährlichen Unterströmungen während des Monsuns meist nicht besetzt.

Geführte Touren ▶ **Al Fawaz Tours:** 23rd July St., gegenüber der Sultan-Qaboos-Moschee, Tel. 23 29 43 24, Fax 23 29 43 90, www.alfawaztours.com. Seit zwei Jahrzehnten sehr verlässlicher Tour Operator mit fachkundigen, deutschsprachigen Tourguides und deutschsprachigem Management, auch Einzelführungen.

Termine

Salalah Tourist Festival: Jedes Jahr findet im Juli, einen Monat lang, ein Kulturfestival statt, bei dem die historische Tradition Omans im Mittelpunkt der Veranstaltung steht. Da Salalah im kühlen Sommer überwiegend von arabischen Feriengästen besucht wird, ist das Festival als Unterhaltungsprogramm für Familien konzipiert. Des-

Salalah

Tipp: Die Oryxantilopen in Jaalun

Östlich und südöstlich der kleinen Stadt **Hayma,** die auf halber Strecke zwischen Muscat und Salalah an der NA 31 liegt, dehnt sich die Kieswüste Jiddat Al Harasis auf über 50 000 km² aus, und mitten in diesem Gebiet, ca. 100 km östlich von Hayma, befindet sich der Ort **Jaalun,** das Zentrum des Oryxschutzgebiets (▶ 2, O 17).

Da die weiße Oryxantilope in Oman als ausgestorben gilt, wurde Anfang der 1970er-Jahre ein Wiederaufzuchtprogramm initiiert und ein Schutzgebiet errichtet. Das 1972 von der UNESCO zum Welterbe deklarierte Areal wurde aber 2007 wieder von der Liste gestrichen, weil die omanische Regierung es auf knapp 5000 km² (d. h. um 90 %) verkleinert hatte und von den 1996 gezählten ca. 500 Antilopen damals nur noch ca 60 dort lebten (s. S. 20).

Fünf Jahre später lebten in Jaalun wieder ca. 100 Oryx in einem von Maschendraht umzäunten Gehege. Am Eingang befindet sich eine kleine Containersiedlung mit einem Dokumentationszentrum und einem Restaurant. In den Containern leben Ranger, die die verbliebenen Tiere regelmäßig mit Futter versorgen. Einen von ihnen trifft man als Besucher immer an. Wenn die Ranger am späten Nachmittag zu den Futterplätzen fahren, nehmen sie Besucher in ihren Pick-ups mit. Nachdem das Futter abgeladen wurde, wartet man in großem Abstand zur Futterstelle, bis die (inzwischen nicht mehr ganz so scheuen) Tiere näher kommen.

Anfahrt: Man biegt in Hayma von der NA 31 in Richtung Osten auf die NA 37 nach Ad Duqm (am Indischen Ozean) ab. Nach 65 km erreicht man Habab Junction. Von hier folgt man der ausgeschilderten Piste nach Norden und biegt nach 23 km nach Osten ab. Nach weiteren 23 km erreicht man Jaalun. Der Ort ist relativ leicht zu finden, wird aber nur von wenigen Besuchern aufgesucht (siehe Gästebuch).

---

halb bietet das Programm Veranstaltungen und Aktivitäten für alle Generationen. Dazu gehören z. B. Konzerte, Folkloretänze, Sportturniere und Abenteuerspiele sowie Kindertheater und ein Zirkus. Ein eigenes Touristvillage mit einem Amphitheater wird außerhalb der Stadt während des Festivals aufgebaut. Informationen: www.salalahtourismfestival.com.

Verkehr

Flüge: Oman Air fliegt bis zu 5 x tgl. von Muscat nach Salalah und zurück. Die Flugzeit beträgt 90 Min., der Preis 64 OR für einen Hin- und Rückflug (Dez. 2012). Man kann davon ausgehen, dass Oman Air 1 x am Morgen, 1 x am Mittag und 2 x am Abend die Strecke bedient. Außerdem fliegt Oman Air 5 x wöchentl. von Salalah nach Dubai, Flugzeit: 1 Std. Die genauen Abflugzeiten sind bei Oman Air zu erfragen (24 53 11 11).
Oman Air: Ar-Robat St., Bayt Al Haffa (im Parterre des Haffa Hotels), Tel. 23 29 50 45, am Flughafen Tel. 23 29 33 64, www.omanair.com.
Busse: In Salalah gibt es keine öffentlichen Stadtbusse; wer keinen Leihwagen hat, ist auf **Taxis** angewiesen.
Zentrale ONTC-Busstation: As Souq St. (beim Central Souq und Fischmarkt), Tel. 23 29 27 73. 4 x tgl. fährt die Route 100 der ONTC von Salalah nach Muscat (Central Bus Station in Ruwi). Die Fahrzeit beträgt 13, meist aber doch 15 Std. Der Bus macht an den Rasthäusern (s. S. 333) eine kurze Pause. Abfahrt in Salalah tgl. 6.30, 11, 17, 19 Uhr, 13 OR.
Taxi: In Salalah besitzen Taxis keinen Taxometer. Der Preis ist Verhandlungssache. Richtpreis: innerhalb der Stadt 2–3 OR, vom Flughafen (bei Ankunft) in die Stadt 5 OR.
Leihwagen: In den großen Hotels gibt es Niederlassungen der internationalen Leihwagenfirmen.
Budget: c/o Crowne Plaza Resort Salalah (s. S. 321), Tel. 23 23 51 60. Ein Kleinwagen

kostet pro Tag 18 OR, pro Woche 105 OR; Toyota Landcruiser pro Woche 450 OR (immer 200 km frei). **Europcar:** im Hilton Salalah Resort (s. S. 327), Tel. 23 21 24 60. Der Kleinwagen kostet pro Tag ab 18 OR.
Thrifty Rent a Car: im Hamilton Plaza (s. S. 327), Tel. 23 21 14 93 oder am Flughafen 99 32 36 19. Das Unternehmen vermietet Wagen in allen Preisklassen ohne Kilometerbegrenzung.

Von Salalah bis Muscat
▶ 3, G 24–1, R 7

Seit 1980 kann man die 1000 km zwischen Muscat und Salalah auf einer asphaltierten Straße entweder mit einem Leihwagen oder mit dem Bus bewältigen. Die Strecke ist jedoch eintönig und ermüdend und bietet kaum lohnende Sehenswürdigkeiten, sodass die meisten Reisenden das Flugzeug bevorzugen – Oman Air fliegt viermal am Tage von Muscat nach Salalah, und der Flug dauert nur etwas über eine Stunde. Wer dennoch den Überlandweg bevorzugt: Der Bus benötigt fahrplanmäßig 13 Std. (s. S. 177), mit dem Auto braucht man nicht weniger lang.

Hinter Nizwa beginnt die **Nationalstraße 31**, auf der man nach 900 km Salalah erreicht. Die zweispurige, von vielen Lastwagen befahrene Straße verläuft meist monoton und schnurgerade. Entlang der Strecke gibt es Rasthäuser mit Restaurants und Übernachtungsmöglichkeiten.

400 km hinter Nizwa kommt man zum Ort **Hayma** (▶ 2, M 17), wo man von der NA 31 nach Osten auf die NA 37 abbiegen muss, wenn man einen Abstecher ins **Schutzgebiet der Oryxantilopen** machen möchte (s. S. 332).

Knapp 700 km hinter Nizwa biegt eine Piste in südwestlicher Richtung zur Ortschaft **Shisr** (▶ 3, F 21) ab, man erreicht Shisr nach 70 km (1,5 Stunden Fahrzeit). Hier, mitten in der Wüste, wurden Ruinen und Stadtmauerreste freigelegt, die Archäologen für den antiken Ort **Ubar** halten (s. S. 335). Die Ausgrabungsstätte lässt sich aber auch gut im Rahmen eines Tagesausflugs von Salalah aus besichtigen (s. S. 334).

Wer nicht hier nach Shisr abbiegt, sondern seine Reise auf der Nationalstraße 31 nach Salalah zunächst fortsetzt, hat 100 km später noch einmal die Gelegenheit, nach Shisr abzubiegen, das nun 70 km entlang der Piste in nordwestlicher Richtung liegt.

12 km hinter der zweiten Abzweigung nach Shisr liegt **Thumrayt** (▶ 3, G 23), nach Salalah die zweitgrößte Stadt der Provinz Dhofar. Von Thumrayt sind es noch knapp 70 km bis Salalah. Dieser letzte Teil der Strecke ist der spannendste der Gesamtstrecke, denn man überquert den bis zu 900 m hohen Jebel Qara. In Serpentinen windet sich die Straße den Bergrücken hinauf und verläuft über eine ca. 2 km breite Hochebene, bevor sie kurvenreich in den schmalen Küstenstreifen von Salalah hinab führt.

Übernachten
Alle nachstehend aufgeführten *resthouses* sind einfache, nicht immer saubere Unterkünfte auf dem Weg von Muscat nach Salalah, die auch Werkstätten unterhalten.
Autobahnrasthof ▶ **Thumrayt Tourist Hotel:** Thumrayt, am Ortsende, Tel. 23 27 93 71, Fax 23 27 93 73. Ein relativ neues, kleines Hotel mit sauberem Restaurant und freundlicher Bedienung. DZ 22 OR.
Arabisch einfach ▶ **Ghabah Guest House:** Ghabah, ca. 180 km hinter Nizwa (319 km von Muscat), Tel. 99 35 86 39, Fax 24 69 22 27. Quadratische Anlage mit Innenhof und Schwimmbad. Zehn DZ ab 20 OR.
Unter Truckern ▶ **Hayma Motel:** Hayma, ca. 390 km hinter Nizwa, Tel. 23 43 60 61. Die etwas bessere der zwei einzigen Übernachtungsmöglichkeiten im Ort. DZ 18 OR.
Karawanserei ▶ **Ghaftayn Resthouse:** Ghaftayn, ca. 480 km hinter Nizwa (625 km von Muscat), Tel. 99 48 58 81. Älteres Haus, direkt an der Straße. DZ 18 OR.
Übernachtungsmöglichkeit ▶ **Quebit Resthouse:** Quebit, ca. 600 km hinter Nizwa (765 km von Muscat), Tel. 99 08 56 86, Fax 23 21 27 69. Zweckdienlich, mit bescheidenem Komfort. DZ 18 OR.

Ausflüge von Salalah ins Hinterland des Dhofar

Salalah ist die ideale Basis für Ausflüge ins Hinterland des Dhofar. Im Norden und Osten liegen bedeutende Ausgrabungsstätten, der Westen lockt mit wunderschönen Landschaften entlang der Küste und ins Gebirge. Je nach Länge des Aufenthaltes können die Ausflüge einen halben oder einen ganzen Tag in Anspruch nehmen.

Ausflug in den Norden
▶ 3, G 24–F 21

Karte: S. 339
Im Norden Salalahs liegen die Weihrauchanbaugebiete und die antike Ausgrabungsstätte Ubar; beide wurden in die UNESCO-Liste des Welterbes aufgenommen.

Man verlässt Salalah am besten in Höhe des Hamdan Commercial Centres am Westrand der Stadt auf der vierspurigen Atin Road Richtung Norden. Nach 7 km kann man nach Osten auf eine gut befahrbare Piste zur Quelle **Ain Jarziz** 1 abbiegen, deren Besuch sich besonders während der *Khareef Season* lohnt, weil sie dann besonders wasserreich zutage tritt und die Umgebung ihrer Wasserbecken sich im satten Grün präsentiert. Der 4 km von der Hauptstraße an einem Felsabhang liegende Ort wird auch gerne von Omanis aufgesucht.

Hiobs Grab 2
Folgt man der Hauptstraße, die bald zweispurig wird, geht es kurvenreich in die Berge. Nach wenigen Kilometern erreicht man vor dem Ort Ghadu eine ausgeschilderte Abzweigung, die zum **Mausoleum An Nabi Ayoub** führt. Hier liegt ein Heiliger begraben, der in allen drei monotheistischen Religionen verehrt wird: bei Juden und Christen als Hiob, bei Muslimen als Ayoub. Die einheimischen Fremdenführer nennen die Grabstätte auf Englisch **Job's Tomb.** Sie liegt auf einem sehr schönen Plateau, von dem man einen faszinierenden Blick in die Ebene von Salalah hat, und kann von Besuchern aller Konfessionen betreten werden – die kleine Moschee daneben jedoch nur von Muslimen. Hiob war gemäß dem Alten Testament ein rechtschaffener Mann, der, obgleich er alles, was er besaß, verlor, dennoch seinen Glauben an Gott nie aufgab. Die Fremdenführer zeigen den Besuchern auch gerne den rechten, sehr großen Fußabdruck des Hiob. Auch wenn alle Tourguides beharrlich darauf bestehen, dass Hiob hier in dem Sarkophag begraben liegt und auf seinen Fußabdruck als Beweis verweisen: Es bleibt eine Legende, in der allerdings im Gegensatz zu vielen anderen Legenden auch nicht ein Körnchen Wahrheit steckt. Wenn es irgendeinen Hinweis gäbe, wäre dieser Ort heute bestimmt ebenfalls ein bedeutender Wallfahrtsort für die beiden anderen monotheistischen Religionen.

Wer Hiobs Grab besucht, kommt nicht an dem **Freiluftrestaurant Prophet Ayoub** vorbei. Ihm sollte man wegen der herrlichen Aussicht einen Besuch abstatten.

In die Berge nach Uyun
Von Hiobs Grabstätte führt die Hauptstraße weiter Richtung Westen in die Berglandschaft des Jebel Qara. Je höher man kommt, umso weniger grün sind die Hügel. In die Kalksteinformationen zu beiden Seiten haben sich Wadis eingegraben, die die Schichtungen des Gebirges freilegen. Ca. 30 km hinter dem

Ausflug in den Norden

Grab macht die Hauptstraße eine Biegung gen Osten. Hier zweigt eine Piste zur Ortschaft **Uyun** ab, der Weg führt in ein Wadi. An der 3,5 km langen Strecke zum Dorf Uyun passiert man ein Dutzend relativ hoher, vereinzelt stehender Weihrauchbäume. Im Wadi selbst gibt es mehrere große Wasserstellen, in denen man baden kann.

Zurück auf der Hauptstraße erreicht man nach weiteren ca. 20 km entlang den Abhängen des Jebel Qara südlich des Ortes Qayrun Hayritti die Nationalstraße 31, die Muscat mit Salalah verbindet. An dieser Kreuzung kann man seinen Ausflug in den Norden abbrechen und in Richtung Süden direkt nach Salalah zurückkehren.

Weihrauchanbaugebiet

Wer auf der NA 31 weiter in Richtung Norden fährt, erreicht nach 15 km die ausgeschilderte Abzweigung ins **Wadi Dhawkah** [3]**,** das von der UNESCO geschützte **Gebiet der uralten Weihrauchbäume.**

Die Abzweigung führt auf einer gut befahrbaren Piste zu dem 1 km entfernten **Frankincense Park.** Hier, auf den halbtrockenen Kalksteinböden in 600–800 m Höhe, an der Rückseite der Bergketten, gedeihen jene Weihrauchbäume besonders gut, die das begehrte Duftharz liefern. Das Hauptgebiet des Parks ist durch einen Zaun abgetrennt, um den Bestand von ca. 1200 Bäumen vor Besuchern, Ziegen und Kamelen zu schützen. Unterhalb des Parkplatzes stehen einzelne Weihrauchbäume, an die man dicht herantreten und die Einschnitte einschließlich des herausgequollenen Harzes aus nächster Nähe sehen kann. Ein Schild weist auf die Selbstverständlichkeit hin, dass Besuchern das ›Ernten‹ nicht gestattet ist.

Ubar [4]

Weiter auf der NA 31 kommt man nach 24 km in der zweitgrößten Stadt des Dhofar, in **Thumrayt,** an. Hier sollte man seinen Wagen unbedingt vor der Weiterfahrt an der Shell-Tankstelle mit genügend Benzin auffüllen. Hinter der Stadt biegt nach 16 km in nordwestlicher Richtung eine Piste in den Ort **Shisr** ab – Shisr ist nach Einschätzung von Archäologen das sagenumwobene **Ubar.**

Von der Abzweigung von der NA 31 bis zum Ort Shisr (auch Shisar oder Shasar; die Schreibweisen dieses Ortes variieren) sind es 75 km (von Salalah: 170 km). Die Piste mit Sand- und Geröllbelag lässt auch eine Fahrt ohne Allradantrieb zu. Die Strecke selbst ist monoton. Am Ortseingang wird man von zwei neuen, runden, weißen Wachtürmen begrüßt, der neue Ort Shisr besteht aus mehreren einstöckigen Wohnhäusern.

Das sagenumwobene, mitten in der Wüste gelegene Ubar muss einmal eine sehr reiche Stadt gewesen sein. Es wird in der Bibel und im Koran erwähnt und war einst Kreuzungspunkt historischer Karawanenwege für Gewürze, Kupfer und Weihrauch, vermutlich auch für Araberpferde. Auch die Königin von Saba soll hier gewesen sein, um Weihrauch einzukaufen. Im Koran wird Ubar als eine Stadt mit vielen Säulen beschrieben, eine Stadt, »derengleichen nie im ganzen Land gebaut worden ist«. In den Karten von Claudius Ptolemäus, einem griechischen Geografen und Astronom, der im 2. Jh. im ägyptischen Alexandria lebte, gab es ein Omanum Emporium im Land der Ubariter, und der arabische Historiker Mohammad Al Hassan Al Hamdani berichtete noch im 9. Jh. von einem mächtigen Ubar als der »ersten Stadt unter den Schätzen des Alten Arabiens«.

Lange Zeit konnte der Ort trotz aufwendiger Suche nicht lokalisiert werden. 1932 durchquerte der Brite Bertram Thomas die Rub al Khali. Thomas stand im Dienste des Sultans von Muscat, war eine Zeit lang sogar dessen Finanzminister und unternahm mehrere Expeditionen. Seine Durchquerung der Rub al Khali von 1930 bis 1931 dokumentierte er in dem Bericht »Arabia felix«. Während dieser Durchquerung in der Region um Shisr wurde er von einem Begleiter darauf hingewiesen, dass hier die Straße nach Ubar verlaufe. Er ging diesem Hinweis nicht nach, veröffentlichte ihn aber in seinem Bericht.

1984 deutete der sanddurchdringende Radar an Bord der Raumfähre Challenger eine 100 km lange, im Sand begrabene Straße am

Ausflüge von Salalah ins Hinterland des Dhofar

›Weihrauchernte‹: in der Antike ein streng gehütetes Geheimnis

Rand der Rub al Khali im Norden der Provinz Dhofar an. Von der Raumfähre gemachte Bilder bestätigten die Vermutung: Deutlich sah man in den Vergrößerungen die alten Karawanenwege, aber die Geologen im NASA-Labor in Pasadena fanden keine Spuren, die auf eine Stadt hätten schließen lassen. Das ›Ubar-Fieber‹ brach noch nicht aus.

Das geschah erst 1990, als sich Arabisten und Abenteurer, Geologen und Hightechexperten unter Leitung des Spezialisten für arabische Archäologen an der Southwest Missouri State University, Yuris Zarins, aufmachten. Sie hatten zuvor viele arabische Quellen und Berichte von Forschungsreisenden nach Hinweisen durchsucht, insbesondere zogen sie die Aufzeichnungen von Thomas zurate. Unter der Leitung Yuris Zarins' entdeckte die Ausgrabungstruppe 1992 in Shisr eine Karawanserei mit einer Quelle. Erste systematische Ausgrabungen ergaben, dass einzelne Gebäude bis ins 3. Jt. v. Chr. datieren.

Heute versorgt die entdeckte Quelle die vom Staat erbaute neue Siedlung für die Beduinen dieser Region. 150 von ihnen verließen ihre Zelte und siedeln jetzt in Reihenhäusern, allesamt umgeben von einer Mauer. Hinter den Häusern haben sie kleine Gemüsegärten angelegt und Dattelpalmen gepflanzt. Oberhalb eines größeren Palmenhains liegt die eingezäunte historische Stätte Ubar.

Um 2800 v. Chr. muss Ubar eine blühende Siedlung gewesen sein. Die Ausgrabungen haben jene Wege freigelegt, die zwischen den Grundmauern der Häuser und Tempel verlaufen. Auch muss Ubar viele Jahrhunderte lang bewohnt gewesen sein, denn Gebäude wurden immer wieder neu überbaut. Man fand Steingutscherben aus China, Ke-

Das ›weiße Gold‹ des Oman

Weihrauchernte in Dhofar — Thema

Der arabische Name für das Weihrauchharz ist *luban*, und der Baum, aus dem das duftende Harz austritt, trägt die lateinische Bezeichnung *Boswellia sacra*. Weihrauchbäume gibt es in bescheidenem Umfang auch im afrikanischen Somalia, in Äthiopien und in Indien. Sie tragen andere lateinische Namen und die Qualität ihres Weihrauchharzes kann sich mit der des Weihrauchs aus Dhofar nicht messen.

Seit Jahrtausenden wird Weihrauch in Dhofar in der gleichen von Generation zu Generation überlieferten Art und Weise ›geerntet‹. Die Vorbereitungen beginnen jedes Jahr im März/April, wenn die Temperaturen steigen. Mit einem scharfen Messer – *manqaf* genannt – werden je nach Alter des Baumes zwischen 10 und 30 Schnitte in die Rinde gesetzt. Die Form des Messers und die Art der Einschnitte waren in der Antike ein streng gehütetes Geheimnis, weil sie nicht zu tief und nicht zu flach gesetzt werden durften, um den Baum nicht zu beschädigen und dennoch genügend Weihrauch ›ernten‹ zu können.

Aus diesen Kerben tritt eine milchige, harzige Flüssigkeit aus, die sich schnell gummiartig verfestigt. Dieses Harz bleibt ungefähr 14 Tage lang am Baum, dann wird es entfernt, da es von noch minderer Qualität ist. Der Baum wird dann ein zweites Mal mit Einschnitten versehen. Auch das aus den zweiten Einschnitten austretende Harz genügt noch nicht den hohen Qualitätsansprüchen. Erst das Harz, das der Baum nach einer dritten Einkerbung liefert, wird schließlich vermarktet. Das austretende Harz wird von Woche zu Woche reiner, heller und besser. Geerntet wird in der Regel ab April über drei Monate hinweg, je 14 Tage nach den jeweiligen Einschnitten.

Die Ernte wird in Körben gesammelt, getrocknet und ab Oktober verkauft. Je nach Alter liefert ein Baum zwischen 3 und 7 kg, manchmal sogar 10 kg des Harzes. Alle sieben Jahre wird für jeden Baum eine mehrjährige Erntepause zur Regeneration eingelegt. In der Provinz Dhofar werden heute pro Jahr insgesamt 7000 Tonnen Weihrauch produziert. Sie haben derzeit einen Wert von ca. 30 Mio. OR.

Seit den Berichten aus der Bibel über die Besuche der Königin von Saba oder der drei heiligen Könige wissen wir, dass Weihrauch damals so wertvoll war wie Gold. Das edle Harz gelangte über die sogenannte Weihrauchstraße durch den Jemen parallel zur Küste des Roten Meeres vorbei an Mekka und Petra bis Gaza am Mittelmeer und von dort weiter per Schiff nach Europa.

Im Souq von Salalah wird Weihrauch zu unterschiedlichen Preisen angeboten. Je reiner, heller und klarer das Harz ist, desto teurer wird es verkauft. Brauner, dunkler oder von Baumrinde durchsetzter Weihrauch wird billiger abgegeben. Am tiefsten in die Tasche greifen muss man für das grünlich-klare Harz (zu den Preisen: s. S. 324).

Oft vermischen die Händler in abgepackten Tüten Harz unterschiedlicher Qualität, und die Käufer zahlen aus Unkenntnis überhöhte Preise. Vorsicht ist auch deshalb geboten, da findige Geschäftemacher mitunter Weihrauch der ersten und zweiten Einschnitte anbieten.

Ausflüge von Salalah ins Hinterland des Dhofar

ramiken aus Rom und Ägypten und Steintafeln mit frühsemitischen Schriftzeichen – aber eine große Stadt, die den überlieferten Beschreibungen entsprochen hätte, kam nicht ans Tageslicht.

Die Ausgrabungsstätte lässt nicht die Bedeutung erkennen, die dem Ort Ubar zugeschrieben wird. Der Brite Thomas Edward Lawrence (besser bekannt als Lawrence of Arabia), der Ubar suchte, aber nie fand, bezeichnete die versunkene Stadt als das Atlantis der Wüste. Beim Stand der derzeitigen Ausgrabungen kann davon nicht die Rede sein. Und doch sind sich Yuris Zarins und sein Team sicher, dass es sich bei dieser Ausgrabungsstätte um Ubar handelt. Denn der Koran berichtet, dass das reiche Ubar samt des Volkes von Iram wegen seines ausschweifenden Lebenswandels vernichtet wurde: Allah ließ die Stadt einfach im Sand versinken.

Mitten in der Ausgrabungsstätte befindet sich ein 12 m tiefer Krater. Er stammt von einer großen unterirdischen Kalksteinhöhle, deren Decke großflächig eingebrochen ist. Falls dies passiert sei, während die Stadt voller Menschen war, so Zarins, könnten die mündlichen Berichte darüber später als Untergangsszenario Eingang in den Koran gefunden haben.

Von Ubar kann man – vorausgesetzt, man besitzt einen Allradjeep – weiter in Richtung Westen in das Gebiet der **Rub al Khali** vorstoßen. Letzte Stationen sind **Khad** und das **Beduinencamp Hadhef**. Im Camp erfährt man beduinische Gastfreundschaft: Unaufgefordert wird man als Fremder mit Datteln und Kardamom-Kaffee willkommen geheißen. Die Sanddünen in der Umgebung sind bereits so hoch, dass man sich die Schwierigkeiten einer Wüstendurchquerung in den Tagen der Kamelkarawanen sehr gut vorstellen kann.

Essen & Trinken

Bei Hiob ▶ **Prophet Ayoub:** Freiluftrestaurant an Hiobs Grab (s. S. 336) mit herrlicher Aussicht. Getränke und Snacks werden angeboten. Obstteller 1,5 OR.

Ausflug in den Osten
▶ 3, H–J 24

Karte: S. 339
Östlich von Salalah liegen mehrere kleine Orte, die in der Geschichte des Dhofar große Bedeutung hatten.

Am Ad Dahariz R/A verläuft, unmerklich für den Besucher, die Stadtgrenze Salalahs. Die Straße gen Osten führt – im großen Abstand, aber immer parallel zur Küste – durch Felder und Kokosnussplantagen, vorbei an Militäranlagen und königlichen Stallungen. Hinter dem Al Mamurah R/A, dem schönsten Verkehrskreisel von Salalah, beginnen Abzweigungen von der Küstenstraße in südlicher Richtung zu dem neuen Salalah Beach Resort und in nördlicher Richtung zu einer Hochebene, an deren Abhängen sich entlang der Strecke mehrere **Quellen** 5 befinden: zuerst die von **Ain Razat**, wenig später das Quellgebiet von **Hamran**, und 8 km weiter die Quellen von **Ain Athoon.**

In Ain Razat sprudeln mehrere Quellen, die über ein *aflaj*-System die gesamte Gegend und sogar noch die Grünanlagen des Mamurah-Palastes des Sultans am Stadtrand von Salalah versorgen. Steinerne Stufen führen zu einem Grillplatz, entlang des *falaj* erreicht man einen weiteren Picknickplatz, in dessen Nähe eine Moschee steht. Hier kann man Überreste eines antiken *aflaj*-Systems besichtigen. Alle Quellen und Quellgebiete am Fuße dieser Hochebene kann man auf Pisten mit Pkws erreichen.

Ins **Wadi Athoon** führt eine geteerte Straße. Es bedarf einer längeren Anfahrt durch das Wadi, vorbei an kleinen Farmen mit Kamelen, bis man am Ende einen steilen Abhang über einer gigantischen Grotte voller Lianen erreicht.

15 Taqah

Nach 25 km erreicht man die Ortschaft **Taqah**. Das Fort, **Taqah Castle**, ist ca. 300 Jahre alt. Es steht auf einem freien Platz, umrahmt von alten Stadthäusern. Seit Abschluss seiner Renovierung 1993 beherbergt es ein Museum und vermittelt wegen seiner

Ausflüge von Salalah

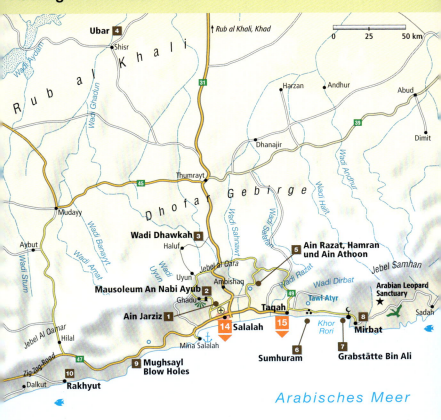

originalgetreu eingerichteten Räume und seiner überschaubaren Architektur viel historische Atmosphäre.

Im unteren Teil der Festung befindet sich heute neben dem Eingang das **Büro der Castle-Verwaltung.** Hier erwirbt man die Eintrittskarte und kann um eine Führung ersuchen.

Man betritt die Festung durch einen verzierten Torbogen mit einem schweren hölzernen Tor. Dahinter liegt ein langer, dunkler **Gang** mit steinernen Bänken zu beiden Seiten, auf denen sich früher die Wachen ausruhten. Heute sind die Wände dieses Gangs mit antiken Alltagsgegenständen und alten Fotos dekoriert.

Durch den Gang gelangt man in den **Innenhof** der Festung, von dem man die Räume im Parterre und im ersten Stock erreicht.

Die Räume des **Erdgeschosses** dienten früher in erster Linie der Versorgung des Forts: Hier befinden sich eine Waffenkammer, die Küche mit der Kochstelle, ein Raum für das Holz zum Kochen, mehrere Räume für die Lagerung von Datteln und Lebensmitteln sowie ein enger, dunkler Raum, der als Gefängnis fungierte.

Entsprechend ihrer früheren Nutzung sind die Räume in der Festungsanlage heute wieder mit Mobiliar ausgestattet: In der Waffenkammer hängen Gewehre, in der ehemaligen

Ausflüge von Salalah ins Hinterland des Dhofar

aktiv unterwegs

Auf den Ausgrabungsfeldern von Sumhuram

Tour-Infos
Start: Anreise von Salalah über Taqah mit einem Pkw
Länge: ca. 50 km inklusive Anreise
Dauer: einen knappen halben Tag einplanen, für Sumhuram allein ca. 2 Std.
Wichtige Hinweise: Da das Ausgrabungsgelände relativ groß ist, empfiehlt sich gutes Schuhwerk. Da das Gelände zudem der prallen Sonne ausgesetzt ist (keine Schattenspender!), sollte man Trinkwasser mitnehmen. Das Auto muss man vor dem Ausgrabungsgelände abstellen.
Öffnungszeiten: Sa–Do 9–14 Uhr, Eintritt 0,5 OR, Auto: 2 OR.

Hinter Taqah wird die Landschaft hügelig. Die zweispurige Überlandstraße nach Mirbat verlässt die Nähe der Küste, schlängelt sich ein wenig landeinwärts und passiert kleine Anhöhen, von denen man sehr schön die unterschiedlichen Küstenformationen und insbesondere ihre natürlichen Einbuchtungen überblicken kann. Nach ca. 8 km zeigt rechter Hand ein unauffälliges Straßenschild die Abzweigung zur archäologischen Ausgrabungsstätte Sumhuram am Khor Rori an. Ab jetzt bewegt man sich auf einer schmalen Straße. Fußgänger trifft man keine – denn alle Besucher benutzen Pkws –, dafür um so mehr Ziegen. Am Eingang der umzäunten Anlage befindet sich eine Kasse.

Obwohl **Sumhuram** 6 in einem damals wie heute dünn besiedelten Gebiet liegt, fällt auf, dass die ca. 1 ha große Siedlung auf einer Anhöhe über dem Hafen mit einer doppelten **Mauer** umgeben war. Der Ort wurde als Hafen- und Handelskolonie der Könige von Hadramaut im 4. Jh. v. Chr. gegründet. Das belegten erste Ausgrabungen, die im Auftrag der American Foundation for the Study of Man seit 1953 von dem amerikanischen Archäologen Wendell Philipps geleitet wurden.

Die Siedlung war als östlicher Außenposten des hadramitischen Königreichs an der Handelsroute zwischen Mittelmeer, Golfregion und Indien eine der ersten arabischen Hafenstädte, die mit Indien auf dem Seeweg Handelsbeziehungen unterhielt. Für die die Monsunwinde nutzenden großen Handelsschiffe war Sumhuram der ideale Anlegeplatz. Das wissen wir aus dem »Periplus Maris Erythraei«, einer Beschreibung in griechischer Sprache über die Häfen und Warenströme entlang der damals bekannten ostafrikanischen und arabischen Küsten aus dem ersten nachchristlichen Jahrhundert. Der Autor beschreibt die Bedeutung des Seehafens, seine Lage und die Kontrolle durch Offiziere des hadramitischen Königs.

Ausgegraben wurden in Sumhuram bisher die Stadtmauer und einzelne Bauwerke innerhalb der Stadtanlage, darunter die **Zitadelle** und die Mauern des mächtigen **Stadttores**. An das Stadttor, das von zwei Türmen gesichert wurde, grenzt eine **Tempelanlage**, in der die südjemenitische Gottheit Sin verehrt wurde. Hier befindet sich ein Brunnenschacht, der mit geglätteten Steinplatten ausgekleidet ist. Eine Reihe von Inschriften auf großen, glatten Kalksteinen am monumentalen Zugangsbereich nehmen Bezug auf die hadramitische Stadtgründung der Anlage in vorislamischer Zeit. In diesen Inschriften wird die Siedlung Sumhuram genannt.

An den meisten der freigelegten Mauern kann man sehr deutlich die Arbeit der Archäologen erkennen. Dunkle Steine auf den Oberkanten der Mauern waren schon vor den Ausgrabungen zu sehen. Sie lagen über der Erdoberfläche und sind deshalb vom Wetter eingefärbt. Das darunter liegende helle Mauerwerk war verschüttet und wurde erst bei den Ausgrabungen freigelegt.

Ausflug in den Osten

Man sollte sich nach dem Rundgang durch die Ausgrabungsstätte noch die Zeit nehmen, um sich von der Anhöhe hinunter zur Lagune **Khor Rori** zu begeben. Khor Rori ist ein weit ins Hinterland reichender schmaler natürlicher Meeresarm, den die hadramitischen Könige zum **Hafen** ausbauten. Heute ist die Einfahrt zur Lagune versandet, aber man kann sich noch immer die antike Hafenanlage vorstellen. Denn an ihren Rändern haben die Archäologen Teile der antiken Kaimauern restauriert und eine der historischen Treppen hinauf zu der ummauerten Stadt wieder freigelegt. 2011 eröffnete am Rande des Ausgrabungsfeldes »The Archeological Gallery«, ein schönes Museum mit Ausgrabungsfunden, einem Modell des antiken Sumhuram und vielen Fotos der Ausgrabungsarbeiten. Das Museum besitzt auch eine gute touristische Infrastruktur (z. B. Toiletten etc).

Sumhuram ist ganzjährig geöffnet. Von November bis März kann man den pakistanischen Arbeitskräften unter italienischer Führung bei dem **aktuellen Ausgrabungen** zusehen. Wer Lust hat, kann die italienischen Archäologen sogar fragen, ob man mithelfen darf. Mir hat man es erlaubt. Allerdings muss man alles, was man beim Graben gefunden hat (z.B. Scherben oder gar eine Münze) abgeben.

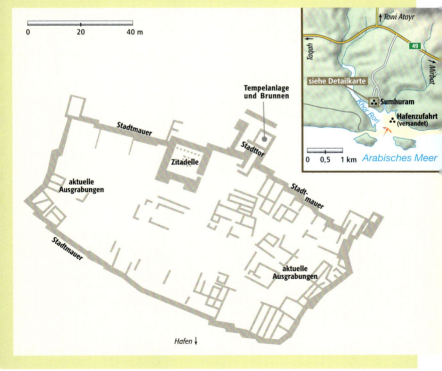

341

Ausflüge von Salalah ins Hinterland des Dhofar

Küche alte Haushaltsgeräte und lederne Wassersäcke. Besonders eindrucksvoll sind die bunten Kissen und die Gewehre in der *majlis* des Wali. Auch sein Schlafzimmer besitzt wieder die traditionelle Möblierung, einschließlich der mit bunten Bändern verzierten blauen Tüllvorhänge, die ihn des Nachts vor stechenden Mücken schützten.

Zentrum des dank einer hohen Palme schattigen Innenhofs ist ein alter **Ziehbrunnen**, aus dem mithilfe eines Ziegenbalgs als Eimer Wasser geschöpft wurde. Vom Innenhof führen zwei Treppen mit hölzernen Geländern zum ersten Stock und zu einem befestigten Rundgang. Bei der Restaurierung wurden die für die Region typischen Holzfenster in den Räumen des ersten Stocks eingesetzt. Sie sind liebevoll geschnitzt und so geschickt gefertigt, dass genügend Luft aber kein Blick von draußen nach drinnen eindringen kann. Von innen dagegen konnten die Bewohner weit über die Stadt blicken.

Zwei steile, in die Wand eingelassene Treppen ermöglichen die **Besteigung des Südwestturms,** der mit schmalen Schießscharten ausgestattet ist. Durch sie hat man einen herrlichen Blick über Taqah (Sa–Do 9–16, Fr 8–11 Uhr, 0,5 OR).

Oberhalb von Taqah Castle, in ca. 50 m hoher Hanglage, steht eine zweite Festung, die aber noch nicht für Besucher zugänglich ist. Diese Festung war die eigentliche Verteidigungsanlage der Stadt. Vor der Abzweigung zum Taqah Castle befindet sich direkt vor der Afif-Moschee ein 400 Jahre alter Friedhof, auf denen die Mutter, der Großvater sowie Tante und Onkel von Sultan Qabcos begraben liegen.

Sumhuram 6

Von Taqah führt die Küstenstraße weiter gen Osten. Sie passiert nach 7 km linker Hand die Abzweigung ins **Wadi Dirbat,** an dessen Ende sich im Sommer ein großer Süßwassersee befindet. Die Fahrt ins Wadi geht steil bergauf, auf der Hochebene grasen Kamele unter Palmen, am Wegesrand stehen Bienenkörbe. Nach einem weiteren Kilometer auf der N 49 erreicht man rechter Hand die Abzweigung nach **Sumhuram.** Auf der 2 km

Archäologie im Dhofar: Die alte Hafen- und Handelskolonie Sumhuram

Ausflug in den Osten

langen Strecke trifft man während der Anfahrt auf Sumhuram auf Ziegenherden, denn die Flächen zwischen Küste und Küstenstraße werden von Hirten als Weidegebiet genutzt.

Die archäologische Stätte ist weitläufig abgesperrt. Obwohl die Ausgrabungsarbeiten noch nicht abgeschlossen sind, kann man die Anlage besichtigen und sogar beim Ausgraben helfen (s. S. 340). Seit 1997 werden die Ausgrabungen US-amerikanischer Archäologen durch ein italienisches Forschungsteam der Universität Pisa unter Leitung von Alessandra Aranzini fortgesetzt und seit der Aufnahme Sumhurams in die UNESCO-Liste des Welterbes im Jahr 2000 noch verstärkt.

Sumhuram besaß mit der **Lagune Khor Rori** einen Naturhafen, der mehrere hundert Meter weit ins Hinterland hineinreichte. Zum Meer hin wird die Einfahrt in die Lagune durch zwei mehr als 20 m senkrecht aus dem Wasser ragende Berghänge begrenzt. Damit konnte der Hafen leicht gesichert werden und die Seefahrer schon von Weitem die Hafeneinfahrt erkennen.

Sumhuram wurde, das bestätigen die Forscher, in mehreren Bauphasen zwischen dem 4. Jh. vor und dem 5. Jh. nach Christus angelegt. Mit der Gründungsdatierung ins 4. Jh. v. Chr. sind alle Spekulationen, Sumhuram stünde in irgendeiner Beziehung zur legendären Königin von Saba (die im 9. Jh. v. Chr. lebte), hinfällig, auch wenn der Palast im Inneren der Anlage von Fremdenführern und in der Literatur immer als Palast der Königin von Saba vorgestellt wird. Viele der ausgegrabenen Alltagsgegenstände, z. B. Mühlsteine, Weihrauchbrenner oder Mörser, werden heute im Museum von Al Baleed ausgestellt (s. S. 318).

Grabstätte Bin Ali 7

Zwischen Sumhuram und dem 25 km entfernten Mirbat verläuft die Küstenstraße näher am Meer. Man sieht schöne, helle Sandbuchten, zu denen aber keine Pisten führen, weil sie hinter Weideflächen liegen, die von Steinmauern eingegrenzt sind. Nähert man sich Mirbat, erkennt man deutlich rechter Hand vor einem Hügel zwei strahlend weiße, zwiebelförmige Kuppeln. Sie gehören zur **Grabstätte des muslimischen Heiligen Bin Ali.** Um sie aufzusuchen, muss man vor der Brücke am Ortseingang von Mirbat nach rechts abbiegen.

Sheikh Mohammed bin Ali Al Alawi kam aus dem Hadramaut und verstarb 1161 in Mirbat. Zu seinen Ahnen gehört in direkter Abstammung der vierte Nachfolger des Propheten Mohammed, sein Namensvetter. Ali führte als vierter und letzter der sogenannten rechtschaffenen Kalifen von 656 bis 661 die muslimische Welt, der Heilige Bin Ali Al Alawi besitzt also ein sehr hohes religiöses Ansehen. Die kleine Grabstätte innerhalb des Mausoleums ist von Tüchern bedeckt. Wenn man nicht der muslimischen Glaubensrichtung angehört, sollte man nur den Vorraum betreten. Vor der Grabstätte befindet sich ein großer muslimischer Friedhof mit alten Grabsteinen.

In Dhofar gibt es viele Gräber von Heiligen, denn diesen Stätten werden magische Kräfte zugesprochen (ein Aberglaube, der eigentlich für den Islam untypisch ist): Am Grab vorgetragene Wünsche und Verwünschungen sollen in Erfüllung gehen. Das gilt besonders bei Gräbern von Heiligen, weshalb die Grabstätte des Bin Ali von vielen Omanis besucht wird.

Mirbat 8

Mit seinen 6000 Einwohnern gehört **Mirbat** zu den größeren Orten Dhofars. Hier gibt es Banken, eine Post- und Polizeistation, ein Hotel und mehrere Restaurants. Die Stadt blickt auf eine lange Handelstradition zurück. Sie liegt in einer geschützten Bucht und besitzt einen alten Hafen, den im 17. Jh. Schiffe aus Indien und Ostafrika ansteuerten. Von hier brachten Kamelkarawanen indische Gewürze ins Landesinnere, und die Schiffe der indischen Händler nahmen auf der Rückfahrt Pferde mit. An diesen Pferdehandel erinnern zwei Statuen am Eingang der Stadt.

Mirbat erreichte seinen Höhepunkt als Handelsplatz und Hafenstadt erst nach dem Untergang anderer Hafenstädte entlang der arabischen Küste. Im 18. Jh. war es das

Ausflüge von Salalah ins Hinterland des Dhofar

Mirbat: Von hier brachten Kamelkarawanen indische Gewürze ins Landesinnere

letzte große Handelszentrum für den dhofarischen Weihrauch. In dieser Zeit wurde auch die zweistöckige Festungsanlage Mirbat Castle erbaut.

1972 gelang es Sultan Qaboos in erbitterten Kämpfen, die Stadt aus den Händen aufständischer Dhofaris zurückzuerobern. Diese hatten sich ins Mirbat Castle zurückgezogen und die Festung lange erfolgreich verteidigt. Damit war Mirbat Schauplatz einer der weltweit letzten Schlachten, bei denen es um Angriff und Verteidigung einer Festung ging.

Der rechteckige Festungsbau von **Mirbat Castle** mit seinem schießschartenbewehrten Dach steht auf einer Anhöhe am Eingang der Stadt. In einem Hof auf der Rückseite befinden sich noch drei alte Kanonen. Das Fort ist nur teilweise restauriert und für Besucher nicht zugänglich. Im Umkreis der Festung stehen mehrere alte Lehmhäuser, denen jedoch der Verfall droht.

9 km hinter Mirbat eröffnete 2011 das Marriott Salalah Resort (s. u.) als Teil eines größeren Erschließungsprojekts mit dem Namen **Mirbat Beach,** dessen gigantische Ausmaße ein Modell in der Vorhalle des Marriott veranschaulicht. Eine neue Küstenstraße führt weiter ins 60 km entfernte **Sadah** (mit schöner Zitadelle) und von dort ins 58 km entfernte **Hisniq** (auch Hasnik). Hier endet bisher die geteerte Straße. In ein paar Jahren wird sie bis Duqum, dem größten Hafen an der Ostküste, verlängert werden. Dann kann man Salalah von Muscat auch entlang der Ostküste erreichen.

Übernachten

Einsamer Luxus ▶ Marriott Salalah Resort: außerhalb Mirbat, 80 km östl. von Salalah, Tel. 23 26 82 45, Fax 23 26 82 71, www.marriottslalahresort.com. Zweistöckige halbkreisförmige Anlage mit großem Schwimmbad vor langen Sandstränden, eigenem Spa und einladenden Restaurants. Ein schönes Ressort fernab allen Geschehens, hoteleigenes Tauchcentre. DZ ab 60 OR.

Ausflug in den Westen

Essen & Trinken

Fischgerichte ▶ **Shara Tourist Restaurant:** Mirbat, am Rande der Altstadt, nahe Ortseingang, Tel. 23 26 84 58, tgl. 8–24 Uhr. Fischrestaurant. Am Eingang erinnern ein Schädel und mehrere große Knochen eines Wals an das ruhmreiche Fischerleben des Lokalbesitzers. Fischplatte ab 3 OR.

Am Hafen ▶ **Al Mina:** Neben der Hafenbehörde am Ende der Fischerbucht, auf einer Anhöhe (Al Marasi St.), Tel. 99 58 03 69, tgl. 7–24 Uhr. Barasti-Restaurant mit herrlichem Blick über die Bucht. Frische Kalamari 1 OR, Omelett 0,5 OR.

Ausflug in den Westen
▶ 3, G–F 25

Karte: S. 339
Sind im Osten Salalahs in erster Linie die historisch bedeutsamen Stätten einen Besuch wert, so bietet der Westen vor allem Naturphänomene und eine Straße, die spektakulär mitten durch diese hindurchführt.

Die Exkursion Richtung Westen führt am Hilton Hotel vorbei zum Containerhafen Port Salalah in Raysut. Von nun an folgt man der abwechslungsreichen Nationalstraße 47 in Richtung Mughsayl. Sie führt an der Küste entlang, schwenkt gelegentlich ins Hinterland und kehrt wieder zur Küste zurück. Mal geht es steil bergauf, mal kurvenreich hinunter; vereinzelt stehen Weihrauchbäume linkerhand der Straße.

Mughsayl 9

Nach 40 km trifft der Besucher auf eine große Bucht mit einem kilometerlangen hellen Sandstrand vor türkisfarbenem Meer. Ausgestattet mit Sonnenschirmen, Pavillons und Picknickplätzen zieht er am Wochenende viele einheimische Familien an. **Mughsayl** ist ein kleines Fischerdorf und liegt direkt an der Küstenstraße. Seine Bewohner leben nach wie vor vom Fischfang. Im Westen der Bucht, nahe dem Meer, erstreckt sich die **Lagune Khor Mughsayl**. In diesem Brackwasserareal leben viele Vögel. Die Lagune ist unter Vogelbeobachtern ein Geheimtipp.

Am Ende der Bucht steht das **Mughsayl Mocca Café** (s. S. 346). Es ist das einzige weit und breit und wird deshalb gern aufgesucht. Unweit dahinter befindet sich jene Attraktion, wegen der die Mehrzahl der Besucher nach Mughsayl kommt: die **Blow Holes.** Für Uninformierte sind die Blow Holes (zu deutsch: Blaslöcher) eine wirkliche Überraschung, denn ganz unerwartet schießen aus ihnen mit lautem Gurgeln bis zu 10 m hohe Wasserfontänen an verschiedenen Stellen aus dem flachen, dunklen Felsplateau. Jede Fontäne fällt sofort wieder in sich zusammen, um in unregelmäßigen Zeitabständen erneut aufzusteigen. Es zischt und rauscht, und die Besucher haben großen Spaß daran. Zudem findet das ganze Schauspiel vor einer beeindruckenden Kulisse statt, weil eine hohe, steile Felswand wie eine offene Kuppel über das Plateau ragt.

Was wie ein rätselhaftes Wunder aussieht, erklärt sich, wenn man bis zum Rand des fel-

Ausflüge von Salalah ins Hinterland des Dhofar

sigen Plateaus vorgeht, dorthin, wo es steil ins Meer abfällt. Jetzt sieht man, dass das Meer in Tausenden von Jahren das Felsplateau unterspült und tief ausgehöhlt hat. Wenn schwere Brandung in die Höhlung eindringt, entsteht ein großer Druck unter der Decke des Plateaus, und Luft und eingespültes Wasser entwischen durch die Löcher als gurgelnde Fontänen. Je stärker die Brandung, desto höher die Fontäne: Mal steigen die Fontänen sehr hoch, mal gurgelt es nur, und an windstillen Tagen gehen die Besucher leer aus – doch das ist ganz selten der Fall, und die Küstengegend ist so schön, dass sich dann trotzdem ein Besuch gelohnt hat.

Zig-Zag-Road nach Jemen

Hinter der Bucht von Mughsayl windet sich die Straße ins Gebirge des **Jebel Al Qamar,** dessen Ausläufer jetzt bis an die Küste herantreten. Von hier sind es noch 100 km bis zur jemenitischen Grenze.

Nach dem Ende des Dhofarkriegs (1975) und verstärkt nach der Vereinigung der beiden jemenitischen Staaten im Jahr 1990 verbesserten sich die Beziehungen zwischen Oman und seinem Nachbarn. Jahrzehntelang gab es in der Grenzregion nur Pisten, später dann eine schlecht asphaltierte, schmale Straße, die aber wegen militärischer Sicherheitsmaßnahmen im grenznahen Bereich nicht zivil genutzt werden konnte. Auch wurde Ausländern ein Grenzübergang von Oman in den Jemen (und umgekehrt) nicht gestattet. Das hat sich geändert: Bereits in der zweiten Hälfte der 1980er-Jahre begann die Regierung Omans im Rahmen ihres Dhofar-Entwicklungsprogrammes mit dem Bau einer Straße in Richtung jemenitische Grenze.

Hinter Mughsayl beginnt diese meisterliche Straßenbauleistung. In engen Serpentinen, eine hinter der anderen, gewinnt die Straße in Haarnadelkurven langsam an Höhe; jetzt versteht man, warum dieser Abschnitt der Nationalstraße 47 im Jebel Al Qamar von den Einheimischen Zig-Zag-Road genannt wird. Vergleichbar ist dieser Aufstieg mit der alten Straßenführung zur Überwindung des Sankt Gotthards in der Schweiz.

Nach dem Anstieg verläuft die Straße an Abhängen vorbei, an deren Steilwänden grüne Kapernbüsche wuchern. Dann geht es zur Überwindung eines Wadi wieder in steilen Zick-Zack-Kurven hinab und wieder hinauf, bis man in über 1000 m Höhe das karge Bergplateau des Jebel Al Qamar erreicht. Hier oben erlebt man eine Bergwelt von grandiosen Dimensionen: Der Blick reicht vom Meer im Süden bis zu den hohen Bergketten im Norden und vermittelt ein Gefühl von Weite. 14 km hinter Mughsayl, an einem roten Verkehrsschild, biegt linkerhand eine Piste ab, die hinunter zur Küste und in die wunderschöne **Bucht von Al Fazayih** führt. Hier campen und picknicken einheimische Familien an Wochenenden unter Bäumen und Felsüberhängen und dennoch legen Schildkröten am Strand noch immer ihre Eier ab. Die Schönheit der Bucht von Al Fazayih wird durch die Einrahmung der sie umgebenden Bergmassive unterstrichen.

Wer weiter bis zur **jemenitischen Grenze** fahren möchte, folgt der NA 47. Sie zieht sich jetzt entlang des Bergplateaus und erreicht nach 60 km Entfernung von Mughsayl im Ort Difa eine Abzweigung, an der eine asphaltierte Straße kurvenreich hinab zum 20 km entfernten Fischerort **Rakhyut** 10 führt. Rakhyut liegt am Ausgang eines Wadis, eingerahmt von hohen Bergen, und besitzt einen schönen Badestrand. 5 km hinter dieser Abzweigung steht ein omanischer Militärposten, der hier, mehr als 30 km vor der Grenze, Wagen- und Passkontrollen durchführt. Der letzte größere omanische Ort vor der Grenze zum Jemen heißt **Khadrafi.**

Essen & Trinken

Meerblick ▶ **Mughsayl Mocca Café:** großes, zweistöckiges Haus am Ende der Bucht auf einer Anhöhe, Tel. 99 95 06 18, tgl. 10–18 Uhr. Einfaches Terrassenrestaurant, schöner Blick aufs Meer, saubere Toiletten, leider nur Fastfood; Kaffee 1 OR.

*Küste bei Mughsayl:
steile Felswände und starke Brandung*

Register

A'Sharqiyah 284
Abad (Fürst) 40
Abd al Qasim Mohammed ibn Abdallah ibn Abd al Mutalib s. Mohammed (Prophet)
Abdallah Mohammed ibn Battuta 256
Abdullah bin Ibad 40, 55
Abu Bakr (erster Kalif) 40, 52, 55
Abu Saatha 40
Aflaj-Bewässerungssystem 146, 254, **267,** 317
Ahmad bin No'oman Al Qaabi 46
Ahmad ibn Majid 118
Ahmed bin Said (Imam) 34, 45, 185, 190
Ain Al Kasfah 190
Ain Hamran 338
Ain Jarziz 334
Ain Razat 338
Ain Athoon 338
Ain Thuwarah (Nakhal Springs) 188
Al Ain 205
Al Ashkharah 305
Al Awabi 188
Al Ayn (Bienenkorbgrab) 277
Al Bu Said-Dynastie 41, **45,** 118
Al Bustan s. Muscat
Al Dakhiliyah (Inneroman) 250
Al Felaij 182
Al Ghubrah s. Muscat
Al Hamra 267
Al Harf 227
Al Hazm 192
Al Hoota (Tropfsteinhöhlen) 266
Al Jadi 227
Al Kamil 291
Al Maladdah 193
Al Medinat al Nabi s. Medina
Al Mintarib 285
Al Misfah 267
Al Mudayrib 285
Al Muqadassi 198
Al Musanah 194
Al Yalandi (König) 41
Al Yaruba-Dynastie 44
Alexander der Große 216
Alfonso de Albuquerque 44, 118
Ali Beq 44
Ali bin Nassr 46
Ali ibn Abu Talib (Kalif) 55
Alkohol 99
Allah 43
Alltagskultur 50
Amar ibn Al As 40
Amir bin Al As 254
Amouage (Parfum) 251
An Nabi Ayoub 334
Anreise 89
Ar Rawdah 241
Ar Ruways 303
Arabia felix 39, 335
Architektur 64
Areesh 64
As Suwayq 194
As-Sayh-Plateau 241
Asilah 305
Ausgehen 99
Außenpolitik 37
Auto 89
Azzan bin Qais (Imam) 190

Bahla 271
Bandar Al-Jissah s. Muscat
Barka 183
Basra 40, 55
Bassa 227
Bat (Bienenkorbgrab) 277
Batinah 16, 33, 182, **250**
Bayt Al Barakah 182
Bayt Al Qufl 244
Bayt Al Ridaydah 263
Bayt Al Zubair 119
Bayt Na'aman 183
Beduinen 51
Behinderung 86
Bekleidung 58
Bergsteigen 95
Bevölkerung 15, **50**
Bienenkorbgräber 277
Bil'Arub bin Sultan (Imam) 45, 276
Bin Ali Al Alawi (Heiliger) 343
Birkat Al Khaldiyah 241
Birkat Al Mawz 263
Bukha 226
Buraimi 33, **204**
Bürgerkrieg 45
Bus 89

Capital Area s. Muscat
Checkpoint Rawdah 224, **241**

Dabba s. Dibba
Dakhiliya 33
Dattelpalme (Phoenix dactylifera) 196
Daymaniyat Islands (Nature Reserve) 193
Dhahirah 33
Dhau 293
Dhauexkursionen 235
Dhofar 16, 33, **316**
Dibba (Dabba) 217
Dilmun 38
Diplomatische Vertretungen 79
Drogen 99
Dune Bashing 95

Einkaufen 96
Einreisebestimmungen 88
Elektrizität 104
Emirati Checkpoint 223
Erdgas 29
Erdöl 26, **28,** 144, 279
Essen und Trinken 70

Fahud 28, 279
Faisal bin Turki (Sultan) 125
Familie 56
Fanja 252

Der Haupteintrag ist **fett** hervorgehoben.

Feiertage 62
Fernsehen 108
Feste 62
Flugzeug 89
Fotografieren 99
Frauen 99
Fremdenverkehrsämter 79
Fujairah (Emirat VAE) 217, 220

Geld 102
Geografie 14
Geschichte 14, **38**
Gesellschaft 50
Gesundheit 106
Gewürze 70
Ghalib bin Ali (Imam) 47

Hajar Al Gharbi 253
Hajar Al Sharqi **253**, 291
Hajargebirge 16, 182, **252**
Halwa 323
Hamad bin Ahmed (Imam) 190
Hana 227
Handel 46
Harat Bidah 309
Harun al Rashid (Kalif) 198
Hayma 332
Helgoland-Sansibar-Vertrag 46
Henna 170
Herrschertitel 59
Hiobs Grab s. An Nabi Ayoub
Hisn Tamah (Bahla) 271
Hotels 92

Ibaditen 55
Ibadiya 40
Ibra 284
Information 78
Internet **78**, 108
Islam 15, **40**, 52
Izki 254

Ja'alan 292
Jaalan Bani Bu Ali 306
Jaalan Bani Bu Hassan 306
Jaalun 332
Jabrin 271
Jazirat Al Maqlab s. Telegraph Island
Jebel Akhdar 17, 189, **262**
Jebel Al Qamar 346
Jebel Hafeet 204
Jebel Harim 224, 241
Jebel Khamif 291
Jebel Maqlab 237
Jebel Misht 278
Jebel Nakhal 188
Jebel Qahwan 291
Jebel Qara 334
Jebel Seebi 239
Jebel Sham 239
Jebel Shams 17, **265**, 271
Jemen 16, 346
Jiddat Al Harasis 18, 332
Jugendherbergen 93

Kaaba (Heiligtum des Islam) 52
Kalender 61
Kamel 21
Kamelreiten 84
Kap der Guten Hoffnung 43, 118
Karl der Große 198
Khadidsha (Frau Mohammeds) 52
Khadrafi 346
Khanjar 166
Khareef 19, 328
Khasab 216, 222, **228**
Khor Al Habalayn 237
Khor Al Jirama 301
Khor Hajar 303
Khor Nadj 241
Khor Rori 341
Khor Sham 236
Khuria-Muriya-Inseln 16
Kinder 58, 85
Kleidung 104
Klima 104
Königin von Saba 335
Korallenriffe 23
Koran 54
Kreditkarte 102
Kulinarisches Lexikon 74
Kunst 64
Kunsthandwerk 69
Kupfer 38, 278

Landwirtschaft 29
Lawrence, Thomas Edward (Lawrence of Arabia) 338
Lehmhäuser 64
Lesetipps 80

Magan (Königreich) 38, 204, 216, 279
Majid (Sohn des Said bin Sultan) 46
Maqlab 237
Märkte 96
Masirah (Insel) 16
Maybam 309
Mazoon (Frau des Said bin Taimur) 34
Medina 52
Meeresschildkröten 302
Mekka 52
Mesopotamien 38, 198, 216, 279
Mietwagen 90
Ministry of Culture and National Heritage 67
Mirbat 343
Mohammad Al Hassan Al Hamdani 335
Mohammed (Prophet) 40, 52, 200
Mohammed Al Zubair 124, 153
Mohammed bin Ali Al Alawi (Sheikh) 343
Mohammed bin Nasir (Imam) 276
Morse, Samuel 238
Muawija (Kalif) 40
Muezzin 53

Register

Mughsayl 345
Mukhi 227
Musandam 33, 82, **216,** 236
Muscat / Capital Area 33, **118,** 308
– Adressen 154
– Al Bustan 153
– Al Ghubrah 140, 146
– Al Khuwair 140, 146
– Alte Passstraße 126
– Bandar Al-Jissah 153
– Mutrah 128
– Old Muscat 120
– Qantab 153
– Qurum 140
– Ruwi 137
– Seeb 150
– Sidab 151
– Sultan Qaboos Road 141
– The Wave 150
– Wadi Bawshar 141, 148
Mutrah s. Muscat

Na'aman 183
Nadifi 237
Nakhal 187
Nasir bin Murshid (Imam) 191, 256
Natur 16, 81
Naturschutz 22
Nizwa 250, 254

OAPEC 29
Öffnungszeiten 101
Old Muscat s. Muscat
Omani Checkpoint 223
Omar ibn Al Chattab (Kalif) 55, 62
OPEC 29
Oryxantilope (Oryx leucoryx) 20, **332**
Othman (Kalif) 55

Parken 91
Plinius der Ältere 216
Politik 15, 26, **31**
Polo, Marco 42, 216
Portugiesen 44, 118, 200
Post 108
Preise 93, **104**
Ptolemäus, Claudius 335

Qaboos bin Said (Sultan) 12, 26, 32, **34**, 139, 152
Qadah 227
Qalhat 308
Qanaha 237
Qantab s. Muscat
Qaraberge 19
Quriyat 311
Qurum s. Muscat

Rakhyut 346
Ramadan 63, 104
Ramlat Al Wahiba 285
Ras Al Hadd 303
Ras Al Jinz 303
Ras Al Khaimah 225
Ras Al Sawadi 193
Rashid bin Walid (Imam) 256
Reiseausrüstung 104
Reiseorganisation 83
Reisezeit 104
Religion 15
Restaurants 73
Rub al Khali 16, 51, 336, **338**
Rundreisen 82
Rustaq 189
Ruwi s. Muscat
Ruy Freire da Andrade (port. Admiral) 216

Said bin Sultan **46,** 125, 139
Said bin Taimur (Sultan) 12, 28, 34, 47, 119, 257
Said der Große s. Said bin Sultan
Said Nadir bin Faisal 123
Saif bin Sultan (Imam) 185, 190
Saif bin Sultan II. 257
Saif bin Sultan IV. (Imam) 45
Salalah 316
Salim bin Thuwaini (Sultan) 190
Saudi-Arabien 16
Sayq-Plateau 262
Sayyid al Mutassim bin Hamoud al Busaidi (Gouverneur) 33
Sayyid Turki bin Said bin Sultan 33
Sayyida Qamila bint Tariq al Said (Frau von Sultan Qaboos) 34
Sayyida Salamah bint Said (Prinzessin) 138
Schah Reza Pahlewi 37
Schiff 89
Schiffsbau 293
Schiiten 40, 55
Seeb **182**, 250
Seeb s. Muscat
Seebi 238
Seebi Island 239
Seehandel 41
Sehenswürdigkeiten 81
Severin, Timothy 153, 293
Sham 239
Shams (VAE) 225
Shargiyah 33
Sharjah (Emirat VAE) 220
Shisr s. Ubar
Shuwa 70
Sicherheit 106
Sidab s. Muscat
Silberschmuck 69
Sindbad der Seefahrer 12, 41, **201**
Sink Hole (Bahmah) 311
Sitten 101
Sklavenhandel 46
Sohar 198
Souqs 96
Sport 94
Sprache 108
Stierkämpfe 184
Strandurlaub 82

Straße von Hormuz 218
Südjemen 16
Südwestmonsun s. Khareef
Suleiman bin Himyar (Sheikh) 265
Sultan bin Ahmed (Imam) 45
Sultan bin Murshid 45
Sultan bin Saif Al Yaruba 45, 66, 118, 192, 256
Sultan bin Saif II. 45
Suma'il-Pass 252
Suma'il-Schlucht 253
Sumhuram 340
Sunniten 40, 55
Sur 292, 308

Taimur bin Faisal (Sultan) 28, 139, 186
Tanken 91
Tanuf 267
Taqah 338
Tauchen 94
Tawi 227
Taxi 91
Telefonieren 108
Telegraph Island 238
Thesiger, Wilfred 316
Thomas, Bertram 335
Thumrayt 333
Thuwaini (Sohn des Said bin Sultan) 46
Thuwarah 188
Tibat 222
Tiere 20
Tourismus 15, **30**

Trinkgeld 104
Turki bin Said (Sultan) 190

Ubar (Shisr) 335
Umm Al Narr (heute Abu Dhabi) 22, 204
Umwelt 16
UNESCO 20, 23, 66, 271
Unterkunft 92
Uyun 334

VAE (Vereinigte Arabische Emirate) 16, 204
Vasco da Gama 43, 118
Vegetation 19
Verfassung 32
Verkehrsmittel 89
Verkehrsregeln 91
Vertrag von Seeb 119, 150
Verwaltung 33

Wadi A'Sareen 23
Wadi Abyadh 254
Wadi As Shab 309
Wadi Athoon 338
Wadi Bani Habib 265
Wadi Bani Khalid 290
Wadi Bawshar s. Muscat
Wadi Bih 223
Wadi Dirbat 342
Wadi Dhawkah 335
Wadi Hadramaut 19, 64
Wadi Hawasinah 279
Wadi Jizzi 17, 204
Wadi Kalbouh 254
Wadi Khabb As Shamsi 223

Wadi Khasab 224, 228
Wadi Klarus 188
Wadi Maydan 263
Wadi Mistal 188
Wadi Qadah 227
Wadi Tanuf 267
Wadi Tiwi 309
Wahiba Sands s. Ramlat Al Wahiba
Währung 102
Wechselstuben 104
Weihrauch 18, **39**, 324, 337
Wellness 186
White Beach 311
Wilfried Thesiger 51
Wirtschaft 15, **26**
Wusta 33
Wüstentouren 83

Yaifar (Fürst) 40
Yaruba-Dynastie **41**, 118
Yathrib 52
Yibal 28
Yulanda ibn Masud (Imam) 41, 255

Zayed bin Sultan (Sheikh) 205, 206
Zayyida Muzna bint Nadir (Prinzessin) 124
Zeittafel 48
Zeitungen 108
Zig-Zag-Road 346
Zighy Bay 224
Zollbestimmungen 88
Zubair bin Ali (Sheikh) 123

Abbildungsnachweis/Impressum

Abbildungsnachweis
DuMont Bildarchiv, Ostfildern: 5 M., 36, 192/193, 277 (Heimbach)
Rainer Hackenberg, Köln: 2 o., 3 u., 6 (2 x), 9, 13, 27, 42/43, 51, 65, 80, 83, 90, 97, 114, 116 (2 x)., 124, 122/123, 126/127, 136/ 137, 144, 149, 163, 178, 180 (2 x), 185, 199, 214 re., 220, 222/223, 248 re., 248 li., 250, 258, 269, 278/279, 282 li., 297, 306/307, 314 (2 x), 321, 325, 326/ 327, 336, 342, 344/345
Gerhard Heck, Mainz: 71, 152
laif, Köln: S. 7 o., 56/57, 171 (Dombrowski); 4 o., 134/135, 158/159 (Engelhorn); Titelbild, 1 re., 1 M., 10/11, 18/19, 21, 87, 92/93, 151, 264, 274/275, 310, 322, 347, Umschlagrückseite (2x) (Heeb); 282/283, 298/ 299 (hemis.fr); 5 o., 234, 238/239, 242/243 (Hub); 31, 39, 72, 195 (Jungeblodt); 155, 226/227 (Kirchgessner); 3 o., 24/25, 28, 106, 229 (Le Figaro Magazine); 47 (Martin); 7 u., 291 (Piepenburg); 68 (REA); 7 Mi, 312, 329 (VU)
Look-Foto, München: 208/209 (Stumpe); 254/255 (Kreuzer)
Mauritius Images, Mittenwald: S. 4 Mi., 174/175, 189, 197 (Bibikow); 8 o., 100 (Delimont); 1 li., 112/113, 147 (Fuste Raga); 2 u., 5 u., 60, 76/ 77, 288/289, 300/301 (imagebroker); 133 (imagebroker/ Strigl); 8 u., 280 (Obert); Umschlagklappe vorn (Oxford Scientific); 253 (Torino); 212 (Warburton-Lee); 102 (Widmann)
picture-alliance, Frankfurt: S. 246 (Hackenberg)
Six Senses Resorts & Spas: S. 214 li., 225

Kartografie
DuMont Reisekartografie, Fürstenfeldbruck
© DuMont Reiseverlag, Ostfildern

Umschlagfotos
Titelbild: Muscat, Eingang zum Mutrah Souq, Umschlagklappe vorne: Dünen der Wahiba Sands

Über den Autor: Dr. Gerhard Heck lehrte als Historiker und Erziehungswissenschaftler an Universitäten in Indien, Saudi-Arabien sowie Mainz und schreibt seit drei Jahrzehnten Reiseführer. Seine Schwerpunkte sind Israel, die Arabische Halbinsel, Mexiko und Zentralamerika. Bei DuMont erschienen von ihm insgesamt acht Reiseführer, darunter (zusammen mit Manfred Wöbcke) das Reise-Handbuch Mexiko. Für dieses erhielt er aus der Hand des mexikanischen Staatspräsidenten 2007 in Acapulco den Journalistenpreis Pluma de Plata.

Danke: an Dr. Carolin Lauer und Dr. Fee Lauer für die jahrelange verlässliche Zusammenarbeit bei der Erstellung meiner Manuskripte. Fee Lauers großes Engagement trug auch wesentlich zur Aktualisierung dieses Reise-Handbuchs Oman bei.

Lektorat: Susanne Schleußer, Susanne Pütz

Hinweis: Autor und Verlag haben alle Informationen mit größtmöglicher Sorgfalt geprüft. Gleichwohl sind Fehler nicht vollständig auszuschließen. Alle Angaben erfolgen ohne Gewähr. Bitte schreiben Sie uns! Über Ihre Rückmeldung zum Buch und über Verbesserungsvorschläge freuen sich Autor und Verlag:
DuMont Reiseverlag, Postfach 3151, 73751 Ostfildern, E-Mail: info@dumontreise.de

2., aktualisierte Auflage 2013
© DuMont Reiseverlag, Ostfildern
Alle Rechte vorbehalten
Grafisches Konzept: Groschwitz, Hamburg
Printed in Germany